Zu diesem Buch

Schwule und lesbische Paare können glückliche und dauerhafte Partnerschaften führen, ihre Bedürfnisse nach Nähe, Sicherheit und Geborgenheit in erfüllten Liebesbeziehungen ausleben! Sicherlich hängen manche Fragen, Unsicherheiten und Ängste, mit denen homosexuelle Paare umzugehen lernen müssen, damit zusammen, daß ihnen Rollenvorbilder fehlen und sie hier immer noch mit negativen Reaktionen ihrer Umwelt konfrontiert werden. Manche Probleme aber entstehen aus der psychischen Dynamik, die sich bei allen Paaren, ob homosexuell oder nicht, einstellt.

Dieses einfühlsame Buch trägt den besonderen Möglichkeiten und Problemen homosexueller wie lesbischer Beziehungen Rechnung und gibt praktische Anregungen vom ersten Flirt bis zur goldenen Hochzeit. Es zeigt, wie es gelingen kann, einander «in guten wie in schlechten Tagen» beizustehen.

Tina Tessina

In guten wie in
schlechten Tagen
Anregungen für homosexuelle Paare

**Aus dem Amerikanischen
von Heinz Vrchota**

Rowohlt

rororo zu zweit
Lektorat Barbara Wenner

Wir danken Ralf König für die freundliche Genehmigung,
die Comics auf den Seiten 5, 296 und 304 abzudrucken.
Alle Zeichnungen sind dem Band
«Beach Boys» (rororo 8258) entnommen.

Deutsche Erstausgabe
Veröffentlicht im Rowohlt Taschenbuch Verlag GmbH,
Reinbek bei Hamburg, März 1991
Copyright © 1991 by Rowohlt Taschenbuch Verlag GmbH,
Reinbek bei Hamburg
Die Originalausgabe erschien 1989 unter dem
Titel «Gay Relationship for Men and Women.
How to Find Them. How to Improve Them. How to Make Them Last.»
im Verlag Jeremy P. Tarcher, Inc., Los Angeles
Copyright © 1989 by Tina Tessina
Umschlaggestaltung Nina Rothfos / Barbara Hanke
Gesetzt aus der Life und Optima (Linotronic 500)
Gesamtherstellung Clausen & Bosse, Leck
Printed in Germany
1680-ISBN 3 499 18782 5

Für Richard, der es verdient hat
und der mich durch all meine Abenteuer begleitet,

und für all meine schwulen und lesbischen
Klienten und Klientinnen,
die ich nicht namentlich aufführen kann,
wenn auch sie es waren,
die mich alles lehrten, was ich weiß,
und mich zu diesem Buch inspirierten.

Inhalt

Einführung

Wenn Sie schwul oder lesbisch sind und:

- keine Beziehung haben, aber gerne eine hätten;
- gerade eine Beziehung angefangen haben;
- in einer festen Beziehung leben;
- oder über Ihre letzte Beziehung noch nicht hinweggekommen sind und sich fragen, wie Sie es in Ihrer nächsten Beziehung besser machen könnten,

dann kann dieses Buch Ihnen als Leitfaden dienen. Es basiert auf einem Grundsatz, den ich während meiner langjährigen Beratungsarbeit mit schwulen und lesbischen Menschen immer zum Ausgangspunkt meiner Bemühungen gemacht habe, ob ich mit ihnen nun allein oder als Paar zu tun hatte: *Menschen, die andere Menschen des gleichen Geschlechts lieben, haben dieselben Bedürfnisse nach Nähe, Vertrautheit und Beständigkeit wie der Rest der Bevölkerung.*

Schwule Männer und lesbische Frauen können sich verlieben. Sie können lernen, funktionierende Beziehungen zu führen, und sie sind zu dauerhaften Bindungen fähig. Dieses Buch ist für Menschen in schwulen oder lesbischen Beziehungen gedacht. Es beschäftigt sich mit den Fragen, wie man einen Partner oder eine Partnerin findet, wie man die Beziehung verbessert und wie man sie zu etwas Dauerhaftem macht.

Seit fünfzehn Jahren berate ich Menschen, die in – wie ich das nenne – alternativen und kreativen Beziehungen leben. Mehr als die Hälfte meiner Klienten und Klientinnen war schwul oder lesbisch. Mit Hunderten von homosexuellen Menschen habe ich in Einzel- oder Paarsitzungen gearbeitet, und bei Vorträgen, Seminaren, Gruppensitzungen und Workshops wurde ich mit den Problemen vieler anderer vertraut. Parallel dazu habe ich immer auch heterosexuelle, bisexuelle und transsexuelle Menschen beraten. Bei *allen* meinen Klienten und Klientinnen habe ich mich auf die Entwicklung intakter und befriedigender Beziehungen konzentriert, und zwar unabhängig davon, in welchem Lebenszusammenhang die einzelne Person stand.

Zwar sind die meisten Beziehungen, seien es nun heterosexuelle oder homosexuelle, von einer vergleichbaren Dynamik und ähnlichen Problemen gekennzeichnet, aber Menschen, die in einer schwulen oder lesbischen Beziehung leben, können von Informationen zu ganz bestimmten und außergewöhnlichen Hintergründen profitieren. Zum Beispiel müssen Sie und Ihr Partner oder Ihre Partnerin wissen, welche Auswirkungen die Homophobie, das heißt die Angst vor der Homosexualität, auf Sie und Ihre Beziehung hat. Außerdem sollten Sie sich mit der Schwierigkeit beschäftigen, die die Verteilung der Geschlechterrollen mit sich bringt, mit der Frage, wie Sie Vorbilder und darüber hinaus Unterstützung für Ihre eigene Beziehung finden können, und auch mit dem Coming-out gegenüber Ihren Familien.

Sie müssen sich darüber im klaren sein, welche Rechte Sie als schwules oder lesbisches Paar vor dem Gesetz haben, und auch, wie Sie in Ihrer Beziehung bestimmte Traditionen und Bräuche verankern können. Wenn Sie sich an Ihrer Arbeitsstelle nicht als schwul oder lesbisch zu erkennen geben, führt das zu einem ganz besonderen Druck auf Ihre Beziehung, dessen Sie sich bewußt sein sollten. Es gibt zwar eine Unmenge Bücher, in denen es um heterosexuelle Partnerschaften geht, doch ich habe auf dem Buchmarkt bis heute nur wenige Ratgeber gefunden, die auf die speziellen Gegebenheiten schwuler oder lesbischer Beziehungen eingehen, und diese waren alle nicht umfassend genug.

Im Lauf der Zeit habe ich von meinen schwulen Klienten und lesbischen Klientinnen unzählige Ängste und falsche Vorstellungen über Beziehungen zu hören bekommen. Einige davon als Beispiele:

▸ «Schwule Männer sind promisker als irgend jemand sonst. Sie haben keine längerdauernden Beziehungen.»
▸ «Es gibt nicht besonders viele lesbische Paare.»
▸ «Meine Eltern glauben einfach nicht, daß ich eine Beziehung habe, denn sie wollen nicht akzeptieren, daß ihr Sohn einen Mann liebt.»

- «Ich würde gerne mit David zusammenziehen, aber ich habe Angst davor. Ich weiß nicht, welche Spielregeln zwei *Männer*, die sich lieben, beachten müssen.»
- «Wie kann ich mit anderen Frauen befreundet sein, ohne meine Geliebte eifersüchtig zu machen?»
- «Ich habe es schon einmal mit einer Therapie versucht, doch der Therapeut war mir gar keine Hilfe für meine Beziehung. Er wollte mich in meiner Sexualität umdrehen.»
- «Ich weiß, daß meine Beziehung auf keinen Fall so sein soll wie die zwischen meinen Eltern, aber welche anderen Möglichkeiten habe ich?»

Das vorliegende Buch ist meine Antwort auf Ängste und Zweifel wie diese, die Sie daran hindern können, glücklich und zufrieden zu leben und zu lieben. Dieses Buch konzentriert sich nicht nur auf Ihre Ängste und Zweifel, sondern auch auf Ihre Wünsche, Bedürfnisse und Hoffnungen, und es bietet praktische, Schritt für Schritt nachvollziehbare Richtlinien und Übungen, die Ihnen helfen können, Liebe zu finden und Ihre Beziehung zu verbessern. Ich beschäftige mich in diesem Buch mit allen Aspekten schwuler oder lesbischer Partnersuche, vom Wunsch nach einer Beziehung über das «Dating», die Festlegung aufeinander, die Hochzeit und den Umgang mit den Schwiegereltern bis hin zu Rechtsfragen und gemeinsamen Finanzen. Ich hoffe, Sie werden Spaß haben beim Lesen, das Buch als nützliche Anleitung erleben und immer wieder gerne darauf zurückgreifen.

Dieses Buch ist zum Lesen und Wiederlesen angelegt. Sie können es alleine oder zu zweit benutzen, und es kann während Ihrer Beziehung immer wieder als Nachschlagewerk zum Einsatz kommen. Als Selbsthilfebuch wendet es sich speziell an Männer und Frauen, die in homosexuellen Beziehungen leben oder aktiv nach schwulen Partnern oder lesbischen Partnerinnen suchen. Die hier angesprochenen Themenbereiche spiegeln die Fragen wider, die meine schwulen Klienten und lesbischen Klientinnen am häufigsten gestellt haben. Um die Privatsphäre der einzelnen Personen zu wahren, habe ich alle Namen und Hinweise auf Persönliches geändert.

Wo es angemessen war, habe ich Hintergrundinformationen über die für unser Verhalten ausschlaggebenden psychischen Motivationen eingearbeitet. Viele Ängste und Schwierigkeiten, mit denen wir in Beziehungen konfrontiert sind, stehen in Zusammenhang mit unserer Kindheit, unseren Erfahrungen in der Familie und unserer eigenen Geschichte in früheren gescheiterten Beziehungen. Das Verständnis dieses Hintergrunds dürfte uns die Einsicht in die notwendigen Veränderungen erleichtern. Zusätzlich zu dieser Einsicht brauchen wir jedoch praktische Informationen, konkrete Handlungsanleitungen. Reverend Denton Roberts, der Autor von *Able and Equal: A Gentle Path to Peace*, formuliert es folgendermaßen:

> «Wir haben alle kluge, vernünftige und überaus inspirierende Vorstellungen, die wir gerne umsetzen würden, doch die Frage danach, wie wir sie Wirklichkeit werden lassen können, stellt uns oftmals vor große Hindernisse. Weil wir in unseren Köpfen zu dieser Frage nichts Geeignetes finden, geben wir die ‹guten Ideen› nach und nach auf. Doch hoffe ich, diese Hindernisse aus dem Weg räumen zu können, indem ich mich auf die Methoden konzentriere, durch die sich eine Veränderung herbeiführen läßt. Wenn wir uns erst einmal selbst als Person erlebt haben, die weiß, wie eine Veränderung möglich ist, wenden wir uns den einzelnen Problemen meist engagiert und mit Begeisterung zu.
>
> Die Blockierung, die ich in meiner klinischen Praxis, in meinem Berufsleben und meinen Beziehungen am häufigsten erlebe und die mich daran hindert, erfolglose Strategien zu verändern, läßt sich mit dem einen Satz umschreiben: ‹Ich weiß nicht, wie!› Nach meinen eigenen Erfahrungen und den Schilderungen der Leute, mit denen ich arbeite, liegt in dieser Haltung der Hauptwiderstand gegen Veränderungen begründet.»

Angesichts dieser Tatsache halte ich mich in bezug auf die Darstellung der Hintergründe zurück und lege den Schwerpunkt auf direkte Beispiele, Übungen und Ratschläge.

Zunächst bringe ich allgemeine Informationen über schwule und lesbische Beziehungen, stelle homosexuelle und heterosexuelle Liebesmuster gegenüber und vergleiche sie. Ich befasse mich mit der Frage, warum homosexuelle Paare versuchen, heterosexuelle Muster zu imitieren, und ob es bessere Alternativen gibt. Anschließend geht es um die signifikanten Unterschiede in den Beziehungen zwischen männlichen und weiblichen Homosexuellen.

Im weiteren Verlauf des Buches beschäftige ich mich mit der Entwicklung schwuler und lesbischer Beziehungen, und zwar von der Suche nach einem geeigneten Partner oder einer solchen Partnerin über die romantischen Anfänge hin zum weiteren Verlauf und zum möglichen Ende. Es gibt etliche Untersuchungen, die beweisen, daß sich Liebesbeziehungen in vorhersagbaren Etappen entwickeln. Ich habe mich nicht allzu streng an diese Entwicklungsphasen gehalten, habe jede einzelne Stufe analysiert und darauf aufbauend hilfreiche Informationen und zielgerichtete Techniken erarbeitet. Ich gehe davon aus, daß Sie möglichst rasch wissen möchten, wie Sie mit Ihrer Situation umgehen sollen, daß Sie vielleicht besorgt sind und unter Druck stehen. Daher habe ich mich bemüht, meine Ratschläge in einem beruhigenden, zuversichtlichen und sachlichen Ton anzubringen.

Am Ende des Buches finden Sie zusätzlich noch einen dreiteiligen Anhang, in dem Sie Hinweise auf verschiedene hilfreiche Bücher, Organisationen und Adressen finden, dann Informationen über Safer-Sex-Praktiken, und schließlich welche über Homophobie und den möglichen Umgang mit ihr.

Allerdings muß ich eine Einschränkung machen: Obwohl man mit Hilfe von Büchern wie diesem vieles eigenständig verstehen, lernen und ändern kann, sollte man aber unbedingt den Zeitpunkt erkennen, an dem man professionelle Hilfe in Anspruch nehmen muß. Mißbrauch – und zwar sexueller, verbaler, psychischer oder körperlicher Art – und Sucht sind zwei Faktoren, die für die meisten Leute zu komplex und belastend sind, als daß sie damit durch Selbsthilfetechniken und ohne Unterstützung von außen fertig werden könnten. Noch ein zweiter Hinweis ist mir wichtig: Ein Paar sollte sich beraten lassen, wenn es ein Problem nicht innerhalb von einigen Tagen alleine lösen kann.

Ein paar Worte noch zu einem wichtigen Punkt: Die Begriffe «schwul», «lesbisch» und «homosexuell» sind mir in ihrer adjektivischen Form sehr viel sympathischer denn als Substantive, sind Menschen doch durch mehr definiert als bloß durch ihre sexuellen Präferenzen. Für ein Buch, das in Ihre, das heißt die deutsche Sprache übersetzt wird, brächte das allerdings eine unübersichtliche Aneinanderreihung von Adjektiven und Substantiven in ihrer jeweils männlichen und weiblichen Form, was die Beschäftigung mit den Inhalten des Buches erschweren würde. Denken Sie also beim Lesen der Begriffe «Schwuler» und «Lesbe» und der mit ihnen gebildeten Verbindungen – aber auch bei anderen Benennungen – an die Weitgefaßtheit, die diese Begriffe für mich haben.

Wenn ich zum Beispiel von «Dating» oder von «Heirat» schreibe, dann wird Ihnen das verwunderlich erscheinen, doch es tauchen in diesem Buch natürlich manche Phänomene auf, die ich aus meiner amerikanischen Praxis kenne, die es allerdings bei Ihnen in Europa nur in einer anderen Form (das «Dating») oder nur in manchen europäischen Staaten (das Heiraten in Dänemark) gibt. Die Begriffe, die ich einführe, werden jeweils erklärt, und Sie sollten die Beschreibung von Erscheinungen, die Sie nicht kennen, als Ausblick verstehen in eine andere Kultur oder vielleicht auch auf zukünfige Entwicklungen.

Ein anderer Begriff, den ich hier mit einigem Vorbehalt verwende, ist der der *Normalität*. Er wird häufig benutzt, wenn es um heterosexuelle (oder undeklarierte) Personen oder Gruppen geht. Mir mißfällt die selbstverständliche Folgerung, daß jeder Mensch, der nicht «normal» ist, dann «abnormal» ist, doch da in meiner Umgebung alle von diesem Begriff stets und ohne jeden Vorbehalt Gebrauch machen, verwende ich ihn der Einfachheit halber ebenfalls.

Wenn ich von Sexual,- Lebens- und Liebespartnern schreibe, benutze ich durchgängig die Begriffe *Partner* und *Partnerin*, *Liebhaber* und *Geliebte* oder *Mann* und *Frau*. Diese Begriffe beziehen sich auf die Person oder die Personen, mit denen Sie durch tiefe Gefühle verbunden sind, mit denen Sie schlafen, mit denen Sie andere Lebensbereiche oder jede nur denkbare Kombination aus diesen Verhaltensweisen gemeinsam haben.

Einige von Ihnen werden sich außerdem fragen, warum ich den Begriff *wir* verwende, denn ich bin natürlich kein schwuler Mann und eher bisexuell als lesbisch. Trotzdem bin ich davon überzeugt, viele Erfahrungen mit Schwulen und Lesben gemeinsam zu haben. Seit fünfzehn Jahren habe ich intensive Kontakte zur *gay community* und außerdem einen Kreis von guten Freunden und Freundinnen, zu dem Menschen aller sexuellen Orientierungen gehören. Wenn ich in diesem Buch das *wir* verwende, dann deshalb, weil ich alles, worauf ich mich im konkreten Zusammenhang beziehe, auch selbst erlebt habe. Überall dort, wo Ihre Erfahrungen von meinen abweichen, sollten Sie das *wir* als rhetorisch ansehen.

Es bleibt zu hoffen, daß unsere Sprache und unsere Begriffe eines

Tages in Einklang stehen werden mit unserer persönlichen Entwicklung. Doch bis dahin müssen wir uns – so gut es eben geht – mit dem behelfen, was uns bislang zur Verfügung steht.

Ich habe mich sehr bemüht, in diesem Buch möglichst viele Bereiche abzudecken, für eine gewisse Orientierung zu sorgen und Anregungen zur Selbsthilfe zu geben. Viel Spaß dabei!

KAPITEL 1

Schwule Beziehungen, lesbische Beziehungen: Was ist das?

Vielleicht sind auch Sie, wie viele meiner schwulen und lesbischen Klienten und Klientinnen, schon seit längerer Zeit in den verschiedenen Kneipen unterwegs und gehen dort auf die Suche nach einem Gefährten oder einer Gefährtin, nach einem Partner oder einer Partnerin für eine längerfristige Beziehung. Sie haben schon fast den Mut verloren, diese Szene ist Ihnen ziemlich über, und Sie fangen langsam an, sich zu fragen, ob es überhaupt irgendwelche homosexuellen Menschen gibt, für die Sie Liebe und ein bestimmtes Gefühl der Verbindlichkeit empfinden können.

Vielleicht sind Sie ein schwuler Mann, der zahlreiche Sexualpartner hatte, von denen sich aber keiner zum Liebhaber entwickelt hat. Sie mögen das gewohnte Verhalten nicht länger und sind auf der Suche nach etwas Bedeutungsvollerem.

Vielleicht sind Sie eine lesbische Frau, die mit ihrer Geliebten zusammenlebt, dabei aber das Gefühl hat, daß die Beziehung mit der Zeit spannungsgeladen, unbefriedigend und labil geworden ist. Sie haben genug von den Kämpfen mit Ihren Partnerinnen, und Sie möchten lernen, wie Sie sich für eine geeignetere Gefährtin entscheiden können.

Aber vielleicht befinden Sie sich als Schwuler oder als Lesbe ja auch in einer funktionierenden Beziehung, fragen sich allerdings, wie weit es darin noch gehen kann. Sie möchten die Liebe und die Vertrautheit, die Sie bereits erreicht haben, noch intensivieren. Sie möchten Fehler vermeiden, durch die die Bande, die Sie zwischen sich und Ihrem Partner oder Ihrer Partnerin entwickelt haben, gefährden könnten. Sie bemühen sich, zu größerer Beständigkeit zu finden, und dadurch zu einer ertragreicheren, erfüllenden Partnerschaft, die dann möglicherweise viele Jahre dauern kann.

Ganz unabhängig davon, welche von den eben angeführten Varianten auf Sie zutrifft, sind die Fragen, die Sie zu diesem Buch haben greifen lassen, identisch. Als schwuler oder lesbischer Mensch möchten Sie gerne Antworten auf die folgenden Fragen finden:

- Wie sieht eine konstruktive schwule oder lesbische Liebe aus, und können Sie es zu einer erfolgreichen festen Bindung bringen?
- Wie können Homosexuelle inmitten einer oftmals homophoben gesellschaftlichen Umgebung lieben und leben?
- Welche verschiedenen Beziehungsformen stehen den Schwulen und Lesben offen (zum Beispiel die Freundschaft, das «Dating», das Liebesverhältnis, das Zusammenleben, die feste Beziehung und die Heirat)?
- Wo können sie Rollenmodelle finden, die als Beispiel für eine dauerhafte Beziehung stehen?
- Wie können Sie damit zu Rande kommen, daß Sie selbst oder Ihr Partner beziehungsweise Ihre Partnerin sich nicht offen zu Ihrer Homosexualität bekennen?
- Welche Auswirkungen haben Aids und die Angst vor Aids auf Ihre Sexualität und Ihre Beziehung?

Als Schwuler oder als Lesbe suchen Sie Antworten auf diese Fragen, weil Ihre Ängste und Zweifel in bezug auf Beziehungen Ihre Lebensqualität untergraben. Manchmal verwandeln sich Ihre Frustration und Ihre Verwirrung in Verzweiflung. Dann erleben Sie an sich selbst, daß Sie ungeeignete, gleichgültige oder mit Ihnen Mißbrauch treibende Partner oder Partnerinnen akzeptieren, weil Sie in dem jeweiligen Augenblick davon überzeugt sind, niemals die Beziehung finden zu können, die Sie in Wirklichkeit möchten.

Die gute Nachricht besteht darin, daß Sie nicht alleine sind und dieses Buch Ihnen die Antworten liefert, die Sie brauchen. Tausende andere Schwule und Lesben sind unsicher, was Beziehungen angeht, sind unfähig, sie aufrechtzuerhalten, oder sind, wenn ihnen das doch gelingt, desillusioniert. Viele Schwule und Lesben kommen zu mir und sind dem Thema Beziehung gegenüber unsicher und ängstlich, nachdem ihnen meist schon mehrere mißlungen sind. Sie möchten gerne erfahren, wie sie einen Liebhaber oder eine Geliebte finden können, wie sie sich beim Kennenlernen verhalten sollen und wie sie potentielle Kandidaten oder Kandidatinnen einschätzen können. Sie sind sich nicht darüber im klaren, ob sie eine feste Bindung, die Hochzeit oder die Monogamie wollen. So wie Sie fragen sich auch diese Menschen, ob schwule und lesbische Beziehungen erfolgreich verlaufen können.

Ich versichere Ihnen, daß schwule und lesbische Beziehungen funktionieren können und das auch tun. Sie können genauso schön, in der gleichen Intensität befriedigend, genauso erfolgreich und lohnend und in gleichem Maß von Liebe getragen sein wie jede andere Beziehungsform. Sehen wir uns am Anfang doch gleich einmal an, warum Schwule und Lesben in bezug auf die Liebe hoffnungsfroh sein dürfen, und wie sie lernen können, die Liebe in förderlichen und langdauernden Beziehungen zu finden.

Positiv über schwule und lesbische Beziehungen denken

Ich halte die Zeit inzwischen für reif, daß mehr und mehr Schwule und Lesben langdauernde Beziehungen ins Auge fassen. Schwule und Lesben, die sich immer sicherer und eher akzeptiert sehen, achten auch zusehends auf die eigene Lebensqualität – und die schließt die Liebe mit ein.

Schwul oder lesbisch zu sein bedeutete viele Jahre hindurch, geächtet, isoliert und aus der Gesellschaft ausgeschlossen zu sein. Viele von uns lebten im verborgenen und gaben sich nur den Leuten, mit denen Sie Sex hatten, oder ihren Liebhabern und Geliebten gegenüber so, wie sie wirklich waren. Weil es der Geheimhaltung bedurfte, war das Leben von homosexuellen Menschen ganz besonders aufreibend und einzig und allein auf das Überleben ausgerichtet. Verschiedene Umstände sind dafür verantwortlich, daß sich Schwule und Lesben jetzt daranmachen können, langfristige Beziehungen einzugehen, die in aller Offenheit und Aufrichtigkeit Bestand haben können, und zu solchen Beziehungen auch ein positiveres Gefühl zu entwickeln.

Safer Sex

Nachdem sich vor dem Auftauchen von Aids nach und nach neue Verhaltensweisen entwickelt hatten, hat diese verheerende Krankheit homosexuelle Menschen ganz entschieden darin bestärkt, sich ernsthaft Gedanken über ihre Beziehungen zu machen. Die Bedrohung durch Aids und andere sexuell übertragbare Krankheiten hat uns alle von neuem motiviert, langfristige feste Beziehungen als «safer» anzusehen. Zum Schutz unserer Gesundheit hat ein Großteil von uns gelernt, das Sexualverhalten auf Safer-Sex-Praktiken zu beschränken. Zusammen mit anderen Faktoren hat das Thema Gesundheit dazu beigetragen, eine unter den Schwulen und Lesben ohnehin vorhandene Entwicklungsphase in Richtung ernsthafter und liebevoller Beziehungen zu verstärken.

Das Image in den Medien

Obwohl es noch immer Menschen gibt, die die Augen davor verschließen, sind viele andere, die im medizinischen, politischen oder sozialen Bereich arbeiten, beeindruckt und überrascht von der heroischen Art, mit der Schwule und Lesben auf die Aids-Krise reagiert haben. Die Geschichte von unserem verantwortlichen Verhalten auf sexuellem und sozialem Gebiet – jenes zeigt sich in der eigenen Verhaltensänderung und in der Sorge füreinander – wurde in den Medien wiederholt vorgetragen.

Die Antwort unserer Gemeinschaft auf Aids hat im Zusammenklang mit einem bestimmten Aktivismus das Image schwuler oder lesbischer Lebensweisen in den Medien nachhaltig verbessert. Viele ängstliche und versteckt lebende Schwule und Lesben haben dadurch Mut bekommen und sind jetzt davon überzeugt, daß ein offener Lebensstil umsetzbar ist und sie zu funktionierenden Beziehungen finden können.

Aktivismus

Politische Unterdrückung und Intoleranz gegenüber Homosexuellen werden von den Medien heutzutage häufig in recht unvorteilhaftem Licht dargestellt. Schwule und Lesben haben ihre Stimme gefunden, und mittels Demonstrationen, Projekten wie zum Beispiel dem «Aids Memorial Quilt», Büchern, Fernsehsendungen und Kinofilmen streckt eine nach und nach größer gewordene schwul-lesbische Gemeinschaft quasi die Hand aus nach den Tausenden von geographisch und persönlich isolierten Schwulen und Lesben, um ihnen auf diese Weise zu zeigen, daß sie nicht alleine sind. Resultierend aus ihrer zahlenmäßigen Zunahme und ihrer stärkeren Verankerung in der Gesamtgesellschaft kanalisierten viele Schwule und Lesben ihre Wut, ihren Schmerz, ihre Enttäuschung und ihr Aufbegehren gegen Intoleranz in politisches Handeln.

Nach wie vor ist es notwendig, sich politisch und sozial brisanten Themen und der Aufklärung der Gesamtbevölkerung zu widmen. Doch die Gemeinschaft der Schwulen und Lesben hat inzwischen einen Zugang zum legislativen und politischen Prozeß gefunden, und sie verfügt über das kollektive Wissen und die Kraft, auf den durch die Verfassung verbürgten Rechten zu beharren. Schwule und Lesben bestehen auf der Freiheit, die Grundbedürfnisse des Lebens auch selbst umzusetzen und in der garantierten Gewißheit zu leben und zu lieben, daß ihre Beziehungen durch das Recht respektiert und gefördert werden. Deshalb finden sie immer wieder juristische Möglichkeiten, mit denen sie ihrem Ziel näher kommen. Die Arbeit ist mehr als mühsam, aber sie lohnt sich.

Rollenmodelle

Mit dem Umstand, daß der homosexuelle Teil der Gesellschaft immer sichtbarer und hörbarer auftritt, wird auch der Bedarf an geeigneten Rollenmodellen und Informationen darüber immer offensichtlicher. Die Medien beginnen endlich, uns wenigstens ein paar Beispiele für ansprechende schwule und lesbische Menschen oder Beziehungen zu liefern. Nichtsdestotrotz benötigen wir ein weitreichendes Wissen darüber, wie homosexuelle Beziehungen funktionieren können, und wir brauchen konkrete Vorschläge für die Entwicklung von konstruktiven Verhaltensweisen und Lebensstilen.

Neue soziale Phänomene

In den letzten Jahren hat sich ein neuer Schwerpunkt herausgebildet, der auf den sozialen Aspekten von Beziehungen liegt. Zentren und Kirchen für Schwule und Lesben bieten Beratungsgruppen an, die besonders auf Paare zugeschnitten sind. Das beste Beispiel, das ich auf diesem Gebiet kennengelernt habe, ist «Couples», eine überaus erfolgreiche Organisation für Schwule und Lesben, die 1984 in Long Beach in Kalifornien mit dem Anspruch antrat, «Menschen in alternativ gestalteten Beziehungen sozialpädagogische Unterstützung» zukommen zu lassen. In der Selbstdarstellung der Gruppe heißt es: «Ohne Zugehörigkeit zu einer bestimmten politischen oder religiösen Richtung widmen wir uns unterstützend den positiven Aspekten einer Beziehung und der Stabilisierung, die sich durch sie für unsere Gemeinschaft und unseren Lebensstil ergibt.» Die ursprüngliche, überaus kleine Organisation hat sich in der Zwischenzeit zu dem entschieden größeren «Couples National Network» entwickelt, einer Schwulen- und Lesbenorganisation mit Zweigstellen in vielen Bundesstaaten der USA.

Eine Beziehung ist eine Beziehung.
Oder etwa nicht?

Sie kennen wahrscheinlich mindestens eine heterosexuelle Person mit Beziehungsproblemen. Unabhängig von der sexuellen Orientierung durchlaufen alle Menschen ähnliche Probleme, wenn es darum geht, einen Liebhaber oder eine Geliebte zu finden und eine erfolgreiche Beziehung aufzubauen. Die folgenden Schwierigkeiten sind allen Beziehungsformen gemeinsam:

- Kennenlernen eines passenden Partners oder einer passenden Partnerin
- Machtkämpfe
- Kommunikationsschwierigkeiten
- Erwartungen
- idealistische Vorstellungen

- Angst vor Nähe
- Widerstand gegen Veränderung und Entwicklung
- Fragen nach dem persönlichen Freiraum und dem Alleinsein

Vielleicht hatten Sie mit manchen von diesen Bereichen ja schon früher einmal Schwierigkeiten. Wenn es um die Liebe und den idealen Partner oder die ideale Partnerin geht, haben wir alle bestimmte Erwartungen und Vorstellungen. Sehen sie ihre Wünsche nicht erfüllt, reagieren heterosexuelle Liebende genauso aufgeregt und verwirrt wie homosexuelle Liebende. Solche Themen wie Sex, Geld, Gleichberechtigung und Macht sind Probleme, die keine Grenzen kennen – alle haben damit ihre Schwierigkeiten. Liebende jeder Art rangeln um ihre Position, spielen Rollen und haben Schwierigkeiten mit ihrer Familie und ihren Schwiegereltern. In allen Beziehungen gibt es Veränderungen und Entwicklungen, und Liebende gleich welcher Orientierung müssen lernen, mit solchen Veränderungen umzugehen.

Die Therapietechniken, die zur Lösung von Beziehungsproblemen eingesetzt werden, funktionieren ganz unabhängig von der sexuellen Orientierung oder Beziehung der teilnehmenden Menschen. Kommunikation zwischen zwei Menschen hat viele durchgängige Aspekte, die unabhängig sind vom Geschlecht, der sexuellen Präferenz oder dem Beziehungsstatus. Es ist tatsächlich so, daß dieselben Fähigkeiten im zwischenmenschlichen Umgang, die mit Ihrem Chef oder Ihrer Sekretärin notwendig sind, auch mit Ihrem Partner oder Ihrer Partnerin funktionieren werden.

Wenn es doch in Beziehungen dermaßen viele Triebkräfte gibt, über die jeder oder jede von uns Bescheid weiß, warum schreibe ich dann ein Buch speziell für homosexuelle Beziehungen? Warum reichen dann nicht die vielen Bücher zur Liebesproblematik, die es für den heterosexuellen Bereich gibt? Wie ich bereits im Vorwort dargelegt habe, gibt es in schwulen und lesbischen Beziehungen viele Besonderheiten. In unserer Gesellschaft bedeutet schwul oder lesbisch zu sein, *anders* zu sein.

Das Andersartige an schwulen oder lesbischen Beziehungen

Als Resultat aus dem vielfältigen gesellschaftlichen Druck unterscheidet sich die Dynamik schwuler und lesbischer von der heterosexueller Beziehungen. Schwule und lesbische Liebende müssen sich mit etlichen Themen herumschlagen, die heterosexuelle Paare nicht kennen – mit dem Mangel an Rollenmodellen und gesellschaftlichen Richtlinien, der Homophobie, dem Verstecktleben, mit dem Umstand, daß Bürgerrechte vorenthalten werden, und mit den Auswirkungen von Aids. Wenn man jetzt die «normalen» Beziehungsschwierigkeiten wie die Entwicklung von Vertrauen, das Ausgleichen der Macht und die Etablierung eindeutiger Kommunikationsweisen mit der zusätzlichen Dynamik verbindet, die auf schwule und lesbische Beziehungen einwirkt, dann vervielfachen sich die Probleme.

Um nur ein Beispiel zu nennen: Wenn Sie heterosexuell sind und verkünden, daß Sie vorhaben zu heiraten, werden alle (sogar diejenigen, die es gar nicht so meinen) sagen: «Wie wunderbar!» Die Leute werden Ihnen Geschenke machen, Feste für Sie veranstalten und zu Ihrer Hochzeit kommen. Wenn Sie jedoch als Schwuler oder als Lesbe verkünden, daß Sie und Ihr Liebhaber oder Ihre Geliebte zusammenleben wollen, werden Sie sehr wahrscheinlich viele unterschiedliche Reaktionen erfahren, die von Schockiertheit oder Überraschung bis hin zu Abscheu reichen werden. Die Liebe zwischen Schwulen oder Lesben ist nicht allgemein akzeptiert, und die Bestürzung, die Schuldgefühle, die Wut und die Angst, die aus dieser Diskriminierung resultieren, tragen zu den Mißerfolgen bei, die Schwule und Lesben mit ihren Beziehungen häufig erleiden.

Vielleicht kommen Ihnen ja eine oder mehrere der folgenden Beschreibungen bekannt vor:

- Sie haben oft das Gefühl, daß Ihre Beziehungen von Anfang an unter einem schlechten Stern stehen.
- Sie haben häufig Schwierigkeiten, einen geeigneten Partner oder eine geeignete Partnerin zu finden.
- Sie wissen nicht, wo Sie sich nach passenden Freunden und Freundinnen oder Liebhabern und Geliebten umsehen sollen.

- Sie haben zumeist Angst, sich auf eine feste Bindung einzulassen.
- Sie reagieren beim ersten Anzeichen für Beziehungsschwierigkeiten panisch.
- Sie übernehmen in Beziehungen manchmal eine unpassende oder starre Rolle.

Werfen wir doch einmal einen genaueren Blick auf die Hintergründe solcher Empfindungen.

Der Mangel an gesellschaftlichen Richtlinien

Auch wenn sie durchaus verwirrend sind, so werden uns doch von frühester Kindheit bis ins Erwachsenenalter unzählige unbewußte Vorstellungen von heterosexuellen Beziehungen vermittelt. Wir lesen Bücher über die Liebe, bekommen sie im Fernsehen und im Kino vorgeführt und sehen uns einer Unmenge von Anzeigen und Werbefilmen ausgeliefert, die mit Symbolen heterosexueller Sexualität arbeiten. Bis in unsere jüngste Vergangenheit wurden Kinder überhaupt nie mit der Vorstellung konfrontiert, daß es unterschiedliche sexuelle Entfaltungsmöglichkeiten geben könnte.

Irgendwann erkannten diejenigen von uns, die homosexuell sind, daß unsere sexuellen Vorlieben von der erwarteten Norm abweichen. Durch diese Erkenntnis veränderten sich schlagartig sämtliche Informationen, die wir bis dahin erhalten hatten. Da vieles aus der heterosexuellen Kultur für uns nicht paßt, fällt es uns leicht, uns ausgesetzt und verwirrt zu fühlen, wenn es um Beziehungen geht.

Denken Sie zurück an die Zeit, in der Ihnen klar wurde, daß Sie schwul oder lesbisch sind. Wie war es damals, als Ihnen das bewußt wurde?

- Wußten Sie, daß es andere Menschen gab, die wie Sie waren?
- Konnten Sie sich vorstellen, daß Sie irgendwann einmal selbst mit einem Liebhaber oder einer Geliebten zusammenleben würden?
- Wußten Sie, welche sexuellen Techniken und Verhaltensmöglichkeiten Sie im Umgang mit einer anderen Person Ihres Geschlechts nutzen konnten?
- Wie positiv waren Ihre Vorstellungen von Schwulen oder Lesben, sofern Sie überhaupt welche hatten?

Hatten Sie eine Ahnung davon, wie Sie einen anderen Schwulen oder eine andere Lesbe um eine Verabredung bitten sollten?

Es ist sehr wahrscheinlich, daß Sie nur eine geringe oder gar keine Vorstellung davon hatten, was Verliebtsein und Liebe für Sie als Schwulen oder als Lesbe bedeuten würden, oder ob so etwas überhaupt umsetzbar war. Für Schwule oder Lesben gibt es keine vorgegebenen, gesellschaftlich sanktionierten Richtlinien, wie man sich zum Beispiel anziehen soll, um einen anderen Menschen auf sich aufmerksam zu machen, was man bei einer Verabredung macht, welche Art Menschen gut zu einem passen oder wer in einer Beziehung die «Führung» übernehmen soll.

Scott, einer meiner Klienten, erzählte diese Geschichte:

«Ich hatte immerzu ‹Freundschaften› mit anderen Jungs, und die ließen mich dann jedesmal wegen eines Mädchens im Stich. Ich war immer am Boden zerstört, und ich wußte nicht, warum. Mir war sogar nicht einmal klar, daß meine Gefühle sexueller Art waren. Ich hatte noch nie einen Schwulen kennengelernt, und ich hatte keine Ahnung, was Homosexualität bedeutet. Ich hatte ganz einfach nur Jungen gern, und allem Anschein nach machte ich dabei etwas falsch – ich mochte sie entschieden zu gern.
Als ich schließlich aufs College ging und aus meiner kleinen Heimatstadt wegkam, lernte ich einige Schwule kennen. Daraufhin wußte ich, was ich war, aber mein Anderssein gefiel mir überhaupt nicht. Ich hatte immer heiraten und eine Familie haben wollen, und ich war der Meinung, daß ich das nicht mehr konnte, wenn ich schwul war. Es dauerte ein paar Jahre, bis ich einen Berater fand, der mir erklärte, daß ich das haben konnte, was ich mir wünschte. Heute, wo ich mit Lewis verheiratet bin, weiß ich, daß ich einen sehr langen Weg hinter mich gebracht habe.»

Die meisten Schwulen und Lesben haben eine ganz ähnliche Phase der Verwirrung durchlebt, und viele brauchten Jahre, bis sie mit allem fertig geworden waren. Homosexuelle Menschen versuchen häufig, sich an die traditionellen heterosexuellen Beziehungsmuster anzupassen, die allerdings doch nicht die beste Lösung für sie bieten.

Auf der Suche nach Möglichkeiten, zu einer funktionierenden Beziehung zu kommen, stürzen sich manche Schwule und Lesben allzu rasch in eine feste und monogame Beziehung oder unterwerfen sich inflexiblen Regeln, die eine persönliche Entfaltung innerhalb der Beziehung verunmöglichen. Manche verfallen in das andere Extrem und verstricken sich in selbstzerstörerische Beziehungen, weil sie sich ohne gesellschaftliche Richtlinien verloren fühlen und keine Hilfe finden. Da Schwulen und Lesben die Sicherheit in der Einschätzung fehlt, ob eine Beziehung funktionieren kann, haben sie häufig Probleme bei der Bewertung ihrer Chancen, bevor sie sich auf eine feste Beziehung einlassen. Das liegt im wesentlichen daran, daß sie sich an keinerlei Richtlinien orientieren können. In der Folge fühlen sie sich unter Umständen verwirrt, verletzt und verloren. Sie verstricken sich vielleicht in eine destruktive Beziehung nach der anderen, haben promisken Sex ohne Befriedigung oder irgendwelche Ziele, oder sie stürzen sich ganz einfach in feste Bindungen, ohne sich vorher bei mehreren Treffen mit der anderen Person vertraut zu machen. Weil sie das Gefühl haben, daß ihre Beziehungen sowieso nicht funktionieren können, entziehen sich Schwule oder Lesben festen Beziehungen und einer bestimmten Intimität häufig gänzlich und werden dann einsam und isoliert.

Das Fehlen von Rollenvorbildern

Heterosexuelle sind im Vorteil, bekommen sie doch die Rollen von ihren Eltern und dazu noch von vielen anderen Ehemännern und Ehefrauen vorgeführt. Obwohl manche Vorbilder besser sind als andere, verdeutlichen selbst die schlechtesten wenigstens immer noch, was in Beziehungen *nicht* funktioniert.

Um die Bedeutung zu illustrieren, die das Heranwachsen in einer Umgebung mit funktionierenden Rollenvorbildern hat, greife ich auf ein Phänomen zurück, das ich den «Jane-Fonda-Vorteil» nenne. (Ich könnte auch andere Beispiele aus dem Showbusineß anführen, aber ich bin nun mal ein Fan von Jane.) Die Kinder von Leuten, die auf einem bestimmten Gebiet bereits Erfolg haben, werden mit den Eigenschaften, Kontakten und Einstellungen vertraut gemacht, die man braucht, um auf diesem Feld Erfolg zu haben, und beginnen dann oft schon sehr früh eine eigene Karriere. Die Leute aus dem Showbusineß, die die dreijährige Jane auf den Knien schaukelten, waren als Vorbilder für den Erfolg wunderbar geeignet, und sie waren auch diejenigen, die

Jane bei ihrer Karriere halfen, als sie zwanzig war. Schon von klein auf war sie mit der Sprache, den Umgangsweisen, den Einstellungen und den Problemen von Filmstars vertraut gemacht worden. Hätte Jane Ärztin, Rechtsanwältin oder Informatikerin werden wollen, so hätte sie von Grund auf neu anfangen müssen, hatte sie dafür doch keine Rollenmodelle parat. Im Vergleich dazu gibt es für schwule und lesbische Jugendliche, wenn überhaupt, nur wenige Rollenvorbilder. Es gibt historische Persönlichkeiten, die homosexuell waren, wie zum Beispiel Walt Whitman und Gertrude Stein, doch das Faktum ihrer sexuellen Orientierung wird aus den meisten Schulbüchern ausgespart. Auch über die wenigen offen schwulen oder lesbischen Rollenvorbilder von heute – wie zum Beispiel Ronald Reagan junior und Billie Jean King – erfährt man nur dann, wenn Details aus ihrem Leben zu einem Medienskandal führen. Kein Wunder also, daß man sich eine schwule oder lesbische Ehe so schwer vorstellen kann. Wenn sie nur wenige funktionierende Vorbilder zu sehen bekommen, fällt es den Leuten schwer, an eine solche Möglichkeit zu glauben.

Wo sind die schwulen und lesbischen Rollenvorbilder, die Zeitschriftenartikel, die «Dating», Sex, Intimität und Liebe aus schwuler oder lesbischer Sicht darstellen? Heterosexuelle können buchstäblich Hunderte von Büchern und Tausende von Artikeln finden, die speziell für sie geschrieben wurden und ihnen erklären, wie sie zu gelungenen Beziehungen finden können. Sie können Freunde und Verwandte fragen, und sie können sich Kinofilme, Theaterstücke und Fernsehsendungen ansehen. Vorbilder in rauhen Mengen, und zwar von großartigen bis hin zu schrecklichen. Schwulen und Lesben stehen im Vergleich nur ganz wenige solcher Quellen zur Verfügung.

Im Fernsehen gab es vor kurzem eine Show, zu der mehrere lesbische Teilnehmerinnen eingeladen worden waren. Der Großteil meiner lesbischen Freundinnen war mit dem Bild vom Lesbischsein, das dabei vorgeführt wurde, unzufrieden. Zwar verkörperte eine der Teilnehmerinnen ein positives Rollenvorbild – attraktiv, intelligent, vernünftig und überzeugend –, doch mehrere andere waren «punkig» gekleidet und machten einen abweisenden, auf politischer Ebene feindlichen und separatistischen (d. h. Männern gegenüber negativ eingestellten) Eindruck. Meine Freundinnen waren sich alle darin einig, daß jede einzelne dieser Frauen das Recht zu ihrem Stil und ihren Ansichten besaß. Trotzdem hatten wir alle das Gefühl, daß man diese Art, lesbische

Frauen im überregionalen Fernsehen vorzuführen, auf keinen Fall als ausgewogen, zutreffend oder hilfreich bezeichnen konnte. Durch die Show waren bloß wieder klischeehafte Vorstellungen vom Lesbischsein verstärkt worden.

Nachdem wir noch einige Zeit darüber diskutiert hatten, wurde uns mit einemmal klar, daß die Gäste für diese Show aus jener Klientel ausgewählt wurden, die einen Grund oder die Bereitschaft hat, im überregionalen Fernsehen offen aufzutreten. Daran zeigte sich gleichzeitig auch ein Hauptgrund für die unausgewogene Darstellung von Schwulen und Lesben in den Medien. Für Lehrer und Lehrerinnen, Anwälte und Anwältinnen, Ärzte und Ärztinnen, Sekretärinnen, Gewerkschaftsangestellte, Militärpersonal und viele andere, von denen etliche wahrscheinlich ein konservativeres Erscheinungsbild pflegen, ist es häufig nicht gerade ratsam, in den Medien offen aufzutreten.

Die Leute, die bei solchen Shows zu sehen sind, haben einen bestimmten Grund für ihr Auftreten. Sie werben für Bücher oder Organisationen, sie engagieren sich aus politischen Motiven, oder sie brauchen diese Art Zuwendung für ihr eigenes Ich.

Verwirrende Verhaltenscodes

Die Verwirrung, die durch den Mangel an Rollenmodellen gegeben ist, erhöht sich noch, da sich auch die sozialen und sexuellen Verhaltenscodes für homosexuelle Paare von denen für heterosexuelle unterscheiden. Solch grundlegende Beziehungselemente wie die Rollen von Mann und Frau machen keinen Sinn mehr, und viele schwule oder lesbische Menschen fühlen sich irritiert durch die Rollenmodelle, die in idealisierter Form die Mehrheitskultur bestimmen. Die realistischen Verhaltens- und Lebensweisen, die *uns* zur Verfügung stehen, sind nicht so einfach nachzuvollziehen. Wir sehen keine Tausende von Bildern, auf denen schwule oder lesbische Paare sich kennenlernen, miteinander ausgehen, sich verlieben und glücklich leben «bis an das Ende ihrer Tage». Wir bekommen keine Beispiele dafür zu sehen, wie zwei Männer oder zwei Frauen sich die Hausarbeit teilen können, mit ihren Geldangelegenheiten umgehen und mit emotionalen Spannungssituationen fertig werden. Es gibt für uns keine Möglichkeit, schon im vorhinein zu wissen, wer mit dem Sex anfangen soll, wer die Finanzentscheidungen trifft oder wie die knifflige Frage der Machtverteilung gelöst wird. Noch bis vor kurzem lebten unsere schwulen und lesbischen Freunde und Freundinnen, Nachbarn und Nachbarinnen und Familienmitglieder versteckt, und wir waren uns ihrer Lebensart nicht bewußt. Folglich waren wir alle zu dem Versuch gezwungen, Rollenmodelle und bestimmte Verhaltensweisen ohne Vorgabe zu entwickeln, wobei wir nie mit Gewißheit sagen konnten, ob wir es «richtig» machten oder nicht.

Julie und Joan, ein lesbisches Paar, das bereits fünf Jahre zusammenlebte, kam mit einem Sexualproblem zu mir. «Immer bin ich es, die damit anfangen muß», sagte Joan. «Es steht mir bis hier, daß immer ich die Herausfordernde sein muß, und deswegen haben wir auch kaum mehr Sex miteinander.» Julie blieb währenddessen still und zurückgezogen und machte ein verlegenes Gesicht. Nachdem wir ein bißchen geredet und sie Zeit gehabt hatte, sich zu entspannen, taute sie langsam auf. Sie sagte: «Ich kann das einfach nicht. Ich kann den Sex nicht herausfordern.» Ich fragte sie, was sie dabei ihrer Vorstellung nach zu tun hätte. «Nun, wahrscheinlich sollte ich Reizwäsche anziehen und mich verführerisch bewegen. Aber das kann ich einfach nicht.»

Joan brach in Gelächter aus. «So was brauchst du wirklich nicht zu machen! Ich würde sterben vor Lachen, wenn du so was tätest.» Das machte Julie noch verlegener. Auf meine Frage an Joan, wie Julie ihr begegnen müßte, antwortete sie: «Es braucht nur einen Blick oder einen Klaps, daß sie meine Hand hält oder sich auf dem Sofa nahe zu mir setzt. Die Botschaft verstehe ich dann schon. Ich will bloß nicht immer diejenige sein, die eine Zurückweisung riskieren muß. Wenn sie mir zu verstehen gibt, daß sie gerne möchte, dann reicht mir das schon.»

Joan und Julie fehlte die klare Vorstellung davon, wer zum Sex herausfordern sollte und wie man das macht. Sobald sie sich beraten ließen, konnte das Problem ganz einfach aus der Welt geschafft werden. Das Fehlen aussagekräftiger Verhaltenscodes für Schwule und Lesben führt in allen Beziehungsbereichen zu solcher Verwirrung und Hilflosigkeit: beim Kennenlernen, beim «Dating», beim Vertrautwerden miteinander und beim Sicheinlassen auf eine feste Beziehung.

Homophobie

Die meisten von uns, die sich in Schwulen-, Lesben- oder Bisexuellen-
kreisen bewegen, sind sich der in unserer Gesellschaft überall vorhandenen Homophobie sehr wohl bewußt. Für diejenigen, die das Wort
nicht kennen, sei es noch einmal kurz erklärt: Homophobie bedeutet
die Angst vor der Homosexualität. Was Sie vielleicht nicht wissen, ist,
daß es sich bei der Homophobie um eine Unterart der Xenophobie
handelt, und das ist die übersteigerte Furcht vor allem anderen oder
Ungewöhnlichen. Wie sehen die Auswirkungen der Homophobie auf
schwule und lesbische Beziehungen aus?

Wir machen uns alle Sorgen darum, ob wir auch akzeptiert werden,
aber das Bild, das sich Familienmitglieder und Freunde oder Freundinnen von schwulen und lesbischen Menschen machen, ist häufig ange-
kratzt. Infolgedessen verspüren Schwule und Lesben häufig schon
alleine aufgrund Ihrer Homosexualität Gefühle der Schuld und des
Selbsthasses, und es kann passieren, daß sie gegenüber dem gesellschaftlichen Druck klein beigeben und sich innerlich für ihre eigenen
sexuellen Vorlieben verdammen. Dadurch kann ein Schwuler oder
eine Lesbe eine Phobie der eigenen Homosexualität gegenüber entwik-
keln.

Es ist wohl wenig überraschend, daß ein angstbesetztes Verhältnis
zur eigenen sexuellen Vorliebe ernstzunehmende negative Auswirkungen auf die eigene Beziehung haben kann. Ich habe erlebt, wie die eigene Homophobie von Homosexuellen sogar in den allerprosaischsten
Situationen zum Ausdruck kam. Um ihre Angst vor dem Anderssein zu
kompensieren, werden manche Schwulen und Lesben geradezu fana-
tisch in dem Versuch, ihre Beziehungen dem «traditionellen» Vorbild
anzugleichen, und sie halten sich dabei rigide an die vorgegebenen Rollen. Außerdem regen sie sich häufig über das Verhalten des Partners
oder der Partnerin in der Öffentlichkeit auf, da sie manche Verhaltensweisen als unpassend oder allzu offensichtlich erleben. Wenn eine Beziehung auf einem Fundament aus Homophobie basiert, kann es passieren, daß sie unter dem Zwang des «Was werden bloß die Nachbarn
sagen» steht. Und eine solche Beziehung ist überaus einschränkend
und unangenehm.

Gegen sich selbst gerichtete Homophobie kann außerdem dazu führen, daß ein schwules oder lesbisches Paar das Gefühl hat, nicht mehr

weiterzukommen – das heißt, es weiß nicht, wie es seine Beziehung über die anfänglichen Phasen des Kennenlernens hinaus weiterentwickeln kann. Die beiden glauben, gar nicht weiterkommen zu können, da ihrer Auffassung nach eine feste Bindung und eine Heirat als Möglichkeiten ausscheiden. Einige leiden vielleicht unter dem Gefühl, mit dem Heraustreten aus der «Norm», um sich ihrer sexuellen Orientierung gemäß verhalten zu können, das Recht auf eine langfristige feste Bindung verwirkt zu haben.

Ein lesbisches Paar, mit dem ich arbeitete, hatte diese Schwierigkeit. Dina ist geschieden und hat zwei Kinder, die beide schon über zwanzig sind. Peggy, Dinas Geliebte, deklariert sich schon seit vielen Jahren in all ihren Lebensbereichen als Lesbe – am Arbeitsplatz und ihrer Familie, ihren Freundinnen und Freunden gegenüber. Dina hatte niemals zuvor eine Beziehung mit einer Frau. Sie sagt: «Ich mag Peggy wirklich gern, aber ich glaube nicht so recht, daß ich lesbisch bin. Männer mag ich immer noch. Ich möchte nicht, daß meine Kinder erfahren, was ich mache, und wenn sie mal vorbeischauen, dann gefällt es mir, wenn Peggy nett zu ihnen ist, aber ich möchte nicht, daß sie mir in dem Moment allzu nahe rückt. Außerdem geht es mir immer schlecht, wenn wir miteinander geschlafen haben. Ich genieße es, aber ich habe das Gefühl, daß es nicht richtig ist. Wenn meine Familie jemals davon erfahren würde, würden sie mich wahrscheinlich nie wieder sehen wollen.»

Peggy sagt: «Ich fühle mich ganz schrecklich, wenn Dinas Familie hier bei uns ist. Sie behandelt mich dann wie eine Fremde. Das heißt, zu Fremden ist sie in Wirklichkeit sogar netter. Wir haben ganz großartigen Sex miteinander, aber ich will mehr. Ich möchte eine richtige Beziehung, in der Dina mich wie eine Geliebte behandelt, wie eine Partnerin, wie eine, die zu ihrer Familie gehört.»

Bevor Peggy und Dina in ihrer Beziehung auch nur ein Stück weiterkommen können, muß Dina mit ihren ureigensten homophoben Empfindungen ins reine kommen. Sie muß entweder ihre Empfindungen für Peggy akzeptieren und ihre eigene Homosexualität oder Bisexualität anerkennen, oder sie muß sich für die Weiterführung eines heterosexuellen Lebensstils entscheiden. Bis Dina sich entschieden hat, kann Peggy in beiden Fällen kaum etwas tun. Sie kann sich bloß vor Augen halten, daß die Homophobie schuld ist an diesen Schwierigkeiten, und sich selbst davor schützen, durch das Verhalten Ihrer Partnerin verletzt zu werden.

Ein anderes Paar, mit dem ich gearbeitet habe, und zwar diesmal ein schwules, hatte bei der Überwindung der gegen sich selbst gerichteten Homophobie Erfolg. Phil und Harry fühlen sich in ihrer Beziehung sehr gefestigt, und die meiste Zeit waren sie mit sich selbst und ihrem Verhältnis zueinander zufrieden. Am letzten Silvesterabend besuchten sie eine Tanzveranstaltung, für die Phil, der von diesem Beruf lebt, als Fotograf engagiert worden war. Nachdem er seinen Auftrag erledigt hatte, wollte Phil mit Harry tanzen. Als Harry sich weigerte, gerieten die beiden in Streit. Lesen Sie hier, was die zwei während einer Gruppensitzung ein paar Tage später sagten:

Phil: «Ich hab mir über so was noch nie Gedanken gemacht. Ich geh so offen damit um, daß die Leute mich manchmal ‹den kleinen schwulen Fotografen› nennen, und das geht für mich in Ordnung, solange sie mir weiter Aufträge geben. Aber sonst kümmere ich mich gar nicht darum. Und da hab ich in dieser Situation einfach nicht begriffen, daß es Harry vielleicht aus der Fassung bringen würde.»

Harry: «Solange wir in Schwulenlokalen sind, ist mir das alles kein Problem. Aber ich war bei der Marine, und ich bin es gewöhnt, daß ich meine Veranlagung vor der Öffentlichkeit verberge. Bei dieser Tanzerei gab es nur Hetero-Paare. Etliche von denen waren am Trinken, und da hatte ich Angst, daß man uns vielleicht sogar zusammenschlägt. Aber das Risiko wollte ich wirklich nicht eingehen.»

Phil: «Wahrscheinlich muß ich mir klarmachen, daß wir zwei unterschiedliche Wesen sind und daß Harry zu solchen Sachen eine andere Einstellung hat. Die meiste Zeit sind wir sowieso mit Schwulen zusammen oder in gemischten Kreisen, wo wir akzeptiert sind, und deshalb taucht dieser Konflikt nicht allzu häufig auf. Unsere Freunde und Freundinnen nehmen uns alle so, wie wir sind, und zwar ganz unabhängig davon, wie sie selbst sexuell veranlagt sind. Ich habe mir vorgenommen, daß ich etwas mehr aufpasse, wenn wir zu zweit irgendwo sind, wo es vielleicht unangenehm werden könnte. Außerdem bin ich inzwischen auch überzeugt, daß es sicherer ist, wenn wir uns nicht so auffällig verhalten. Beim nächstenmal werd ich Harry fragen, was er davon hält, und nicht einfach davon ausgehen, daß alles bestens ist.»

*Harry: «Phil hat wirklich Grund zum Glücklichsein. Seine Familie
liebt ihn immer noch. Meine hat mich aber verstoßen. Und das
macht schon einen Unterschied, glaube ich. Ich weiß es wirklich
sehr zu schätzen, wie Phil mir geholfen hat. Er hat mir beige-
bracht, offener aufzutreten, aber es gibt Momente, in denen ich
immer noch Angst kriege. Ich bin dir sehr dankbar, daß du so viel
Verständnis zeigst, Phil. Ich liebe dich.»
Phil: «Ich dich auch. Du bist mir sehr viel wichtiger als so eine
dumme Tanzerei. Streiten wir uns nicht mehr darüber. Aber ich
möchte, daß wir die Tanzerei nachholen und am Wochenende in
die Disco gehen.»
Harry: «Die Verabredung ist dir sicher.»*

Phil und Harry lernten, sich nicht gegenseitig Vorwürfe zu machen für
ihre Schwierigkeiten, die aus der Homophobie resultierten. Es gelang
ihnen, ihre unterschiedlichen Erfahrungen, Wünsche und Bedürfnisse
zu respektieren und Verständnis dafür zu haben. Obwohl das Thema
Homophobie zwischen ihnen immer wieder einmal zur Sprache
kommt, stellt es kein größeres Problem mehr dar.

Da die Homophobie unter unseren gesellschaftlichen Voraussetzungen einen Grundbestandteil homosexuellen Lebens darstellt, ist es für
alle schwulen und lesbischen Paare wichtig, sich die Schwierigkeiten,
die daraus entstehen können, deutlich zu vergegenwärtigen und eine
Umgehensweise damit zu entwickeln. Aus diesem Grund werde ich
mich das gesamte Buch hindurch mit Aspekten der Homophobie beschäftigen, und zwar in den Ausführungen zu jeder einzelnen Stufe
einer Beziehung. Außerdem habe ich dem Buch noch einen Anhang zur
Homophobie beigegeben.

Liebe im verborgenen

In einer Umgebung, die in bezug auf Sexualität weder als offen noch als
sachlich zu bezeichnen ist, haben Homosexuelle oft das Gefühl, sie
müßten ihre sexuellen Vorlieben verheimlichen und «versteckt» bleiben.

In den Vereinigten Staaten stellen Schwule und Lesben zum Beispiel
einen signifikanten Anteil an unseren Armeeangehörigen, die Armee
allerdings spricht gegen alle eine fristlose Kündigung aus, deren

Homosexualität öffentlich bekannt wird. Als Konsequenz daraus müssen Schwule oder Lesben, die eine Militärlaufbahn einschlagen wollen, ihre sexuelle Präferenz geheimhalten. Das gleiche gilt für etliche Lehrer und Lehrerinnen und für Menschen, die sich für bestimmte andere Berufe entscheiden.

Wenn einer oder sogar beide Teile der Partnerschaft unter solchem Druck stehen, dann kann eine schwule oder lesbische Beziehung äußerst komplex und anstrengend werden. Leisetreterei, Heimlichtuerei und ein Leben in beständiger Angst machen entspannte, unbedrohte Intimität beinahe unmöglich. Wenn einem oder einer von beiden die Heimlichtuerei widerstrebt, während der oder die andere sie für notwendig hält, dann kann dieser Sachverhalt für den Fortbestand der Beziehung kritisch werden.

Susie und Teddie, ein lesbisches Paar, das in einer festen Beziehung miteinander verbunden war und das zur Beratung zu mir kam, waren gezwungen, sich für zwei Jahre zu trennen, als die Armee Susie nach Japan abkommandierte, Teddie aber in den USA beließ. Als Lesben hatten sie kein Einspruchsrecht und konnten nicht verlangen zusammenzubleiben. Diese zwei Jahre stellten ihre Beziehung wirklich auf den Prüfstand. Dazu kam noch, daß sie durch häufige Überprüfungen ihres Privatlebens sowieso eine permanente Gratwanderung absolvierten. Sobald sie beide wieder am selben Stationierungsort waren, kamen sie zur Beratung, um sich bei der Wiederherstellung ihrer früheren Verbindung unterstützen zu lassen. Als sie sich später erneut trennen mußten, weil Teddie für zwei Jahre nach Italien abkommandiert wurde, belastete das ihre Beziehung so sehr, daß diese schließlich ein Ende fand. Die Beziehung zwischen Susie und Teddie zerbrach letztendlich am Konflikt zwischen dem Wunsch der beiden, ihre berufliche Laufbahn weiterzuverfolgen, und dem doppelten Zwang, versteckt zu leben und dann auch noch voneinander getrennt zu werden.

Eine schwierige Situation kann etwa dann eintreten, wenn ein Teil der Partnerschaft versteckt lebt und diese Person einen befreundeten Menschen des anderen Geschlechts zu geschäftlich bedingten Anlässen mitnimmt, während der Partner oder die Partnerin zu Hause sitzenbleiben müssen. Sheila, eine überaus erfolgreiche Handelsvertreterin, kam völlig aufgelöst zu ihrem Termin bei mir und legte dann ihre Situation dar. Sie sagte:

«Ich bin auf der Suche nach einem schwulen Mann, der mich bei einer Reise auf die Bermudas begleiten kann, die ich als Prämie für meine Spitzenverkäufe bekommen habe. Carol, meine Geliebte, kann nicht mit, um diesen Triumph mit mir auszukosten. Wir hatten eine heftige Auseinandersetzung deswegen, aber ich weiß genau, daß ich meinen Job verlieren würde, wenn die Firma um mich Bescheid wüßte. Für unsere Beziehung bringt das ziemliche Probleme. Ich neige dazu, Sachen vor Carol zu verheimlichen, und wir streiten dann immer, wenn sie es herausfindet. Es fällt mir wirklich nicht leicht, ihre Gefühle zu verletzen, aber andererseits mag ich alles andere an meinem Job sehr gerne leiden, und so viel Geld könnte ich nirgendwo sonst verdienen.»

Eine tiefe, langdauernde Bindung zu haben und nicht in der Lage zu sein, diese wunderbare Tatsache gegenüber Geschäftskollegen und -kolleginnen, Freunden und Freundinnen und der Familie zu enthüllen, ist ein typischer Kummer für Schwule und Lesben. Feingefühl und eine gewisse Solidarität sind notwendig, um mit diesen aus dem Versteckleben resultierenden Schwierigkeiten umgehen zu können.

Obwohl die Informiertheit in bezug auf Homosexualität in manchen Teilbereichen unserer Gesellschaft immer stärker zunimmt, sind Schwule und Lesben in Amerika weiterhin mit unterschiedlichen Reaktionen konfrontiert: Akzeptanz, Gleichgültigkeit und offene Feindschaft. Jede dieser drei Reaktionsweisen bringt unterschiedliche Möglichkeiten und Bedürfnisse für versteckt lebende Schwule oder Lesben mit sich. Wird zum Beispiel ein Paar von der Familie akzeptiert, so fühlt es sich stärker unterstützt und kann deswegen vielleicht mit seiner Beziehung offen umgehen. Das Bedürfnis der beiden nach einem Netz aus wohlgesonnenen Freunden ist in einem solchen Fall weniger intensiv. Wenn sich der Großteil der Familie und der Umgebung gleichgültig verhält, dann steigt das Bedürfnis nach Unterstützung von außen. Und angesichts einer feindselig eingestellten Familie oder Umgebung wird eine solche Unterstützung lebensnotwendig.

Obwohl ich ganz entschieden daran glaube, daß das Coming-out für uns alle wichtig ist, sobald wir dazu in der Lage sind, erkenne ich gleichzeitig an, daß es für etliche Schwule und Lesben nicht klug wäre, sich auf der Stelle zu deklarieren. Die Ängste, seinen Beruf, die Achtung und die Anerkennung durch die Familie oder auch gute Freunde und Freundinnen zu verlieren, sind nur unter großen Schwierigkeiten zu überwinden. Obwohl die Reaktionen von Freunden oder Freundinnen und der Familie in vielen Fällen entschieden wohlwollender ausfallen, als wir es zuvor erwartet hatten, gibt es keine Garantie, daß es auch so sein wird. Und für manchen Schwulen oder manche Lesbe ist das Risiko zu groß, um es auf sich zu nehmen.

Die Entscheidung zum Coming-out ist etwas sehr Persönliches und muß mit aller Sorgfalt getroffen werden. Wenn Sie selbst, Ihr Liebhaber oder Ihre Geliebte versteckt leben, dann nutzen Sie die Vorschläge in Kapitel acht, wie Sie gemeinsam mit Ihrem Partner oder Ihrer Partnerin an diesem Problem arbeiten können. Gehen Sie sanft miteinander um, und drängen Sie Ihr Gegenüber nicht zum Coming-out.

Unterschiede vor dem Gesetz

In der letzten Zeit haben Schwule und Lesben durch Einwendungen und Klageerhebungen, bei denen es um Diskriminierung und Ungerechtigkeiten ging, auf individueller Basis bescheidene Verbesserungen in bezug auf den juristischen Schutz erreicht. Es gilt jedoch weiterhin, daß in den USA viele Bereiche, die mit schwulen oder lesbischen Beziehungen zu tun haben, nach den auf Kommunal-, Bezirks-, Bundesstaats- und Bundesebene geltenden Gesetzen unterschiedlich behandelt werden. Diese juristischen Voraussetzungen haben grundlegenden Einfluß auf unseren Lebensstil und unsere Partnerschaften.

Um die Situation für die Vereinigten Staaten einmal konkret zu benennen, ist es in einigen oder sogar den meisten Bundesstaaten für schwule und lesbische Paare schwierig oder sogar verboten:

- in der Öffentlichkeit zu tanzen, Händchen zu halten oder sich zu küssen
- sich auf der Intensivstation zu besuchen
- gemeinsamen Besitz zu erben
- Sex zu haben
- zu heiraten
- sich gegenseitig als Begünstigte aus Versicherungen einzusetzen
- für den «Mann» oder die «Frau» medizinische Entscheidungen zu treffen oder ein Begräbnis zu organisieren

Solche diskriminierenden Umstände sind bestürzend und frustrierend, und sie wirken auf unser Leben und unsere Beziehungen ein. Während meiner gesamten Praxis habe ich immer wieder gesehen, wie diese juristischen Gegebenheiten schwulen Männern und lesbischen Frauen den Mut genommen haben, an die Lebensfähigkeit ihrer Beziehungen zu glauben und den Aufwand dafür als gerechtfertigt anzusehen. Wenn dieser Glaube fehlt, wird es für ein Paar entschieden schwerer, beharrlich zu sein und eine feste Dauerbeziehung aufrechtzuerhalten.

Ein Beispiel dafür liefern Fred und Paul, die zu mir kamen, weil sie sich vor einer unsicheren Zukunft sahen. Paul erzählte: «Mit unseren Jobs, unserem sonstigen Leben und unserer Liebe läuft alles recht gut, und wir würden uns auch gerne enger binden, aber wir haben Angst davor. Wenn wir uns noch enger binden, dann braucht das eine größere Offenheit als bisher. Alle Leute werden es dann wissen, und es wird deutlich zu sehen sein. Ist es überhaupt erlaubt, daß wir zusammenleben? Können wir dafür vielleicht ins Gefängnis wandern?»

Paul stellte eine ernstzunehmende Frage, die für mich allerdings nicht überraschend war. Fred brachte noch weitere Bedenken zum Ausdruck: «Wir würden gerne gemeinsam ein Haus kaufen, ein gemeinsames Konto einrichten, und ich würde Paul gerne zum Begünstigten aus meiner Lebensversicherung machen – aber wie können wir all diese Dinge regeln?»

Paul und Fred nahmen meinen Vorschlag an und brachten in Erfahrung, was sie zu ihrer finanziellen und rechtlichen Absicherung alles unternehmen konnten (durch Verträge, Vollmachten und Abkommen zu gemeinsamem Eigentum). Außerdem holten sie von Fachleuten juristischen Rat ein und fanden dabei heraus, wo für sie beide dem Gesetz nach die wunden Punkte lagen. Als sie erst einmal geklärt hatten, daß sie eine legale, finanziell klar geregelte Übereinkunft treffen und eine feste Bindung eingehen konnten, waren sie in der Lage, zusammenzuziehen und ihre Liebe weiterzuentwickeln.

Aufgrund der in unserer Gesellschaft vorhandenen Diskriminierung und Homophobie kann es besonders für Schwule und Lesben schwierig werden, kompetente, informierte und kenntnisreiche Anwälte oder Anwältinnen zu finden, die mit juristischen Fragen wie Wohnungsangelegenheiten, unberechtigten Festnahmen, Eigentumsübertragungen, Rechten in bezug auf medizinische Entscheidungen und Übereinkommen zu Hausbesitz und Erbe umgehen können.

Aids

Das Thema Aids ist unter Schwulen und Lesben allgegenwärtig. Vielleicht stöhnen Sie ja innerlich auf, wenn Sie das lesen, kommt es Ihnen doch vielleicht so vor, daß alle Veröffentlichungen, nach denen Sie in den letzten paar Jahren greifen konnten, mit Aids zu tun hatten. Weil sich die Heterosexuellen bisher noch nicht in ausreichendem Maß mit diesem Thema herumgeschlagen haben, muß man es im Moment als einen weiteren Faktor betrachten, der schwule und lesbische Beziehungen von heterosexuellen trennt.

Obwohl sich lesbische Frauen wegen Aids keine so großen Sorgen zu machen brauchten, wie es für schwule Männer angebracht ist, sind sich die Lesben aus meinem Bekanntenkreis der Aidsproblematik und der notwendigen Safer-Sex-Praktiken bewußt. Etliche arbeiten auch sehr intensiv im Kampf gegen die Krankheit, zum Beispiel im Rahmen von Programmen, wie sie das Aids Project in Los Angeles durchführt. Das bringt mich zu der Ansicht, daß auch ein Großteil der lesbischen Frauen Aids als ein Thema akzeptiert hat, das sie angeht.

Schwule Männer sind sich dessen im allgemeinen noch stärker bewußt. Die meisten von ihnen haben Freunde verloren, etliche auch ihre Liebhaber. Selbst wenn wir trauern, können Schwule und Lesben als Gemeinschaft überaus stolz sein. Durch Aufklärung und durch Safer-Sex-Praktiken haben wir den Verbreitungsgrad dieser verheerenden Krankheit vermindert.

Zwar ist sehr viel getan worden, aber Aids und die Angst davor haben weitreichende Auswirkungen auf die Beziehungen von Schwulen und Lesben. Sie erfahren noch weniger Unterstützung, gibt es doch Familien, die ihre homosexuellen Söhne und Töchter aus Angst vor Aids zurückweisen. Unter den Schwulen und Lesben haben sich Unsicherheit und Angst breitgemacht, und zwar ganz besonders unter den Männerpaaren, die während ihrer gemeinsamen Jahre in bezug auf sexuelle Kontakte offene Arrangements getroffen hatten, die jetzt allerdings fürchten, daß diese Arrangements vielleicht das Leben beider Partner gefährdet haben.

Es herrscht auch eine größere Offenheit, da Liebende gezwungen sind, über ihre sexuellen Bedürfnisse und Praktiken vorbehaltlos zu sprechen. Diese Offenheit kann für Leute, die es als extrem unangenehm erleben, über Sex und Sexualität zu sprechen, sehr unerquicklich sein, doch die Wichtigkeit des Themas Aids macht solche Unterhaltungen zu etwas Lebensnotwendigem.

Zusammenfassend läßt sich sagen, daß aufgrund von Aids Beziehungen als wertvoller und beiläufiger Sex als zu riskant angesehen werden. Das hat dazu geführt, daß mehr Schwule und Lesben versuchen, ihre Beziehungskompetenz zu verbessern. Alle schwulen oder lesbischen Paare empfinden es als der Mühe wert, offenere und ehrlichere – und zugleich auch «safere» – Vereinbarungen zu treffen.

Unterschiede innerhalb der Unterschiedlichkeit: gleichgeschlechtliche Paarbeziehungen

All die Faktoren, über die ich gerade eben geschrieben habe – der Mangel an gesellschaftlichen Richtlinien und an Rollenmodellen, verwirrende Verhaltenscodes, die Homophobie, das Thema des Verstecktlebens, die Behandlung vor dem Gesetz und Aids –, sind verantwortlich für den Bedarf an spezifischen Informationen, die schwule oder lesbische Paare brauchen, um ihre Beziehungen funktionsfähig zu halten. Zusätzlich zu den Unterschieden zwischen homosexuellen und heterosexuellen Beziehungen gibt es auch zwischen schwulen und lesbischen Beziehungen signifikante Unterschiede.

Das, was man zu seiner gesellschaftlichen Rolle lernt, ist für Jungen und Mädchen unterschiedlich. Obwohl die Wissenschaftler sich immer noch darüber streiten, wie hoch der Anteil anzusetzen ist, mit dem genetische und hormonelle Faktoren unser Verhalten bestimmen, gestehen doch die allermeisten zu, daß wir einen bestimmten Teil durch Konditionierung lernen. Untersuchungen haben gezeigt, daß in unserer Gesellschaft jeder und jede – von den Beschäftigten im Kreißsaal über die Eltern bis hin zu den Lehrern und Lehrerinnen – Mädchen und Jungen unbewußt und bewußt unterschiedlich behandelt. Für die zwei Geschlechter unterscheidet sich vieles: die Kleidung, die Spielsachen, die Erwartungen der Erwachsenen, der Umgang miteinander und das Gefühlsleben. Obwohl die Geschlechterrollen heutzutage einem Wandlungsprozeß unterworfen sind, ist der Einfluß von vielen der traditionellen stereotypen Verhaltensweisen für die beiden Geschlechter, mit denen wir aufgewachsen sind, immer noch gegeben. Es haben sich bisher noch keine klaren Rollenmodelle für einen neuen Lebensstil entwickelt. Wenn sie erst einmal erwachsen sind, dann wird von Männern erwartet, daß sie «nichts anbrennen lassen», «sich die Hörner abstoßen» und sich nicht zu festen Bindungen «einfangen» lassen. Bei Frauen läuft die Konditionierung allerdings so, daß sie Monogamie, Anpassung, Zusammenarbeit und sexuelle Zurückhaltung als hohen Wert ansehen. Man bringt ihnen bei, sich verantwortlich zu fühlen für den Sex und die Geburtenkontrolle und sich als unfähig zu betrachten, wenn es um Geld oder technische Dinge geht. Man ermuntert sie, alles zu tun, damit sich ihre Beziehungen entwickeln und sich eine immer engere Bindung einstellt.

Die ungleiche, nach Geschlechtern getrennte Erziehung, der wir als Kinder ausgesetzt sind, macht uns bereit für heterosexuelle Beziehungen, die auf traditionellen Rollenmustern aufbauen. Durch diese Erziehung wird außerdem eine Art stabiler Unausgewogenheit in bezug auf die Verantwortlichkeiten und die Machtverteilung zwischen Männern und Frauen beibehalten. In heterosexuellen Beziehungen gerät das Streben der Frau in Richtung fester Bindung und Monogamie in Konflikt mit dem Streben des Mannes nach Abwechslung.

In lesbischen und schwulen Beziehungen wird diese kulturelle Konditionierung jedoch durch die gleichgeschlechtliche Paarung noch gesteigert und kann in etlichen Fällen destruktiv wirken. Für schwule Männer, und selbst für jene, die sich ganz entschieden nach einer engen Beziehung sehnen, ist es häufig schwierig, eine stabile Bindung aneinander zu erreichen. Das hat zur Folge, daß zu langfristigen Beziehungen zwischen Männern die ausgesprochene oder unausgesprochene Übereinkunft gehört, nicht monogam zu sein. Aufbauend auf meinen Erfahrungen in der Partnerschaftsberatung kann ich noch ein paar andere Charakteristika anführen, die bei schwulen Männern häufig auftauchen: ein gewisses Widerstreben, sich fest zu binden; Unsicherheit darüber, wie die Vertrautheit miteinander noch vertieft werden kann; der Drang, ausreichende sexuelle Reize und Abwechslung zu haben, um das Interesse nicht zu verlieren; und häufig Schwierigkeiten mit der Klärung ganz einfacher Haushaltsfragen.

Bei lesbischen Frauen verhält es sich anders. Sie neigen dazu, die Ebene der festen Bindung allzu früh zu erreichen, beziehen sich bereits nach ein paar Wochen oder sogar Tagen sehr eng aufeinander, ziehen dann auch oft zusammen und bekommen anschließend Schwierigkeiten mit der Aufrechterhaltung der Beziehung. Anstatt sich auf Affären einzulassen, wie schwule Männer das häufig tun, neigen lesbische Frauen eher dazu, ihre Beziehungen zu beenden, wenn sie sich von einer anderen Frau angezogen fühlen.

Die üblichen Themen, um die es bei der Beratungsarbeit mit lesbischen Paaren geht, umfassen auch die Schaffung persönlicher Freiräume innerhalb der Beziehung, die Klärung der finanziellen Verantwortlichkeiten, die Entwicklung von Selbstachtung, den Umgang mit Kindern (bei lesbischen Paaren sind häufig ein oder auch beide Teile geschiedene Mütter) und das Wiedererwecken sexuellen Begehrens.

Natürlich gibt es individuell gesehen immer Männer und Frauen, die aus dem Rahmen der hier bisher beschriebenen Beziehungsmuster fallen. Es gibt schwule Männer, die völlig auf eine feste Bindung konzentriert sind und nicht einmal im Traum daran denken würden, eine Affäre oder eine nichtmonogame Beziehung zu haben, und es gibt lesbische Frauen, die auf sexuellem Gebiet Experimente machen und sehr frei damit umgehen. Obwohl ich Etikettierungen und festgefügte Generalisierungen zutiefst verachte, habe ich die oben angeführten Unterschiede zwischen Schwulen und Lesben dennoch oft genug gesehen, um darin signifikante Verhaltensmuster zu erkennen.

Geschlechtsspezifische Probleme stellen nur einen weiteren Punkt innerhalb einer ganzen Skala von Einzigartigkeiten und Komplexitäten schwuler und lesbischer Beziehungen dar. Sie heben noch stärker hervor, wie bedeutsam es für gleichgeschlechtliche Liebespaare ist, sich das Wissen anzueignen, das sie zur Umsetzung ihrer spezifischen Beziehungsbedürfnisse befähigt.

Was sollen Schwule und Lesben also tun?

Trotz der Einschränkungen, die ich gerade eben vorgestellt habe, ist es möglich, daß schwule und lesbische Liebende ihre Schwierigkeiten überwinden und zu bedeutungsvollen, langdauernden Beziehungen finden. Es bedarf dazu allerdings seriöser Informationen und geeigneter Techniken. Außerdem glaube ich, daß Schwule und Lesben im Vergleich zu Heterosexuellen tatsächlich etliche Vorteile haben.

Die Stärken schwuler und lesbischer Beziehungen und wie man sie erkennt

Als ich nach und nach immer mehr über Homosexualität lernte – über meine eigene und die meiner Klienten und Klientinnen – und auch immer mehr schwule Freunde und Lehrer und lesbische Freundinnen und Lehrerinnen kennenlernte, war ich beeindruckt von etwas, was ich als zwar subtilen, aber dennoch wichtigen Vorteil ansah, der im Schwulsein oder im Lesbischsein liegt. Ich erkannte im Lauf der Zeit, daß Schwule und Lesben, die durch ihre Lebensumstände ja gezwungen waren, sich über die Bedeutung und den Sinn ihres Lebens Gedanken zu machen, häufig eine große Weisheit und Charaktertiefe entwickelt haben.

Die Entscheidung, sich zu seinem Schwulsein oder Lesbischsein zu bekennen (selbst wenn man das nur sich selbst gegenüber tut), ist gleichbedeutend mit der Entscheidung, die Zurückweisung durch einen Großteil der Gesellschaft zu akzeptieren, vielleicht sogar die Zurückweisung durch die Menschen, die man liebt und am allermeisten braucht. Es handelt sich dabei um eine grundlegende Lebensentscheidung, und alle, die sie treffen, erkennen sie als Veranlassung, sich Gedanken zu machen über eine Philosophie ihres Lebens. So wie alle Riten des Übergangs ist auch dieser Reflexionsprozeß eine hart erkämpfte Erfahrung. Wer die Schlacht um sein Coming-out geschlagen hat, ist zum Sieger oder zur Siegerin geworden, und Siegertypen sind immer interessant.

Ein weiterer Vorteil des Schwulseins und des Lesbischseins liegt in dem so wunderbar engmaschigen Netz der Schwulen- und Lesbenbewegung und in deren Aktivismus. Schwule und lesbische Paare können sich professionelle Unterstützung in einem enormen Ausmaß beschaffen, und zwar im juristischen, psychologischen, medizinischen und in etlichen anderen Bereichen. Ganz besonders trifft das auf große verstädterte Regionen zu.

Wenn es um politische Aspekte geht, so kenne ich nur wenige andere Gruppen, die darauf vertrauen können, daß ihre Belange mit der gleichen Energie und Klarheit und dem gleichen Humanitätsbewußtsein zum Ausdruck gebracht und mit solch kämpferischem Mut erfochten werden, wie Schwule und Lesben sie hervorbringen. Ich habe bei diesen Gruppen entschieden weniger interne Kämpfe beobachtet als in sämtlichen anderen politischen Gruppierungen, mit denen ich bisher zu tun hatte.

Wir haben Zeitungen und Zeitschriften, durch die wir Unterstützung erfahren. Unternehmen, die sich im Besitz von Schwulen oder Lesben befinden, verdienen eine Erwähnung für ihr Engagement zugunsten von Schwulen und Lesben. Jeder Mensch, der schwul oder lesbisch ist und sich alleine fühlt, braucht bloß Kontakt aufzunehmen zu einem Zentrum für Schwule oder Lesben, zu einer Zeitung, einer Zeitschrift oder einer Fachgruppe, und schon trifft er auf geeignete Leute. Die Unterstützung durch solche Kontakte dient in gewisser Weise dazu, die Unterstützung durch die Familie und die Gesellschaft zu ersetzen, die viele Schwule und Lesben verloren haben. Alle Beziehungen brauchen zu ihrem Fortbestehen Unterstützung von außen, und wir finden diese Unterstützung in einer Weise, wie die heterosexuelle Welt sie bisher noch nicht zustande gebracht hat.

Wie man sich löst

Schwule und Lesben können aus ihren Stärken Kraft ziehen und lernen, wie sie mit ihren spezifischen Problemen umgehen können. Es ist überhaupt nicht nötig, den traditionellen heterosexuellen Beziehungs- und Bindungsmustern verhaftet zu bleiben. Ich glaube, daß schwule und lesbische Paare sich über neue Liebesregeln unterhalten und sie erschaffen müssen, Regeln, die homosexuellen Partnerschaften wirklich entsprechen. Das heißt, daß wir nicht nur Umgehensweisen erlernen, wie sie auf jedes Paar zutreffen, sondern daß wir auch neue, auf unsere spezifischen Bedürfnisse zugeschnittene Regeln entwickeln. Wir stehen am Beginn einer Zeit, in der wir uns auf neuen Wegen vorwärtskämpfen und dabei neue Möglichkeiten des Lebens und des Liebens für schwule und lesbische Paare erkunden können.

Es ist durchaus möglich, daß wir mit unserem Umerziehungsprozeß Probleme haben. In mancherlei Hinsicht sind das Ummodeln von Verhaltensregeln und die Schaffung neuer Verhaltensmöglichkeiten vergleichbar mit dem Prozeß, den ein heterosexueller Mensch nach der Scheidung durchläuft, wenn er (oder sie) nach Jahren des Verheiratetseins zurückgeworfen wird auf die Stufe eines Individuums, das plötzlich wieder Verabredungen mit halbwegs Unbekannten treffen muß. Das Schwierigste an der ganzen Geschichte ist der Umstand, daß es unangenehm ist. Es kann sein, daß ein Mensch in dieser Situation sich ungeschickt oder «dumm» vorkommt, sich fühlt, als müßte er (oder sie) eigentlich mehr Ahnung haben.

Entscheidend ist hier die Erkenntnis, daß die Ungeschicklichkeit bloß vorübergehend zum Tragen kommt. Wenn Sie lernen, Selbstvertrauen zu entwickeln und über Ihre Bedürfnisse und Verantwortlichkeiten innerhalb einer Beziehung klar nachzudenken, dann werden Sie die Herausforderung, Ihre Beziehungen als selbstverständlichen und bedeutungsvollen Teil des Menschseins anzusehen, mit der Zeit auch annehmen.

Dieses Buch soll Ihnen dabei helfen, über die Liebe nachzudenken, auf Beziehungen hinzuarbeiten und Ihr Leben so erfüllt zu gestalten, wie Sie es gerne hätten. Den Anfang dazu haben Sie bereits hinter sich gebracht. Die nachfolgenden Kapitel werden sich mit allen wichtigen Themen befassen, denen sich schwule und lesbische Paare in langdauernden Beziehungen gegenübersehen.

Das Finden von Rollenvorbildern

Wenn man einen neuen, persönlich zuträglicheren Lebensstil entwickeln möchte, der breite Unterstützung durch andere und deren Zustimmung zu Ihrer schwulen oder lesbischen Beziehung einschließen soll, so kann man einen ersten zielgerichteten Schritt unternehmen und sich auf die Suche nach positiven Rollenvorbildern begeben. Wenn man darauf aus ist, einen schwulen oder lesbischen Lebensstil zu entwickeln, dann sind Rollenmodelle dafür grundlegend. Das Wissen darum, daß andere schwule oder lesbische Alleinlebende und Paare zufrieden leben, wird Ihnen Hoffnung und Motivation schenken. Positive Rollenvorbilder werden Ihnen helfen, Ihre Wünsche zu definieren, und Sie in Ihrem Bemühen um deren Umsetzung bestärken. Als Beispiele für förderliche Beziehungen und Lebensstile helfen Rollenmodelle Ihnen:

- potentielle Liebespartner oder -partnerinnen einzuschätzen
- erfüllende und befriedigende Kontakte mit anderen Schwulen und Lesben herzustellen
- die Eigenarten einer festen Bindung zu verstehen und dadurch eher zu wissen, wann man sie eingeht

- die Eigenheiten der Heirat zu verstehen und dadurch zu erfahren, was es braucht, damit Sie Ihr Leben gemeinsam verbringen können
- mit Spannungen und Problemen besser zurechtzukommen
- neue Beziehungsmöglichkeiten zu erkennen

Wenn es in Ihrer Nähe eine Schwulen- oder Lesbengruppe gibt, dann gehen Sie dorthin. Beobachten Sie die homosexuellen Menschen, die Sie dort kennenlernen, um auf diese Weise Beispiele zu entdecken für Beziehungen, von denen Sie den Eindruck haben, daß sie konstruktiv sind und funktionieren. Stellen Sie Fragen, besuchen Sie Vorträge, lesen Sie Bücher und machen Sie bei Workshops mit. Es ist entscheidend, daß Sie sich die Informationen beschaffen, die Sie in einer offeneren Kultur ganz von selbst erhalten würden.

Besuchen Sie kulturelle Veranstaltungen. Gehen Sie zu Theateraufführungen, Kunstausstellungen, Literaturlesungen und Filmen mit schwulem oder lesbischem Inhalt. Wenn Ihnen Kunst nicht um der Kunst selbst willen gefällt, dann machen Sie sich trotzdem auf den Weg und sammeln Sie Eindrücke von verschiedenen Rollenmodellen. Lesen Sie die Biographien von schwulen und lesbischen Menschen – von Gertrude Lawrence zum Beispiel, von Alice B. Toklas und von Harvey Fierstein. Außerdem gibt es in heterosexuellen Beziehungen bestimmte positive Bereiche – Kommunikation und gegenseitige Unterstützung etwa –, die schwule und lesbische Paare modifizieren und sich aneignen können, ohne das Vorbild gleich im ganzen zu übernehmen.

Ein Leben in San Francisco, New York, Los Angeles, Amsterdam oder Berlin bietet einem die meisten Möglichkeiten, denn in diesen Städten kann man mit extrem viel Unterstützung rechnen. Außerdem ist klar, daß in Städten mit einer hohen Bevölkerungszahl auch mehr Schwule und Lesben leben. Da wir allerdings über die gesamte Bevölkerung verteilt vorhanden sind, heißt das natürlich, daß Sie auch überall dort Verbindungen herstellen können, wo Sie selbst gerade leben.

Obwohl es in kleineren Städten schwieriger sein kann, Rollenvorbilder zu finden, verhält es sich nach der Statistik so, daß unter zehn Menschen, die Sie treffen, immer einer schwul oder lesbisch ist. Wenn Sie nach diesen suchen, werden Sie sie auch finden. Abonnieren Sie Zeitschriften (die kommen in neutralen Umschlägen, oder Sie können sich auch ein Postfach zulegen, wenn das notwendig sein sollte). Erkundigen Sie sich nach Möglichkeiten telefonischer Beratung, nach

Schwulen- oder Lesbenzentren in Ihrer Gegend und nach Lesben- und Schwulengruppen an einer nahe gelegenen Universität. Nutzen Sie die Informationsquellen, mit denen Sie im weiteren Verlauf dieses Buches konfrontiert werden. Lassen Sie sich auf die Adressenlisten von großstädtischen Schwulen- oder Lesbenorganisationen und Versandbuchhändlern setzen. Nutzen Sie Ihr Telefon oder über ein Modem sogar Ihren Computer, um sich mit anderen Regionen und den «networks» Gleichgesinnter in Verbindung zu setzen. Halten Sie nach Medienereignissen Ausschau, in denen es um Schwules oder Lesbisches geht, und dabei vor allem um Sendungen, die öffentlich zugänglich sind oder allgemein ausgestrahlt werden. Verbringen Sie Ihren Urlaub in Städten mit einem hohen schwulen oder lesbischen Bevölkerungsanteil und gehen Sie dort in die verschiedenen Lesben- und Schwulenzentren. Veröffentlichungen für Schwule und Lesben, wie sie im Anhang am Ende dieses Buches aufgeführt sind, werden Ihnen helfen, sich noch weitere Informationsquellen zu erschließen.

Nachdem wir uns nun mit den für Schwule und Lesben spezifischen Themenbereichen beschäftigt und dabei gesehen haben, wie sehr diese Dinge die Entwicklung eines konstruktiven Lebensstils fördern, können wir uns jetzt mit dem befassen, was Sie vor allem über schwule oder lesbische Beziehungen wissen möchten – wie man sie findet, wie man sie verbessert und wie man ihnen Dauer verleiht.

KAPITEL 2

Wie (und wo) man Beziehungen findet

Es liegt auf der Hand, daß der erste Schritt zu einer konstruktiven Beziehung selbstverständlich darin liegt, den richtigen Partner oder die richtige Partnerin überhaupt erst zu finden. Dieser Schritt mag zugleich als der schwierigste erscheinen. Und tatsächlich machen viele Schwule oder Lesben bei diesem ersten Schritt genau die Fehler, die zukünftige Mißerfolge bereits vorprogrammieren. Ich hatte schon unzählige Schwule und Lesben bei mir zur Beratung, die keine geeigneten Partner oder Partnerinnen finden, weil sie nicht wissen, wie sie auf die richtigen Leute treffen können. Oder sie folgen zwanghaft zerstörerischen Verhaltensmustern und verlieben sich immer wieder in die falschen Leute.

Als Gründe für diese Schwierigkeiten kann man mehrere Faktoren aufführen:

- Man weiß nicht, wie man die Kandidaten oder Kandidatinnen einschätzen und sortieren kann.
- Man weiß nicht, was man von einem Liebhaber oder einer Geliebten möchte.
- Man hat keine klare Vorstellung davon, welche Art Beziehung man eigentlich sucht.
- Man ist nicht vorbereitet auf eine tiefgehende Beziehung.
- Man geht nur in Kneipen, wenn man potentielle Partner oder Partnerinnen kennenlernen möchte.
- Man benutzt den Sex als Eintrittsmöglichkeit in Beziehungen.
- Man hat eine negative Einstellung zu anderen Schwulen oder Lesben (Homophobie).

Eigentlich entbehrt es ja nicht einer gewissen Ironie, wenn man feststellt, wie viele Leute Schwierigkeiten haben, andere Schwule oder Lesben kennenzulernen, wo wir doch überall sind. Obwohl es kein absolut zuverlässiges Verfahren gibt, die tatsächliche Zahl von Schwulen und Lesben in den Vereinigten Staaten festzustellen, so sind doch die meisten Experten der Meinung, daß zehn Prozent der Gesamtbevölkerung gleichgeschlechtlich orientiert sind. Damit kommt man auf eine Zahl von mehr als dreiundzwanzig Millionen Schwulen und Lesben in den Vereinigten Staaten, und ich bin der festen Überzeugung, daß eine solche Schätzung zu niedrig angesetzt ist.

Die Untersuchungsergebnisse, die Kinsey in seinem Report von 1948 veröffentlicht hat und die immer noch als die gründlichste (manche sagen: die einzig gründliche) und verläßlichste Studie zu sexuellen Verhaltensweisen angesehen wird, schließen damit, daß: «... siebenunddreißig Prozent der männlichen Gesamtbevölkerung in der Zeit zwischen ihrer Jugend und dem Alter mindestens mehrere offenkundig homosexuelle Erfahrungen hatten, die bis zum Erreichen des Orgasmus gingen. Damit betrifft das fast zwei von jeweils fünf [Männern], die man kennenlernt.»

Es genügt wohl, wenn ich sage, daß es sehr viele von uns gibt. Allerdings wurde noch immer nicht ganz zur Kenntnis genommen, wie stark wir innerhalb der Gesellschaft vertreten sind. Man kann bisher bloß einen ersten Silberstreif am Horizont erkennen. Diejenigen von uns, die sich in Schwulen- oder Lesbengruppen bewegen, wissen Bescheid darüber, wie viele von «uns» es gibt und wie viele von uns für die Allgemeinbevölkerung als normal gelten.

Da man die sexuellen Verhaltensweisen der Menschen zusehends besser verstehen lernt, bin ich überzeugt davon, daß immer mehr Menschen ihr Coming-out haben und deswegen auch die Prozentschätzungen, die momentan allgemein anerkannt sind, nach oben gehen werden. Doch selbst bevor das erreicht ist, gibt es um Sie herum genügend Leute, die Sie kennenlernen können, und zwar wirklich überall. In diesem Kapitel werden Sie die Informationen finden können, die Sie brauchen, um Ihren idealen Geliebten oder Ihre ideale Geliebte zu finden und im Verlauf dieses Prozesses einige sehr gute Freunde und Freundinnen zu gewinnen.

Wenn Sie zu denen gehören, die bereits einen Partner oder eine Partnerin haben, dann ist Ihnen vielleicht eher danach, gleich weiterzublättern. Vielleicht verschaffen Sie aber sich und Ihrem Partner oder Ihrer Partnerin auch ein bißchen prickelnde Spannung, indem Sie so tun, als wären Sie sich fremd, Ihre erste Begegnung noch einmal inszenieren und auf die «Wir haben uns gerade kennengelernt»-Ebene zurückkehren. Es ist verblüffend, wie aufregend und faszinierend die Ihnen vertraute Person erscheinen kann, wenn Sie sie mit dem gleichen Blick betrachten wie einen Fremden oder eine Fremde.

Die erfolgreiche Partnervermittlung

Die Suche nach einem Partner oder einer Partnerin ist der gleiche Prozeß wie bei einer Partnervermittlung. Der erste Schritt, den eine Partnervermittlung unternimmt, ist klar: Sie will herausfinden, wer ihr Klient oder ihre Klientin ist. Und in Ihrem Fall sind *Sie* der «Klient» oder die «Klientin».

Die meisten von uns haben nie aufgehört, im Geiste Auflistungen zu führen darüber, wie wir als Liebende sind. Allerdings ist die Einschränkung zu machen, daß wir das zumeist mit einer negativen und uns selbst herabwürdigenden Betonung machen. Wenn ich meine Klienten oder Klientinnen zum erstenmal bitte, mir etwas über sich selbst zu erzählen, dann listet der Großteil von ihnen auf, was sie an sich selbst nicht leiden mögen (zu dick, zu zurückhaltend, et cetera). Wenn ich sie danach bitte, mir zu erzählen, was sie an sich *mögen*, dann können sie nicht mehr weiter.

Deswegen muß die Suche genau an diesem Punkt ansetzen: Das Wissen um sich selbst ist die Grundvoraussetzung für die Erkenntnis, welche Art Mensch am besten zu einem passen würde – zu seiner eigenen Persönlichkeit, seinen Interessen, seinen Gefühlen, seinen Gewohnheiten, seinen Freizeitvergnügungen und seinen Hobbies. Eine Beziehung ist eine Partnerschaft, und *Sie* werden einer der wichtigsten Partner oder eine der wichtigsten Partnerinnen sein. Es ist jetzt an der Zeit, eine Bestandsaufnahme zu machen – und zwar dessen, was Sie zu bieten haben.

Sind Sie bereit für eine Beziehung?

Ist in Ihrem Leben der richtige Zeitpunkt für eine Beziehung gekommen? Sind Sie jetzt dazu bereit, sich für jemand anderen zu öffnen? Ob Sie es glauben oder nicht, aber ein Grund, warum Schwule und Lesben häufig Schwierigkeiten haben, Partner oder Partnerinnen zu finden, liegt darin, daß sie überhaupt nicht dazu bereit sind, selbst wenn sie danach Ausschau halten. Selbst wenn Sie sich voller Ungeduld oder geradezu verzweifelt danach sehnen, sich mit einem neuen Liebhaber oder einer neuen Geliebten zu verbinden, kann es trotzdem sein, daß Ihre eigene Befindlichkeit die Nähe mit jemand anderem gar nicht zuläßt.

Für eine Beziehung sind Sie dann nicht bereit, wenn einer oder mehrere der folgenden Punkte auf Sie zutreffen:

- Sie haben sich gerade erst von jemandem getrennt, haben sich aber noch nicht völlig von dieser Person gelöst oder trauern noch immer um die Beziehung. Natürlich brauchen Sie Ihre vorangegangene Beziehung nicht aus Ihrer Erinnerung zu tilgen, doch ist es in jedem Fall entscheidend, das innere Gleichgewicht wiederzufinden, bevor Sie sich auf eine neue Beziehung einlassen.

- Sie kommen mit Ihrer eigenen Homosexualität noch nicht wirklich zu Rande. Sie brauchen sich nicht gleich vor der gesamten Welt zu deklarieren, doch wenn Sie sich Ihrer Homosexualität sicher sind und noch immer Schwierigkeiten haben, Ihre sexuelle Orientierung zu akzeptieren, wird Ihre eigene Homophobie Sie daran hindern, eine förderliche Beziehung zu finden.

  Sehen Sie sich um nach schwulen oder lesbischen Rollenvorbildern, schließen Sie Freundschaften mit Schwulen und Lesben, nehmen Sie an Coming-out-Gruppen teil und besuchen Sie ein Schwulen- oder Lesbenzentrum in Ihrer Nähe. Kurz gesagt: Erziehen Sie sich selbst, indem Sie sich Informationen und Beispiele für einen homosexuellen Lebensstil organisieren. Erst dann werden Sie für eine ernsthafte Beziehung bereit sein.

- Sie haben Suchtprobleme oder solche, die mit sexuellem Mißbrauch zu tun haben. Wenn Sie alkohol- oder drogenabhängig waren, sexuellen Mißbrauch erlitten haben oder in Ihrer Vergangenheit zu Hause Gewalttätigkeiten ausgesetzt waren, dann suchen

Sie doch bitte Unterstützung und machen Sie am besten eines der Zwölf-Stufen-Programme mit, wie sie für die verschiedenen genannten Bereiche angeboten werden (zum Beispiel bei den Anonymen Alkoholikern, den anonymen Kokainisten, bei den Erwachsenen Kindern von Alkoholikern und bei Al-Anon). Zerstörerische Verhaltensmuster wiederholen sich normalerweise selbständig, wenn man nichts unternimmt, um sie zu ändern. Fangen Sie gleich an und lernen Sie, mit diesen Problemen umzugehen, denn nur so bewahren Sie sich davor, daß Sie in Ihren Beziehungen immer wieder damit zu tun haben.

Hilfe und Unterstützung in bezug auf die obengenannten Bereiche können Sie überall finden. Hinweise auf einige Organisationen, die Ihnen behilflich sein können, sind im Anhang aufgeführt.

Lernen Sie sich selbst kennen

Was wollen Sie? Obwohl das im ersten Moment eine äußerst einfache Frage zu sein scheint, kann der allergrößte Teil der Schwulen und Lesben, die ich zu meinen Klienten und Klientinnen zähle und die einen Liebhaber oder eine Geliebte finden möchten, sie nicht beantworten. «Ich möchte einen Liebhaber», sagt ein schwuler Klient. Ich fragte ihn: «Wie soll der Mensch sein, den Sie suchen?» Antwort: «Das kann ich nicht sagen... Nett soll er sein.» Eine Beschreibung dieser Art ist natürlich zu vage, um einem beim Ausfindigmachen eines passenden Partners oder einer passenden Partnerin behilflich zu sein.

Unter Ihnen findet sich garantiert niemand, der oder die an den Kauf eines Autos oder eines Lastwagens, neuer Kleidung oder auch nur eines Kohlkopfs mit solcher Unbestimmtheit heranginge. Und trotzdem erlebe ich immer wieder, daß Schwule oder Lesben ihre Partner oder Partnerinnen mit entschieden weniger Sorgfalt auswählen, als sie auf das Aussuchen eines Truthahns für das Thanksgiving-Dinner verwenden würden. Im letztgenannten Fall wissen sie *wenigstens*, daß sie einen Truthahn bekommen!

Wenn Sie schwul oder lesbisch sind, hängen Sie vielleicht der Meinung an, daß die gleiche sexuelle Orientierung das einzig entscheidende Qualifikationsmerkmal für einen Liebhaber oder eine Geliebte ist. Doch Schwulsein oder Lesbischsein ist ein Lebensstil und nicht nur eine sexuelle Orientierung. Der Aufbau einer tragfähigen homosexuellen Beziehung setzt viele Berührungspunkte voraus. Sie werden mit Ihrem Partner oder Ihrer Partnerin nicht einfach bloßen Sex haben. Sie werden mit ihm oder ihr alle Bereiche Ihres Selbsts teilen. Wie Sie sich am Morgen nach dem Wachwerden verhalten, wie Sie Ihre Freizeit verbringen und welcher Arbeit Sie sich widmen, macht zum Beispiel einen entschieden größeren Anteil Ihres Lebensstils aus als Ihre sexuelle Orientierung.

Von den schwulen oder lesbischen Paaren, die sich von mir beraten lassen wollen, schlagen sich viele mit Schwierigkeiten herum, die daraus resultieren, daß sie die Wichtigkeit dieser Faktoren nicht richtig eingeschätzt haben. Häufig gingen sie davon aus, daß sich die Unterschiede in ihren Lebensstilen nach einiger Zeit des Zusammenseins auflösen würden. Ich habe etliche größere Konflikte mitbekommen, bei denen es um das Rauchen, um Eßgewohnheiten, religiöse Unterschiede, Schlafgewohnheiten, Haustiere, unterschiedliche Urlaubsvorstellungen, Familientraditionen und die Behandlung von Kindern aus früheren Beziehungen ging. Die Details Ihres eigenen Lebensstils lassen sich nicht so ohne weiteres austauschen; sie sind Teil Ihrer Persönlichkeit. Es gehört zu den existentiellen Voraussetzungen für den Erfolg einer schwulen oder lesbischen Beziehung, daß Sie lernen, Ihre eigenen Lebensgewohnheiten mit denen Ihres Liebhabers oder Ihrer Geliebten in Einklang zu bringen.

Als erstes müssen Sie dazu natürlich wissen, was Ihren eigenen Stil ausmacht. Darüber müssen Sie sich im klaren sein, helfen Sie sich auf diese Weise doch selbst bei der Suche nach einem Liebhaber oder einer Geliebten. Sie helfen ihm oder ihr, Sie besser kennenzulernen, und Sie unterstützen dadurch die Entwicklung eines neuen, gemeinsamen Lebensstils.

Übung: Lerne dich selbst kennen

Treten Sie im Geiste für einen Augenblick aus Ihrem Leben heraus und betrachten Sie sich selbst so objektiv Sie nur können. Halten Sie sich vor Augen, daß es bei dieser Aufgabe darum geht, Fakten herauszufinden und nicht Fehler. Stellen Sie sich einen typischen Tag aus Ihrem Leben vor und denken Sie darüber nach, was Sie tun: über Ihre üblichen Prozeduren am Morgen oder am Abend, Ihre Mahlzeiten, Ihre

Arbeit, über Ihren Zeitvertreib und Ihren Lebensstil im gesamten. Beantworten Sie die folgenden Fragen, als handele es sich um Interviewfragen, wie sie Ihnen vielleicht Hanns Joachim Friedrichs von den «Tagesthemen» im Fernsehen stellen würde!

Das Aufwachen

- Wie verhalten Sie sich nach dem Aufwachen? Sind Sie langsam und verschlafen? Sind Sie munter oder ruhig? Sind Sie organisiert oder planlos? Folgen Sie einer bestimmten Routine, oder bereiten Sie sich in jeweils anderer Weise auf den Tag vor?
- Legen Sie Ihre Kleider bereits am Abend vorher zurecht, oder stehen Sie etliche Zeit verschlafen vor dem Kleiderschrank und entscheiden erst morgens, was Sie anziehen werden?
- Sind Sie locker oder angespannt, während Sie sich fertig machen? Sind Sie langsam oder schnell?
- Machen Sie am Morgen Gymnastikübungen?
- Meditieren Sie?
- Lassen Sie sich selbst Zeit und lesen Sie auch die Zeitung, oder beschränken Sie den Aufwand für Ihre morgendlichen Vorbereitungen auf das absolute Minimum?
- Frühstücken Sie zu Hause, unterwegs oder überhaupt nicht?

Der Morgen ist innerhalb von Beziehungen eine ganz wichtige Zeit. Am Tagesanfang sind wir normalerweise natürlicher und weniger rational. Es sagt eine Menge über die eigene Persönlichkeit aus, wie man seine üblichen morgendlichen Prozeduren organisiert. Und für Ihren Liebhaber oder Ihre Geliebte sind Informationen darüber ganz besonders wichtig. Paare, die den Tag am Morgen harmonisch beginnen, haben eine größere Chance, auch den Rest des Tages voller Freude aneinander zu genießen.

Arbeit

- Welche Art Arbeit machen Sie? Ist sie kreativ, herausfordernd, auf Genauigkeit ausgerichtet, oder gehört sie in den technischen Bereich?
- Arbeiten Sie in einer öffentlichen Situation, zusammen mit Mitarbeitern oder alleine? Wird von Ihnen gutes Teamwork verlangt? Haben Sie Weisungsbefugnis gegenüber anderen?

▸ Arbeiten Sie mit anderen Schwulen oder Lesben zusammen?

▸ Machen Sie Ihren Job oder Ihren Beruf gerne? Wenn nein, was würden Sie dann lieber tun? Wenn Sie Ihre Arbeit mögen, was gefällt Ihnen dann an ihr am allerbesten?

Die Art Arbeit, mit der Sie sich beschäftigen, und die Aussage darüber, ob Sie Ihren Job leiden können oder nicht, offenbart eine ganze Menge über Ihre Vorlieben und Antipathien, über Ihre Stärken und Schwächen. Wenn Sie zum Beispiel einen Dienstleistungsberuf haben, in dem Sie sehr stark auf andere Menschen bezogen sind, dann sind Sie unter Umständen selbst sehr extrovertiert und mögen es, wenn Sie auch privat viel mit Leuten zusammen sind. Wenn umgekehrt der Kontakt mit der Öffentlichkeit für Sie einigermaßen anstrengend ist, dann haben Sie vielleicht das Bedürfnis, ziemlich viel alleine zu sein, ganz abgelöst von Ihrer Arbeit.

Nach der Arbeit

▸ Was machen Sie normalerweise nach der Arbeit? Gehen Sie direkt nach Hause und entspannen sich?

▸ Legen Sie sich zu einem Nickerchen hin, damit Sie Energien haben für den Abend?

▸ Kochen Sie zum Abendessen etwas ganz Besonderes, oder schmeißen Sie bloß etwas Tiefgefrorenes in die Mikrowelle?

▸ Sind Sie aktiv, d.h., laufen Sie gleich wieder nach draußen zu verschiedenen Seminaren, Treffen oder Workshops? Oder sind Sie ein ruhiges Wesen, das seine Abende lieber zu Hause verbringt, fernsieht oder liest und hinterher vielleicht ein Schaumbad nimmt?

▸ Haben Sie Spaß daran, Ihre Abende mit kreativen Tätigkeiten oder Hobbies zu verbringen, zum Beispiel mit Schreiben, der Herstellung irgendwelcher Dinge in einem Kurs oder mit dem Musizieren auf einem Instrument?

▸ Gehen Sie ins Fitneßcenter, oder machen Sie nach der Arbeit etwas anderes zur Körperertüchtigung?

▸ Gehen Sie während der Woche abends gerne mit Freunden oder Freundinnen weg?

Wochenenden

▷ Wann stehen Sie an den Wochenenden auf? Wie ist es um Ihre üblichen morgendlichen Prozeduren am Wochenende bestellt?

▷ Essen Sie an Wochenenden anders? Essen Sie zum Beispiel mehr außerhalb, oder kochen Sie mehr selbst?

▷ Nehmen Sie an irgendwelchen organisierten Veranstaltungen teil, zum Beispiel beim Sport? Oder sind Ihre Unternehmungen eher spontan?

▷ Gehen Sie zur Messe?

▷ Beteiligen Sie sich an irgendwelchen Ereignissen, Treffen oder Veranstaltungen, die für ein schwules oder lesbisches Publikum gedacht sind?

So wie die Abende werden auch die Wochenenden für gewöhnlich als «Paarzeit» angesehen. Nehmen Sie sich Ihren momentanen Lebensstil am Wochenende einmal etwas genauer vor und überlegen Sie, an welchen Aktivitäten Sie Ihren Liebhaber oder Ihre Geliebte teilnehmen lassen können, wenn Sie ihn oder sie gefunden haben.

Die nachfolgenden Fragen können Ihnen dabei behilflich sein, ein umfassendes Bild von sich selbst zu zeichnen – und eines von den Wünschen und Bedürfnissen, die Sie in einer Beziehung erfüllt sehen möchten.

Ihr allgemeiner Lebensstil

▷ Sind Sie ein organisierter oder ein eher spontaner Mensch?

▷ Sind Sie am liebsten viel mit anderen Leuten zusammen?

▷ Verbringen Sie Zeit mit anderen Schwulen oder Lesben?

▷ Verbringen Sie viel Zeit alleine? Ist Ihnen das lieb?

▷ Haben Sie Kinder? Leben diese mit Ihnen zusammen, sei es nun permanent oder nur zeitweise? Sind Ihre Kinder erwachsen? Wie häufig nehmen sie an Ihrem Leben teil? Wie eng ist Ihre Beziehung zu Ihren Kindern?

▷ Sind Sie künstlerisch angehaucht? Widmen Sie sich häufig einem künstlerischen Projekt?

▷ Frönen Sie einer Sportart oder einem Hobby, das viel Zeit, Energie und/oder Geld verschlingt?

▷ Haben Sie Haustiere? Wieviel Zeit verbringen Sie mit diesen? Muß ein Liebhaber oder eine Geliebte Ihren Hund mögen?

- Ist Ihnen das Essen wichtig? Kochen Sie gerne? Essen Sie gerne auswärts? Halten Sie sich an eine vegetarische oder an eine besondere andere Ernährungsweise?
- Sind Sie tolerant oder eher kritisch eingestellt?
- Verhalten Sie sich entschieden oder eher zögerlich?
- Sind Sie sehr auf körperliche Aktivitäten ausgerichtet? Verbringen Sie viel Zeit beim Sport, im Fitneßcenter oder beim Tanzen?
- Unterhalten Sie sich gerne? Wenn ja, worüber?
- Ist Ihnen Ihre Erscheinung wichtig, oder nehmen Sie es damit nicht so genau?
- Sind Sie spirituell oder religiös eingestellt? Meditieren Sie, oder gehen Sie zur Kirche?

Die Falle mit der selektiven Wahrnehmung

Etliche meiner schwulen Klienten und lesbischen Klientinnen sind der festen Überzeugung, sie wüßten, was sie wollen, und dennoch verwickeln sie sich immer wieder in wenig zuträgliche und kurzfristige Beziehungen. Das hat mehrere Gründe, doch an erster Stelle ist dafür eine menschliche Wahrnehmungseigenschaft verantwortlich, die «selektive Wahrnehmung» genannt wird. In einfachen Worten gesagt, bedeutet das, daß wir nur das sehen, was wir unbedingt sehen müssen oder was wir gerne sehen wollen. Als Beispiel für selektive Wahrnehmung kann man ein Phänomen anführen, das sich etwa in einer Situation einstellt, in der Sie an den Kauf eines neuen Wagens denken. Wenn Sie etwa überlegen, sich einen Geländewagen zu kaufen, dann sehen Sie plötzlich an allen Ecken und Enden welche. Sie stoßen wirklich überall auf diese Autos, und Sie sehen Sie in allen Farben. Es ist natürlich klar, daß sich die Zahl der Geländewagen auf den Straßen in der Zwischenzeit nicht erhöht hat. Sie sind sich ihrer nur stärker *bewußt*.

Selektive Wahrnehmung kann uns dazu verleiten, uns immer wieder in denselben Typ Mensch zu verlieben, mit dem wir auch schon früher Probleme hatten. Es kann sein, daß wir uns unbewußt Partner oder Partnerinnen suchen, die zu Drogen oder zum Mißbrauch neigen, die keinen Job behalten können, die das Geld zum Fenster hinauswerfen, die ihre Partner oder Partnerinnen «übers Ohr hauen» und sich um die Wahrheit herumschwindeln oder die auf einem anderen Gebiet schlechte Eigenschaften an den Tag legen. Selektive Wahrnehmung beeinflußt uns soweit, daß uns Menschen auffallen, die uns irgendwie vertraut erscheinen. Wir fühlen uns dann an Familienmitglieder erinnert und erkennen Verhaltensweisen wieder, die denen von Verwandten ähneln, selbst wenn unsere Eltern, unsere Geschwister oder andere Verwandte für unsere Entwicklung keine positiven Bezugspunkte waren und uns nicht besonders gut behandelt haben.

Was wir in solchen Fällen machen, ist nichts anderes, als permanent nach einer Lösung für Probleme aus der Vergangenheit zu suchen. Solche, die sich ungeliebt fühlten, sind auf der Suche nach Liebe. Solche, denen ihrem Empfinden nach zu selten Gehör geschenkt wurde, suchen sich Liebhaber oder Geliebte, die ihnen zuhören. Solche, die zu wenig Wertschätzung erfuhren, sind auf der Suche nach Bestätigung. Solche, die sich eingeschränkt fühlten, sind auf der Suche nach Liebhabern oder Geliebten, die ihnen viel Freiraum und Freiheit lassen. Indem wir uns auf die frühen Ursachen unserer Frustration und unserer Verletztheit fixieren, versuchen wir ständig, uns auf die gleichen, für uns so gefährlichen Persönlichkeitstypen zu beziehen.

Unsere Suche nach einem Partner oder einer Partnerin stellt einen natürlichen Heilungsprozeß dar, eine Chance, das zu korrigieren, was in unserer Vergangenheit falsch verstanden wurde, eine falsche Behandlung erfuhr oder überhaupt zu wenig Beachtung fand. Das Dilemma, das diese Suche einschließt, besteht jedoch darin, daß wir unsere Schwierigkeiten so lange eher wiederholen als sie lösen werden, als wir unterbewußt auf einen bestimmten Menschentyp fixiert sind, mit dem wir in der Vergangenheit Schwierigkeiten hatten. Psychologen und Psychologinnen sprechen von diesem Phänomen als *Projektion* (eine Definition aus der Freudianischen Lehre). Das bedeutet, daß wir auf einen anderen Menschen die Persönlichkeit eines Elternteils projizieren, mit dem uns noch ungelöste Fragen verbinden.

Rod, ein hübscher und talentierter junger Mann von fünfunddreißig, ist von Beruf Künstler. Er hatte gerade erst angefangen, die Verhaltensmuster zu verstehen, denen er folgte, als er sich erneut mit einem problematischen Liebhaber verbunden sah. Rod erzählte mir folgendes:

«Wie konnte ich das bloß schon wieder tun? Wir waren kaum zwei Wochen zusammen, und schon war er betrunken. Ich hatte wirklich keine Ahnung davon gehabt, daß er Schwierigkeiten mit dem Alkohol hat. Ich dachte, ich hätte solchen Leuten nach den

ersten zwei Beziehungen abgeschworen! Haben denn alle schwulen Männer Probleme mit dem Alkohol? Oder habe ich einfach ganz besonderes Pech? Gibt es denn niemand anderen, der nicht trinkt?»

Ich forderte Rod auf, einmal nach Hinweisen für die Trunksucht seines Liebhabers zu suchen, die er vielleicht schon während ihrer ersten Begegnung hatte feststellen können. Dabei wurde Rod klar, daß es viele solcher Signale gegeben hatte. Doch er hatte sie lieber ignoriert. Ich ermunterte ihn, einmal darüber nachzudenken, wo er seine potentiellen Partner suchte. Rod mußte feststellen, daß er die Leute in Kneipen kennenlernte, und das erhöhte natürlich die Chancen, an einen Säufer zu geraten. Des weiteren wurde ihm klar, daß er immer mit Männern in Kontakt kam, die ihn an seinen Vater erinnerten. Der Umgang mit diesen Männern war ihm angenehm. Er hatte das Gefühl, zu wissen, was sie dachten, und er wußte, was er mit ihnen reden konnte.

Als Rod dieses Verhaltensmuster nach und nach verstand und dann erkannte, was er eigentlich wollte, fand er andere Orte, an denen er sich umsah, und mit der Zeit lernte er auch Männer kennen, die eine andere Art hatten. Er nahm einige «Risiken» auf sich. Das soll heißen, daß er schwule Männer von einem Typ ansprach, den er bis dahin noch nicht kannte, und neue, ihm noch nicht vertraute Orte aufsuchte, um dort andere Schwule kennenzulernen. Wenn er in der neuen Umgebung etwas sagte, das dort nicht so richtig paßte, oder wenn er die Fingerzeige falsch verstand, die diese für ihn noch ungewohnten nichttrinkenden schwulen Männer ihm gaben, erlebte Rod einige unangenehme Augenblicke, einige kleinere peinliche Situationen und sogar einige Zurückweisungen. Doch nach und nach schloß er neue Freundschaften. Heute sagt er:

«Inzwischen sind meine schwulen Freunde Leute, die mich mögen, die ein ähnliches Leben führen wie ich selbst. Sie lügen mich nicht an und betrügen mich auch nicht, und die meisten von ihnen trinken überhaupt nie. Mir ist früher niemals klar gewesen, wie gute Freunde sein müssen. Immer dachte ich, ich müßte jeden nehmen, der mir über den Weg läuft. Ich bin wirklich froh, daß ich das jetzt verstanden habe.»

Cathleen, eine athletische Neunundzwanzigjährige, fühlte sich immer wieder zu hübschen, zierlichen, sehr feminin aussehenden Lesben hingezogen, die ihr gegenüber dann immer kalt und abweisend wurden. Nachdem es in einer ihrer Beziehungen zu Tätlichkeiten gekommen war, wandte sie sich schließlich an mich zur Beratung.

«Ich konnte mich nicht dagegen wehren, ich habe einfach die Kontrolle verloren. Und außerdem hat sie mich zuerst geschlagen», antwortete sie, als ich sie fragte, wie es zu den Tätlichkeiten gekommen war. Nach mehreren Wochen intensiver Selbstüberprüfung während der Therapie hatte Cathleen folgendes zu erzählen:

«Mir ist inzwischen klar, daß ich es nie verwunden habe, wie meine Mutter mich immer von sich wies, und daß ich immer versuchte, andere kalte, zurückweisende Frauen zu finden, um meine alte Wunde vielleicht auf diese Weise zu heilen. Doch jetzt habe ich begriffen, daß ich mich von dieser inneren Verletztheit auf andere Weise befreien muß. Eine Geliebte kann das nicht für mich erledigen, und keine Geliebte kann die Mutter sein, die ich gerne gehabt hätte. Es wird mir jetzt auch immer deutlicher bewußt, daß ich in Wirklichkeit offene, aus sich herausgehende, athletische Frauen wie mich selbst bevorzuge. Mit der Zeit lerne ich, eine ebenbürtige Partnerin zu sein und nicht mehr das zurückgewiesene kleine Mädchen.»

Obwohl unsere selektive Wahrnehmung bereits während der Kindheit «programmiert» wird, können wir sie *tatsächlich* ändern. Um damit Erfolg zu haben, ist es notwendig, sich vom Vertrauten als Bewertungskriterium zu lösen und eine neue Aufmerksamkeit zu entwickeln dem gegenüber, was der eigenen Entwicklung wirklich zuträglich ist.

Wenn Sie eine Reihe von Beziehungen hinter sich haben, in denen Sie auf die jeweils gleichen Probleme gestoßen oder durch die Sie ganz einfach nicht glücklich geworden sind, dann funktionieren Sie augenscheinlich nach einem alten Programmschema. Sie haben sich nie vor Augen geführt, wie passende schwule Partner oder lesbische Partnerinnen für Sie auszusehen hätten. Sie haben ganz einfach nur blind nach jemandem gesucht, der oder die Sie vielleicht lieben könnte.

Während meiner Beratungsarbeit mit Schwulen und Lesben habe ich deutlich bestätigt gefunden, daß die sorgfältige vorherige Überlegung, welche Art Liebhaber oder Geliebte man sich wünscht, eine sehr wirkungsvolle Möglichkeit darstellt, sich die eigene selektive Wahrnehmung bewußtzumachen und dieses Programmschema umzuschreiben. Bei vielen von uns existiert ein unbewußtes Tabu, über Liebe und Beziehungen logisch nachzudenken. Wir haben zumeist das Gefühl, so etwas sei falsch, kaltherzig oder berechnend. Doch das trifft alles nicht zu. Wenn Sie bewußtes Denken und Urteilen bei der Suche nach einem Liebhaber oder einer Geliebten einsetzen, so werden Sie verwundert feststellen, wie sich der Typ Mensch verändert, von dem Sie sich angezogen fühlen. So ein Konzept ist dermaßen einfach, daß man zuerst kaum an seine Wirkung glauben mag, doch wenn Sie sich daran halten, werden Sie merken, daß es tatsächlich funktioniert.

Der folgende Abschnitt soll Ihnen dabei helfen, sich mit Ihrer unbewußten selektiven Wahrnehmung auseinanderzusetzen und diese zu verändern. Einzelne Schritte mögen Ihnen dabei vielleicht dumm, unnötig oder zeitraubend vorkommen, aber: Machen Sie sie trotzdem! Während Sie sich durch diese Übungen arbeiten, wird Ihnen Ihre unbewußte Programmierung zusehends deutlicher vor Augen treten. Sie werden sehen, daß Sie sich zum Kennenlernen von anderen immer wieder die unpassenden Orte ausgesucht und außerdem sich selbst zugestanden haben, Ihre Zeit mit Menschen zu verbringen, die nicht wirklich dem entsprechen, was Sie suchen. Darüber hinaus werden Sie im Lauf der Übungen erkennen, daß Ihnen im Grunde viele Wege offenstehen und man nicht einfach nur das «nehmen muß, was man kriegen kann».

Einen potentiellen Gefährten oder eine potentielle Gefährtin erkennen

In dieser zweiteiligen Übung werden Sie einen Blick darauf riskieren, welche Art schwulen Liebhaber oder lesbische Geliebte Sie wirklich haben möchten, und zwar im Gegensatz zu jener Art, mit der Sie sich bisher zufriedengegeben haben. Je klarer Sie sich Ihrer Bedürfnisse und Wünsche in bezug auf eine andere Person bewußt sind, desto eher werden Sie wissen, wo und wie Sie suchen müssen, und desto eher werden Sie jemand Ebenbürtigen erkennen, wenn Sie ihn oder sie kennenlernen. Obwohl ein Faktor natürlich in der körperlichen Anziehungskraft liegt, sollten Sie Ihre Auswahlkriterien nicht alleine auf das Aussehen beschränken, da man dadurch leicht in die Irre geführt wird.

Übung: Der ideale Liebhaber, die ideale Geliebte – Liebe auf den ersten Blick?

Loten Sie Ihre Phantasien aus. Stellen Sie sich folgende Fragen: Wer fällt Ihnen auf, wenn Sie einen Raum voller Leute betreten? Ist es ein Lächeln, das Ihre Aufmerksamkeit erregt? Fühlen Sie sich eher zu jemand hingezogen, der in einer Gruppe sitzt, oder zu jemand, der alleine ist? Welche Art Kleidung gefällt Ihnen? Finden Sie eher einen geschäftsmäßigen, einen sportlichen oder einen eleganten Kleidungsstil schön, oder gefällt Ihnen jemand im Freizeitlook? Welche körperlichen Eigenschaften gefallen Ihnen – groß und schlank, rundlich oder zierlich, drahtig oder muskulös? Gefällt Ihnen eher jemand, der einen intellektuellen und erfahrenen Eindruck macht, oder jemand mit einer gewissen Frische und Naivität?

Eine bestimmte körperliche Erscheinung ist meistens mit einem bestimmten Lebensstil verbunden. Ich habe Lesben kennengelernt, die sehr sportlich waren, gerne wanderten und zelteten, die sich allerdings permanent von zierlichen Frauen mit «femininem» Aussehen angezogen fühlten. Deswegen taten sie sich immer wieder mit Frauen zusammen, die körperliche Anstrengungen und die «harte Tour» nicht ausstehen konnten.

Graziöse Frauen sehen meistens so aus, weil sie viel Zeit auf die Pflege ihres Äußeren verwenden: Maniküre, Frisuren, Gesichtspflege und solche Dinge sind ihnen in den meisten Fällen äußerst wichtig. Es ist einigermaßen wahrscheinlich, daß sie elegante Abendessen lieben, und der Besuch von Theatern und Museen kommt ihren Vorlieben mit ziemlicher Sicherheit eher entgegen als die Teilnahme an irgendwelchen Aktivitäten in der freien Natur. Eine sportliche Frau, die sich über die Regeln der Schönheitspflege lustig macht und mit Theater und Kunst überhaupt nichts anfangen kann, ist unter Umständen doch nicht das passende Gegenstück für einen solchen Typ Frau.

Umgekehrt kenne ich überaus nachdenkliche Schwule, die Streitgespräche, Lesen und Diskussionen lieben, die sich als Liebhaber allerdings muskulöse und athletische Männer aussuchen. Auch hier gilt, daß solche Kombinationen nicht von vornherein als problemlos anzusehen sind.

Überlegen Sie sich, ob Ihre Wünsche nach einem besonderen körperlichen «Typ» ihre Entsprechung finden, wenn Sie sie mit Ihren eigenen Aktivitäten und Ihrem Lebensstil in Vergleich setzen. Wenn Sie zum Beispiel ein Intellektueller sind, dessen beinahe einzige körperliche Betätigung darin besteht, kulinarische Köstlichkeiten zuzubereiten, Sie allerdings Bodybuilding-Typen mögen, dann überlegen Sie sich noch einmal, ob Sie sich bereits darauf eingestellt haben, wenigstens bei einem Teil der körperlichen und sportlichen Aktivitäten Ihres Liebhabers oder Ihrer Geliebten mitzumachen. Genauso wichtig ist es, herauszufinden, ob umgekehrt er bereit ist, bei manchen von den Sachen mitzumachen, die Sie gerne mögen. Wenn nicht, dann ist Ihr «Idealtyp» wahrscheinlich zu sehr im Reich der Phantasie beheimatet, und Sie sollten Ihre Einschätzung vielleicht noch einmal überprüfen.

Der Umstand, daß wir Schwulen und Lesben uns bemühen, unsere eigene Sexualität gegen den Widerstand und die Geringschätzung unserer Umgebung zu akzeptieren, führt häufig dazu, daß wir der Sexualität und körperlichen Merkmalen einen hohen Stellenwert beimessen. Außerdem sind das die ersten Anhaltspunkte, über die wir verfügen. Um die eigene selektive Wahrnehmung auszuschalten, müssen Sie allerdings einen Blick hinter die Kulissen Ihrer Körpertyp-Phantasien werfen und sicherstellen, daß bei Ihrem Gegenüber auch andere Merkmale vorhanden sind, die Sie wirklich mögen. Behalten Sie außerdem im Hinterkopf, daß Ihre Begeisterung für einen bestimmten Körpertyp Ihr Programm «starten» kann und dieses Sie unter Umständen dazu bringt, Warnsignale zu ignorieren oder diese nicht sehen zu wollen.

Ein weiterer Grund, warum wir andere Eigenschaften im Auge behalten sollten, liegt darin, daß unser konkreter Sinn für die äußere Erscheinung eines Partners oder einer Partnerin mit zunehmender Vertrautheit schwächer wird. Was die anfängliche körperliche Anziehungskraft überdauert, sind die geistig-emotionalen und seelischen Bindungen, die wir zu dieser Person entwickeln.

Denken Sie über verschiedene Eigenheiten einer längerdauernden Beziehung nach und überlegen Sie, wie sich diese auf Ihre Partnerwahl auswirken. Machen Sie sich einmal Gedanken zu solchen Fragen wie Charakterfestigkeit, Lebensstil, Sitten und Reife. Wenn Sie Kinder haben oder welche haben möchten, dann spielen die Haltung Ihres Partners oder Ihrer Partnerin gegenüber Kindern und seine oder ihre Erfahrungen im Umgang mit solchen ebenfalls eine Rolle. Es sind diese Haltungen und Eigenschaften, die in den Ereignissen und Begegnungen des Alltags bedeutsam sind. Die folgende Übung wird Ihnen bei der Entscheidung helfen, welche Wertvorstellungen und Interessen Sie bei Ihrem Partner oder Ihrer Partnerin gerne sehen möchten.

Übung: Der ideale Liebhaber, die ideale Geliebte – Wertvorstellungen und Interessen Ihres Gegenübers

Beantworten Sie die folgenden Fragen ähnlich spontan, wie Sie es bei der Einschätzung Ihres eigenen Lebensstils gemacht haben.

Hobbies, Interessen, Lebensstil
▷ Über welche Interessen würden Sie sich an Ihrem Liebhaber oder Ihrer Geliebten freuen? Hätten Sie gerne einen häuslichen Menschen? Einen, der gerne draußen ist? Einen, mit dem man sich ausführlich unterhalten kann? Einen zärtlichen Typ, ein Schmusewesen? Warum?
▷ Möchten Sie jemanden haben, der oder die kochen und ein gastliches Haus führen kann? Wie sieht die Art Gastlichkeit aus, die sie gerne hätten?
▷ Gefiele es Ihnen, wenn Ihr Liebhaber oder Ihre Geliebte sehr stark in kirchliche oder politische Organisationen eingebunden wäre?
▷ Möchten Sie jemanden mit akademischer Bildung, mit einem Faible für das Reisen oder mit einer künstlerischen Begabung?
▷ Sollte Ihr Liebhaber oder Ihre Geliebte ein Computerfreak sein? Jemand, der oder die Comics sammelt? Jemand, der sich vegetarisch ernährt? Ein Mensch, der sich für Gewehre interessiert oder gerne jagt? Welche Hobbies hätte Ihr idealer Partner oder Ihre ideale Partnerin? Möchten Sie selbst ähnliche oder ganz andere Hobbies haben?
▷ Gefiele Ihnen ein Partner oder eine Partnerin, der oder die gerne tanzt? Der oder die Oper mag? Dichterlesungen? Sport? Singen? Lesen?

▶ Wie viele Ihrer Lieblingsbeschäftigungen soll Ihr Liebhaber oder Ihre Geliebte mit Ihnen teilen? Welche Interessen soll er oder sie haben, die Sie selbst nicht haben?

Zeit gemeinsam verbringen
▶ Gefällt es Ihnen, wenn Sie morgens Zeit für sich alleine haben, oder ist es Ihnen lieber, viel zu kuscheln? Wollen Sie am Morgen mit jemand zusammensein, der munter und gesprächig ist, oder wollen Sie lieber in Ruhe gelassen werden?
▶ Wenn Sie von der Arbeit nach Hause kommen, wollen Sie dann lieber einen bewegten Abend zu mehreren verbringen, oder wollen Sie lieber zu zweit Ihre Ruhe haben?
▶ Wenn Sie einen Liebhaber oder eine Geliebte haben, wieviel Zeit brauchen Sie dann ganz für sich allein? Mit Ihrem Liebhaber oder Ihrer Geliebten zu zweit allein? Mit Freunden zusammen? Wie wollen Sie das jeweils hinkriegen?
▶ Wie wollen Sie Ihre gemeinsame Freizeit verbringen – ruhig und entspannt oder energiegeladen und sportlich? Würden Sie gerne reisen, segeln, reiten, im Garten arbeiten, ins Theater und in feine Restaurants gehen?
▶ Wäre es Ihnen lieb, einen Großteil Ihrer Freizeit auf gemeinsame Arbeit für politische, Wohltätigkeits- oder Kirchenbelange zu verwenden?

Eine Frage, die nur in schwulen oder lesbischen Beziehungen eine Rolle spielt, ist die nach dem Coming-out. Möchten Sie mit jemandem zusammensein, der oder die sein Coming-out hinter sich hat und offen als Schwuler oder Lesbe lebt? Wenn das Subtile und Diskrete nicht Ihr Stil sind, dann könnte eine enge Beziehung mit jemandem, der oder die noch versteckt leben, ein nicht zu bewältigendes Problem darstellen. Denken Sie gleichzeitig daran, daß Sie von verschiedenen Ereignissen automatisch ausgeschlossen bleiben werden, wenn Ihr Partner oder Ihre Partnerin versteckt leben, da es diesem oder dieser Schwierigkeiten bereiten würde, Sie mit einzuladen. Wenn Sie allerdings selbst immer noch in einem bestimmten Grad versteckt leben, dann würden ein Liebhaber oder eine Geliebte mit einem ähnlichen Lebensstil wahrscheinlich sehr viel Verständnis dafür aufbringen.

Vergleichen Sie nun das, was Sie aus den Übungen in diesem Kapitel bisher über sich selbst gelernt haben, über die Eigenart der Person, die Sie als Partner oder Partnerin möchten, und über die Unternehmungen, die Sie gerne mit ihm oder ihr gemeinsam machen möchten. Schreiben Sie auf, wo Ihre Antworten sich entsprechen und wo sie scheinbar widersprüchlich sind. Zielen die widersprüchlichen Punkte auf Beziehungsprobleme ab, die Sie in der Vergangenheit schon einmal hatten? Vielleicht haben Sie ja von sich selbst behauptet, Sie seien am Morgen langsam und ruhig, doch später haben Sie dann angegeben, Sie wollten mit einem munteren, aktiven Liebhaber oder einer ebensolchen Geliebten zusammensein und würden sich gerne unterhalten, gerne kuscheln, am Morgen einige Zeit gemeinsam verbringen. Vielleicht möchten Sie sich Ihre zweite Antwort dann noch einmal überlegen und prüfen, wie Sie sich morgens *tatsächlich* verhalten und fühlen? Unter Umständen wäre es für Sie besser, am Morgen einige Zeit in aller Ruhe und alleine zu verbringen und das Kuscheln erst nach der Arbeit zu haben. Ansonsten müßten Sie sich einen anderen Typ Liebhaber oder Geliebte aussuchen – möglicherweise kommen Sie ja mit einer Person besser aus, die entspannt und ruhig ist.

Ein Vergleich und eine Einschätzung Ihrer Antworten kann Ihnen helfen, ein klares Bild zu zeichnen von den Unterschieden zwischen dem, was Sie Ihrer Vorstellung nach möchten, und dem, was in Ihrem Leben mit großer Wahrscheinlichkeit funktionieren wird. Lassen Sie sich für diese Vergleiche Zeit. Es kann sein, daß Sie zurückblättern und einige Fragen neu beantworten möchten. Wenn Sie diese Dinge ein paar Tage oder eine Woche auf sich wirken lassen, werden sich Ihre unterdrückten unterbewußten Phantasien lösen und deutlicher erkennbar sein. Dieses Verfahren eignet sich hervorragend, um etwas über die geheimen Wünsche zu erfahren, die Sie vielleicht vor sich selbst versteckt haben!

Der Nachdruck, den ich beim bisher Beschriebenen auf Ähnlichkeiten gelegt habe, hat bei Ihnen vielleicht den Eindruck entstehen lassen, daß alle erfolgreichen Beziehungen sich einzig und allein zwischen Menschen entwickeln können, die exakt gleich denken und auch die exakt gleichen Dinge mögen. Das stimmt nicht. *In erfolgreichen Beziehungen entwickeln sich eine bestimmte Wohligkeit und das Gefühl der Sicherheit aus den Ähnlichkeiten des Paares, doch das Aufregende und Entwicklungsfähige sind die Resultate aus den Unterschiedlichkeiten.*

Ein echtes Zusammenpassen bedeutet sowohl Ähnlichkeiten als auch Unterschiede, so daß Sie und Ihr Partner oder Ihre Partnerin in der Beziehung eine bestimmte Ausgewogenheit zwischen Sicherheit und anregender Spannung erreichen können – und damit eine erfüllende Beziehung, die über sehr lange Zeit Bestand haben wird.

Die hohe Kunst der «Eichhörnchenjagd»

Das Problem, mit dem mich alleinlebende Schwule und Lesben im Rahmen meiner Beratungstätigkeit am häufigsten konfrontieren, ist die Frage danach, wie und wo man einen Liebhaber oder eine Geliebte finden kann. Manche suchen schon seit langer Zeit und haben keinen Erfolg dabei. Andere wieder haben überhaupt Angst, sich aufzumachen und jemanden zu suchen. Um eine Antwort auf dieses Bedürfnis bieten zu können, habe ich mir ein System überlegt, das ich die «Eichhörnchenjagd» nenne.

Es gibt zwei Möglichkeiten, Eichhörnchen zu fangen. Die eine ist die, daß man wie wild herumläuft und versucht, sie zu packen oder sich auf sie zu stürzen. Doch macht man es so, verschreckt man sie nur, und sie werden bei jedem neuerlichen Versuch wieder schneller laufen als man selbst. Schlußendlich werden Sie selbst überaus frustriert und erschöpft sein, und Sie werden noch dazu keine Eichhörnchen haben.

Der andere Weg ist der, daß Sie dorthin gehen, wo Sie Eichhörnchen finden können, ihnen etwas Attraktives anbieten (wie zum Beispiel Walnüsse), und dann ruhig warten, sich einfach des Tages und des schönen Ortes freuen. Es wird einige Zeit dauern, doch wenn Sie sich sehr entspannt und ruhig verhalten, werden die Eichhörnchen mit der Zeit immer neugieriger werden, und schon bald werden sie anfangen, Sie einer Prüfung zu unterziehen. Wenn Sie entspannt bleiben und warten, bis die Eichhörnchen gelernt haben, daß Sie keine Gefahr darstellen und noch dazu schöne Dinge mitgebracht haben, werden sie Ihnen über kurz oder lang aus der Hand fressen. Dann werden Sie unter mehreren Eichhörnchen Ihre Wahl treffen können. Der Erfolg ist garantiert, wenn Sie nur etwas Geduld haben.

Mit der Suche nach einem Liebhaber oder einer Geliebten verhält es sich wirklich nicht viel anders. Der Erfolg hängt sehr viel mehr davon ab, wie sehr Sie mit sich selbst und mit Ihrem Leben in Einklang sind, als davon, wie reich oder körperlich attraktiv Sie sind. Wie ich schon weiter oben gesagt habe, verlieren das Aussehen und andere Eigenschaften äußerst rasch an Bedeutung. Ihre Persönlichkeit und Ihr Selbstwertgefühl sind das, was Ihr Liebhaber oder Ihre Geliebte wirklich schätzen. So wie ein Mensch, der bei der Eichhörnchenjagd erfolgreich ist, sollten auch Sie in der Lage sein, sich zu entspannen und sowohl den Tag als auch den Ort zu genießen. Geduld und eine ruhige Lebenshaltung sind nicht nur sehr attraktiv, diese Eigenschaften stecken auch einen bestimmten geistigen Rahmen ab, innerhalb dessen Sie klar denken und eine gute Wahl treffen können. Im folgenden erlernen Sie Schritt für Schritt die hohe Kunst der Eichhörnchenjagd.

Sich selbst vorbereiten

Um bei der «Eichhörnchenjagd» erfolgreich zu sein, müssen Sie Ihr Leben so gut als möglich im Griff haben. Beginnen Sie bei Ihrem Körper und Ihrer Gesundheit. Während es nicht nötig ist, daß Sie ganz umwerfend aussehen oder einen perfekten Körper haben, um Liebe finden zu können, müssen Sie aber doch gesund sein, um die Energie und die Motivation für die Suche nach der Liebe aufzubringen. Sorgen Sie für ausreichend Schlaf und gesunde Ernährung. Hatten Sie schon immer vor, ein bestimmtes Fitneßprogramm zu machen? Halten Sie sich vor Augen, daß Sie um so attraktiver sein werden, je gesünder Sie sind, und nehmen Sie das als Motivation. Strahlende Augen, eine gesunde, schimmernde Haut und die Energie, die man hat, wenn man sich wohl fühlt, haben etwas Unwiderstehliches. Verwandeln Sie sich in die Art Liebhaber oder Geliebte, die Sie selbst gerne hätten. Machen Sie sich mit den Safer-Sex-Regeln vertraut (siehe Anhang) und befolgen Sie diese unbedingt. Gehen Sie außerdem in das Schwulen- oder Lesbenzentrum in Ihrer Nähe und informieren Sie sich über Präventionsmaßnahmen zum Schutz vor Aids und Geschlechtskrankheiten. Sie können eine Menge tun, um Ihre Widerstandskraft auf einem hohen Niveau zu halten und sich ohne Sorgen auf andere einzulassen.

Wenn Sie mit sich selbst und Ihrem Leben in Einklang stehen, wird die Gier, mit der Sie nach einem Partner oder einer Partnerin suchen, nachlassen, und schon bald werden Sie unter mehreren potentiellen Partnern oder Partnerinnen auswählen können.

Die Jagdkleidung. Jeder erfolgreiche Jäger weiß um die Bedeutung der richtigen Kleidung für den Erfolg der Jagd. Sie müssen natürlich überhaupt nicht so aussehen, als wären Sie gerade erst einem Modemagazin entstiegen, aber es hilft einem doch weiter, wenn man gepflegt daherkommt. Ihre Kleidung wird dann den besten Eindruck machen, wenn Sie widerspiegelt, wer Sie sind. Wenn Sie mit Ihrem Aussehen zufrieden sind und wissen, daß Sie gar nicht besser aussehen können, dann werden Sie offener sein gegenüber anderen Menschen und sie leichter kennenlernen.

Wenn Sie ausgehen, ziehen Sie sich dann der Umgebung entsprechend an, in die Sie sich begeben werden? Wenn Sie nicht wissen, welche Kleidung passend ist, dann holen Sie sich Rat von einem Freund oder einer Freundin, die wissen, was die meisten Leute dort tragen werden. Wenn Sie zu einer Party gehen, dann zögern Sie nicht, Ihren Gastgeber oder Ihre Gastgeberin anzurufen und ihn oder sie zu fragen, was die meisten tragen werden. Eine solche Nachfrage wird Sie vor der Peinlichkeit bewahren, der oder die einzige in Jeans zu sein, wenn alle anderen hochgestylt auftauchen, oder vor dem unangenehmen Gefühl, daß Sie als einziger oder einzige förmlich gekleidet sind, wenn alle anderen Jeans tragen und auf dem Boden sitzen.

Wenn es dort, wo Sie leben, einen geheimen Kleidercode für Schwule oder Lesben gibt, wissen Sie dann über ihn Bescheid? Kleidercodes sind von Zeit zu Zeit und von Ort zu Ort unterschiedlich. Schlüssel, Taschentücher, große Metallringe und Handschuhe können alle für Botschaften stehen, die Sie vielleicht gar nicht aussenden möchten. Wenn Ihnen auffällt, daß ein bestimmtes Accessoire häufig zu sehen ist, dann fragen Sie Ihre Freunde oder Freundinnen, was es zu bedeuten hat, bevor Sie es ebenfalls tragen. Wenn Sie solche Codes erst einmal verstanden haben, können sie Ihnen bei der Kommunikation wirklich helfen.

Wenn Sie Kleidung tragen, die sehr viel enthüllt oder andeutet, dann werben Sie um Sex, aber nicht um eine Beziehung. Andererseits werden Sie verschiedene Leute entmutigen, wenn Sie sich allzu konservativ kleiden. Finden Sie einen Mittelweg zwischen einem Stricher und einem Unternehmer oder einer Nutte und einer Managerin. Leder, Gummi oder Plastik signalisieren für manche Menschen Bondage (Fesselspiele). Allzu elegante Mode kann einschüchternd wirken. Es ist gemäßigter, gefällige Farbenkombinationen und bequeme Kleider und

Schuhe zu tragen. Das setzt Sie weniger auf Abstand und läßt mehr Möglichkeiten offen, mit jemand anderem in Verbindung zu treten.

Tragen Sie ein spezielles Accessoire, das einen Hinweis darauf gibt, wer Sie sind – vielleicht einen besonderen Ohrring oder auch ein Paar davon, ein Schmuckstück mit einer ganz besonderen Note, ein Abzeichen oder einen Button, ein T-Shirt mit einem witzigen Aufdruck oder ganz tolle Schuhe.

Das Nest vorbereiten

Ihre Wohnung kann Ihnen dabei behilflich sein, einem neuen potentiellen Liebhaber oder einer ebensolchen Geliebten mitzuteilen, wer Sie sind. Sieht Ihr Zuhause aus, als würden Sie dort auch leben, oder strahlt es eine bestimmte Unpersönlichkeit, Kälte oder Anonymität aus? Würde ein Gast, von dem Sie sich einiges erhoffen, neugierig werden und mehr über Sie erfahren wollen? Wenn Ihr Haus oder Ihre Wohnung wirklich ein Zuhause ist, dann wird es verdeutlichen, wer Sie sind und was Ihnen gefällt, und ein neuer Gast wird das sofort spüren.

Eines der ersten Dinge, zu denen ich meine alleinlebenden Klienten oder Klientinnen auffordere, ist, ihre nähere Umgebung einer genauen Prüfung zu unterziehen. Die folgende Übung wird Ihnen helfen, Ihr eigenes Zuhause durch die Augen eines besonderen Gastes zu betrachten.

Übung: Die Einschätzung Ihres Zuhauses

Gehen Sie nach draußen und betreten Sie Ihr Haus oder Ihre Wohnung von neuem, und zwar so, als wären Sie zum erstenmal da. Es ist dabei völlig unwichtig, ob Ihr Zuhause luxuriös ist oder nicht. Sie sollen ganz einfach nur darauf achten, was Ihr Zuhause über Sie selbst und über das Leben, das Sie führen, aussagt.

Beantworten Sie die folgenden Fragen, während Sie durch Ihr Zuhause spazieren:

Wirkt Ihr Wohnzimmer auf einen Gast einladend und so, daß er oder sie sich darin wohl fühlt? Gibt es einen Platz, an dem man sich ohne Schwierigkeiten und ganz natürlich unterhalten kann?

■ Wenn zu Ihren Phantasien über eine neue Beziehung romantische Abendessen gehören, ist Ihr Zuhause dann dafür geeignet? Können Sie eine besondere Atmosphäre schaffen durch gedämpftes Licht und sanfte Musik? Ist ein hübscher Eßplatz vorhanden?

■ Wenn Sie als Hobby so richtig feinschmeckerisch kochen – und das tun viele meiner Klienten und Klientinnen –, ist dann in Ihrer Küche ausreichend Platz für zwei? Gibt es Küchenutensilien, mit denen das Kochen Spaß macht und anregend wird? Sind Ihre Gourmet-Zeitschriften und Kochbücher auch zu sehen?

■ Ist Ihr Schlafzimmer ein ganz wunderbarer, sinnlicher Ort, um den man «sonst was geben» würde? Oder liegen überall zerknitterte Kleider und ausgelesene Zeitungen herum? Die Beleuchtung, die Farbgestaltung und die Bilder an der Wand können alle wie eine Einladung wirken. Wenn Ihre Wohnung bloß aus einem einzigen Raum besteht und Sie auf einem ausklappbaren Sofa oder einem Futon schlafen, haben Sie dann diese Ecke des Raumes einladend und kuschelig hergerichtet?

■ Ist Ihr Badezimmer sauber und nett anzusehen? Haben Sie darin extra Handtücher für einen besonderen Gast? Gibt es dort solch ansprechende Accessoires wie Kerzen, ein feines Schaumbad und Schwimmtierchen für die Badewanne?

Behalten Sie im Kopf, daß Ihr Zuhause ein Schaukasten zur Darstellung Ihrer Persönlichkeit ist. Stellen Sie sich vor, was ein neuer Freund oder eine neue Freundin über Sie erfahren würden, wenn rundherum Fotos zu sehen wären, die Sie und Ihre Freunde oder Freundinnen in spaßigen und genußvollen Situationen zeigen. Wenn Sie ein Theaterfreak sind, könnten Sie Theaterposter aufhängen. Wenn Sie leidenschaftlich gerne segeln, dann könnten Bilder vom Meer und von Segelbooten helfen, einem Besucher oder einer Besucherin etwas über Sie mitzuteilen. Viele Bücher, eine Staffelei samt Malzubehör, eine ganze Ausstellung von Medaillen und Pokalen oder auch ein Zimmer voller Pflanzen würden einem Gast etwas über Ihre Art verraten und außerdem Anknüpfungspunkte für eine Unterhaltung bieten.

Eine solche Ausstattung braucht überhaupt nicht teuer zu sein. In vielen Läden gibt es verhältnismäßig billige Drucke und Poster zu kaufen, die Ihnen helfen können, mit Ihrem Zuhause ein aussagekräftiges Bild von sich selbst zu schaffen. Da Sie mit Ihrer Umgebung Ihr tatsächliches Ich zum Ausdruck bringen sollen, können Sie etliche Gegenstände und Utensilien verwenden, die Sie sowieso für Ihre Freizeitinteressen, Ihre Hobbies oder Ihren Beruf nutzen.

Wenn Sie mit Ihrer Homosexualität völlig offen umgehen, spiegelt sich das dann in Ihrem Zuhause wider? Lassen sich irgendwelche Symbole oder Poster aus der Schwulen- und Lesbenbewegung entdecken, sinnliche Bilder von Männern oder Frauen, Bücher wie dieses, Zeitungen und Zeitschriften für Schwule oder Lesben, oder vielleicht ein Bild von der Stoffbahn, die Sie für den Aids Memorial Quilt gestaltet haben? Wenn Sie noch versteckt leben oder Zurückhaltung nötig ist, gibt es trotzdem Mittel und Wege, Ihre Botschaft an den Mann oder an die Frau zu bringen. Martha, eine junge Tennisspielerin, hat zum Beispiel ein Turnierfoto von Martina Navratilova an ihrer Wohnzimmerwand hängen, und darum herum Fotos von Martha und ihre diversen Auszeichnungen. Für Heterosexuelle aus dem Freundes- oder Bekanntenkreis signalisiert der Raum: Tennis. Für lesbische Besucherinnen sagt das Foto von Martina aber mehr aus.

Richten Sie Ihr Zuhause so her, daß es die natürliche, langsame Entwicklung einer Beziehung unterstützt. Machen Sie aus Ihrem Wohnzimmer auch etwas wirklich Wohnliches. Richten Sie in Ihrem Wohnzimmer oder in Ihrer Küche eine gemütliche Ecke ein, in der Sie sich unterhalten oder entspannen können. Stellen Sie Ihre Möbel um, machen Sie etwas Neues aus Ihrer Wohnung und richten Sie sie so her, daß sie gemütlich ist und Ihr eigenes Wesen widerspiegelt. (Weil Düfte für mich eine besondere Rolle spielen, benutze ich zum Beispiel liebend gerne kleine Duftgefäße oder Räucherstäbchen.)

Halten Sie sich vor Augen, daß das Schlafzimmer ganz entschieden nicht der einzige Ort des Interesses sein sollte. Es spricht aber nichts dagegen, daß es das «Glanzstück» in Ihrem Schaukasten wird. Wenn Sie keine Veranlassung zu einer bestimmten Diskretheit haben, können Sie dort so richtig aus sich herausgehen. Setzen Sie warme, anregende Farbkombinationen ein, sinnliche Aktfotos und viele, viele Spiegel. Sie können sogar Ihr liebstes Sexspielzeug zur Schau stellen. Wenn Sie ein Mann sind, dann treffen Sie mit einem Safer-Sex-Poster (es gibt da ganz wunderbar sinnliche) oder einer kristallenen Konfektschale voller Kondome in der Nähe des Bettes eine klare Aussage über Ihr Verhalten und machen es sich so mit Ihrem Gespräch über Safer-Sex-Praktiken leichter.

Machen Sie aus Ihrem Zuhause einen Ort, der Ihnen wirklich etwas bedeutet, machen Sie es zu einem sicheren Hafen, der auf *Sie* und auch auf Gäste beruhigend wirkt, sobald Sie durch die Tür kommen. Die Autorin Louise Hay, die auch im Kampf gegen Aids engagiert ist, bringt die Vorstellung von einem energiespendenden Zuhause auf wunderbare Weise zum Ausdruck: «Ich mag mich selbst überaus gern, und deshalb achte ich darauf, daß ich ein gemütliches Zuhause habe, das allen meinen Bedürfnissen gerecht wird und in dem ich mich mit Freuden ausbreite. Ich erfülle die Räume mit den Schwingungen der Liebe, so daß alle, die sie betreten – das heißt also auch ich –, diese Liebe spüren können und durch sie genährt werden.»

Dan, ein ruhiger und scheuer Schwuler, ist Lehrer und ungefähr fünfunddreißig. Als er zu mir kam, war er völlig verzweifelt, weil er keinen Liebhaber fand. Nachdem wir uns einige Zeit über seine Neigungen und Abneigungen unterhalten hatten und über das, was er von einem Liebhaber erwartete, schickte ich Dan mit der Aufgabe nach Hause, die gerade beschriebene Übung zu machen. Bei unserem nächsten Treffen eine Woche später äußerte er sich völlig erstaunt:

> «Mein Zuhause sieht überhaupt nicht so aus, als ob dort jemand wohnen würde! Es ist wie ein Museum. Klar, es hängen da ein paar Erinnerungsstücke von meinen Reisen an der Wand, aber es gibt nichts von mir selbst, nichts Persönliches. Die Wohnung sieht tot aus, einfach langweilig. Die Sitzgelegenheiten stehen alle völlig für sich. Auch an meinem liebsten Fensterplatz passe wirklich nur ich alleine hin. Selbst mir gefällt meine Wohnung überhaupt nicht, wenn ich einmal genauer hinsehe.»

Wir sprachen darüber, was sein Zuhause seinem Wunsch nach über ihn aussagen sollte, entwickelten ein paar Pläne, und dann ging er nach Hause, um sich an die Arbeit zu machen. Als er zwei Wochen später wiederkam, erzählte er:

> «Ich bin alle meine Reiseandenken durchgegangen, doch anstatt recht kunstvolle und beeindruckende Dinge auszusuchen, habe ich mich für die entschieden, die ich am liebsten mag – einen kleinen handgeschnitzten Elefanten aus Afrika, dessen Schnitzer ich bei der Arbeit daran zugesehen habe; einen Hut, den ich getragen

habe; ein Stück handgewebten Stoff. Ich habe meine Möbel um-
gestellt und mehrere Fotos von meinen Reisen aufgehängt. Da ich
keine Couch besitze, habe ich auf dem Boden etliche Kissen aus-
gebreitet und ein Fotoalbum in die Nähe gelegt.
Gestern abend traf ich dann bei einem schwulen Lehrertreffen Al.
Mir gingen zu meinen Reisen dermaßen viele Sachen durch den
Kopf, daß wir schließlich angefangen haben, uns darüber zu un-
terhalten. Ich habe ihn sogar zu mir nach Hause eingeladen, da-
mit wir uns meine Fotos ansehen konnten. Es war ganz toll, wie
wir da auf den Kissen lagen und das Album durchblätterten. Wir
haben uns sehr lange unterhalten. Alles war dermaßen einfach!
Wir haben uns dann entschieden, nicht miteinander zu schlafen,
aber ich weiß, daß wir das noch tun werden. Al hat auch schon
viele Reisen hinter sich. Wahrscheinlich verreisen viele Lehrer den
Sommer über. Und er hat mich fürs Wochenende zu sich eingela-
den, damit wir uns dann seine Reisefotos ansehen können.»

Wie man die richtigen Jagdreviere findet

Ich sage immer: «Wie man sich bettet, so liegt man.» Wenn ich ver-
zweifelte Schwule und Lesben, die zu mir in die Beratung kommen,
frage, wo sie ihre Liebhaber oder Geliebten gefunden haben, antworten sie zumeist: «Ich gehe in die verschiedenen Kneipen.» Im allgemeinen sind Kneipen ganz und gar nicht dazu geeignet, potentielle Liebhaber oder Geliebte zu finden. Ausnahmen sind dabei solche Kneipen, in
denen sich Schwule oder Lesben zum Tanzen treffen, oder schwule
und lesbische Musikkneipen mit einem guten Unterhaltungsprogramm. In solchen Kneipen, in denen man einen anderen Grund zum
Dasein hat als bloß den Alkohol, eröffnen sich auch günstigere Aussichten, Menschen kennenzulernen, die ein geregeltes Leben führen.

Andersherum gesagt, sind die Kneipen für Schwule und Lesben häufig Treffpunkte für zwei Kategorien von Leuten: für die, in deren Leben der Alkohol eine entscheidende Rolle spielt und die wahrscheinlich in Richtung Alkoholsucht driften; und für die, die nichts Besseres
zu tun wissen. Klingt diese Beschreibung für Sie nach der Art von Leuten, mit denen Sie gerne zusammensein möchten? Natürlich gehen
auch Leute, die keine solchen Probleme haben, immer wieder mal zu
einem vergnüglichen Abend in solche Kneipen, doch die sind meistens

mit Freunden oder Freundinnen zusammen, weshalb man sehr viel schlechter an sie herankommt; oder mit Leuten, mit denen sie ein Rendezvous haben.

Sarah, eine vierzigjährige Steuerberaterin, ist attraktiv, aufgeweckt und erfolgreich. Kurz gesagt eine «gute Partie». Zwei Jahre lang hatte sie in Kneipen und Kennenlerngruppen für lesbische Singles nach einer Geliebten gesucht, bevor sie schließlich völlig aufgelöst zu mir kam. Sie erzählte:

> «Alle Lesben, die ich kennenlerne, stecken in heftigen Schwierigkeiten. Sie sind entweder verzweifelt und unglücklich, oder sie haben sich dermaßen isoliert, daß sie außer mit anderen Lesben mit niemand sonst reden würden. Ich möchte eine Frau haben, die mit allen möglichen Leuten klarkommen kann. In meinem Beruf kann ich es mir nicht leisten, allzu offen aufzutreten, obwohl meine Geschäftspartner, meine Eltern und meine Freunde und Freundinnen wissen, daß ich lesbisch bin. Mein Freundeskreis ist völlig gemischt. Ich brauche eine Lebensgefährtin, die mit heterosexuellen Männern umgehen kann, in eine Geschäftsumgebung ‹hineinpaßt› und mit sich selbst im reinen ist.»

Sarah und ich sprachen darüber, an welche Orte sie ging, wenn sie Leute kennenlernen wollte, und ich machte ihr den Vorschlag, daß sie doch einmal neue Möglichkeiten ausprobieren sollte. Nachdem sie anfangs darauf gepocht hatte, sie habe für so etwas keine Zeit, entschloß sie sich nach einer Weile doch, Wochenendseminare zu besuchen. Sie hatte sich schon immer für Psychologie interessiert und gedacht, daß diese ihr vielleicht in ihrem Beruf nützlich sein könnte, weshalb sie an der Universität mehrere Psychologieseminare für Geschäftsleute belegte.

Ein paar Wochen später kam sie lächelnd herein:

> «Vor zwei Wochen habe ich bei einem meiner Kurse Blythe kennengelernt. Ich hätte wirklich nie gedacht, daß ich dort mit einer anderen Lesbe zusammenkommen könnte, aber Blythe ist mir gleich am Anfang ins Auge gestochen, obwohl allen anderen nichts Ungewöhnliches an ihr aufzufallen schien. Bei diesen Kursen habe ich ja tatsächlich mehrere nette Frauen von unserer Frak-

tion kennengelernt, aber Blythe war die erste, mit der es für mich
wirklich spannend wurde. In der Kaffeepause bin ich zu ihr hin-
übergetrippelt und habe während unserer Unterhaltung eine Be-
merkung über den Sisterhood Bookstore fallenlassen, auf die sie
auch sofort reagiert hat. Wir haben uns inzwischen sehr häufig ge-
troffen, und ich glaube, daß sich aus der Sache was Ernstes ent-
wickelt. Sie steht ebenfalls im Geschäftsleben. Sie ist unheimlich
ausgeglichen, sie sieht toll aus, und sie hat sonst viele Ähnlichkei-
ten mit mir. Sie hat Verständnis für die Anforderungen, die mein
Beruf stellt, und mir geht es umgekehrt genauso.»

Sechs Monate später zogen Sarah und Blythe zusammen, und ihre Beziehung läuft jetzt schon ein ganzes Jahr lang überaus gut.

Die nächste Übung wird Ihnen helfen, die für Sie geeigneten Jagdgründe zu finden.

Übung: Suchen und Finden

Schreiben Sie in ein kleines Notizbuch eine Liste von Dingen, die Sie gerne lernen würden. Windsurfen, Schifahren, Wandern, Petit-point-Stickereien machen, Zelten, Feinschmeckergerichte kochen, Weine schmecken, Tanzen, Gedichte schreiben – alles, was Sie vielleicht schon immer einmal probieren wollten, hat auf dieser Liste Platz. Schreiben Sie als nächstes all die Orte auf, die Sie gerne sehen würden, und zwar auch die touristisch interessanten Plätze in Ihrer Umgebung, die Sie noch nicht kennen, auf die Sie aber neugierig sind. Auf diese Listen können Sie immer dann zurückgreifen, wenn Sie sich wieder einmal auf die Suche machen wollen.

Schauen Sie sich Ihre erste Liste an und suchen Sie dann den Kontakt zu Leuten, die das machen, was Sie selbst gerne machen würden. Besuchen Sie einen Kurs oder werden Sie Mitglied einer Gruppe, die etwas ganz Bestimmtes macht (wie zum Beispiel ein Windsurf-Club, eine Volkstanzgruppe, ein Schiclub, ein Literaturclub, eine Feinschmeckervereinigung, ein Bibelkreis für Schwule oder Lesben, eine politische Organisation für Schwule oder aus der Frauen- und Lesbenbewegung). Dabei spielt es keine Rolle, ob in einer solchen Gruppe auch Heteros sind. Wenn Sie sich einer Gruppe aus Schwulen und Lesben anschließen, ist klar, daß Sie diese nicht erst von den Heteros trennen müssen, aber machen Sie sich über diesen Punkt nicht allzu viele Gedanken. Es ist besser, Sie sind in einer gemischten Gruppe und tun mit anderen das, woran Sie Spaß haben, als daß Sie mit Schwulen oder Lesben Dinge tun, die für Sie keine Rolle spielen.

Machen Sie sich auch keine Sorgen, wenn Sie nach Ihrem ersten oder zweiten Ausflug nach draußen noch mit niemand engeren Kontakt gefunden haben. Legen Sie ein bißchen Geduld an den Tag, und mit der Zeit wird sich der Erfolg einstellen. Halten Sie sich immer eines vor Augen: Je mehr Leute Sie kennen, desto stärker vernetzen Sie sich, und je stärker Sie sich vernetzen, desto größer werden Ihre Chancen, Ihren Traummann oder Ihre Traumfrau zu treffen.

Noch eine abschließende Bemerkung zum Kennenlernen von anderen Schwulen oder Lesben. Ich empfehle weder Therapiegruppen (Workshops, Wochenendseminare oder Einkehrtage) noch die Anonymen Alkoholiker oder andere Organisationen mit einem Zwölf-Etappen-Programm und nicht einmal Treffen für schwule oder lesbische Singles als Möglichkeiten, potentielle Liebhaber oder Geliebte kennenzulernen. Obwohl Ihre Chancen bei solchen Gelegenheiten vielleicht besser stehen als in Kneipen, ist es doch so, daß die Teilnehmer oder Teilnehmerinnen an solchen Gruppen anfangs einzig und allein ihre Probleme oder ihr Alleinsein als Gemeinsamkeit haben. Schließen Sie sich einer Therapiegruppe unbedingt nur an, um Ihr Verhältnis zu sich selbst zu verbessern – aber bringen Sie Ihre Angelegenheiten nicht durcheinander, indem Sie dorthin gehen, um jemand anderen zu finden.

Das Kennenlernen und das Testen eines potentiellen Liebhabers oder einer potentiellen Geliebten

Okay, Sie haben sich also klargemacht, wo Sie hingehen müssen, um ein nettes Angebot an passenden neuen Partnern oder Partnerinnen zu finden, und dann stehen Sie da, allein unter Fremden. Was nun? Wie sollen Sie das Feld eingrenzen, auf dem Sie die eine besondere Person finden können?

Suchen Sie sich einfach jemand aus! Für den Anfang spielt es gar keine Rolle, wen Sie sich aussuchen oder wie. Sobald Sie sich ein bißchen Zeit nehmen, um die Leute in Ihrer Nähe zu beobachten, werden

Sie wahrscheinlich auch schon ein paar gute Anhaltspunkte entdekken. Legen Sie eine kleine Pause ein, sobald Sie sich jemanden ausgesucht haben, und denken Sie darüber nach, warum Sie sich gerade diese Person ausgesucht haben. Was hat Ihre Aufmerksamkeit erregt? Damit haben Sie meistens auch schon einen guten Aufhänger, um eine Unterhaltung zu beginnen. Zum Beispiel so: «Es hat mich wirklich überrascht, daß dieser Fensterplatz frei war. Sitzen Sie denn lieber auf dem Gangplatz?» Oder so: «Deine roten Haare (oder dein ausnehmend schöner Pullover oder Ohrring) sind mir sofort aufgefallen. Man macht dir dafür doch sicher eine Menge Komplimente, oder?»

Schließen Sie Ihre Bemerkungen immer mit einer Frage ab. Es ist wie beim Tennis: Man schlägt den Ball ins Spielfeld des oder der anderen, und das hat zur Folge, daß die andere Person antworten muß. Wenn die Antwort eher einsilbig und grummelnd ausfällt, dann haben Sie aller Wahrscheinlichkeit nach jemanden gefunden, der oder die für eine Begegnung mit Ihnen nicht offen ist. Lassen Sie den Ball liegen, lassen Sie sich in entspannte Ruhe fallen und geben Sie dem ganzen etwas Zeit. Vielleicht überlegt Ihr Gegenüber es sich ja noch einmal. Wenn nicht, dann sehen Sie sich von neuem um. Verschwenden Sie weder Zeit noch Energie auf uninteressierte Leute. Rund um Sie gibt es so viele interessierte. Wenn Sie eine lebhafte, interessante und offene Antwort auf Ihre erste Äußerung erhalten, dann können Sie sich auf den nächsten Schritt konzentrieren: das Befragen und das Testen.

Wenn Sie sich in einer gemischten Gruppe befinden, wäre es natürlich sinnvoll herauszufinden, ob Ihr Gegenüber schwul / lesbisch oder heterosexuell ist, aber so etwas kann peinlich sein. Wenn Sie auf ein freundschaftliches Verhältnis aus sind, dann können Sie ja eine Weile damit warten, ob sich diese Frage nicht während Ihrer Unterhaltung klärt. Ich selbst habe vor kurzem bei einer Hochzeit mit jemand, den ich noch nicht kannte, über eines meiner Bücher gesprochen, wobei er mich fragte, ob man das Buch in «A Different Light» (ein schwuler Buchladen in der Stadt) kaufen könne – ein wunderbarer Hinweis, der nur für «Eingeweihte» enthüllte, daß er schwul ist. Lassen Sie eine Bemerkung über Ihre Holly-Near-Platten fallen, oder sagen Sie: «Ich komme gerade vom Rodeo in San Francisco.» Wenn Sie eine wissende Antwort erhalten, ist Ihr Gegenüber wahrscheinlich schwul. Wenn Sie eine ganz naive Antwort erhalten wie zum Beispiel: «Oh, wer ist das?» oder: «Bist du denn Cowboy?», dann können Sie sich leicht aus der

Affäre ziehen. Gehen Sie moderat vor. Es wird nicht allzu lange dauern, bis das, was sie wissen möchten, zwischen Ihnen zum Gesprächsthema wird.

Wenn Sie sich unter Schwulen oder Lesben befinden, dann gehen Sie nicht selbstverständlich davon aus, daß dort alle so sind. In einer solchen Umgebung brauchen Sie allerdings nicht durch die Blume zu sprechen. Sie können ganz einfach fragen: «Bist du schwul?» oder: «Bist du lesbisch?»

Ob Sie nun die sexuelle Orientierung Ihres Kandidaten oder Ihrer Kandidatin gleich am Anfang herausfinden oder nicht, in jedem Fall müssen Sie diese Person «testen», um sich eine Einschätzung zu holen, wieweit Sie beide zusammenpassen und gemeinsame Wertvorstellungen haben. Man kann dermaßen viel Herzensleid und Frustration vermeiden, wenn man eines beachtet: Seien Sie aufmerksam! Die Leute enthüllen sich permanent selbst durch das, was sie sagen, was sie nicht sagen und vor allem durch ihr Verhalten. Normalerweise ist es ziemlich einfach, beinahe alles herauszufinden, was Sie wissen wollen. Wenn Sie das nicht schaffen, dann liefert auch das eine wichtige Information.

Übung: Das Befragen

Bei Workshops führe ich diese Übung sehr häufig durch, und ich bin immer wieder überrascht, wieviel Menschen innerhalb von fünf Minuten in einer künstlichen Situation gegenseitig über sich in Erfahrung bringen können!

Suchen Sie sich für diese Übung jemand aus. Ihre Aufgabe ist es, diese Person auszufragen über seinen oder ihren Lebensstil und die Möglichkeit, ob Sie ihn oder sie als Freund oder Partner und als Freundin oder Partnerin gewinnen könnten. Die einzige Schwierigkeit liegt darin, daß Sie Ihr Gegenüber nicht wissen lassen dürfen, daß er oder sie gerade ausgefragt wird.

Halten Sie sich außerdem vor Augen, daß sich aus nonverbalen Hinweisen ebenfalls eine ganze Menge entschlüsseln läßt. Sie können ja zum Beispiel darauf achten, ob Ihr Gegenüber auf sein oder ihr Äußeres achtet, sich während Ihrer Unterhaltung bestimmt oder passiv verhält, steif bleibt oder viel lacht, reserviert ist oder offen, und so weiter.

Eine gute Art, die Unterhaltung zu eröffnen, bietet eine Bemerkung darüber, wie Sie sich gerade fühlen. Versuchen Sie es mit etwas Einfachem, zum Beispiel mit: «Die Musik ist heute abend ganz toll! Magst du Jazz auch so gern wie ich?» oder: «Du siehst so ruhig und entspannt aus in dem ganzen Trubel hier. Wie machst du das bloß?» Oder erwähnen Sie etwas, das Sie interessant fanden: «Ich habe im Filmmuseum gerade einen alten Bogart-Film gesehen. Es war ganz großartig. Überhaupt gefallen mir seine früheren Filme besser als die späteren.»

Um Ihre eigentlichen Absichten während eines solchen Gesprächs nicht zu verraten, sollten Sie ein paar Informationen zu sich selbst anbieten und eine Antwort herausfordern. Sprechen Sie von Dingen, für die Sie sich interessieren: vom Sport zum Beispiel, von einem aktuellen politischen Ereignis, von einem neuen Film, vom Wandern, Radfahren, Kochen. (Ein Tip zur Vorbereitung: Lesen Sie eine aktuelle Tageszeitung oder die letzte Ausgabe eines Wochenmagazins, um sich mit Themen für eine Unterhaltung zu versorgen.)

Geben Sie Ihrem Gegenüber nach jeder Ihrer Äußerungen Zeit, darauf zu reagieren. Drängen Sie nicht. Gehen Sie dann auf die Antwort ein: «Ach, du magst Bogart auch? Welche seiner Filme gefallen dir am besten?» Indem Sie gezielt auf die Antwort eingehen, werden Sie Ihr Gespräch in Gang halten. Denken Sie nicht schon immer voller Angst an das, was Sie als nächstes sagen sollten. Wenn Sie zum Überlegen eine kleine Pause einlegen, dann bietet das Ihrem Gegenüber eine angenehme Möglichkeit, selbst etwas zu sagen.

Achten Sie auf wirklich alle Antworten Ihres Gegenübers. Tun Sie so, als ob Sie später nach diesen Antworten gefragt würden, und sammeln Sie so viele Informationen wie nur möglich. Wenn Sie sich darauf konzentrieren, werden Sie überhaupt keine Zeit haben, Nervosität oder eine gewisse Peinlichkeit zu verspüren.

Wenn Sie sich mit jemandem so unterhalten, dann denken Sie nicht dauernd darüber nach, wie Sie auf Ihr Gegenüber wirken und was ihm zu Ihnen durch den Kopf geht. (Zum Beispiel: «Ich könnte wetten, daß ich nicht so ganz sein Typ bin. Und was ich da gerade Dämliches gesagt habe! Wahrscheinlich denkt er, daß ich sowieso daneben bin. Niemals hätte ich dieses grellrote Hemd anziehen dürfen. Wahrscheinlich kommt es ihm recht trutschig vor. Soll ich ihm ein Bier ausgeben, oder ist ihm das dann vielleicht schon zu aufdringlich?») Versuchen Sie nicht, seine oder ihre Gedanken zu erraten. Er oder sie kann schon für sich alleine denken.

Konzentrieren Sie sich statt dessen darauf, welchen Eindruck diese Person auf Sie macht. Was interessiert Sie an ihr? Halten Sie sich mit Ihren Fragen nicht zurück. Machen Sie Ihr Interesse deutlich, und bringen Sie Ihre neue Bekanntschaft dazu, etwas über sich zu erzählen. Wenn Sie sich einfach nur ein Bild von diesem neuen Menschen machen und von sich selbst eines skizzieren, dann haben Sie damit schon einen wunderbaren Anfang gemacht.

Die Beurteilung Ihres Jagdausflugs

Denken Sie darüber nach, was Sie während des Gesprächs, in dem Sie die oben beschriebene Technik ausprobiert haben, über Ihre neue Bekanntschaft erfahren haben. Wenn Ihnen danach ist, dann schreiben Sie das alles auch nieder. Vergleichen Sie diese Informationen in einem zweiten Schritt mit den Antworten, die Sie selbst schon vorher bei der Übung zu Ihrem idealen Liebhaber oder Ihrer idealen Geliebten gegeben haben.

Um den Erfolg Ihres Jagdausflugs zu prüfen, sollten Sie sich fragen, ob Ihr Gegenüber auf Sie Bezug genommen hat und konzentriert bei der Sache war. Oder hat Ihr Gegenüber seinen Blick von Ihnen abgelenkt und suchend durch den Raum geschaut? Wenn Ihre neue Bekanntschaft nicht etwas zu trinken bestellen oder dafür sorgen wollte, daß ihr Mantel nicht gestohlen wurde, dann gibt ein solches Verhalten ein deutliches Signal. Die Person, die Sie sich ausgesucht haben, fühlte sich in der Unterhaltung mit Ihnen entweder nicht wohl oder war ganz einfach unfähig, wirklich mit Ihnen in Kontakt zu kommen.

Wenn Sie andererseits feststellen, daß die Aufmerksamkeit anderer Menschen in Gesprächen mit Ihnen häufig zu wünschen übrigläßt, dann liegt das Problem vielleicht doch bei Ihnen. Wenn wir darauf aus sind, jemand Neuen kennenzulernen, tendieren viele von uns dazu, sich «den Mund fusselig zu reden». Wir erschlagen unser Gegenüber mit unserem Gerede und werden dadurch langweilig. Halten Sie sich immer vor Augen, daß der Versuch, Eindruck zu machen, sehr häufig nur das Gegenteil bewirkt, weil die Intensität unseres Bemühens die Leute verschreckt.

Verhaltensregeln für das «Dating»

Ich werde Sie hier mit einem sozialen Phänomen konfrontieren, das es bei Ihnen in Europa nicht in der Ausprägung gibt, wie es sich hier in den Vereinigten Staaten entwickelt hat. Das «Dating» spielt für Amerikaner und Amerikanerinnen als ritualisierte, reglementierte und versteckte Aussagen enthaltende Form des Sichkennenlernens schon von der Teenagerzeit an eine große Rolle. Einiges von dem, was Sie auf den nächsten Seiten lesen können, wird Ihnen nicht vertraut sein, doch die grundsätzlichen Aussagen, die ich mit meinen Beispielen illustriere, sind auch auf andere Situationen und Umgebungen anwendbar. Ich bin überzeugt, daß Sie erkennen werden, was für Sie von Bedeutung ist.

Dating – welch ein schreckliches Wort! Dahinter verbirgt sich in unserer Gesellschaft auch ein schreckliches Ritual. Die Sache spielt sich ungefähr so ab: Man soll mit jemandem ausgehen, den man noch kaum kennt, dabei meistens eine Unmenge Geld ausgeben, eine ganz wunderbare Zeit miteinander verbringen und sich auf immer und ewig ineinander verlieben.

Hört sich das für Sie realistisch an? Für mich auch nicht. Ich glaube einfach nicht, daß man sich mit Leuten groß verabreden sollte, die man kaum kennt. Warum sollte man all die Zeit, das Geld und die Energie auf jemanden verwenden, mit dem man dann vielleicht nicht mal gerne zusammen ist? Ob einem das nun gefällt oder nicht: Sobald man sich mit jemandem groß verabredet, wird das normalerweise als Absichtserklärung verstanden, und die Erwartungen schnellen in die Höhe. Überlegen Sie sich deshalb schon im vorhinein sehr genau, mit wem Sie sich verabreden.

Treffen Sie sich ein paarmal ganz locker, bevor sie jemanden dann wirklich groß einladen. Gehen Sie mit Ihrer neuen Bekanntschaft in ein Café, mal kurz zum Mittagessen, zu einem Gruppentreffen oder zu sonst einem Ereignis, bei dem Sie Ihre Rechnung getrennt bezahlen. Dadurch halten Sie die Erwartungen – und damit auch den Druck, der auf Ihnen lastet – niedriger.

Zu einer Verabredung einladen sollten Schwule oder Lesben:

- die bereits einen guten Grund haben, sich besser kennenzulernen
- die bereits eine Beziehung miteinander haben und ihr Leben mit etwas Romantik würzen oder ein besonderes Ereignis feiern wollen

oder solche, die alten Freunden oder Freundinnen zeigen möchten, daß ihnen sehr viel an der Freundschaft liegt

Was sind die Besonderheiten des «Dating» zwischen Schwulen oder Lesben?

Das «Dating» ist ein Ritual und folgt als solches bestimmten gesellschaftlichen Regeln. Wie gesagt, fehlen Schwulen und Lesben in bestimmten Situationen gesellschaftliche Rollenmodelle, was dazu führt, daß sie unzureichende heterosexuelle Vorbilder imitieren. Und zu diesen Situationen zählen auch Verabredungen.

Bei solchen Verabredungen zwischen Schwulen oder Lesben sticht bereits im ersten Moment ein deutlicher Unterschied ins Auge: Es ist die unter Umständen schwer zu beantwortende Frage danach, wer führt und wer sich führen läßt. Da die traditionellen heterosexuellen Rituale die Rollen nach dem Geschlecht verteilen (der Mann führt, und die Frau läßt sich führen), verliert diese Rollenzuweisung im Umgang zwischen Schwulen oder Lesben natürlich ihre Bedeutung. Für uns ist es eine Frage der eigenen Vorliebe oder der Persönlichkeit. Das heißt, daß die Person mit der entschiedeneren Art führt.

Wenn Sie sich in der Position des oder der Führenden befinden, dann ängstigen Sie sich bloß nicht vor dem, was zu tun ist. Denken Sie daran, daß die Rollenverteilung in schwulen und lesbischen Beziehungen nicht festgeschrieben ist und Sie und Ihr Partner oder Ihre Partnerin Ihre Rollen auch wechseln können.

Wenn Sie sich führen lassen, dann müssen Sie völlig ehrlich sagen, was Sie möchten. Wenn Sie Ihrer neuen Bekanntschaft sagen, daß Sie sie mögen und die Dinge langsam anlaufen lassen möchten, dann werden Sie wohl kaum in Schwierigkeiten geraten. Wenn Ihr Gegenüber Ihnen etwas Druck macht, dann halten Sie sich vor Augen, daß der im weiteren Verlauf Ihrer Beziehung noch zunehmen wird. Behaupten Sie sich gleich von Anfang an, denn je später Sie das sonst versuchen, desto schwieriger wird es für Sie sein.

In bezug auf Verabredungen liegt für Schwule und Lesben ein weiterer Unterschied zu den Heteros in der Frage, ob ihre neue Bekanntschaft für eine Beziehung oder eher für eine Freundschaft mit ihnen in Frage kommt. (Natürlich stellt sich dieselbe Frage in einem bestimmten Maß auch den Heteros, doch meiner Erfahrung nach sind sich alleinlebende Heteros dieser Frage nicht sehr bewußt.) Wenn Sie ganz normal ein bißchen Zeit miteinander verbringen, dann klärt sich dieser Punkt meistens sehr rasch. Manchmal ist es allerdings auch die Frage nach einer Verabredung, die die Situation klärt.

Die erste Verabredung: Was tun?

Sie haben sich kennengelernt, haben sich unterhalten und sind sich ein bißchen nähergekommen. Ihre neue Bekanntschaft hat den ersten Schritt noch nicht gemacht, weshalb Sie ihn machen müssen. Wie gehen Sie das an?

Sie sollten zu diesem Zeitpunkt schon eine gewisse Ahnung davon haben, was Ihre neue Bekanntschaft gerne tut. Wenn Sie zum erstenmal miteinander ausgehen, dann schlagen Sie dafür etwas vor, das ihm oder ihr auch gefällt. Sagen Sie deutlich, wozu Sie einladen: «Ich habe Karten für ...» – «Im Schwulenzentrum (oder Lesbenzentrum) ist diesen Samstag Disco.» – «Ich kenne da ein ganz großartiges Lokal.» Fragen Sie also nicht: «Was hast du dieses Wochenende vor?» So etwas ist entschieden zu vage und läßt viel zuviel offen.

Wenn Sie Formulierungen wie: «Ich möchte dich gerne zu... ausführen.» oder: «Ich möchte dich gerne zu... einladen.» verwenden, dann weiß Ihr Gegenüber, daß Sie für die Rechnung geradestehen werden. Dadurch wird aus dem ersten Schritt, den Sie gemacht haben, eine richtige Verabredung, und Sie geben damit deutlich zu verstehen, wie groß Ihr Interesse ist. Wenn Sie getrennte Kasse haben möchten oder wenn die Kosten für die Karten und das Abendessen Ihr eigenes Budget übersteigen, dann sagen Sie das auch. Schlagen Sie vor, daß Sie die Karten kaufen, das Abendessen aber auf getrennte Rechnung läuft. Teilen Sie Ihrem Gegenüber das aber mit, bevor Sie seine Zustimmung haben.

Setzen Sie sich bei Ihrer ersten Verabredung nicht allzu sehr unter Druck. Planen Sie nicht bloß, sich hinzusetzen und sich dann während des Abendessens vier Stunden lang zu unterhalten. So etwas kann viel zu intensiv werden. Suchen Sie sich statt dessen eine Veranstaltung oder ein Unterhaltungsprogramm aus, wo Sie bei etwas zusehen können – zum Beispiel einen Kinobesuch, ein Konzert oder ein sportliches Ereignis –, und gehen Sie hinterher Kaffee trinken. Oder verabreden

Sie sich so, daß Sie gemeinsam bei einer Party oder einem Ausflug mitmachen oder tanzen gehen. Dann haben Sie ein bißchen Zeit füreinander, aber rund um Sie gibt es andere Leute, die für etwas Abwechslung sorgen. Denken Sie daran, daß Sie später noch genügend Zeit für eine intensive Annäherung haben werden.

Achten Sie darauf, daß Sie Ihrer ersten Verabredung nicht allzu viel Symbolkraft verleihen. Ein erster gemeinsam verbrachter Abend steht nicht für eine feste Bindung, sondern bedeutet bloß einen weiteren Schritt innerhalb des Prozesses, in dem man sich näherkommt.

Was Schwule oder Lesben bei ihren Verabredungen sollen oder nicht sollen

Im folgenden finden Sie ein paar Richtlinien, mit deren Hilfe Sie Ihre Verabredungen so angenehm – und unterhaltsam – wie nur irgend möglich machen können.

Was man tun sollte:

- *Hören Sie zu.* Dominieren Sie die Unterhaltung auf keinen Fall. Sie erfahren so noch mehr über Ihr Gegenüber, und die Situation wird für Sie entspannter sein.
- *Konzentrieren Sie sich auf die Entwicklung einer Freundschaft.* Auf dieser Stufe einer Beziehung hat man keine Möglichkeit vorauszusagen, wohin sie sich entwickeln wird. Konzentrieren Sie sich deshalb ganz einfach auf die Verstärkung des Freundschaftsaspekts.
- *Holen Sie sich Ihr Feedback.* Erkundigen Sie sich, ob es der Person, mit der Sie aus waren, gefallen hat. Sagen Sie zum Beispiel, wie Ihnen die Vorstellung oder das Restaurant gefallen hat, und fragen Sie Ihr Gegenüber dann, was es selbst davon hält.
- *Geben Sie Ihrem Gegenüber unbedingt zu verstehen, ob Ihnen Ihr Zusammensein gefallen hat.* Wenn Ihnen wirklich danach ist, dann sagen Sie am Ende des Abends, daß Sie so etwas gerne wieder machen möchten. Wenn Sie versprechen anzurufen, dann halten Sie dieses Versprechen auch. Wenn Ihnen klargeworden ist, daß Sie an einer Weiterführung Ihres Verhältnisses kein Interesse haben, sich allerdings nicht trauen, das einfach so zu sagen, dann machen Sie wenigstens keine leeren Versprechungen.

Was man nicht tun sollte:

▨ *Werden Sie nicht nervös, wenn eine kleine Pause entsteht.* In den meisten Fällen sind es gerade diese zufälligen Pausen, die einem in einer Unterhaltung das Gefühl geben, daß man natürlich und ungezwungen miteinander umgehen kann.

▨ *Erklären Sie den Sex nicht zu Ihrem Hauptziel.* Neben der Vorsicht, die wegen sexuell übertragbarer Krankheiten und Aids ohnehin immer angebracht ist (schlagen Sie die Safer-Sex-Informationen im Anhang nach), gibt es noch andere Gründe, die sexuelle Begegnung nicht herbeizuzwingen: Sie befinden sich hinterher nicht in der etwas unangenehmen Situation, mit einem oder einer völlig Fremden sehr intim zu sein. Sie quälen sich weniger, wenn Sie die Sache langsam angehen. Und Sie können sich auf Ihre sexuelle Begegnung länger freuen. Wenn der richtige Zeitpunkt für den Sex da ist, kommt es ohnehin dazu. Und wenn Sie entspannt sind, werden Sie auch klar denken können und vorsichtig sein.

▨ *Verstricken Sie sich nicht in ein ganzes Netz aus teuren Verabredungen, die Sie sich nicht leisten können.* Es bringt nichts, wenn Sie sich finanziell verausgaben, um Ihr Gegenüber zu beeindrucken. Auf längere Sicht wären Sie dann nur gezwungen, ein peinliches Geständnis abzulegen. Außerdem funktioniert es nie, wenn man eine Person zu «bestechen» versucht, damit sie Zeit mit einem verbringt. Wenn es in bezug auf Ihre finanziellen Möglichkeiten Unterschiede gibt, dann ist das ein Punkt, den Sie beide schon sehr früh völlig offen besprechen müssen. Wenn Sie von Ihrem Bekannten oder Ihrer Bekannten ausgeführt werden und die Rechnung sehr hoch ist, dann könnte es ja sein, daß Sie sich ebensogut mit einem selbstgekochten Abendessen, einem selbstgebastelten Geschenk oder handwerklichen Arbeiten revanchieren können.

Die Vertiefung der Beziehung

Nach mehreren angenehm verlaufenen Treffen mit derselben Person schweben Sie vielleicht schon ein Stück über dem Boden und haben einen Eindruck davon, ob die Anziehung gegenseitig ist. Vielleicht schlafen Sie auch schon miteinander. Geben Sie der Versuchung zur Eile aber trotzdem nicht nach. Lassen Sie sich von der Beziehung selbst leiten. Gehen Sie den Weg des geringsten Widerstands.

Wenn Sie in dieser Beziehung gute Aussichten auf Erfolg haben, dann werden Sie sie auch nicht ruinieren, indem Sie sich Zeit lassen. Tatsächlich können Sie das Interesse Ihres Partners oder Ihrer Partnerin eher verstärken, wenn Sie sich Zeit lassen. Das größte Problem in einem frühen Beziehungsstadium ist die Angst, die sich ergibt, wenn die eine Person sich von der anderen unter Druck gesetzt oder überrumpelt fühlt. Vielleicht erkennen Sie sich ja in der folgenden Geschichte wieder.

Die siebenundzwanzigjährige Jane ist eine tüchtige Freiberuflerin, die elegante Kleidung trägt. Als sie zu mir kam, war sie enttäuscht und ein bißchen angewidert:

> *«Ich lernte Ruby bei einer Konferenz kennen, und wir unterhielten uns während der Kaffeepause ein wenig. Sie war ziemlich nett, und sie gefiel mir auch äußerlich. Als sie mich um meine Telefonnummer bat, gab ich sie ihr. Am nächsten Tag rief sie an. Das war schön, und ich fühlte mich geschmeichelt. Sie lud mich zum Abendessen ein. Es ging alles ein bißchen rasch, aber ich hatte sowieso keine Zeit, und deswegen war es kein Problem.*
>
> *Bei unserer nächsten Konferenz saß sie neben mir. Da fühlte ich mich schon etwas bedrängt. Dann fing sie an, mich jeden Tag anzurufen und mir zu sagen, daß ich nur einen Termin zu nennen bräuchte, und dann würden wir beide essen gehen. Das ging entschieden zu weit. Und als ich heute von der Arbeit nach Hause kam, fand ich vor meiner Tür ein Geschenk von ihr.*
>
> *Ich will das nicht. Es geht mir entschieden zu schnell. Ich möchte Rubys Gefühle nicht verletzen, aber ich will von Ihnen doch hören, wie ich sie wieder abwimmeln kann. Für sie muß das alles viel schneller gehen, und damit komme ich auf keinen Fall zurecht.»*

Zufälligerweise kenne ich Ruby. Und deshalb weiß ich, daß sie eigentlich gar keine aufdringliche oder unangenehme Person ist. Sie weiß bloß nicht einzuschätzen, wie sie anderen Leuten deren eigenes Tempo lassen kann. Sie will zu viel haben, und dann drückt sie zu sehr aufs Tempo. Zurückweisungen hat sie schon etliche erfahren müssen. Da ihre Gefühle immer drängender werden, drängt sie selbst auch immer stärker – und wird dennoch wieder zurückgewiesen. Machen Sie nicht denselben Fehler wie Ruby. Lassen Sie sich Zeit.

Nachdem Sie schon ein paar Unternehmungen (und ein paar Wochen oder Monate) hinter sich gebracht haben, sollten Sie sich nach und nach immer mehr alltäglichen Dingen gemeinsam widmen: Unkrautjäten im Garten, Joggen, Fitneßtraining, oder Sie verbringen lange kuschelige Nachmittage miteinander, wo Sie sich unterhalten oder auch nur still beisammen sind. Wenn Sie erst einmal die Basis für eine Beziehung geschaffen haben, können Sie sich mit der Zeit auch an der Wirklichkeit prüfen, um zu sehen, wie weit Sie und Ihr Partner oder Ihre Partnerin miteinander gehen können.

Wie lang wird es dauern?

Wenn Sie sich gerade erst am Anfang Ihrer Kennenlernphase befinden, beruht Ihr Eindruck von Ihrem Partner oder Ihrer Partnerin nur zu einem kleinen Teil auf Fakten und zu einem entschieden größeren Teil auf Spekulationen und Wunschvorstellungen. Wie sorgfältig Sie zugehört haben, was Ihr Partner oder Ihre Partnerin gesagt hat, wie er oder sie sich verhält und wie Sie beide miteinander umgehen, das alles entscheidet darüber, wieviel von Ihrer Einschätzung ins Reich der Phantasie gehört. Nach meiner eigenen Erfahrung und der vieler meiner Klienten und Klientinnen bin ich davon überzeugt, daß man sich bereits am Anfang einer Beziehung sehr genau darüber im klaren sein kann, welche Art Mensch der Partner oder die Partnerin ist.

Wie ich schon weiter oben geschrieben habe, geben Menschen andauernd Hinweise auf ihre Gewohnheiten, ihre Verhaltensweisen und ihre Gefühle. Wenn wir während des Zusammenseins achtgeben, fällt es uns leicht, die Menschen ausfindig zu machen, die:

- chronisch ärgerlich sind oder beleidigend werden (sie streiten häufig mit ihrem Chef oder ihrer Chefin, brüllen andere Autofahrer oder -fahrerinnen an, schieben die Schuld immer auf «jemand anderen»)
- unfähig sind, Zuwendung zu geben oder anzunehmen (man muß ihnen gut zureden, bis sie irgendein Sympathiegefühl äußern, sie «erstarren», wenn man sie umarmt, oder sie halten nicht einmal dann Händchen, wenn man sich in völlig ungefährlicher Umgebung befindet)

- sich in bezug auf Geld als verantwortungslos erweisen (sie erhalten immer noch Zuwendungen von ihrer Mama, zahlen keine Parkzettel und lassen Schecks platzen)
- abhängig sind (sie besaufen sich oder knallen sich sonstwie voll, verlieren die Kontrolle über sich und sagen: «Ich kann einfach nichts dagegen machen!», wenn man sie damit konfrontiert)
- unreif oder passiv/aggressiv sind (sie machen sich über ernsthafte Dinge lustig, verhalten sich verantwortungslos und machen einen reichlich hilflosen Eindruck)

Manchmal kommen Schwule oder Lesben zu mir zur Beratung, die ein gebrochenes Herz haben oder völlig außer sich sind, weil sie von einem Liebhaber oder einer Geliebten ausgenutzt, manipuliert oder belogen worden sind. In solchen Fällen stelle ich immer eine Menge Fragen über das Verhalten des Liebhabers oder der Geliebten während der Anfangszeit der Beziehung. Meistens erkennen meine Klienten oder Klientinnen dann, daß sie über die möglichen Schwierigkeiten bereits sehr früh Bescheid wußten, die Warnsignale dafür allerdings ignoriert oder sich selbst einzureden versucht haben, sie könnten die andere Person ändern.

Vor kurzem habe ich einen Workshop durchgeführt, bei dem geübt wurde, wie man Gespräche mit anderen Menschen führt und dabei konzentriert bleibt. Eine junge Frau meldete sich zu Wort und sagte: «Aber an so etwas denke ich doch gar nicht, wenn ich jemand neu kennenlerne. Da geht es mir doch viel eher darum, ob mich diese Person mag.» Damit hörte sie aber auch schon zu sprechen auf, dachte noch einmal über das gerade Gesagte nach und fügte hinzu: «Oh – das ist wohl auch der Grund, warum ich es immer wieder mit Alkoholikerinnen zu tun kriege, nicht! Ich weiß, daß sie zu viel getrunken haben, aber ich *registriere* es nicht. Jetzt verstehe ich.»

Es gibt wirklich keinen Grund, warum es zu unangenehmen Überraschungen und drastischen, dramatischen Zerwürfnissen kommen muß. Wenn Sie immer hin und her überlegen, wie Ihr Partner oder Ihre Partnerin sein *sollte*, oder wenn Sie sich zu viele Gedanken darüber machen, ob er oder sie Sie auch mag – statt zu überlegen, ob *Sie* den Menschen mögen, den Sie vor sich haben –, und auf diese Weise immer in Beziehungen geraten, die in einem Desaster enden, dann lernen Sie jetzt, die Augen aufzumachen. Hoffnung und Vorfreude sind ganz wunderbare, aufregende Gefühle, und sie sind ganz besonders dazu geeignet, daß Sie und Ihr neuer Liebhaber oder Ihre neue Geliebte sie teilen. Wenn Sie allerdings einer Phantasie nachhängen, die die Realität außen vor läßt, dann ist das gefährlich.

In ihrem Buch *Liebe nach dem ersten Blick. Handbuch für Romantiker* schreibt die Autorin Judith Sills:

> «Je mehr Zeit Sie gemeinsam verbringen – was sowohl Wiederholung als auch Abwechslung bedeutet –, desto mehr Gelegenheiten haben Sie, ein realistischeres Bild vom anderen zu gewinnen. Aber es sind eben nur Gelegenheiten. Viele nutzen sie nicht, denn ihre Phantasien sind für sie bequemer und sicherer. Nehmen Sie sich Zeit für den Partner und zwingen Sie sich zu aufmerksamer Beobachtung. Vielleicht werden Sie alles liebenswert finden, was Sie entdecken, auf jeden Fall aber schärfen Sie damit Ihren Blick für die Realitäten. Die stärkste Verbundenheit entsteht, wenn Sie fähig sind, das zu lieben, was ist, nicht das, was Sie sich wünschen.»

Wenn Ihr Partner oder Ihre Partnerin Probleme hat mit irgendeiner Sucht, mit der Homophobie oder mit einer gewissen Charakterschwäche, dann sollten Sie das so früh wie möglich herausfinden. Wenn Sie den Eindruck haben, daß Sie miteinander nicht wirklich klarkommen oder die Realität allzu entstellt aussieht, dann ist es entscheidend, die Art Ihrer Beziehung zu verändern oder diese zu beenden, bevor Sie sich gefühlsmäßig stärker engagiert haben.

Wenn sich eine neue Beziehung Ihrer Einschätzung nach allzu gespannt entwickelt hat oder sie nicht genügend bringt, dann ist es wahrscheinlich an der Zeit, sich daraus zu lösen. Warnsignale können sein:

■ Ihr Liebhaber oder Ihre Geliebte ist nicht in der Lage, Ihnen die Zuwendung zu geben, die Sie gerne möchten.

■ Sie sind in grundlegenden Dingen permanent entgegengesetzter Meinung und/oder streiten häufig.

■ Das anfängliche Prickeln ist verblaßt, doch sind an seine Stelle keine tieferen Gefühle getreten.

■ Sie spüren, daß es Ihren Partner oder Ihre Partnerin nach außen drängt.

Wenn Sie unsicher sind, ob Sie sich trennen oder einen Rettungsversuch für Ihre Beziehung unternehmen sollen, dann müssen Sie die Möglichkeiten, die Ihnen mit Ihrem Partner oder Ihrer Partnerin bleiben, ausloten. Natürlich ist das ein ziemlich hartes Stück Arbeit, aber wenn Sie nicht darüber sprechen, geraten Sie nur in noch unangenehmere Situationen. Im folgenden finden Sie ein paar Anhaltspunkte:

- Nutzen Sie die Techniken zur Problemlösung und zur Kommunikation, wie ich sie in Kapitel vier schildere.
- Sprechen Sie darüber, was jeder oder jede von Ihnen will und zu geben bereit ist.
- Seien Sie so sanft wie nur irgend möglich, aber schrecken Sie nicht vor einer aufrichtigen Darstellung zurück. Wenn Sie in der gegebenen Situation nicht in der Lage sind, über Ihre Gefühle offen und ehrlich zu reden, dann hat Ihre Beziehung sowieso kaum eine Chance.
- Wenn Ihr Partner oder Ihre Partnerin von etwas mehr wollen, als Sie geben wollen (Sex oder Zuwendung, Offenheit in bezug auf die eigene Homosexualität und das Coming-out, Freiraum und Freiheit, Zustimmung oder Gespräche), dann erkennen Sie das an. Versuchen Sie, zu verstehen, daß Ihr Partner oder Ihre Partnerin ein Recht hat, zu wollen, was Sie nicht geben können.
- Wenn sie selbst Dinge wollen, die Ihr Partner oder Ihre Partnerin Ihnen anscheinend nicht geben kann, dann erkennen Sie das ebenfalls an. Sagen Sie ihm oder ihr ganz genau, was Sie möchten. Formulieren Sie Ihre Wünsche so exakt wie möglich. (Nicht: «Ich möchte mehr Zeit mit dir verbringen.» Sondern: «Ich möchte wenigstens vier Abende in der Woche mit dir zusammensein.»)

In manchen Fällen wird eine offene und ehrliche Diskussion zu der Erkenntnis verhelfen, daß Sie sich gegenseitig bloß falsch verstanden haben und Sie das, was nicht in Ordnung ist, *eigentlich* regeln können. Wenn dem nicht so ist, dann verhilft Ihnen eine solche Diskussion wenigstens zur Klärung der Frage, warum Ihre Beziehung wahrscheinlich nicht funktionieren wird. Wenn Sie zu einer Einigung darüber kommen, was Sie als nächstes tun werden, dann haben Sie damit etwas erreicht, auf das Sie stolz sein können.

Sich voneinander verabschieden

Viele von uns erleben das Ende einer Beziehung – ganz unabhängig davon, wie lang sie dauerte oder wie problematisch sie war – als ein persönliches Versagen. «Erfolg» wird als langdauernde Beziehung definiert, und jedes vorzeitige Ende schließt automatisch mit ein, jemand habe etwas falsch gemacht. Eine solche Ansicht ignoriert den Umstand, daß viele Beziehungen durch Zufall entstanden sind, daß es diese Bindungen gibt, weil zwei Menschen sich im Urlaub getroffen haben oder einen Sommer lang gemeinsam irgendwo gearbeitet haben. Darüber hinaus läßt es außer acht, daß zwei Menschen Zeit brauchen, bis sie sich gegenseitig gut genug kennengelernt haben, um entscheiden zu können, ob sich aus ihrer Beziehung etwas Längerfristiges entwickeln kann. Vielleicht ist für zwei Leute ein Freundschaftsverhältnis ja geeigneter als ein Liebesverhältnis, und vielleicht hat es einfach eine bestimmte Zeit gedauert, bis sie das herausgefunden haben.

Manchmal ist es schwierig, die eigene Beziehung so zu akzeptieren, wie sie in Wirklichkeit ist. Wir versuchen häufig, eine Beziehung entweder so zu manipulieren, daß sie sich mit unseren Phantasien deckt, oder wir bleiben in einer Beziehung, die uns ganz und gar nicht befriedigt, weil wir Angst haben, uns daraus zu lösen und uns nach jemand anderem umzusehen. Eine solche Beziehung wird dann völlig «überfrachtet»: Obwohl die Beziehung eigentlich die allerbesten Voraussetzungen zu einer zwanglosen Freundschaft böte, beharren wir darauf, daß sie mehr ist. Wir fangen dann an, uns gegenseitig unter Druck zu setzen, um unsere Erwartungen auch erfüllt zu sehen. Wir beklagen uns darüber, daß wir uns vernachlässigt und ungeliebt fühlen. Schließlich artet die Situation in richtigen Streß aus, und wir verbringen den Großteil unserer gemeinsamen Zeit damit, uns übereinander zu ärgern und wegen unseres Partners oder unserer Partnerin frustriert zu sein. Etwas, das zu einer angenehmen Freundschaft hätte werden können, entwickelte sich so zu einem Desaster, und keiner oder keine von beiden hat mehr Lust auf irgendwelchen Kontakt mit dem oder der anderen.

Wenn Sie gemeinsam zu der Übereinkunft kommen, daß Sie es nicht weiter in Richtung einer Liebesbeziehung versuchen wollen, dann bestätigen Sie diese Abmachung mit einer formellen Verabschiedung. Unter einer solchen Verabschiedung voneinander verstehe ich eine

Zeremonie, die zu einem richtigen Abschluß führt. Sie dokumentiert ganz entschieden das Ende der einen Phase Ihrer Beziehung (des Verliebtseins) und ermöglicht Ihnen auf diese Weise, in eine neue Phase (die der Freundschaft) einzutreten. Lesen Sie, wie Sie sich voneinander verabschieden können:

- Sprechen Sie einen Zeitpunkt ab, zu dem Sie beide allein sein können.
- Vielleicht möchten Sie ein paar Sachen aus Ihrem Besitz austauschen. Sortieren Sie Ihre weltlichen Güter aber nicht erst bei Ihrem Treffen auseinander. Es ist besser, wenn Sie diesen Stein schon vorher aus dem Weg räumen. Tauschen Sie bei Ihrem Treffen einfach einige symbolbehaftete Gegenstände aus. Geben Sie Schmuck zurück oder tauschen Sie Abschiedsgeschenke aus.
- Sprechen Sie über Ihre gemeinsame Zeit, und erinnern Sie sich an die schönen Momente. Sagen Sie sich gegenseitig, daß Sie sich mögen. Das kann Emotionen hochkommen lassen, aber das ist nur gut. Heulen Sie, oder geben Sie sich Ihrer Enttäuschung darüber hin, daß die Dinge sich nicht so entwickelt haben, wie Sie sich das erhofft hatten. Sie sind dann ja gerade dabei, sich von diesem Traum zu verabschieden.
- Sprechen Sie aus, wie Sie sich fühlen: erleichtert, traurig, enttäuscht, verletzt, ängstlich.
- Verabschieden Sie sich förmlich voneinander: Vielleicht wollen Sie sich ja umarmen, sich die Hand schütteln, eine Kerze anzünden und sie löschen, oder vielleicht wollen Sie auch ein Symbol für Ihre gerade zu Ende gegangene Beziehung feierlich verbrennen. Das könnte ein Bild sein, auf dem Sie beide zu sehen sind.
- Gehen Sie dann mit der festen Absicht auseinander, sich einige Zeit gar nicht zu treffen, bevor Sie versuchen, sich auf der Grundlage der neuen Voraussetzungen wieder anzunähern. Verabreden Sie sich unter Umständen für einen Monat später, und tauschen Sie sich dann darüber aus, wie es Ihnen inzwischen geht.

Earl und Sam, die beide Rechtsanwälte und beide etwas über vierzig waren, hatten sich ein ganzes Jahr lang immer wieder zu Verabredungen getroffen. Als sie dann ein Zusammenleben versuchten, klappte das ganz und gar nicht. Die Zeit, die sie gemeinsam verbrachten, verlor mit einem Schlag all ihren Reiz. Ich verhalf ihnen zu der Einsicht, daß sie in Wirklichkeit bloß ein freundschaftliches Verhältnis zueinander haben sollten, und ich schlug ihnen vor, sich genau so voneinander zu verabschieden, wie ich es eben beschrieben habe. Earl erzählte mir später folgendes:

> «Sam und ich haben die Verabschiedungszeremonie gemacht, die Sie uns vorgeschlagen hatten. Es war alles sehr traurig. Wir sprachen über all die schönen Zeiten, wir weinten, wir spürten, wie gern wir uns eigentlich haben, und wir erkannten, daß wir das Rad unserer Entwicklung weiterdrehen mußten. Wir gaben uns die Ringe zurück. Ich dachte vorher, ich würde nachher ganz schrecklich traurig sein, doch zu meiner eigenen Überraschung fühle ich mich wohl. Ich weiß, daß Sam und ich immer Freunde sein werden. Wir dürfen uns wohl einige Zeit nicht treffen, um uns an die neue Situation zu gewöhnen, aber wir haben ein neues Band zwischen uns geknüpft – wir wissen, daß wir selbst schwierigste Situationen gemeinsam durchstehen können. Ich glaube, daß unsere Freundschaft ewig dauern wird. Die Sache war sehr hart, aber ich bin schrecklich froh, daß wir sie so hinter uns gebracht haben.»

Sich innerhalb der Beziehung weiterentwickeln

Für viele von Ihnen ist es nicht nötig, sich zu verabschieden. Wenn alles gut läuft, wird sich Ihre Beziehung vertiefen, und Sie werden darin andere Ebenen erreichen. Sie werden erleben, daß Sie und Ihr Partner oder Ihre Partnerin immer mehr Zeit miteinander verbringen, und Ihre Verabredungen werden Ihnen langsam etwas peinlich und allzu formell erscheinen. Sie werden den Wunsch verspüren, ganz alltägliche und nicht unbedingt romantische Situationen miteinander zu erleben. Nach und nach werden Sie auch kleine Bindungszeichen setzen: Sie lassen Kleider oder andere Dinge in der Wohnung des oder der anderen, reservieren Ihre Wochenenden füreinander, schenken sich gegenseitig kleine Insignien der Zuneigung, Sie gehen zusammen bummeln und suchen manches gemeinsam aus, und Sie besuchen Gruppentreffen oder andere Veranstaltungen als Paar.

Lassen Sie es zu, daß diese kleinen Bindungszeichen sich nach und nach ergeben. Halten Sie sich, sofern Sie das zustande bringen, zurück und vermeiden Sie, diese Entwicklungsstufe zu überspringen und schon frühzeitig ein Bindungsversprechen zu erzwingen. Das langsame Wachsen Ihrer Beziehung läßt ein solides Fundament für Ihre spätere noch engere Bindung entstehen. Genau wie ein Kleinkind erst lernen muß, zu kriechen und zu krabbeln, bevor es gehen kann, so ist es auch für uns nötig, auf dem Weg zu größerer Vertrautheit innerhalb einer Beziehung eine Stufe nach der anderen hinter uns zu bringen. Im nächsten Kapitel werde ich die einzelnen Stufen beschreiben und die Frage diskutieren, wie man erkennt, wann der Zeitpunkt für eine feste Bindung gekommen ist.

KAPITEL 3

Vom «Dating» zur festen Bindung

Sie haben schon etliche Verabredungen hinter sich, und die Sache läßt sich gut an. Sie beide kommen gut miteinander zurecht. Was jetzt? Wie weit wird es gehen? Ist es Liebe?

Vielleicht können Sie sich in die Gefühle meines Klienten John hineinversetzen, eines freundlichen, kontaktfreudigen Schwulen Mitte zwanzig, der mir folgendes erzählte:

> «Ich mag Ed wirklich. Ich fühle mich wohl in seiner Nähe. Wir haben Spaß, und wir mögen dieselben Dinge, aber ich weiß nicht, ob es Liebe ist. Als ich zum letztenmal mit jemand zusammen war, wußte ich sicher, daß ich ihn liebte, aber die Sache wurde zu einer Katastrophe.
> Gary – das war mein letzter Liebhaber – und ich zogen sofort zusammen, und dann entdeckte ich, daß wir wirklich nicht genug Gemeinsamkeiten hatten. Alles, was er sagte, klang großartig, aber er brachte nie etwas zu Ende. Meine Begeisterung für Ed gleicht der für Gary oder für andere Männer, mit denen eine Beziehung nicht klappte, aufs Haar. Ich möchte nicht schon wieder einen Fehler machen. Wie kann ich wissen, wann der richtige Zeitpunkt für eine feste Bindung da ist? Und wie weiß ich, ob sie halten wird?»

Aber vielleicht empfinden Sie wie Linda, die sich regelmäßig mit Cindy trifft. Beide Frauen sind Mitte dreißig und haben eine gute Ausbildung. Linda kam zu mir, weil sie in einem Dilemma steckte:

«Ich habe Cindy erst vor ein paar Monaten kennengelernt. Im Vergleich zu meiner letzten Beziehung läuft diese recht gut. Wir lassen uns Zeit, festigen unser Verhältnis und lernen uns weiter kennen. Beim Sex läuft es ziemlich gut, es wird dabei immer schöner – da gibt es keine Probleme. Ich weiß bloß nicht, ob das die wirkliche, ob es die wahre Liebe ist. Was, wenn ich entscheide, daß es so ist, und hinterher habe ich unrecht? So was ist mir schon früher passiert. Ich möchte nicht erleben, daß ich alle meine Bekannten über mein Lesbischsein aufkläre und hinterher meine Beziehung mit Cindy zerbricht. Cindy würde gerne meine Familie kennenlernen. Für mich ist das aber schon fast ein Coming-out, und dazu soll es erst kommen, wenn ich mir wirklich sicher bin.»*

Diese beiden Geschichten illustrieren eine gefährliche und schwierige Phase, die jedes schwule oder lesbische Paar überstehen muß: den Übergang vom «Dating» zu einer verbindlichen Beziehung. Viele Schwule oder Lesben, die sich im Verabredungsstadium befinden, spüren nach einer gewissen Zeit ständig einen unterschwelligen Druck, den «Einsatz zu erhöhen». Und der geht aus von Freunden, von der Umgebung und von ihren eigenen innersten Gefühlen. Wenn man einmal die Woche verabredet ist, wird erwartet, daß man mit der Zeit auch die Wochenenden gemeinsam verbringt. Wenn es erst einmal so weit ist, dann soll man auch schon «miteinander gehen» und immer zusammensein. Und das Miteinandergehen soll natürlich zum Zusammenwohnen führen. Dem traditionellen Beziehungsverständnis nach ist eine unumstößliche Bindung aneinander zwingend notwendig. Nicht nur die äußere soziale Umgebung, sondern auch eigene Erwartungen drängen uns zu einem gegenseitigen Versprechen, zu einer festen Bindung. Vielen von uns fällt die Entscheidung für oder gegen eine feste Bindung sehr schwer. Sie wirft eine Reihe von Fragen auf, mit denen man aufrichtig umgehen muß.

Eine feste Bindung bedeutet für verschiedene Paare auch durchaus Verschiedenes. Manche sehen sich dann einfach häufiger und vor allem regelmäßig. Andere meinen damit sexuelle Ausschließlichkeit. Wieder andere verstehen darunter ein Zusammenleben, die Orientierung auf eine lebenslange Beziehung und sogar die Heirat. Auf jeden Fall gehören zu einer festen Bindung aber eine noch stärkere Bezugnahme aufeinander und höhere Erwartungen als beim «Dating».

Diese Übergangsphase ist für viele Leute besonders schwierig, weil sie Angst, Sorge und eine gewaltige Unsicherheit heraufbeschwört. Wie ich schon früher erwähnte, fällt eine feste Bindung besonders schwulen Männern schwer, da ihnen aufgrund ihres kulturellen Rollentrainings – und vielleicht instinktiv – sexuelle Zufallsbegegnungen näher stehen als die Konzentration auf einen einzigen anderen Menschen.

Viele lesbische Frauen neigen dagegen in bezug auf feste Bindungen zu übertriebenen Reaktionen. Oftmals stürzen sie sich in Beziehungen, ohne sich die Zeit für die Entwicklung eines soliden Fundaments zu nehmen, das auf Liebe, Gegenseitigkeit und der eingehenden Kenntnis ihrer selbst und ihrer Partnerinnen basiert.

Wenn Schwule oder Lesben die mit einer festen Bindung einhergehenden Verantwortlichkeiten und Lebensveränderungen bewältigen müssen, kann erschwerend hinzukommen, daß ihre latent vorhandene Homophobie verstärkt und Probleme und Ängste aufgeworfen werden, die ein Coming-out gegenüber der Familie, dem Freundeskreis und am Arbeitsplatz mit sich bringt.

Infolge dieser Probleme inszenieren viele Schwule und Lesben unbewußt einen Eiertanz zwischen der Annäherung an eine feste Bindung und ihrer Vermeidung. Meine Arbeitserfahrungen haben mich davon überzeugt, daß Schwule oder Lesben sehr wohl langdauernde, bedeutungsvolle und freudvolle Beziehungen haben können, die auf ein Zusammenleben, auf lebenslange Gemeinschaft oder auf eine Ehe hinauslaufen. Gleichgeschlechtliche Paare müssen den anerkannten heterosexuellen Mustern – traditionelle Geschlechterrollen, monogame Ehe, Scheidung – nicht folgen, sie brauchen sich allerdings auch nicht auf die homosexuellen Stereotypen kurzfristiger, unbefriedigender Liebesbeziehungen oder promisker, rein sexueller Begegnungen einzulassen. Für Schwule oder Lesben geht es bei der Gestaltung von konstruktiven und funktionierenden festen Bindungen darum, die alten Regeln zu revidieren. Zugleich gilt es Formen entstehen zu lassen, die den Eigenarten schwuler oder lesbischer Beziehungen entsprechen.

In diesem Kapitel beschäftige ich mich mit dem Übergang vom «Dating» zur festen Bindung. Ich werde mich hier nicht über das Für und Wider von festen Bindungen auslassen. Statt dessen werde ich versuchen, Ihnen bei der Entscheidung zu helfen, ob Sie sich mit

Ihrer jetzigen Beziehung fest binden wollen oder nicht. Ich möchte Ihnen bei der Beantwortung der Frage helfen, wann und wie Sie eine feste Bindung entwickeln.

Worum es bei einer festen Bindung geht

Wie schon im letzten Kapitel diskutiert, sind das «Dating» und das «Miteinandergehen» Sondierungsschritte, durch die zwei Personen sich kennenlernen. Während der Anfangsstadien einer Beziehung liegt der Schwerpunkt im allgemeinen auf dem Bedürfnis, Spaß zu haben. Beide Partner achten zumeist darauf, die gerade entstehenden Bande nicht zu sehr zu beanspruchen. Wenn das Vertrauen wächst, entspannt sich das Paar nach und nach, und beide lassen zu, daß auch ihre weniger attraktiven Seiten ans Licht kommen. Infolgedessen bewältigen sie immer mehr alltägliche Dinge gemeinsam. Damit «testen» sie die Beziehung nach und nach aus und prüfen, ob kleinere Schwierigkeiten gemeinsam überstanden werden können.

Wenn alles gutgeht, festigt sich die Zuversicht des Paares. Die beiden vertrauen langsam auf den Erfolg ihrer Beziehung. Gleichzeitig läßt der gestiegene emotionale Einsatz jedoch Verwundbarkeitsgefühle entstehen – es gibt mehr zu verlieren. Schließlich wird der Einsatz so hoch, daß die beiden das Bedürfnis nach mehr Sicherheit entwickeln, nach einer erneuten Versicherung, daß die Beziehung halten wird.

Wenn die kleinen Probleme ungelöst bleiben und das Paar kein Vertrauen in seine Fähigkeit gewinnt, sie zu bewältigen, dann werden sich beide beim Gedanken an eine feste Bindung unwohl fühlen. Einer (eine) oder beide werden sich fragen, ob die Beziehung eine Fortführung wert ist.

In beiden Fällen findet ein notwendiger Wandlungsprozeß statt. Die Phase vor einer festen Bindung ist ein natürlicher Bestandteil des Werbens um einen Partner oder eine Partnerin.

Wenn Sie sich schon einige Zeit in der Verabredungsphase befinden, stehen Ihnen zwei Möglichkeiten offen: Entweder beenden Sie die Beziehung, um Ihren eigenen Weg allein weiterzugehen, oder Sie machen in der Hoffnung auf eine positive Entwicklung weiter. Sie und Ihr Liebhaber oder ihre Geliebte stellen sich möglicherweise selbst (und vielleicht auch gegenseitig) Fragen wie die folgenden:

- Kann unsere Beziehung Bestand haben?
- Handelt es sich um eine förderliche Beziehung?
- Sollte ich vorsichtig sein und lieber anfangen (oder darin fortfahren), andere Leute zu sehen?
- Bin ich bereit, den Sprung zu wagen und mich ausschließlich auf meinen Partner oder meine Partnerin zu beziehen?
- Kenne ich diesen Menschen wirklich, oder könnte er (sie) sich ändern, wenn wir eine feste Bindung haben?
- Überstürze ich die ganze Sache?
- Lasse ich mir zu viel Zeit?
- Wie wird eine feste Bindung mit diesem Menschen mein Leben verändern, und bin ich dazu bereit?

Fragen wie diese zu stellen ist der Entwicklung einer funktionierenden schwulen oder lesbischen Beziehung durchaus zuträglich. Es gibt vier Hauptkriterien, über die man sich Gedanken machen muß, wenn eine Beziehung in diesem Stadium richtig eingeschätzt werden soll. Ich stelle Ihnen diese Kriterien in der Reihenfolge vor, von der ich glaube, daß sie die zum Nachdenken effektivste ist:

Liebe
↓
Urteilsvermögen
↓
Gegenseitigkeit
↓
Verantwortlichkeit

Wenn Sie sich von einer Ebene zur nächsten vorarbeiten und die jeweils angemessenen Fragen stellen, können Sie eine Sicht auf Ihre Beziehung gewinnen, die Ihnen die Entscheidung, ob Sie sich auf eine feste Bindung einlassen wollen oder nicht, erleichtern wird.

Ist es Liebe?

Es gibt so viele äußere Faktoren, die auf ein schwules oder lesbisches Paar einwirken, daß es für die beiden sehr leicht ist, ihr Augenmerk auf die Frage zu richten, ob sie eine feste Bindung eingehen sollen oder nicht, anstatt darauf, ob sie eigentlich verliebt sind. Umgekehrt werden viele Schwule und Lesben so sehr von ihren Verliebtheitsgefühlen vereinnahmt, daß sie manchmal zu überlegen vergessen, ob eine solide Basis für eine feste Bindung besteht.

Liebe ist die Antriebskraft, die einer festen Bindung Energie und Bestandsfähigkeit verleiht. Sie ist die Kraft, die Ihnen über alle Klippen Ihrer Beziehung hinweghilft. Wie können Sie also wissen, ob Ihre Liebe groß genug ist, um eine feste Bindung aufrechtzuerhalten?

Die Beantwortung dieser Frage ist schwierig, gibt es dafür doch keine einfachen, quantifizierbaren Meßwerte. Obgleich ich in meinem Leben sehr viel Zeit damit zugebracht habe, über die Liebe zu lernen, muß ich doch sagen, daß ein vollständiges Erkennen ihrer Natur wohl außerhalb unserer Auffassungsmöglichkeiten liegt. In dem Augenblick, in dem ich *glaube*, sie erfaßt zu haben, tun sich neue Aspekte auf, die mich zu weiterem Erleben und Lernen anregen.

Die Auffassung von der Liebe wird oft reduziert auf bedeutungslose, irreführende Gemeinplätze: «Liebe auf den ersten Blick», «Liebe wird mit allem fertig», «Liebe macht blind», «Liebe hält die Welt in Gang». Verwirrung entsteht auch daraus, daß wir dieses eine Wort *Liebe* zur Beschreibung von unterschiedlichen Zuständen und Umständen verwenden: Zusätzlich zu der vielschichtigen Dynamik zwischen zwei Menschen, die durch romantische und sexuelle Gefühle miteinander verbunden sind, meinen wir mit dem Wort *Liebe* auch freundschaftliche Bande, die Gefühle zwischen Eltern und Kind, die Hingabe im Glauben, die Neigung für Haustiere oder materielle Dinge.

Es folgen zwei Zitate, die meiner Empfindung nach die Art Liebe beschreiben, die in einer schwulen oder lesbischen Beziehung gegeben sein muß, wenn diese Bestand haben soll. Diese beiden Autoren betonen, daß Liebe heißt, sich selbst jemand anderem ohne Bedingungen zu schenken – das bedeutet, zu lieben, weil die andere Person unsere Liebe verdient, und nicht, weil wir selbst Liebe brauchen.

In seinem Buch *Traumvorstellung Liebe. Der Irrtum des Abendlandes* schreibt Robert Johnson:

«Die Liebe ist jene Kraft in uns, die einen anderen Menschen als das, was er ist, bestätigt und schätzt. Die menschliche Liebe bestätigt die Person, die wirklich da ist, und nicht das Ideal, das wir in dem Menschen sehen, oder die Projektionen, die von uns ausgehen ...
Aufgrund ihrer Natur ist die Liebe das genaue Gegenteil von Egozentrizität. Wir gebrauchen das Wort Liebe viel zu leichtfertig. Wir bezeichnen damit jeglichen Anspruch auf Aufmerksamkeit, Macht, Sicherheit oder Unterhaltung von seiten anderer Leute... Liebe unterscheidet sich grundsätzlich von den Wünschen unseres Ich und von Machtspielen. Sie führt in eine andere Richtung, sie führt uns hin zu den positiven Eigenschaften, zum Wert und zu den Bedürfnissen anderer Leute um uns.»

Hugh Prather schreibt in *The Quiet Answer*:

«Liebe ist ein Seelenzustand oder eine Vision, die alle Dinge gleich behandelt... Liebe kann nur das begleiten, was weggegeben wird, und weil alle Liebe gegeben werden muß, will man alle Liebe erhalten, kann für unser Geben keine Rangordnung existieren. Es gibt nur eine Art von Liebe, und zwar eine ohne jede Berechnung.»

Das Geheimnis der Liebe selbst macht sie aufregend und läßt sie niemals langweilig werden. Die Liebe und die Art, durch die sie uns verbindet, zu verstehen, zu erkunden und zu entdecken ist eine Lebensaufgabe. Erwarten Sie von sich also keine absolute Klarheit über Ihre Liebe. Für den Augenblick genügt es, wenn Sie an Ihre Liebe glauben. Die weiteren Informationen und die Übungen in diesem Kapitel werden Ihnen zu der Erkenntnis verhelfen, ob die Liebe, die Sie für Ihren Partner oder Ihre Partnerin empfinden, eine solide Basis für eine langdauernde Beziehung sein kann.

Die Liebe – das Flattern und die Mythen

In ihrem Buch *Liebe nach dem ersten Blick. Handbuch für Romantiker* schreibt Judith Sills:

«Anziehung ist jene magische Kraft, die in Ihren Augen den einen Menschen aufregend und den anderen belanglos erscheinen läßt... Wir brauchen dieses Gefühl, haben aber keinen Einfluß darauf, wann es auftaucht – und wie lange.
Anziehung kann heißen, es hat zwischen zwei Menschen gefunkt... Sie ist die jähe Erkenntnis des Potentials im anderen...
Und es ist das erregende Gefühl, daß jemand in Ihr Leben getreten ist, der es von Grund auf verändern könnte.»

Während meiner langjährigen Beratungspraxis bin ich nicht einem Schwulen und nicht einer Lesbe begegnet, die dieses Flattern nicht erkannt hätten – das Gefühl, verliebt zu sein. Das Flattern ist der Rausch, das Hochgefühl, das wir erfahren, wenn wir mit jemandem zusammenkommen, der oder die uns auf geheimnisvolle Weise «anturnt». Alle, mit denen ich gesprochen habe, scheinen den Unterschied zu kennen zwischen der Liebe in einer familiären, freundschaftlichen, platonischen oder elterlichen Weise und dem Verliebtsein, zu dem auch romantische und sexuelle Liebesgefühle gehören.

Dieses Flattern ist im allgemeinen das erste, was vorhanden sein muß, damit eine Beziehung existieren kann. Ohne das Begeisternde dieses körperlichen «Erkennens» würde niemand die Energie für die manchmal beschwerliche Reise der Liebe haben. Das Flattern ist die Motivation, der Antrieb, der Grund für unser Interesse. Es bietet Begeisterung und Spannung. Es kann eine positive, schöpferische Kraft sein, eine, die Ihr Interesse weckt und es vielleicht lang genug wachhalten kann, damit tiefere, bedeutsamere Gefühle entstehen.

Während das Prickeln und starke sexuelle Bedürfnisse gegenüber einem Liebhaber oder einer Geliebten ganz einfach positive Hinweise auf körperliche und emotionale Anziehung sein können, ist es allerdings auch möglich, daß sie Zeichen ungelöster innerer Konflikte sind, für die wir eine Lösung suchen. Wir alle haben Phantasien in bezug auf die Liebe, aber für manche von uns verdunkelt der Mythos die Wirklichkeit. Wenn das der Fall ist, dann treibt uns das Flattergefühl zu problembeladenen Phantasieobjekten.

Jodie ist ein gutes Beispiel für jemand, die sich von diesem Flattern wiederholt in Schwierigkeiten bringen läßt. Jodie ist attraktiv, achtunddreißig, lesbisch und hat einen elfjährigen Sohn. Sie war achtmal «verheiratet», und zwar zweimal mit Männern und sechsmal mit

Frauen. Sie kam zu mir, weil ihre Schwester, auf deren Rat sie vertraut, darauf bestand, daß sie professionellen Rat suchte.

> *«Ich weiß nicht, was passiert ist. Ich hab wirklich geglaubt, daß ich diesmal die Richtige gefunden habe. Zwischen Molly und mir hat es sofort gefunkt – es war Liebe auf den ersten Blick! Mein Sohn Josh mochte sie auch. Wir hatten sehr viel Spaß zusammen, und nach den ersten zwei Wochen sind wir zusammengezogen. Aber sie hat mich verlassen. Wie alle anderen. Ich hab wirklich geglaubt, daß sie mich liebt, aber das hab ich auch bei all den anderen geglaubt. Und genau wie die hat sie mich auch nicht wirklich geliebt. Warum liebt mich nie jemand?»*

Unglücklicherweise glaubt Jodie an den Mythos, daß jedesmal, wenn sie das Flattern spürt, auch gleich die lebenslange Liebe vor der Tür steht. Es gibt mehrere solche Mythen, vor denen Sie sich auf Ihrem Weg zu einer soliden schwulen oder lesbischen Beziehung hüten sollten.

Mythos eins: Die Liebe ist mit einem Schlag da. Die Vorstellung, man müßte sich von Anfang an absolut sicher sein, man würde die Liebe sofort erkennen, wenn man auf sie trifft, und man müsse nicht mehr spüren als das «Flattern», wird im Kino, im Fernsehen und in der Literatur stark betont. Eine solche romantische Vorstellung davon, was ein Sichverlieben bedeutet, kann überaus unterhaltend sein, aber im wirklichen Leben kommt man damit meist nicht weit.

Mythos zwei: Körperliche Lust ist immer identisch mit Liebe. Während Liebe körperliche Anziehung mit einschließen kann, gibt es ebenso eine rein körperliche und/oder nur durch die Umstände bedingte Anziehung, die rasch wieder verblaßt. Handelt es sich um diese Art Anziehung, läßt die Begeisterung immer stärker nach, je besser Sie sich kennenlernen. Ist es Liebe, dann nimmt die Anziehung zu.

Mythos drei: Man kann sich nicht in eine Person verlieben, von der man nicht auf der Stelle begeistert ist. Manchmal wächst Liebe langsam und nimmt erst mit größerer Vertrautheit zu. Sich in das Innere einer Person zu verlieben ist etwas anderes als die Verliebtheit in das

Äußere (das heißt in die physische Erscheinung und den Stil dieser Person). Manchmal sehen wir einen alten Freund oder eine alte Freundin in einem neuen Licht, und plötzlich stellt sich das Flattern ein. Wo es früher bloß freundschaftliche Sympathie gab, regen sich dann Verliebtheits- und erotische Gefühle.

Mythos vier: Erleichterung ist dasselbe wie Liebe. Wenn wir sehr allein sind, verletzt oder bekümmert, dann wissen wir Zuwendung zu schätzen – doch sollten wir die Wertschätzung für eine Person dann nicht mit Liebe verwechseln. Das Zuwendungsbedürfnis allein wird eine Beziehung auf die Dauer nicht erhalten.

Urteilsvermögen

Ihr Urteilsvermögen ist ein ausgleichender Faktor, den Sie im Hinblick auf Ihr Liebesgefühl aktivieren sollten. Wir setzen uns oft über unsere Urteilsfähigkeit hinweg, weil wir auf kindliche Weise lieben, d.h. uns Liebe und Beziehungen gegenüber unkritisch, eben so, wie wir es als Kinder erlernten, verhalten. Lange bevor wir rational und logisch denken konnten, wurde uns bereits vermittelt, wie man liebt und eine «Familie» ist. Wenn Sie beispielsweise einen kalten, keine Gefühle zeigenden Vater hatten, suchen sie sich als erwachsener Mensch vielleicht unbewußt kalte und ihre Gefühle zurückhaltende Partner aus.

Ohne eine Überprüfung durch Ihr rationales Urteilsvermögen kann die natürliche Anziehung zu Problemen führen. Über das Flattern alleine finden Sie nicht heraus, ob die Anziehung, die Sie verspüren, auch Substanz hat. Unter Umständen ist sie bloß eine Reaktion auf bestimmte Signale. Deshalb ist es notwendig, daß Sie über Ihre unmittelbare sexuelle Anziehung sachlich nachdenken, damit Sie sich Partner oder Partnerinnen aussuchen können, mit denen sich eine feste Bindung lohnt.

Weil eine gewisse Intimität uns an Gefühle aus der Kindheit erinnert, kommt es uns manchmal nicht in den Sinn, daß wir wählen können. So wie Jodie haben sich viele Schwule oder Lesben, die geknickt in meiner Praxis auftauchen, mit ihrem kindlichen, rein aufs Fühlen ausgerichteten Sinn in romantische Abenteuer gestürzt. Ihre Fähigkeit zu rationalem, kritischem Denken scheinen sie in bestimmten Situationen verloren zu haben. Die Chancen, daß Liebe auch real wird, sind um so größer, wenn Sie Ihre Entscheidungen sowohl mit dem Kopf als auch in Anerkennung Ihrer unterbewußten und körperlichen Bedürfnisse treffen. Sie müssen im Geist einen Schritt zurücktreten und Ihre Begeisterung für Ihren Partner oder Ihre Partnerin prüfen, indem Sie Ihr Urteilsvermögen einsetzen: Denken Sie nach, beobachten Sie, treffen Sie Einschätzungen, fragen Sie, erinnern Sie sich, experimentieren und spekulieren Sie und versetzen Sie sich in Ihr Gegenüber.

Sonya Friedman schrieb ihr Buch *Männer zum Nachtisch. Wie Frauen zu selbstbewußten Partnerinnen werden* für heterosexuelle Frauen, aber die folgende Einsicht läßt sich auf Männer, die sich einen Mann, oder Frauen, die sich eine Frau aussuchen, ebensogut anwenden:

«*Solange wir Frauen uns bei der Partnerwahl jedoch von so unrealistischen Vorstellungen und phantastischen Wünschen leiten lassen, können wir nur Enttäuschung erfahren... Es ist verwirrend und betäubend, begehrt und umworben zu werden. Wenn du dich verliebst, wird dein ganzes Wahrnehmungsvermögen verschwommen und ungenau: Du siehst und hörst nur, was du sehen und hören willst. Du ignorierst jede der Warnungen, die sich in den Äußerungen des geliebten Mannes verstecken ...*
Wenn der erste Zauber der Verliebtheit nachläßt, erscheint der Partner in einem ganz anderen Licht. Es fällt dir wie Schuppen von den Augen, daß seine Versprechungen nicht zu seinem Verhalten passen. ‹Ohne dich kann ich nicht leben›, sagte er, und auch jetzt behauptet er noch, dich zu lieben, sieht sich aber gleichzeitig nach anderen Frauen um.»

Wenn Zweifel an Ihrer Liebe aufkommen, dann schieben Sie diese nicht beiseite. Bedienen Sie sich ihrer statt dessen als Prüfstein für die vernünftige Einschätzung Ihrer Erfolgschancen. Wenn Sie nervös und unsicher sind, ist es gut möglich, daß Sie ein zu hohes Tempo an den Tag legen. Ihre innere Weisheit verlangt eine Sicherheitsprüfung. Folgen Sie diesem Gefühl und nehmen Sie sich die Zeit, um zu einer sachlichen Entscheidung zu kommen.

Genauso sollten Sie eine Beziehung nicht zu früh für aussichtslos erklären, nur weil das Flattern nicht stark und unmittelbar ist (lesen Sie nochmals, was ich als Mythos drei beschrieben habe). Wenn Ihr Urteilsvermögen Sie schließen läßt, daß die Beziehung Chancen hat, dann geben Sie sich noch etwas mehr Zeit und prüfen Sie, ob sich nicht ein Band zwischen Ihnen entwickelt.

Ehe Sie eine tiefergehende feste Bindung mit einem Liebhaber oder einer Geliebten eingehen, sollten Sie einen Blick auf möglicherweise offen zutage liegende Probleme werfen – auf Anzeichen für zu hohen Alkoholkonsum, auf Wutausbrüche, verschwenderischen Umgang mit Geld, häufige Kritik an Ihnen und grobes oder demütigendes Verhalten Ihnen oder anderen gegenüber. Wenn Probleme dieser Art vorliegen, steht es um Ihre Aussichten, mit dieser Person zu einer erfüllten Beziehung zu kommen, sehr schlecht. Denken Sie an eine Beendigung des Verhältnisses, oder schränken Sie Ihr Engagement zumindest auf ein Minimum ein, bis Sie Gelegenheit hatten zu prüfen, ob Ihr Liebhaber oder Ihre Geliebte zu gewissen Änderungen fähig ist. Behalten Sie im Auge, daß alle Probleme, die aktuell bestehen, mit zunehmendem Engagement von Ihrer Seite nicht verschwinden. Eher werden sie noch größer. Zu diesem frühen Zeitpunkt einen kühlen, scharfen und objektiven Blick auf Ihre Beziehung zu werfen kann Ihnen später unnötigen Schmerz ersparen.

Übung: Das Flattern und das Urteilsvermögen

Teil I:
Unterteilen Sie ein Blatt Papier vertikal in zwei Hälften, indem Sie es falten oder in der Mitte eine senkrechte Linie ziehen. Die linke Hälfte des Blattes erhält die Überschrift «Flattern», die rechte Seite des Blattes die Überschrift «Urteilsvermögen».

Schreiben Sie jetzt einige Ihrer Reaktionen auf Ihren Liebhaber oder Ihre Geliebte auf, wobei Sie Ihr Empfinden in die Spalte «Flattern» schreiben und Ihre Einschätzungen in die Spalte «Urteilsvermögen». Zum Beispiel so: Schreiben Sie so viele Seiten voll, wie Sie brauchen. Damit üben Sie, Ihre unterbewußten Motivationen von Ihren bewußten Gedanken zu trennen. Wenn Sie beide Spalten abgeschlossen haben, legen Sie die Liste für einen oder zwei Tage beiseite.

Flattern

Hat schwarzes, lockiges Haar; darauf stehe ich!

Zu dramatisch; macht mir mitunter Angst.

Ich schmelze, wenn ich in ihre Augen sehe.

Miteinander schlafen ist wunderbar, aber es kann zu intensiv werden.

Erinnert mich an meinen ersten Liebhaber – das macht mir Sorge.

Urteilsvermögen

Intelligent, aber mag keine Wortgefechte; ich schon.

Hatte verschiedene gute Jobs, sagt aber, mit allen unglücklich gewesen zu sein – ist sie charakterfest?

Unsere Kommunikation ist gut; sie versteht mich.

Scheint sehr versteckt zu leben; ich nicht.

Teil II:

Holen Sie Ihre Liste hervor und gehen Sie sie erneut durch. In welcher Spalte gibt es mehr Eintragungen? Wo stehen die positiveren Dinge?

Jetzt falten Sie das Blatt so, daß Sie jeweils nur eine Spalte sehen können. Schauen Sie zuerst auf die Seite «Flattern». Glauben Sie, daß da genug steht? Wie lange, glauben Sie, werden diese Dinge vorhalten? Welcher Punkt in dieser Spalte bringt am meisten Spaß? Bei welchem Punkt können Sie am ehesten sagen: «Ein Traum wird wahr»? Gefällt dem «kindlichen» Teil von Ihnen diese Liste?

Sehen Sie sich als nächstes die Seite «Urteilsvermögen» an. Hier spiegeln sich Ihre innere Sicherheit und Stabilität wider. Was würde ein weiser, liebevoller Elternteil zu diesem Gespann sagen? Stellen Sie sich die Zukunft der Beziehung vor. Wie schätzen Sie diese Zukunft ein? Wenn in Ihrem Zukunftsbild etwas fehlt, dann sprechen Sie mit Ihrem Liebhaber oder Ihrer Geliebten darüber.

Haben Sie keine Angst, Ihrem eigenen Urteilsvermögen zu folgen. Vielleicht ergibt sich ja ein positiveres Bild, als Sie erwarten. Wenn Sie statt dessen begreifen, daß bedeutende Probleme vorhanden sind, werden Sie sich eine Menge Schmerz ersparen, wenn Sie die Beziehung auf gelegentliche Treffen beschränken oder sie beenden. Wenn Ihr Urteilsvermögen Sie dagegen dazu drängt, die Sache anzupacken, dann haben Sie die Sicherheit, daß Ihre Entscheidung, sich weiter einzulassen, sorgfältig überlegt und sowohl rational wie auch emotional begründet ist.

Gegenseitigkeit

Das nächste Kriterium für eine Einschätzung Ihrer Beziehung ist die Gegenseitigkeit – das heißt, ob Sie beide Liebe füreinander empfinden und in Ihrer Motivation annähernd gleich sind. Fehlende Gegenseitigkeit ist eine der Fallgruben, in die Schwule und Lesben, denen ich in meiner Praxis begegne, regelmäßig geraten. Wenn man sich sehr nach einer festen Bindung sehnt, verliert man leicht den Blick für das Empfinden seines Liebhabers oder seiner Geliebten. Eine wirklich feste Bindung kann sich allerdings nur auf den freien und bewußten Entscheidungen *beider* Partner oder Partnerinnen gründen.

Erinnern Sie sich an John und Ed, die ich Ihnen am Anfang dieses Kapitels vorgestellt habe? Als John davon erzählte, daß sein ehemaliger Freund Gary Versprechungen nicht einhalten konnte, zeichnete er das Bild eines Liebhabers, der ihn möglicherweise weniger mochte als umgekehrt. John ist besorgt, ihm könnte mit Ed dasselbe passieren.

Jodie hatte sich in keiner ihrer acht «Ehen» überlegt, ob ihre Liebhaber oder ihre Geliebten sie genauso mochten wie umgekehrt Jodie sie. Sie zog schon sehr bald mit ihnen zusammen, brachte ihr eigenes Leben und den Alltag ihres Sohnes durcheinander und fand jedesmal schon kurz darauf heraus, daß ihr Liebhaber oder ihre Geliebte ihre Bedürfnisse nicht erfüllte.

In jedem dieser Fälle gab es keine Gegenseitigkeit der Gefühle und des Flatterns – und damit auch nicht die Motivation zusammenzubleiben. Sowohl John als auch Jodie blieben verletzt und verwirrt zurück, wenn auch aus unterschiedlichen Gründen. Viele andere Schwule oder Lesben kamen begeistert und verliebt zu mir und sagten, sie hätten den perfekten Gefährten oder die perfekte Gefährtin gefunden. Dennoch sind sie alle immer wieder besorgt, daß die Beziehung nicht schnell genug vorankommt, daß ihr Liebhaber oder ihre Geliebte nicht häufig genug die Initiative zum Sex ergreift oder daß er (sie) sich einer weiteren Intensivierung der Bindung widersetzt (zum Beispiel dem Bekanntwerden mit Verwandten und Freunden, der Festlegung auf die Monogamie oder dem Zusammenziehen).

In vier wichtigen Bereichen muß es Gegenseitigkeit geben, soll eine Beziehung erfolgreich verlaufen und sich entwickeln: Liebe, Vertrauen, Nutzen und Unterstützung.

Gegenseitige Liebe: Liebe ist die sich ständig erneuernde Energie, die eine feste Bindung lebendig erhält. Wenn beide Partner oder Partnerinnen sich geliebt und beide sich dafür bestätigt fühlen, daß sie lieben, kann die feste Bindung gedeihen.

Gegenseitiges Vertrauen: Während der Zeit, in der man sich verabredet und umeinander wirbt, müssen beide Partner oder Partnerinnen ihre Vertrauenswürdigkeit demonstrieren. Wenn Versprechen gehalten und Gefühle respektiert werden, wächst das Vertrauen. Damit eine gleichwertige feste Bindung Bestand haben kann, müssen beide Partner oder Partnerinnen in etwa den gleichen Grad an Vertrauen erfahren.

Gegenseitiger Nutzen: Der Nutzen, den wir erzielen, beruht auf der individuellen Gewißheit, aus einer Beziehung zu profitieren. Es geht hier um die persönlichen Fortschritte, die eine Beziehung möglich machen. Individuelle Vorteile können in den diversen Bereichen durchaus unterschiedlich ausfallen, insgesamt aber sollte sich der Nutzen, den die Partner oder Partnerinnen aus dem Verhältnis ziehen, ungefähr die Waage halten. Wenn dem nicht so ist, wird es wahrscheinlich zu Ressentiments kommen.

Gegenseitige Unterstützung: Obgleich eine feste Bindung ein gewisses Quantum an Streß mit sich bringen kann, sind wir in einer solchen Situation doch gewillt, den Schwierigkeiten und Herausforderungen ins Auge zu sehen. Zu einer festen Bindung gehört unbedingt das Einvernehmen darüber, daß beide Partner sich – emotional, finanziell, geistig und seelisch – unterstützen werden, und zwar nach ihrem besten Vermögen und in guten wie in schlechten Tagen. Genauso entscheidend ist die Erwartung, daß jeder Partner oder jede Partnerin für sich selbst verantwortlich ist und sich deshalb nicht zu sehr auf den anderen oder die andere verlassen wird.

Wenn die eben genannten Voraussetzungen vorhanden sind, kann man die Grundlage für eine wirklich feste Bindung wohl als gegeben ansehen. Diese Erkenntnis ist besonders für Schwule und Lesben wichtig, deren Bedürfnisse in ihren Beziehungen nicht erfüllt werden. Jodie hatte in der Therapie einiges zu leisten, bis sie erkannte, welch entscheidende Rolle die Gegenseitigkeit spielt. Bei ihren darauffolgenden Beziehungen traf sie Entscheidungen, die sich auf Liebe, Urteilsvermögen und Gegenseitigkeit gründeten statt bloß auf das Flattern.

Für all diejenigen, die nicht wissen, ob sie zu einer festen Bindung bereit sind, ist die Einsicht in die Notwendigkeit der Gegenseitigkeit ebenso bedeutend. Wenn Sie zu diesem Kreis gehören, dann sind Sie vielleicht unsicher, ob Ihre Bedürfnisse erfüllt werden. Deshalb sind Sie womöglich überhaupt nicht erst bereit, sich auf jemanden einzulassen. Vielleicht beobachten Sie Ihren Partner oder Ihre Partnerin lediglich nicht genau genug, um zu erkennen, was er oder sie Ihnen bietet, das Ihre Bedürfnisse sehr wohl erfüllt. Mit anderen Worten: Vielleicht erkennen Sie das Gute nicht, wenn Sie es sehen!

Wenn Sie sich ernsthaft die Frage stellen, ob Sie und Ihr Partner oder Ihre Partnerin Liebe, Vertrauen, Nutzen und Unterstützung als vorhanden erleben, wird Ihnen als Indikator dafür unter Umständen Ihre eigene Intuition helfen. Die meisten Schwulen und Lesben, die zu mir kommen, berichten, daß sie genau spüren, wenn ihre Beziehungen unausgewogen und ungleich sind. Es gibt einige Richtlinien, die Ihnen helfen sollen, in Ihrer Beziehung Gegenseitigkeit zu schaffen oder auszubauen.

Gegenseitige Liebe fördern: Lassen Sie einander wissen, daß Sie sich geliebt fühlen, und zeigen Sie die Freude, die Sie darüber empfinden. Wenn Sie nicht die Liebe bekommen, die Sie gerne hätten, dann benutzen Sie die Techniken zur Problemlösung aus Kapitel vier. Wenn Sie Bedenken haben, daß Ihr Partner oder Ihre Partnerin sich vielleicht nicht geliebt oder geschätzt fühlt, dann setzen Sie sich nicht darüber hinweg. Fragen Sie nach.

Gegenseitiges Vertrauen fördern: Treffen Sie nur Vereinbarungen, die Sie tatsächlich einhalten können. Wenn etwas Unausweichliches Sie von der Einlösung Ihres Versprechens abhält, dann verhandeln Sie die Angelegenheit rechtzeitig neu. Seien Sie gewillt, nein zu sagen, wenn Sie nein *meinen*, und geben Sie Ihrem Partner oder Ihrer Partnerin das Gefühl, dasselbe tun zu können.

Gegenseitigen Nutzen fördern: Fragen Sie sich, ob Sie beide von Ihrer Beziehung profitieren. Überlegen Sie, ob die Entscheidungen, die Sie treffen, Ihnen auch beiden nutzen. Wenn sich einer oder eine von Ihnen zum Beispiel dazu entschließt, dem oder der anderen mit seiner Arbeit die Ausbildung zu finanzieren, welchen Nutzen hat dann der Ernährer oder die Ernährerin daraus?

▪ *Gegenseitige Unterstützung fördern:* Besprechen Sie, was Unterstützung für jeden oder jede von Ihnen bedeutet (Unterstützung kann zum Beispiel emotionaler, geistiger oder finanzieller Natur sein). Probieren Sie neue Formen und Wege aus, die ein Gefühl der Unterstützung vermitteln.

Wenn Sie den Eindruck haben, daß Ihnen ein Kriterium – oder auch mehrere – für die Gegenseitigkeit (Liebe, Vertrauen, Nutzen oder Unterstützung) fehlt oder Ihnen ungleich verteilt vorkommt, dann sagen Sie es. Ganz egal, wie unbehaglich Ihnen die Vorstellung auch sein mag, so ist es garantiert das Beste, Ihrem Partner oder Ihrer Partnerin so etwas mitzuteilen. Wenn Sie das nicht tun, können sich Unmut und Ärger einstellen und früher oder später explodieren. Was heute vielleicht nur ein kleines und leicht lösbares Problem darstellt, kann sich so später zu einem schwerwiegenden und überproportional aufgeblähten Streitpunkt entwickeln. Vergessen Sie nicht: Sie etablieren zu diesem Zeitpunkt Verhaltensmuster für Ihre gesamte weitere Beziehung.

In Ihrer Beziehung sollten Veränderungen immer auf Gegenseitigkeit beruhen und nur in kleinen Etappen erfolgen. Wenn ein Partner oder eine Partnerin den Wunsch nach einer noch festeren Bindung signalisiert hat, sollte der nächste Schritt von der anderen Person unternommen werden. Wenn zum Beispiel Sie Ihr Bedürfnis nach gemeinsamer Sexualität zuerst artikuliert haben, dann halten Sie sich bei der nächsten ähnlichen Situation ein wenig zurück, damit Ihr Partner oder Ihre Partnerin die Gelegenheit hat, mit dem Sex anzufangen. Wenn Sie sich beide im gleichen Tempo auf eine feste Bindung zubewegen, können Sie für die Gegenseitigkeit Ihrer Beziehung sorgen.

Behalten Sie im Kopf, daß es für eine feste Bindung keinen allgemeingültigen «richtigen» Zeitpunkt gibt. Manche Leute sind schon nach einigen Monaten zu einer festen Bindung bereit, andere benötigen dazu mehrere Jahre. Der Schlüssel liegt in der Gegenseitigkeit: Wollen Sie die feste Bindung beide, und sind Sie beide auch dazu bereit?

Die nächste Übung kann Ihnen und Ihrem Partner oder Ihrer Partnerin helfen, den Grad der Gegenseitigkeit in Ihrer Beziehung zu bestimmen.

Übung: Quiz zur Gegenseitigkeit

Sie und Ihr Partner oder Ihre Partnerin sollten diese Übung getrennt durchführen und hinterher Ihre Antworten vergleichen, um feststellen zu können, wie weit Sie bei bestimmten Themen übereinstimmen. Setzen Sie in die Zwischenräume Wertungen aus folgenden vier Bedeutungsfeldern ein: Nie, manchmal, meistens, immer. Nichts, manches, einiges, alles.

➤ Mein Liebhaber oder meine Geliebte und ich verbringen gegenwärtig _____ Freizeit miteinander.

➤ Wir lösen _____ unsere Probleme, ohne daß sie in Streit ausarten.

➤ Wir wissen beide _____, wie sich jeder oder jede von uns genug Zeit für sich alleine ausbedingt.

➤ Wir beide kennen _____ Gründe, warum wir eine noch festere Bindung eingehen wollen.

➤ Mir ist klar, daß _____ von meinem Lebensstil noch intakt sein wird, wenn es mit dieser festeren Bindung nicht funktioniert.

➤ Ich verbringe immer noch Zeit mit _____ von meinen Freunden oder Freundinnen.

➤ Mein Liebhaber oder meine Geliebte verbringt immer noch Zeit mit _____ von seinen Freunden oder ihren Freundinnen.

➤ Unsere Beziehung erfüllt _____ meiner Bedürfnisse nach Unterstützung.

➤ Unsere Beziehung erfüllt _____ meiner Bedürfnisse nach intellektueller Anregung.

➤ Unsere Beziehung erfüllt _____ meiner Bedürfnisse nach Romantik.

➤ Unsere Beziehung erfüllt _____ meiner Bedürfnisse nach Kameradschaft.

➤ Unsere Kommunikation ist _____ offen und klar.

➤ Wir haben in bezug auf _____ unserer finanziellen Angelegenheiten klare Absprachen.

➤ Wir haben _____ unserer häuslichen Angelegenheiten wie Saubermachen, Auto reparieren und Gartenarbeit besprochen.

Wenn Sie herausfinden, daß Ihre Ansichten und Gefühle zu einem einzigen oder auch mehreren Punkten sehr unterschiedlich sind, dann nehmen Sie sich Zeit und sprechen Sie sowohl über diese Unterschiede als auch darüber, wie sie nach Ihrer beider Empfinden aufgelöst werden sollten. Wenn Sie bei mehreren Antworten krasse und unauflösbare Kontraste feststellen, dann sind Sie mit Ihrer Beziehung offensichtlich noch nicht für das Stadium der festen Bindung bereit.

Verantwortlichkeit als Fähigkeit zur Antwort

Liebe und eine feste Bindung aneinander verlangen Verantwortlichkeit von seiten beider Partner oder Partnerinnen. Oft reagieren Leute auf das Wort *Verantwortlichkeit* genauso wie auf die Wörter *Fehler* oder *Schuld*. Als würde der Satz: «Du bist verantwortlich für dein Leben» bedeuten, daß man sich schuldig fühlen und für Fehler schämen sollte. Eine solche Auffassung von Verantwortlichkeit ist kindisch und kann dazu führen, daß Sie sich benehmen, als ragte ein wütender Elternteil über Ihnen kleinem Wurm empor und fragte wütend: «Wer ist für diesen Schlamassel verantwortlich?»

Verantwortlichkeit im erwachsenen Sinn ist etwas völlig anderes. Ich sehe sie gerne als *Fähigkeit zur Antwort* – das heißt als die Fähigkeit, dem Leben gegenüber Antworten zu finden. Sieht man die Sache von dieser Seite, rückt der Gedanke an Schuld natürlich in weite Ferne. Statt dessen erkennt diese Sichtweise lediglich die Tatsache an, daß jedes Individuum in jeder Lebenslage die Möglichkeit zur Antwort hat. Verantwortlichkeit annehmen heißt erkennen, daß wir Wahlmöglichkeiten haben. Aus vielen verschiedenen Möglichkeiten zu antworten können Sie diejenige wählen, die Ihnen am ehesten zusagt. Auch wenn man sich nicht zu einer Antwort durchringt, gibt man damit eine Antwort. Ob Ihnen das zusagt oder nicht, jedenfalls formen die Ergebnisse aus Ihren Antworten Ihr Leben.

Hier ein Beispiel, um mein Konzept der Verantwortlichkeit, die ich als «Fähigkeit zur Antwort» verstehe, zu illustrieren: Stellen Sie sich bitte vor, was geschehen würde, wenn Sie ein dreijähriges Kind in einen großen, hell erleuchteten Supermarkt mitnehmen und es dort allein lassen würden. Obwohl sich das Kind dort für einige Zeit wahrscheinlich überaus wohl fühlen würde, käme es nach nicht allzu langer Zeit in große Schwierigkeiten und würde sehr aufgebracht reagieren. Jedes Kleinkind braucht einen erwachsenen Menschen, der seine Bedürfnisse erfüllt und ihm Sicherheit gibt.

Wenn Sie den verführerischen «Supermarkt» betreten, der sich Liebe nennt, müssen Sie für sich selbst verantwortlich sein. Wenn Sie sich nach Ihren Bedürfnissen richten und sorgfältig überlegte Entscheidungen treffen, werden Sie sich weder verloren fühlen noch in Panik geraten. Als verantwortlicher Erwachsener werden Sie eine für Sie zuträgliche Auswahl treffen und Ihren Einkaufskarren nicht mit emotionalem «junk food» vollpacken!

In erster Linie sind Sie nur sich selbst gegenüber verantwortlich. Das heißt, Sie können weder die Entscheidungen Ihres Partners oder Ihrer Partnerin treffen noch ihn oder sie stabiler, aufrichtiger, liebevoller oder zärtlicher machen. Es macht wenig Sinn, sich zu überlegen, wie die Verantwortlichkeit Ihres Partners oder Ihrer Partnerin Ihnen gegenüber auszusehen hätte, weil Sie dabei, wie Ihr Partner oder Ihre Partnerin Verantwortlichkeit definiert, wirklich kein Mitspracherecht haben. Es ist Ihre Verantwortlichkeit, für sich selbst zu sorgen. Niemand anderes kann das an Ihrer Stelle tun, nicht einmal der Mann oder die Frau Ihrer Träume. Wenn Sie auf die Ereignisse, die sich in Ihrer Beziehung einstellen, in einer erwachsenen Weise antworten, werden Sie sich schützen und Ihre eigene Integrität bewahren.

Das «Schwanken»

Ihnen steht jetzt eine ganze Reihe von Werkzeugen zur Verfügung, mit deren Hilfe Sie Ihre Bereitschaft zu einer festen Bindung einschätzen können. Wir haben die Liebe und das Flattergefühl behandelt, das Urteilsvermögen, die Gegenseitigkeit und die Verantwortlichkeit. Eine feste Bindung einzugehen bedeutet, sich einem Prozeß auszusetzen. Bei jedem Übergang von einer Stufe zur nächsten – von gelegentlichen über häufige Verabredungen hin zu «ständigen» Verabredungen, zu einer gewissen Nähe, zum gemeinsamen Verbringen der gesamten Freizeit, zum Zusammenleben – müssen Sie von neuem einschätzen, ob eine weitere Bindung angemessen ist.

Es ist sehr gut möglich, daß sich entweder Sie oder Ihr Liebhaber (Ihre Geliebte) an irgendeinem Punkt dieser Abfolge unentschlossen fühlt. Selbst Leute, die einen starken Drang zu einer festen Bindung verspüren, können mitunter schwanken. Das kann für den Partner oder die Partnerin sehr frustrierend sein und ihn oder sie verleiten, den Entschluß *für* den Partner oder die Partnerin zu treffen. Weil das natürlich unmöglich ist, bieten die folgenden Passagen Vorschläge zum Umgang mit den eigenen emotionalen Schwankungen und denen des Partners oder der Partnerin.

Wenn Ihr Partner oder Ihre Partnerin schwankt

Üben Sie keinen Druck aus. Hier ist, wie bei der «Eichhörnchenjagd», Geduld die beste Politik. Wenn Sie als erster oder erste zu einer festen Bindung bereit sind und die Versuchung spüren, Ihren Partner oder Ihre Partnerin zu überreden oder zu bedrängen, dann überlegen Sie sich das noch einmal. Falls sie ein Gleichmaß an Engagement und ehrlich empfundener Liebe wünschen, müssen Sie auf die Entscheidungsfreiheit Ihres Partners oder Ihrer Partnerin vertrauen. Sollten Sie versuchen, seine oder ihre Gefühle mit Schuldzuweisungen («Nach allem, was ich für dich getan habe …!») oder durch Drohungen zu beeinflussen («Wenn du nicht sofort sagst, daß du eine feste Bindung willst, ist es aus!»), werden Sie niemals wissen, ob Ihr Liebhaber oder Ihre Geliebte seine oder ihre eigenen Gründe hat, mit Ihnen zusammenzusein. Sie schaffen so zudem einen Präzedenzfall für ein Verhaltensmuster, das schwer zu durchbrechen sein wird: Sie investieren mehr Energie in die Partnerschaft, als Sie eigentlich beizutragen haben.

Seien Sie gewillt, die Wahrheit zu sehen. Wenn Ihr Partner oder Ihre Partnerin schwankt, dann gehen Sie nicht gleich davon aus, daß er oder sie «sich vor festen Bindungen fürchtet» oder nur «einen Schubs braucht». Treten Sie im Geist einen Schritt zurück und suchen Sie nach der Wahrheit. Könnte es sein, daß Ihrem Partner oder Ihrer Partnerin nicht so viel an Ihnen liegt wie umgekehrt? Mühen Sie sich lediglich ab, eine Phantasie zu verwirklichen? Versuchen Sie, das Zögern Ihres Liebhabers oder Ihrer Geliebten zu verstehen, ohne dabei Druck auszuüben oder eine Anklage auszusprechen. Es ist entschieden besser, an diesem Punkt etwas über mögliche Ambivalenzen Ihres Partners oder Ihrer Partnerin zu erfahren, als damit zu warten, bis Sie tiefer verstrickt sind.

Geben Sie Ihrem Gegenüber etwas Zeit. Im Fall von John und Ed, der ziemlich am Anfang dieses Kapitels auftauchte, schwankte John. Die Wunde, die er in seiner vorherigen Beziehung empfangen hatte, schmerzte immer noch, und deshalb war er unsicher. In den Therapiesitzungen klärten John und ich, daß sich als Grund für seine Angst zwei Ursachen vermischten: vergangene Erlebnisse und die Unmöglichkeit zu bestimmen, wie wahrscheinlich ein neuerliches Verletztwerden war. In seiner früheren Beziehung hatte er sich nicht zu verhalten gewußt, wenn sein Partner schwankte, und hatte schließlich zu starken Druck ausgeübt. Als Konsequenz daraus hatte sein Partner ihn verlassen, und John war verletzt zurückgeblieben. Diesmal war John der Unentschlossene. Ed hatte allerdings mehr Geduld. Er sah, daß John zur Therapie ging und sich bemühte, seine Verwirrung zu ordnen, und so wartete er einfach, bis der Zeitpunkt gekommen sein würde. Heute leben die beiden glücklich zusammen.

Wenn Ihr Partner oder Ihre Partnerin zögerlich ist, ängstigt ihn oder sie die feste Bindung möglicherweise. Der Grund können allerdings auch Mißbrauch oder andere biographische Probleme sein. Homophobie kommt als weitere Möglichkeit hinzu. Die Klärung solcher Fragen verlangt Zeit und Geduld. *Entscheiden Sie, wie wichtig eine noch festere Bindung Ihnen ist und wie ungeduldig Sie sind.* Wieviel Zeit wollen Sie in diese Beziehung investieren, wenn Ihr Liebhaber oder Ihre Geliebte niemals in der Lage sein sollte, eine tiefere Bindung einzugehen? Treffen Sie diese Entscheidung für sich allein und für sich selbst. Wenn Sie Ihre Grenze einmal bestimmt haben, entspannen Sie sich und lassen Sie Ihrem Liebhaber oder Ihrer Geliebten Zeit zur Entscheidung. Es liegt völlig in Ihrer Zuständigkeit, ob Sie Ihrem Partner oder Ihrer Partnerin von der Grenze erzählen oder nicht. Diese Grenze soll Sie davor bewahren, ewig zu warten. Sie wird Ihnen helfen, sich zu entspannen. Wenn das Schwanken jedoch andauert und Ihre Grenze immer schneller näherrückt oder wenn Sie schon zu ungeduldig und enttäuscht sind, dann erzählen Sie Ihrem Partner oder Ihrer Partnerin, welche Entscheidung Sie getroffen haben.

Erkennen Sie Schwierigkeiten, die mit dem Coming-out zu tun haben. Vergessen Sie nicht, daß es bei schwulen Männern und lesbischen Frauen um eine ganze Menge geht, wenn sie eine feste Bindung eingehen. So etwas beinhaltet nämlich für gewöhnlich ein Coming-out. Das Schwanken kann folglich durch die Unsicherheit verursacht werden, was eine feste Bindung im Hinblick auf das konkrete Verhalten bedeuten wird. Ihr Liebhaber oder Ihre Geliebte brauchen vielleicht noch etwas mehr Zeit und von Ihrer Seite mehr Geduld, um mit diesen Fragen zu Rande zu kommen.

Der Fall von Linda, die ich im ersten Teil dieses Kapitels vorgestellt habe, bietet ein gutes Beispiel für ein Schwanken, das allein aufgrund der Schwulen- und Lesbenproblematik entsteht. Als Lindas Geliebte Cindy darauf drängte, Lindas Eltern vorgestellt zu werden, wurde Linda klar, daß damit eine ganze Menge auf dem Spiel stand. Sie hatte Ihre Eltern zwar darüber aufgeklärt, daß sie lesbisch war, doch sie hatten sie noch nie zusammen mit einer Geliebten erlebt. Bevor sie ihre Eltern mit dieser neuen Situation konfrontierte, wollte Linda in ihrer Beziehung zu Cindy verständlicherweise noch mehr Sicherheit gewonnen haben. Nach einigen therapeutischen Sitzungen verstand Cindy Lindas Zögerlichkeit besser und war bereit, ihr mehr Zeit zu lassen. Es gelang den beiden schließlich, das Problem zu lösen, und letztes Jahr verbrachte Cindy Weihnachten mit Linda und deren Eltern.

Ziehen Sie sich leise zurück. Wenn Sie sich beiseite gedrückt fühlen, dann gehen sie leise – kein Drama, keine Szenen, keine Vorwürfe. Lassen Sie Ihrem Partner oder Ihrer Partnerin ohne viel Aufhebens den nötigen Freiraum, denn der ist für jemanden, der oder die vor einer festen Bindung Angst hat, besonders wichtig.

Sich so zurückzunehmen erfordert eine Menge Geduld (und Sie werden wahrscheinlich einen Menschen außerhalb Ihrer Beziehung brauchen, auf dessen Unterstützung Sie sich verlassen können), aber es kann unglaublich wirkungsvoll sein. Wenn Sie Ihrem oder Ihrer Geliebten etwas Raum lassen, begreift er oder sie leichter, daß man sich mit einer festen Bindung nicht in die Falle setzt und der Druck auf eigene Gefühle und nicht auf Sie zurückzuführen ist. Ziehen Sie sich so weit zurück, wie es von Ihnen verlangt wird, und tun Sie das so wenig widerstrebend und so leise, wie sie nur irgend können. Bleiben Sie dann in dieser Entfernung, bis Sie wieder herbeigerufen werden.

Wenn Sie schwanken

Beachten Sie Ihr Zögern. Wenn Sie Druck von Ihrem Partner oder Ihrer Partnerin erfahren oder sich selbst unter Druck setzen («Wir treffen uns jetzt seit einem Jahr regelmäßig. Inzwischen müßte ich doch mehr wollen.»), müssen Sie Ihre eigene innere Weisheit respektieren. Fragen Sie sich selbst, wie Sie in bezug auf Ihre Beziehung und auf die Vorstellung einer festen Bindung an Ihren Partner oder Ihre Partnerin wirklich empfinden. Fühlen Sie sich mit dieser Person zum Beispiel genug verbunden, um das auch öffentlich zu erklären? Wieviel Engagement wollen Sie? Sind an Ihre feste Bindung irgendwelche Bedingungen geknüpft? Wenn ja, welche?

Nehmen Sie sich die Freiheit, Ihre Position neu einzuschätzen. Bloß weil Sie zu Anfang zögern, sollten Sie nicht die Hoffnung aufgeben und zu dem Schluß kommen, daß alles vorbei ist. Lassen Sie sich einige Tage oder Wochen Zeit und überlegen Sie dann von neuem, wie Sie empfinden.

Sprechen Sie mit jemandem, der oder die objektiv ist. Es kann äußerst hilfreich sein, wenn Sie Ihre Sorgen, Ihre Zögerlichkeit und Ihre Ängste bei jemand abladen, dem oder der Sie vertrauen. Im Gegensatz zu Ihrem Liebhaber oder Ihrer Geliebten wird diese Person über Ihre Unentschiedenheit weder erschreckt noch bestürzt sein. Vielleicht bitten Sie Ihren Freund oder Ihre Freundin, den «advocatus diaboli» zu spielen und Gründe anzuführen, weshalb Sie *keine* feste Beziehung eingehen sollten. Eine solche Debatte in sicherer Umgebung kann Ihnen helfen, die Dinge klarer zu sehen.

Halten Sie Ihren Partner oder Ihre Partnerin auf dem laufenden. Egal, wie verwirrt Sie sind, es beruhigt Ihr Gegenüber, wenn Sie ihm oder ihr erzählen, wie Sie empfinden und was Sie denken. Sowohl Sie als auch Ihr Liebhaber oder Ihre Geliebte werden dadurch ruhiger sein. Als Konsequenz daraus werden Sie weniger Druck verspüren.

Die nachfolgenden Übungen können Ihnen helfen, Dinge zu ordnen.

Übung: Schwanken eins

Um herauszufinden, ob Sie sich wirklich fest binden wollen oder lediglich denken, sie müßten das tun, ist es wesentlich, daß Sie Ihre eigenen
Gedanken von denen aller anderen trennen. Sie wissen oder bilden sich
ein, daß Sie nach der Meinung von anderen in Ihrer aktuellen Beziehung einiges tun sollten. Schreiben Sie sich in einem Notizbuch eine
Liste all dieser Dinge auf. Zum Beispiel:

> Mein Liebhaber (meine Geliebte, meine Mutter, mein Vater, mein
> bester Freund, meine beste Freundin, etc.) denkt, ich müßte
> _____. (Tragen Sie beliebig viele Antworten ein.)

Als nächstes erstellen Sie eine lange Liste, bei der Sie jeweils mit: «Was
ich tun möchte, ist ...» beginnen und den Satz mit Ihren *eigenen* Wünschen zu Ende bringen. Es ist wichtig, daß Sie völlig ehrlich zu sich
selbst sind.

Dann vergleichen Sie die beiden Aufstellungen. Wie sehr ähneln
oder unterscheiden sie sich? Das Erstellen dieser beiden Listen wird
Ihnen bei der Klärung Ihrer Gedanken helfen. So wird Ihnen die Unterscheidung ermöglicht, ob Ihre Verwirrung ganz oder teilweise das Ergebnis äußeren Drucks ist, sei der nun real oder eingebildet.

Übung: Schwanken zwei

Unterteilen Sie ein Blatt Papier vertikal in zwei Hälften, indem Sie es
falten oder in der Mitte eine senkrechte Linie ziehen. Auf die linke
Hälfte setzen Sie die Überschrift *Pro* und auf die rechte Hälfte *Kontra*.
Tragen Sie Ihre Gefühle einer festen Bindung gegenüber in die entsprechenden Spalten ein. Diese Übung mag recht simpel erscheinen, aber
sie funktioniert.

Legen Sie die Liste für einen Tag zur Seite, nehmen Sie sie dann
wieder hervor und prüfen Sie sie erneut. Stellen Sie fest, welche Seite
Ihnen am sinnvollsten erscheint. Was glauben Sie, welches Ihrer Argu-
mente wirklich ernsthafter Überlegung bedarf? Wenn Sie die Fragen,
die Sie für wichtig halten, herausgefiltert haben, dann besprechen Sie
sie mit Ihrem Liebhaber oder Ihrer Geliebten.

Ganz egal, ob Sie, Ihr Partner oder Ihre Partnerin zögern: Nähern

Sie sich den jeweiligen Grenzen behutsam und konzentriert. Walzen Sie sie nicht einfach wie eine Dampfwalze nieder, sondern schenken Sie ihnen Beachtung, denn alle Vorbehalte, denen Sie sich in der aktuellen Situation nicht widmen, werden mit ziemlicher Sicherheit später wiederkehren und Sie verfolgen.

Sich gegen eine feste Bindung entscheiden

Nicht jede Beziehung zwischen Schwulen oder Lesben profitiert von einer Veränderung. Mehr Zeit und mehr Engagement bringen möglicherweise nicht mehr Spaß, sondern mehr Druck. Viele ehemals fest miteinander verbundene und inzwischen getrennt lebende Schwulen- oder Lesbenpaare haben zu ihrer Überraschung festgestellt, daß sie nach der Trennung sehr viel besser miteinander zurechtkamen. In solchen Fällen haben sich die Partner getrennt, weil es für einen (eine) oder alle beide zu schwierig war, mit den durch die feste Bindung herbeigeführten Veränderungen umzugehen.

Sie müssen unter Umständen mit der Möglichkeit rechnen, daß Sie sich gegen eine engere Bindung entscheiden. Vielleicht beschließen Sie sogar, sich zu trennen. Wenn Sie die Eigenart Ihrer Beziehung im Moment nicht ändern wollen, aber glauben, das Thema feste Bindung sei damit noch nicht aus der Welt, dann setzen Sie eine zeitliche Begrenzung. Zum Beispiel: «Wir werden die Dinge für drei Monate (bis ich meine Arbeitsstelle gewechselt habe oder bis ich die Ausbildung beendet habe) so belassen, wie sie sind, und dann werden wir uns noch einmal darüber unterhalten.» Eine klare Übereinkunft, wann die Frage erneut aufgegriffen werden soll, kann jedes Besorgtsein verhüten.

Wenn Sie beschlossen haben, sich nicht fest zu binden, haben Sie im wesentlichen drei Möglichkeiten: Sie und Ihr Partner oder Ihre Partnerin können zu offenen Verabredungen zurückkehren, Sie können beschließen, einfach nur gute Freunde zu sein, oder Sie können Ihren Kontakt zueinander vorübergehend unterbrechen und später entscheiden, welche Art Beziehung – wenn überhaupt – Sie pflegen möchten.

Offene Verabredungen

Das ist gewöhnlich die schwierigste Option, denn die meisten von uns haben Schwierigkeiten zuzulassen, daß eine Beziehung sich «rückwärts» entwickelt und man die Exklusivität seiner Verabredungen aufgibt. Allerdings ist eine solche Umstellung gar nicht so problematisch, wenn man emotional entspannt und locker ist. Es kann ja sein, daß Sie beide deshalb ein exklusives Verhältnis führten, weil die Umstände halt danach waren oder Sie sich einfach nicht bemüht haben, jemand anderen zu finden.

Entscheidend ist, daß beide Partner oder Partnerinnen sich einig sind, ob sie ihre Beziehung auf der Ebene offener Verabredungen weiterführen und wie sie damit umgehen wollen. Ein Teil Ihrer Übereinkunft könnte dem gewidmet sein, was Sie Freunden erzählen, die wissen, daß Sie sich bisher ständig getroffen haben.

Nur gute Freunde sein

Wie ich an anderer Stelle bereits erwähnt habe, entdecken zwei Schwule oder Lesben in ihren Beziehungen mitunter gemeinsam, daß sie als Freundespaar viel besser miteinander auskommen denn als Liebespaar. Während die neue Situation zunächst vielleicht komische Gefühle hervorruft, kann diese Art Freundschaft sehr viel Nähe und Sicherheit vermitteln. Ein solcher Freund oder eine solche Freundin weiß alles über Sie und liebt Sie um Ihrer selbst willen. Auch hier liegt der Schlüssel im Reden und im Herstellen einer Übereinstimmung.

Eine Pause einlegen

Meistens braucht der Übergang vom Status eines Liebespaars zu einer anderen Art Beziehung (offene Verabredungen, eine enge oder lockere Freundschaft) Zeit. Wenn Sie sich einige Zeit überhaupt nicht sehen, verschaffen Sie sich dadurch die Möglichkeit, Ihre Gefühle hinsichtlich der neuen Situation auszuloten und sich mit den Veränderungen abzufinden.

Wenn sie sich zu einer Pause entschließen, kann eine Beendigungszeremonie hilfreich sein. Wenn Sie nicht böse aufeinander sind, möchten Sie vielleicht sogar ein letztesmal miteinander essen gehen oder einen gemeinsamen Spaziergang am Strand unternehmen. Treffen Sie eine Verabredung (in zwei oder drei Monaten) für ein Wiedersehen und sprechen Sie nach dieser Pause darüber, wie Sie sich fühlen. Zu dieser Zeit können Sie überlegen, welche neue Richtung Sie – wenn überhaupt – gemeinsam einschlagen wollen.

Unterschiede zwischen einer lesbischen und einer schwulen Bindung

Wie schon erwähnt, haben lesbische Frauen mitunter die Tendenz, sich zu schnell zu binden, während schwule Männer häufig Schwierigkeiten haben, überhaupt eine feste Bindung einzugehen. Das sind natürlich keine absoluten Wahrheiten, die für alle Männer und Frauen in gleichgeschlechtlichen Partnerschaften gelten. Es sind bloß bestimmte Verhaltensmuster, die ich beobachtet habe. Auf der Grundlage dieser Beobachtungen möchte ich einige Hinweise zur Überwindung solcher Muster geben. Folgen Sie also ruhig dem Ratschlag für das andere Geschlecht, wenn er auf Sie und Ihre Situation zutrifft.

Vorschläge für lesbische Frauen

Ich weiß, daß die dauernde Verabrederei strapaziös ist, und Sie sind dazu erzogen worden, sich häuslich niederzulassen. Denken Sie aber an das alte Sprichwort: «Mach alles, was du tust, gut oder gar nicht.» Sprechen Sie mit Lesben, die langdauernde, stabile Beziehungen haben, ehe Sie sich kopfüber in eine Beziehung stürzen. Die meisten Lesben, die ich kenne und die sich die Finger verbrannt haben, hatten sich nicht die Zeit genommen, Abmachungen zu Ihrer Beziehung zu definieren, bevor Sie sich fest an eine Geliebte banden und mit ihr zusammenzogen.

Entscheidend ist, daß Sie jede Zögerlichkeit ablegen, mit Ihrer Partnerin frank und frei über die Liebe und eine feste Bindung zu reden. Wie wir gesehen haben, ist die Verabredungsphase das Stadium, in dem zwei Menschen herausfinden können, ob sie zusammenpassen. Respektieren und schätzen Sie diese Zeit der Werbung und lassen Sie keine Einschränkungen zu. Beharren Sie darauf, daß Vertrauen verdient sein muß, und bemühen Sie sich, das Vertrauen Ihrer Geliebten zu gewinnen.

Ihr persönliches Leben sollte soweit abgesichert sein, daß Sie auch *ohne* eine Partnerschaft glücklich sind und sich wohl fühlen. Ehe Sie eine feste Bindung eingehen, sollten Sie als nächsten Schritt sicherstellen, daß Sie sich über Ihre Erwartungen, wie Ihre neue Beziehung Ihr Leben verbessern soll, im klaren sind. Behalten Sie unbedingt Ihren eigenen Lebensstil aufrecht: Geben Sie Ihre Freundinnen, Ihre Einkommensquelle, Ihre liebsten Freizeitbeschäftigungen und Ihre Verbindungen nicht auf. Schlagen Sie Ihrer potentiellen Geliebten vor, es auch so zu halten.

Vorschläge für schwule Männer

Bei vielen von Ihnen scheint die Vorstellung, sich auf eine Langzeitbeziehung einzulassen, den eigenen Instinkten zu widersprechen. In meinem Beruf erlebe ich viele schwule Paare, denen es widerstrebt, sich zu binden, oder die unsicher sind, wann eine feste Bindung angebracht ist.

Männer sind in unserer Gesellschaft darauf konditioniert worden, auf visuelle Signale sexuell zu reagieren und, um aus dem Film *Der König und ich* zu zitieren, «von Blüte zu Blüte» zu flattern. Außerdem wird solches Verhalten häufig mit einer biologischen Komponente in Verbindung gebracht. Als weiteres kommt hinzu, daß unsere Kultur Männern im allgemeinen nicht zugesteht, tiefe emotionale Bande zu anderen zu entwickeln, und ganz besonders nicht zu Männern.

Unter der Voraussetzung dieser biologischen bzw. kulturellen Faktoren, die Männern promiskes Verhalten nahezulegen scheinen, kann eine feste Bindung wie eine Falle wirken. Als schwuler Mann sehen Sie die möglichen Gefahren einer festen Bindung vielleicht schneller als ihren möglichen Lohn. Die Herausforderung für Sie lautet: Intimität. Sich öffnen, Empfindungen teilen und sich gegenseitig unterstützen – Verhaltensweisen wie diese sind Bedingungen von Intimität, die Sie sich aneignen müssen. Weil Sie das in männlicher Manier tun werden, wird Ihre emotionale Kommunikation anders aussehen als die der meisten Frauen.

Schließlich sind schwule Männer öfter als lesbische Frauen von Skepsis erfüllt, ob eine noch festere Bindung eine gute Freundschaft ruinieren wird. Als Dave und Allan in meine Praxis kamen, machten sie sich beide Sorgen, obwohl sie keine ernsthaften Beziehungsprobleme hatten. Sie hatten sich über mehrere Monate hinweg ausschließlich miteinander verabredet und dachten nun, daß es vielleicht an der Zeit sei, eine tiefere Bindung zu versuchen. Allan erklärte seine Vorbehalte folgendermaßen: «Über eines mache ich mir Sorgen: Was ist, wenn es nicht funktioniert? Was ist, wenn wir uns nicht mehr so gern haben, sobald wir zusammenleben? Werden wir das verlieren, was wir jetzt haben?»

Ich erklärte ihnen die Selbstverständlichkeit bestimmter Abläufe. Sie mußten sich Zeit nehmen, mußten zulassen, daß die Beziehung sich schrittweise in Richtung einer festen Bindung entwickelte. Während der ganzen Zeit würden sie beobachten können, wie sich ein größeres persönliches Engagement auf die Beziehung auswirkte. Ich schlug vor, daß sie für den Anfang mal wechselweise einige Wochen mit dem anderen in dessen Wohnung lebten. Das klappte gut, und sie kamen zu dem Schluß, daß sie zu einem Zusammenziehen bereit waren. Ich empfahl Ihnen, das Zusammenleben als eine Versuchsphase zur Vorbereitung auf eine dauerhafte feste Bindung zu sehen. Dieses schrittweise Vorgehen empfanden beide als sehr beruhigend, und heute leben sie zusammen und besitzen gemeinsam ein Haus. Sie überlegen, Ihre feste Bindung mit einer Feier zu würdigen und Ihren Status als Paar damit öffentlich zu deklarieren.

Der Nutzen aus einer festen Bindung

Mittlerweile wissen Sie wahrscheinlich, ob eine feste Bindung die Richtung vorgibt, in die Sie gehen möchten. Sie und Ihr Partner oder Ihre Partnerin werden diese frühe Phase Ihrer Liebe in einem anderen Licht sehen, wenn die Zeit vergeht und Ihre Liebe blüht und gedeiht. Hat sich bei Ihnen eine vergleichsweise ruhige Entwicklung eingestellt, dann werden Sie sich wahrscheinlich unter denen einreihen, die behaupten, «Liebe auf den ersten Blick» gefunden zu haben. All die kleinen Zweifel, die Sie jetzt umtreiben, werden mit einemmal vergessen sein. Wenn sie anfangs einen steinigen Weg zurücklegen mußten, werden Sie später von der sicheren Festung Ihrer Erfahrung und Ihres gegenseitigen Verstehens herab über diese Schwierigkeiten lachen können. Alle Probleme, die sie anfangs hatten, werden Ihnen lediglich als eine Phase in Ihrem Wachstum als Paar erscheinen.

Eine sorgfältig überlegte, tief empfundene feste Bindung einzugehen ist eine große Freude. Sie ist die Zeit und die Mühe, die Verwirrung und den Kampf, sich selbst und dem oder der anderen gegenüber ehrlich zu sein, wert. Eine feste Bindung, die auf diese Weise zustande gekommen ist, wird zum sicheren Fundament für alles Übrige, das Sie gemeinsam aufbauen werden.

KAPITEL 4

Die Dynamik schwuler oder lesbischer Beziehungen

James und Mark sind beide Mitte dreißig und lernten sich vor einem Jahr auf der Party eines Freundes kennen. Seit fünf Monaten leben sie zusammen. James ist Verwaltungsangestellter in einem Krankenhaus und hat sehr viel mit Personalangelegenheiten zu tun. Mark arbeitet in einer Sterbeklinik für Aidspatienten. Weil beide anstrengende Jobs im Gesundheitswesen ausüben, teilen sie viele Sorgen und Frustrationen. Mit ihrer Beziehung war es bisher eigentlich recht gut gelaufen, aber sie hatten sich in der letzten Zeit etliche Male in Streitereien verwikkelt, und deswegen kamen sie zu mir.

Mark war besonders mitgenommen. Er sprach von seiner Angst vor einem Auseinanderbrechen der Beziehung. «James hat nie Lust, sich mit mir zu unterhalten», sagte er mir. «Sobald er vom Krankenhaus nach Hause kommt, verschwindet er in seinem Arbeitszimmer.» Mark drehte beim Reden nervös die Hände gegeneinander. «Ich weiß, er ist müde, aber ich habe zwei Stunden darauf gewartet, daß er nach Hause kommt, und ich möchte mit ihm reden.»

Als ich James bat, mir seine Sichtweise zu schildern, sagte er: «Wenn ich von der Arbeit heimkomme, möchte ich mich einfach entspannen, ein wenig abschalten. Aber Mark läßt das nicht zu. Sobald ich zur Tür hereinkomme, läßt er mir schon keine Ruhe mehr. Er will *alles* wissen, was passiert ist. Ich halte das nicht mehr aus. Ich möchte einfach, daß er mich in Ruhe läßt.»

Sally und Mary leben seit zwei Jahren zusammen. Sie arbeiten beide für die Armee, sind jedoch selbst Zivilistinnen. Sie sind Ende zwanzig, fit und athletisch. Beide kleiden sich nicht gerade feminin, doch attraktiv und modisch: Hosen, Jacketts oder Pullover und Stiefel. Sie suchten mich auf, weil sie körperliche Auseinandersetzungen gehabt hatten. «Ich kann mir nicht helfen», erzählte Sally. «Ich werde wütend, und dann verliere ich die Kontrolle. Ich weiß nicht, was dann über mich kommt.» Mary sagt: «Ich versuche, sie nicht wütend zu machen, aber manchmal muß ich ihr deutlich die Meinung sagen. Dann dreht sie durch, und bevor ich weiß, was passiert, gehen wir schon aufeinander los.»

George und Al, beide in den Fünfzigern, sind seit fünf Jahren ein Liebespaar, aber sie hatten seit einem Jahr keinen Sex mehr miteinander. Beide waren früher verheiratet und haben erwachsene Kinder. Sie sehen sehr gepflegt aus und haben graue Schläfen. George, der einen Laden besitzt, berichtet: «Wir hatten immer ganz großartigen Sex miteinander, aber jetzt fühle ich mich einfach zu müde. In meinem Geschäft gibt es eine Menge Streß. Ich habe dann einfach keine Lust, und Al will zu viel haben.»

Al, ein Elektriker, sieht verletzt drein. «Ich kann das nicht mehr verkraften. Ich arbeite genauso hart wie er, aber ich will immer noch Sex haben. Ich hab mich auch bemüht, Geduld aufzubringen, aber ich will auch nicht mehr, wenn wir keinen Sex mehr haben. Entweder wir lösen dieses Problem, oder ich sehe mich nach jemand anderem um.»

Alle drei Paare erfahren Konflikte, die ihre *Beziehungsdynamik* widerspiegeln – ein Begriff, mit dem die Art und Weise gemeint ist, in der zwei Menschen miteinander umgehen. Die Dynamik einer Beziehung ergibt sich aus der unterschiedlichen Art, in der beide Wünsche vorbringen, Vorstellungen und Meinungen vermitteln und Gefühle ausdrücken. Zum Beispiel sind manche Leute still, wenn sie wütend sind, manche schreien, und manche zeigen ein gespanntes, gezwungenes Lächeln. Die einen zeigen Liebe durch zärtliche Worte und Gebärden. Andere drücken sie aus, indem sie ihrem Liebhaber oder ihrer Geliebten ständige Aufmerksamkeit schenken. Wieder andere demonstrieren ihre Gefühle, indem sie ihrem Liebhaber oder ihrer Geliebten emotionalen Spielraum lassen. Kurz gesagt: Die Sprache und die Gesten, die wir benutzen, die Art, wie wir miteinander sprechen und Probleme angehen, spiegeln unsere individuelle Ausdrucksart wider. Der Grad der Unterschiedlichkeit hierin bestimmt die Qualität der Kommunikation zwischen zwei Partnern oder Partnerinnen und spielt eine entscheidende Rolle für das Gelingen oder Scheitern einer Beziehung.

Verschiedene elementare Komponenten von Beziehungen – wie Erwartungshaltungen und die Kompetenz beim Sprechen und Zuhören – sind universell, d. h., die sexuelle Orientierung der Beteiligten ist dabei unwichtig; diese Dinge betreffen heterosexuelle wie homosexuelle Liebespaare, Freunde und Freundinnen, Kollegen und Kolleginnen, Chefs und Angestellte, Eltern und Kinder gleichermaßen. Die Homophobie und fehlende Rollenmodelle führen dazu, daß manche Beziehungsstrukturen allerdings nur bei schwulen oder lesbischen Paaren festzustellen sind.

Zum Beispiel haben sich manche Schwulen- oder Lesbenpaare die von den Massenmedien geförderte Anschauung, derzufolge der Sex den wichtigsten Aspekt des schwulen oder lesbischen Lebensstils darstellt, zu eigen gemacht. Als Konsequenz daraus können sie direkt sexuelle Gefühle leichter ausdrücken als Liebe und Zärtlichkeit. Insbesondere schwule Männer haben oft nicht allzuviel Ahnung von der Beziehungsdynamik, die über das direkte Ausdrücken sexueller Bedürfnisse hinausreicht. Dazu kommt noch, daß der Mangel an Unterstützung und Akzeptanz, den Schwule und Lesben von der Gesellschaft erfahren – bei der Arbeit, in der Öffentlichkeit, von Familie und Verwandten zu Hause –, ihre Wut verstärken kann. Diese Wut kommt schließlich oft in der Form von Feindseligkeit und Gewalt innerhalb der Beziehung zum Ausdruck. Wenn Sie unter Streß stehen, ist Ihre Toleranz gegenüber Uneinigkeiten eingeschränkt, und Sie finden es unter Umständen besonders schwierig, einen Konflikt mit Ihrem Liebhaber oder Ihrer Geliebten mit den friedlichen Mitteln der Verhandlung und der Problemlösung zu bewältigen.

Schließlich spiegelt die Übernahme von Rollen in Schwulen- oder Lesbenbeziehungen eine ganz spezielle Dynamik wider. In lesbischen oder schwulen Beziehungen, in denen ein Partner oder eine Partnerin die Rolle des «Kerls» oder des «Mackers» übernimmt, gibt es infolge einer ungleichen Machtverteilung oft Kommunikationsprobleme. Die Erwartungen in einer solchen Partnerschaft laufen darauf hinaus, daß die dominantere Person die Entscheidungen trifft. Schwulen- oder Lesbenpaare, wo beide die eher traditionelle Rolle des «Weibchens» spielen, werden Konflikten wahrscheinlich gemeinsam aus dem Weg gehen, falls beide Partner oder Partnerinnen sich scheuen, Wut offen zu zeigen, oder unwillig bzw. unfähig sind, ihre Bedürfnisse zu artikulieren.

Schwierigkeiten mit der Beziehungsdynamik können dazu führen, daß ein Paar sich als festgefahren empfindet – verwickelt in allerlei Kämpfe und im Hinblick auf die Zukunft hilflos oder hoffnungslos. Normalerweise sind solche Schwierigkeiten jedoch nicht so unlösbar, wie sie erscheinen mögen. Manche Hindernisse kann man durch eine Verbesserung der Kommunikationsfähigkeit überwinden. Andere kann man durch die Anwendung von Verhandlungstechniken aus der Welt schaffen. Wenn Sie Techniken zur Verbesserung der Beziehungsdynamik beherrschen, werden davon nicht nur Ihre intimen, sondern auch Ihre anderen sozialen Beziehungen profitieren.

In einer schwulen oder lesbischen Beziehung mit einer ausgewogenen Dynamik können die Partner oder Partnerinnen:

- Probleme und Meinungsunterschiede ohne Streit besprechen
- einander unterschiedliche Meinungen und Stile zugestehen
- auf der Homophobie gründende Probleme ohne Schuldzuweisungen und Vorwürfe erkennen und akzeptieren
- für sich selbst sprechen und ihre Wünsche artikulieren
- einander selbst bei Auseinandersetzungen zuhören und verstehen
- über die Grenzen ihrer eigenen Rolle springen, um Einigungen zu ermöglichen
- genug Zeit finden, um sich regelmäßig auszutauschen

Offene und versteckte Erwartungen

Vielen Problemen mit der Beziehungsdynamik liegen eigentlich Erwartungen zugrunde – unsere Annahmen, wie die Dinge sein *sollten*. Unserer eigenen Erwartungen sind wir uns oft nicht bewußt. In Anlehnung an Paul Williams, den Autor des Buches *Waking Up Together*, läßt sich folgendes sagen:

> «Eine ‹Überzeugung›» ist eine selbstverständliche Annahme, von
> der wir nicht einmal mehr wissen, daß es sich um eine solche han-
> delt. Viele unserer täglichen Handlungen werden von unseren
> Überzeugungen kontrolliert oder beeinflußt. Nach einer Überzeu-
> gung zu handeln ist das Gegenteil einer der Situation angepaßten
> Handlung – und da ist es egal, ob die Überzeugung ‹richtig› oder
> ‹falsch› ist.
> Das Wichtigste an Überzeugungen ist dies: Man muß wissen, daß
> sie da sind. Überzeugungen als solche zu erkennen und sich ihrer
> bewußt zu sein ist die einzige Möglichkeit, sich vor einer Kon-
> trolle durch sie zu bewahren.»

Wir alle leben mit gewissen Erwartungen, denn es ist beruhigend, wenn
man weiß, womit zu rechnen ist. Als Kindern war uns die Anerkennung
von Erwachsenen wichtig, und so lernten wir, das Handeln anderer
Leute vorauszuahnen und auf diese Weise zu erfahren, welches Verhalten von unserer Seite angemessen sein würde. Dadurch haben wir uns
dermaßen daran gewöhnt, nach Verhaltensmustern zu suchen, daß wir
als Erwachsene anderen gegenüber automatisch von Unterstellungen
ausgehen. An sich sind Erwartungen und Unterstellungen nichts Falsches. Die Probleme stellen sich erst ein, wenn unsere Erwartungen
nicht erfüllt werden und unsere Unterstellungen mit denen unserer
Partner oder Partnerinnen in Konflikt geraten.

Manche unserer Erwartungen sind offenkundig. Ein Beispiel: «Ich
möchte, daß du mich anrufst, wenn du später kommst.» Solche Erwartungen führen kaum je zu Schwierigkeiten, können sie doch klar diskutiert und verhandelt werden; man braucht weder «Gedanken zu lesen»
noch Mutmaßungen anzustellen.

Heimliche Erwartungen sind eine andere Sache. Wir alle kommen
mit heimlichen Erwartungen in unsere Beziehungen. Solche Erwartungen gehören zum Leben, und man kann sie nicht vermeiden. Aber sie
können Probleme verursachen. Nehmen wir zum Beispiel an, es ist
Ihnen sehr wichtig, daß Ihr Partner oder Ihre Partnerin jeden Abend
zum Essen nach Hause kommt, aber Sie haben das nie konkret gesagt,
weil er oder sie sich bisher *ohnehin* so verhalten hat. Wenn Ihr Partner
oder Ihre Partnerin aber eines Tages anruft und mehr oder minder bei-
läufig sagt: «Ich muß heute abend länger arbeiten, und deshalb gehe
ich gleich hier essen», reagieren Sie vielleicht mit Enttäuschung und

Wut. Und das wird Ihren Partner oder Ihre Partnerin ziemlich überraschen. Heimliche Erwartungen führen oft zu Gefühlen und Reaktionen, die dem eigentlichen Geschehen gegenüber unverhältnismäßig oder unangemessen erscheinen.

In schwulen oder lesbischen Beziehungen können manche heimlichen Erwartungen das Ergebnis ungelöster Schwierigkeiten mit der Homophobie sein. Eine Lesbe, die sich einbildet, daß homosexuelle Beziehungen nicht funktionieren können, zweifelt vielleicht an der Aufrichtigkeit ihrer Geliebten. Möglicherweise verhält sie sich so zurückhaltend, bis es ihrer Partnerin tatsächlich schwerfällt, sie zu lieben. Die Überzeugung eines Schwulen, daß Schwule immer fremdgehen, kann zu ähnlichen Ergebnissen führen. Nun möchte ich auf andere heimliche Erwartungen hinweisen, wie sie in Beziehungen zwischen Schwulen oder Lesben häufig auszumachen sind:

▶ Jeder andere Schwule oder jede andere Lesbe versteht Sie.

▶ Alle Schwulen und Lesben sind sexuell freizügig.

▶ Zwischen Ihnen und Ihrem Partner oder Ihrer Partnerin wird es keine Machtkonflikte geben, weil Sie doch beide zum gleichen Geschlecht gehören.

▶ Ihr Liebhaber wird natürlich Verständnis dafür haben, wenn Sie fremdgehen.

▶ Ihre Geliebte wird natürlich treu sein.

▶ Ihre Beziehung wird wahrscheinlich schon deshalb scheitern, weil Sie schwul oder lesbisch sind.

▶ Ihr Partner oder Ihre Partnerin wird sich natürlich von seiner oder ihrer Familie lossagen, wenn diese Ihre Beziehung nicht akzeptiert.

▶ Sie und Ihr Partner oder Ihre Partnerin werden natürlich Rollen wie die des «Kerls» oder des «Weibchens» annehmen wollen.

Um Probleme mit gegensätzlichen Erwartungen zu vermeiden, ist es nötig, heimliche Erwartungen zu erkennen und zu lernen, wie man sie ans Licht bringt. Dieses Erkennen ist nicht so schwer, wie es sich anhört. Heimliche Erwartungen sind wahrscheinlich dann am Werk, wenn eine oder mehrere der folgenden Situationen vorliegen:

■ Ein einfacher Fehler oder ein einfaches Mißverständnis führen zu einer großen Explosion.

- Sie, Ihr Partner oder Ihre Partnerin sind über etwas stärker aufgebracht, als es der Situation angebracht zu sein scheint.
- Worte wie *sollte, müßte, immer, nie, richtig* und *falsch* werden von Ihnen, Ihrem Partner oder Ihrer Partnerin bei Meinungsverschiedenheiten häufig gebraucht.
- Sie allein oder Sie beide sind in bezug auf Ihre Beziehung generell mißtrauisch, schuldgeplagt oder hoffnungslos.

Eine verborgene Erwartung aufzudecken ist oft schwieriger. Sie und Ihr Partner oder Ihre Partnerin müssen darüber nachdenken, welche Erwartungen Sie vielleicht haben, Sie müssen darüber sprechen und dann herausfinden, wie Sie beide die Sache jeweils sehen. Lassen Sie sich nicht zu der Ansicht verführen, Ihre Erwartungen wären gerechtfertigt und die Ihres Partners oder Ihrer Partnerin nicht. Versuchen Sie, zu akzeptieren, daß Sie beide schlichtweg unterschiedlich sind. Wenn Ihre Überzeugungen möglicherweise auf die Homophobie zurückgehen, dann bedienen Sie sich beim Umgang mit diesem Problem der Informationen im Anhang.

Im weiteren versuche ich, Ihnen bei der Aufdeckung heimlicher Erwartungen und der Lösung der daraus resultierenden Probleme zu helfen. Wir wollen Ihren Kommunikationsstil verbessern, Ihre Verhandlungsfähigkeiten entwickeln und mehr darüber lernen, wie Sie und Ihr Partner oder Ihre Partnerin Liebe ausdrücken.

Kommunikation gründet sich auf Gegenseitigkeit

Eine der häufigsten Klagen, die ich in meiner Beratungspraxis von Schwulen oder Lesben zu hören bekomme, lautet: «Mein Liebhaber (meine Geliebte) teilt sich nicht mit!» Unsinn! Jeder (jede) teilt sich mit, und zwar ständig – *aber jeder von uns ist einzigartig und teilt sich auf andere Art mit.* Wir alle drücken unsere Vorstellungen und Gefühle unterschiedlich aus. Wir hören unterschiedlich zu (oder weg). Wir können in unserer Ausdrucks- und Denkensart eher sprachbezogen, visuell oder körperlich sein.

Individuelle Unterschiede in der Mitteilungsart werden durch den Umstand verstärkt, daß wir häufig dazu neigen, Partner oder Partnerinnen mit einem dem unseren entgegengesetzten Stil auszuwählen. Leute mit einer anderen Persönlichkeit als unserer eigenen mögen erfrischend und damit attraktiv erscheinen. Eine ruhige, entspannte Person fühlt sich unter Umständen stark von jemand sehr Umtriebigem angezogen. Eine Person, die gerne redet, fühlt sich womöglich zu einem guten Zuhörer oder einem ruhigen Wesen hingezogen. Zwar mögen sich dermaßen verschiedene Stile zunächst ergänzen, doch später können sie zur Ursache für Kommunikationsprobleme werden.

Für gewöhnlich liegen Probleme mit der Kommunikation dann vor, wenn Sie in Ihrer Beziehung auf eines der folgenden Phänomene stoßen:

▶ Wenn ein Problem gelöst werden muß, bekommen Sie statt dessen Streit.

▶ Einer oder eine von Ihnen bleibt still und will nicht reden.

▶ Ihr Partner oder Ihre Partnerin ist aufgebracht über etwas, das Sie gesagt haben, aber Sie wissen nicht, warum.

▶ Sie werden wütend, und Ihr Partner oder Ihre Partnerin versteht Ihr Motiv nicht.

▶ Einer oder eine von Ihnen fühlt sich mißverstanden, als selbstverständlich hingenommen oder ignoriert.

▶ Einfache Unterhaltungen schlagen oft in Streitereien um.

▶ In Ihrer vormals guten sexuellen Beziehung tauchen plötzlich Probleme auf.

Die Fähigkeit zu guter Kommunikation ist wesentlich, wenn aus Ihrer Beziehung etwas Langfristiges werden soll. Stilunterschiede können es notwendig machen, mit Ihrer Kommunikation an einem Punkt Null anzusetzen. Es kann Ihnen dabei ähnlich gehen wie beim Erlernen eines neuen Codes oder einer neuen Sprache. Je größer die Unterschiede zwischen Ihrer Ausdrucksweise und der Ihres Partners oder Ihrer Partnerin sind, desto wesentlicher ist es, daß Sie sich die Codes Ihres Gegenübers aneignen. Mit Geduld, Übung und dem Willen zum Lernen können Sie und Ihr Partner oder Ihre Partnerin Ihre kommunikativen Fähigkeiten verbessern.

Es gibt vier zentrale Aufgaben, die jeder Partner oder jede Partnerin erfüllen muß, damit sich eine gute Kommunikation entwickelt:

1. Vorstellungen und Gefühle klar ausdrücken.
2. Aufmerksam sein.
3. Aktiv zuzuhören.
4. Sich Zeit nehmen für Gespräche.

Je ausgewogener sich das Verantwortungsgefühl zu diesen Aufgaben zwischen Ihnen verteilt, desto stärker können Sie darauf vertrauen, daß Sie sich gegenseitig verstehen, daß Sie Probleme wirksam lösen und Sie faire Abkommen zur Lösung von Konflikten treffen.

Klar und deutlich sagen, was man will

Kommunikation ist die Kunst, Ihre Gedanken und Gefühle mit jemand anderem zu teilen. Um das möglichst wirkungsvoll zu tun, sollten Sie lernen, «Ich»-Botschaften zu benutzen – das heißt, daß Sie alles, was Sie sagen wollen, in Formulierungen kleiden, die *Ihre* Gefühle und *Ihren* Willen zum Ausdruck bringen. In dem Buch *Gespräche selbstsicher und ebenbürtig führen* von Sherod Miller und anderen heißt es:

> «*Der erste und wichtigste Schritt, wenn man eine Beziehung zu anderen herstellen will, ist der, über sich selbst zu sprechen. Welches persönliche Fürwort Sie immer wählen – ich, mich, mein –, Ihre Absicht muß sein, den Besitzanspruch für Ihre Wahrnehmungen, Gedanken, Gefühle, Absichten und Handlungen geltend zu machen. Es sollte kein Zweifel daran bestehen, daß Sie nur die eigenen Erfahrungen wiedergeben...*
> *Die meisten von uns sind in der Haltung erzogen worden, Ich-Aussagen als unpassend zu betrachten, weil sie egoistisch, eitel, ja sogar anmaßend zu sein scheinen. Wir sind nicht der Meinung, daß das Sprechen für sich selbst ichbezogen ist, solange Genauigkeit und Klarheit beabsichtigt sind... Eigene Aussagen machen anderen klar, daß Sie für Ihre Gedanken, Gefühle und Handlungen verantwortlich sind, daß Sie aus persönlicher Bewußtheit sprechen und anderen erlauben, das gleiche zu tun.*»

Indem Sie «Ich»-Botschaften benutzen, drücken Sie aus, was *Sie* denken, fühlen, sehen und hören, ohne Ihre Gefühle auf die andere Person zu projizieren. Sagen Sie beispielsweise: «Ich bin unglücklich darüber, daß wir nicht oft genug ausgehen» anstatt: «Du willst sowieso nicht mehr mit mir ausgehen.» Genauso ist es besser, zu sagen: «Ich will jetzt gerade etwas Zeit für mich allein haben» anstatt zu seufzen und zu sagen (passiv): «Mensch, es ist wirklich schwer, genug Zeit für sich alleine zu kriegen» oder (indirekt): «Mußt du jetzt nicht Abendessen kochen?»

Zwar ist es manchmal anstrengend, Ihre Gedanken als «Ich»-Botschaften zu formulieren, aber es spricht sehr viel dafür:

- Es hilft Ihnen zu klären, was Sie sagen wollen.
- Es erleichtert Ihrem Liebhaber oder Ihrer Geliebten das Zuhören, ohne gleich in die Defensive zu gehen.
- Es hilft Ihnen, heimliche Erwartungen aufzudecken und dadurch Meinungsverschiedenheiten zu vermeiden.

Eine andere wichtige Technik zur Förderung der Kommunikation ist die, direkt danach zu fragen, was Ihr Partner oder Ihre Partnerin will oder denkt, anstatt zu versuchen, seine oder ihre Gedanken zu lesen. Beispielsweise wird die Frage: «Ist jetzt ein guter Zeitpunkt zum Reden?» Ihrem Gegenüber eine bessere Antwort entlocken als: «Ich weiß, daß du eigentlich jetzt keine Lust zum Reden hast, aber ...»

James und Mark, die wir am Anfang dieses Kapitels kennengelernt haben, sind ein gutes Beispiel für ein schwules Paar, das gelernt hat, von einer klaren Ausdrucksweise zu profitieren. In Marks ursprünglicher Feststellung – «James hat nie Lust, sich mit mir zu unterhalten» – sprach Mark nicht für sich selbst, sondern projizierte statt dessen seine Unterstellung auf James. Ich schlug vor, daß Mark «Ich»-Botschaften und direkte Fragen benutzen lernen sollte. Zum Beispiel: «Weißt du, James, wenn du nach Hause kommst, höre ich wirklich gerne, wie der Tag für dich war» oder: «Wie möchtest du gerne begrüßt werden, wenn du nach Hause kommst?» James seinerseits lernte, Mark wissen zu lassen, was er wollte.

Nach einigen Gesprächen entschieden sie, daß Mark kurz vor James' Rückkehr für eine Stunde ins Fitneßcenter verschwinden würde. Damit verhinderten sie, daß Mark gelangweilt herumsaß und wartete, und James bekam so etwas Zeit, um allein zu sein und sich zu entspannen. Diese Lösung funktioniert gut, und die beiden können sich jetzt wieder über ihre Arbeit unterhalten und diese Gespräche genießen.

Sich klar auszudrücken bedeutet nicht, daß Sie nicht manchmal ein wenig unsicher sind, was Sie sagen wollen. Sagen Sie Ihrem Partner oder Ihrer Partnerin dann zum Beispiel: «Ich weiß nicht, warum ich über die Unordnung in der Küche so wütend werde. Würdest du mir ein paar Minuten zuhören, damit wir es beide besser verstehen?» Wenn Sie Ihre Unsicherheit zugeben, wird Ihr Liebhaber oder Ihre Geliebte zum Geduldigsein und zum Zuhören viel stärker motiviert sein.

Die gleiche Direktheit hilft, wenn Sie Angst haben, daß das, was Sie sagen wollen, falsch ankommt oder den Partner (die Partnerin) verletzt. Haben Sie keine Scham, darauf aufmerksam zu machen, daß Sie sich unter Umständen ungeschickt ausdrücken oder Angst haben, Ihr Partner (Ihre Partnerin) werde Sie mißverstehen. Vielleicht ist es nützlich, wenn Sie zunächst herausfinden, *weshalb* Sie diese Sorge spüren. Tragen Sie unausgesprochenen Widerwillen gegen etwas mit sich herum, oder fürchten Sie die Wut Ihres Liebhabers oder Ihrer Geliebten? Wenn dem so ist, dann wenden Sie vor einem Gespräch mit Ihrem Partner oder Ihrer Partnerin die Techniken zur Aufdeckung verborgener Erwartungen an, die in diesem Kapitel aufgeführt sind.

Obwohl das direkte Aussprechen äußerst wichtig ist, kommt Ihnen unter Umständen die allzu große Besorgnis, ob Sie es auch richtig machen, in die Quere. Es gilt vorrangig, einen ernsthaften Versuch zu unternehmen, Ihr Anliegen verständlich zu machen, als daß Sie irgendwelchen vorgeschriebenen Kommunikationsregeln folgen. Die Verbindung, die Sie mit Ihrem jeweiligen Gegenüber herstellen, ist weitaus entscheidender als die Art, wie Sie etwas sagen. Nehmen Sie die Haltung ein, daß Sie Ihren Partner oder Ihre Partnerin ebenso verstehen wollen, wie Sie selbst verstanden werden möchten, und Sie haben es schon zur Hälfte geschafft.

Seien Sie aufmerksam, wenn Sie gehört werden wollen

Wenn sie reden, konzentrieren sich die meisten von uns nur auf das, was sie sagen. Um Ihr Anliegen verständlich zu machen, müssen Sie jedoch auch darauf achten, wie Ihr Gegenüber das, was Sie sagen, *aufnimmt*.

Beobachten Sie Gesicht und Körper Ihres Partners oder Ihrer Partnerin, während er oder sie Ihnen zuhört. Richten Sie Ihre Aufmerksamkeit auf das, was mit Ihrem Gegenüber konkret vorgeht, und spekulieren Sie nicht darüber, was er oder sie denken oder fühlen könnte. Gesichtsausdruck, Bewegungen und Körperhaltung liefern allesamt Hinweise, mit deren Hilfe Sie erfahren können, ob Sie verstanden werden. Wenn Sie eine Reaktion erhalten, die Ihnen ungewöhnlich oder unangemessen vorkommt, dann fragen Sie nach. Zum Beispiel: «Ich dachte, ich hätte dir gerade ein Kompliment gemacht, aber du siehst verärgert aus. Habe ich etwas Falsches gesagt?» Oder: «Mensch, ich dachte, du wärst froh, das zu hören, aber du siehst bestürzt aus. Sag mir doch bitte, was dir durch den Kopf geht.» Oder: «Ich ärgere mich über das, was du gerade gesagt hast, aber du lächelst. Habe ich dich falsch verstanden?»

Wenn Ihr Zuhörer oder Ihre Zuhörerin zappelig wird oder im Raum umherschaut, während sie reden, bewegen Sie sich entweder auf unangenehmem Terrain, oder Sie haben schon zu lange geredet. Werfen Sie Ihrem Gegenüber den Ball zu: «Was hältst du davon?» Oder: «Siehst du das genauso?» Oder vielleicht: «Rede ich zu viel (oder zu schnell)?»

Wenn Sie aufmerksam sind, ist auch Unverständnis leicht auszumachen. Wenn Ihr Partner (Ihre Partnerin) einen leeren oder umwölkten Blick bekommt, dann geben Sie möglicherweise zu viele Ideen auf einmal von sich, oder Sie stellen Ihre Gedanken nicht klar genug dar. Wenn Sie Ihrem Zuhörer oder Ihrer Zuhörerin Vorwürfe machen – indem Sie zum Beispiel darauf pochen, daß er oder sie nicht genug aufpaßt –, wird das Problem nur verschlimmert. Stellen Sie statt dessen eine Frage. «Ich denke nicht, daß ich das klar ausgedrückt habe – haben wir uns da jetzt verloren?» Oder: «Bringe ich zu viel auf einmal ins Spiel?» Mit der Formulierung von Fragen zeigen Sie Ihr Bemühen, Ihren Stil und Ihre Deutlichkeit zu verbessern, und das lädt zur Zusammenarbeit ein.

Um nonverbale Botschaften zu entschlüsseln, braucht man kein Experte (keine Expertin) auf dem Gebiet der Körpersprache zu sein. Wir wurden alle mit eingebauten «Antennen» geboren. Wenn Sie wissen, worauf Sie achten müssen, können Sie die Signale mit Leichtigkeit entziffern.

Die meisten Schwulen und Lesben sind sich dessen bewußt, daß wir uns gegenseitig «entschlüsseln» und somit sagen können, ob eine fremde Person schwul oder lesbisch ist. Wir entschlüsseln diese Art der Kommunikation, indem wir auf nonverbale Signale wie Körperhaltung, Gesten, Kleidungsstil, Posen und so weiter achten. Dieselben Fähigkeiten, deren Sie sich bedienen, um einen anderen Schwulen oder eine andere Lesbe zu erkennen, können Sie benutzen, um die Kommunikation mit Ihrem Liebhaber oder Ihrer Geliebten zu verbessern.

Aktives Zuhören

Sogar einen normalerweise ruhigen Partner (oder eine solche Partnerin) können Sie zur Mitteilsamkeit bewegen, wenn Sie auf gute und geschickte Art zuhören. Aktives Zuhören erzeugt ein förderliches Klima, das dazu einlädt, über alles Anliegende zu reden. Wenn Sie beide gewillt sind, aufeinander einzugehen, schaffen Sie einen sicheren Ort der sinnvollen Kommunikation, und zwar unabhängig davon, was als Thema anliegt.

Zum Beispiel hatten die Schwierigkeiten meiner Klienten George und Al, die am Anfang dieses Kapitels vorgestellt wurden, mit dem Zuhören zu tun und nicht mit dem Sex. Al behauptete zwar, sich in Hinsicht auf Georges beruflichen Streß und sein mangelndes Interesse am Sex um Geduld zu bemühen. Doch faktisch minderte er das, was George sagte, in seiner Bedeutung jedesmal herab, indem er darauf hinwies, er würde bei seiner Arbeit ebenfalls unter Druck stehen. Die Botschaft dahinter lautete, daß George mit dem auf ihm lastenden Druck umgehen können müsse, wenn er selbst das doch auch schaffte. Auf diese Art machte Al es für George nahezu unmöglich, über seine beruflichen Probleme offen zu sprechen. Al hörte aber nicht wirklich zu.

Als ich mit diesem Paar aktives Zuhören trainierte und die beiden sich nach und nach wirklich hörten, tauchten einige wichtige Informationen auf. Es stellte sich heraus, daß George Al während dessen Arbeitslosigkeit finanziell unterstützt hatte. George forderte im Gegenzug emotionale Unterstützung ein. George konnte seinen Wunsch nach Trost direkt äußern, wenn er von der Arbeit gestreßt war, und Al nahm diese Regelung erleichtert zur Kenntnis, denn diese emotionale Unterstützung würde ihre offene Rechnung langsam begleichen. Im weiteren war George auch in der Lage, Al zu versichern, daß er sein sexuelles Verlangen gar nicht verloren hatte. Er fühlte sich bloß verletzt. Die beiden waren schon soweit, daß sie ihre sexuelle Beziehung wiederaufnahmen.

Aktives Zuhören bedeutet, für den Partner oder die Partnerin das zu tun, was Sie gerne für sich getan sähen. Lernen Sie als erstes zu erkennen, wann Ihr Partner oder Ihre Partnerin etwas Wesentliches auf dem Herzen hat. Für manche Leute ist es kein Problem zu sagen: «Ich muß dir etwas Wichtiges erzählen.» Die meisten von uns können ihre Bedürfnisse allerdings nicht so deutlich artikulieren. Wir alle haben jedoch Methoden, andere wissen zu lassen, daß ein Gespräch ansteht. In der Beobachtung Ihres Partners oder Ihrer Partnerin können Sie sich dessen oder deren Stil bewußtmachen. Wenn Sie einen plötzlichen Wechsel im Verhalten bemerken (er oder sie ist normalerweise sehr gesprächig, wird mit einemmal aber sehr ruhig), dann ist er oder sie wahrscheinlich über etwas beunruhigt. Sie können solche etwas angespannteren Situationen auflösen, wenn Sie fragen: «Gibt es etwas, worüber du reden möchtest?»

Bemühen Sie sich ferner, darauf zu achten, was Ihr Liebhaber oder Ihre Geliebte Ihnen zu sagen versucht. Fragen Sie, wenn Sie etwas nicht verstehen. Sie könnten etwa sagen: «Kannst du bitte mal kurz Pause machen? Ich möchte sichergehen, daß ich deinen letzten Gedanken verstanden habe, ehe wir zum nächsten weitergehen.» Lassen Sie sich nicht überrumpeln. Bitten Sie gegebenenfalls um Erklärungen. Versuchen Sie herauszufinden, ob Ihrer Unterhaltung nicht vielleicht eine heimliche Erwartung zugrunde liegt (wie Freds Bedürfnis nach Trost und Unterstützung).

Vergessen Sie auch nicht, daß Zuhören noch lange nicht Übereinstimmung bedeuten muß. Selbst für Fälle, in denen Sie das, was Sie hören, nicht mögen, sollten Sie sich eines angewöhnen. Sagen Sie: «Erzähl mir mehr davon.» Finden Sie so viel wie möglich darüber heraus, was Ihr Partner oder Ihre Partnerin denkt, ehe Sie sich von ihm (ihr) abgrenzen oder Ihren eigenen Standpunkt dagegenhalten. Unter Umständen entdecken Sie, daß Sie das, was Ihr Partner oder Ihre Partnerin zunächst sagte, bloß falsch verstanden haben. Oder der andere Standpunkt ist von dem Ihren gar nicht so weit entfernt, wie Sie zuerst dachten. Selbst wenn Sie weiterhin unterschiedlicher Meinung sind, wird Ihnen mit einem klaren Verständnis Ihrer jeweiligen Vorstellungen eine Problemlösung leichterfallen.

Wenn es Ihnen so vorkommen sollte, als machte ich Sie für *beide* Seiten der Unterhaltung verantwortlich, dann haben Sie recht. Kommunikation klappt am besten, wenn sowohl der sprechende als auch der zuhörende Teil Verantwortung dafür tragen, daß sie ebenso gehört werden wie zuhören. Das mag sich nach viel Arbeit anhören, ist jedoch entschieden weniger Aufwand, als wenn man Streitereien und Wortgefechte austrägt. Ich dränge keineswegs darauf, daß alle Ihre Unterhaltungen mit Ihrem Partner oder Ihrer Partnerin dieses Niveau an Bewußtheit und Intensität erreichen müssen. Es wird gewiß Zeiten geben, in denen Sie herumalbern, sich gegenseitig unterbrechen, zur selben Zeit reden oder mitten im Gespräch einschlafen können, und dieses Verhalten wird lustig und angenehm sein. Bemühen Sie sich allerdings, solche Situationen zu erkennen, in denen das Herumalbern tatsächlich eine Aussage verschleiert oder in denen eine scheinbar locker-leichte Unterhaltung sich mühelos zu einem Streit auswachsen könnte. Jede Dynamik dieser Art ist ein Hinweis auf heimliche Erwartungen, und es ist an der Zeit aufzupassen. Achten Sie besonders auf Witze und Bemerkungen über «Tunten» und «kesse Väter», denn so etwas kann auf homophobe Unsicherheiten oder Ängste hinweisen.

Wenn die Kommunikation in einem fort problematisch verläuft oder Sie und Ihr Partner (Ihre Partnerin) es nur unter großen Mühen schaffen, sich über ein bestimmtes Thema zu verständigen, dann versuchen Sie die folgende Übung:

Übung: Aktives Zuhören

Ziehen Sie Streichhölzer oder werfen Sie eine Münze, um festzulegen, wer anfangen soll (Partner oder Partnerin A). Dann unternehmen Sie die folgenden Schritte:

1. A sagt einen einzigen Satz und darf dabei nicht unterbrochen werden.
2. B wiederholt mit eigenen Worten, was gesagt wurde.
3. A erkennt dann entweder an, daß B korrekt zugehört hat, *oder* geht zurück zu Schritt eins und versucht es noch einmal.
4. Sobald Schritt drei erfolgreich absolviert wurde, antwortet B auf die ursprüngliche Aussage von A (wieder unter Beschränkung auf einen Satz).

5. A paraphrasiert die Antwort von B.
6. B erkennt an, daß die Antwort korrekt gehört wurde, oder geht zurück zu Schritt vier.

Wenn beide sich mit diesem einen Satz verstanden fühlen, tauschen sie die Position und wiederholen die Übung.

Wenn Sie bei Schritt drei hängenbleiben, dann nehmen Sie sich Zeit und arbeiten Sie sich Wort für Wort voran. Wenn Sie bemerken, daß einer oder eine von Ihnen im Grunde wütend ist und einfach nicht zugeben will, daß das richtige Verständnis da ist, dann machen Sie eine kleine Abkühlungspause.

Erscheint Ihnen diese Übung als zu einfach? Sie demonstriert, wie einfach Kommunikation prinzipiell ist, wenn wir aufhören, Gedanken zu lesen, und anfangen zuzuhören. Wenn meine schwulen und lesbischen Klienten nicht miteinander kommunizieren, liegt das Heilmittel meist in der Einfachheit.

Gelegenheiten zur Kommunikation schaffen

Eines der größten Kommunikationshindernisse, denen die schwulen und lesbischen Paare begegnen, die in meine Praxis kommen, ist der Mangel an Zeit. Beruf, außerhäusliche Aktivitäten, ein großer Freundeskreis und manchmal auch Kinder erschweren vielen schwulen oder lesbischen Paaren, «naturwüchsige» Gelegenheiten für intensive Gespräche zu zweit zu behalten. Reservieren Sie sich deshalb doch spezielle Zeiten, zu denen Sie mit Ihrem Liebhaber oder Ihrer Geliebten über Wünsche, Bedürfnisse und wichtige Fragen und Probleme sprechen.

Solche Gelegenheiten zur Kommunikation können Ihnen helfen, in Ihrer Beziehung das Gefühl der Zusammenarbeit, der Begeisterung, der Ehrlichkeit, der Sicherheit und des Vertrauens zu entwickeln. Indem Sie solche Kommunikationszeiten planen, schaffen Sie eine Unterscheidung zwischen entspannter Freizeit und den Terminen, die für ernste Gespräche reserviert sind. Sie brauchen dann nicht während eines romantischen Abendessens oder kurz vor einer Party über ein schwieriges Thema streiten, dem man sich in einem tiefgehenden Gespräch widmen muß. Solche Gesprächstermine können auch verhüten, daß sich Probleme anstauen oder so lange ignoriert werden, bis sie einen kritischen Grad erreicht haben. Natürlich muß nicht jedes dieser Gespräche im vorhinein geplant sein. Es wird ebenso spontane Gespräche geben. Für Regelmäßigkeit können spontane Gespräche allerdings nicht sorgen. Finden Sie die Ihnen angemessene Häufigkeit für geplante Gespräche heraus – sei es täglich oder einmal wöchentlich –, und wählen Sie eine Zeit, zu der Sie beide zur Verfügung stehen, ohne daß es Unterbrechungen gibt.

Sie können diese Gespräche nutzen, um einfache häusliche Probleme (wie die Aufteilung der Hausarbeiten oder Konflikte mit Ihren Zeitplänen) zu klären oder um wichtige Beziehungsfragen zu diskutieren und zu regeln (wie Unterschiede im Lebensstil oder Probleme mit der Homophobie). Ihre geplanten Gesprächstermine können Sie nicht nur zur Problemlösung nutzen, sondern auch, um Ihre Freuden und Erfolge miteinander zu teilen.

Machen Sie es sich gleich zu Anfang Ihres Gesprächstermins bequem. Sagen Sie sich als erstes, was Sie an Ihrer Beziehung und aneinander gut finden. Falls Sie viel zu tun hatten und es noch keine Gelegenheit zu einem Gespräch gab, dann gehen Sie jetzt auf aktuelle Ereignisse ein.

Als nächstes erörtern Sie alles, was aus Ihrer Sicht nicht funktioniert. Müssen irgendwelche kleinen Verletztheiten oder Irritationen geklärt werden? Sie bekommen beide jeweils einige Minuten Redezeit, und zwar *ohne Unterbrechung*. Wenden Sie die schon dargestellten Kommunikationstechniken an, um solche Gefühle zu zerstreuen.

Haben Sie die Beanstandungen erst einmal beide verstanden, dann bemühen Sie sich mit Hilfe der in diesem Buch geschilderten Problemlösungstechniken um eine gemeinsame Bewältigung. Manchmal liegt der Grund für Probleme in einer tiefsitzenden Unsicherheit, die mit der Andersartigkeit schwuler oder lesbischer Beziehungen zu tun hat. Benutzen Sie in so einem Fall die Anleitungen zum Umgang mit der Homophobie aus dem Anhang.

Mit regelmäßigen Gesprächsterminen können Sie die meisten Probleme schon vor ihrer Eskalation und damit leicht lösen. Haben Sie eine Lösung erreicht und ist die Luft wieder klar, dann feiern Sie! Das ist eine wunderbare Gelegenheit, eine Art Feierritual zu entwickeln. Sie haben wunderbare Arbeit zur Erhaltung Ihrer Beziehung geleistet, und da haben Sie sich eine Belohnung verdient.

Probleme lösen durch Verhandeln

Ganz im Gegensatz zum Mythos des «Sie lebten glücklich bis an das Ende ihrer Tage» gibt es in funktionierenden Beziehungen sehr wohl auch Probleme. In Wirklichkeit bedeutet das Fehlen von Unstimmigkeiten oft nur, daß Sie und Ihr Partner oder Ihre Partnerin verschiedenen Themen ausweichen. Um mit Problemen effektiv umgehen zu können, müssen Sie beide gewisse Fertigkeiten zur Problemlösung erlernen. Das Hauptelement solcher Fertigkeiten liegt im Verhandeln, durch das Sie Konflikte minimieren und eine Eskalation verhindern können.

Verhandeln ist kein Wettbewerb, bei dem ein Partner, eine Partnerin oder beide ihre Wünsche aufgeben müssen. Es ist viel eher ein Mittel der gemeinsamen Arbeit an einer Lösung, mit der sie beide zufrieden sein können. Das Verhandeln stellt den Hauptbestandteil der Teamarbeit dar, und deshalb spiegelt es die Ausgewogenheit der Macht und den Status der in einer auf Dauer angelegten Beziehung Gebundenen wider. Kurz gesagt ist das Verhandeln das Mittel, die früher in Ihrer Beziehung geschaffene Gegenseitigkeit zu erhalten.

Ich habe schon viele Leute sagen hören, Verhandeln bedeute Kompromiß. Ich sehe diese beiden Begriffe jedoch klar voneinander getrennt. In meinem Lexikon wird *Kompromiß* definiert als «eine durch gegenseitige Zugeständnisse erreichte Beilegung von Differenzen». Das bedeutet, daß jede Person etwas aufgeben muß. Verhandeln heißt meiner Meinung nach, daß *beide* bekommen können, was sie wollen. Mit anderen Worten: Die Problemlösung wird zur Herausforderung, bei der niemand draufzahlt. Meine Berufserfahrung bestätigt: Kompromisse funktionieren nicht, das Verhandeln allerdings schon.

Wenn eine Person sich genötigt sieht, einen Teil ihrer Wünsche aufzugeben, Zugeständnisse zu machen, hegt sie leicht einen gewissen Groll. Für mich ist Groll der große Zerstörer. Liebe kann Wut, Angst, Verletztheit und lange Trennungen überstehen, Groll aber selten. Wenn Sie jemandem grollen, dann haben Sie das Gefühl, unfair und schlecht behandelt worden zu sein. Er oder sie erscheint Ihnen langsam wie ein Feind und nicht mehr wie ein Liebhaber oder eine Geliebte.

Sie können Konkurrenz, Kompromisse und Groll vermeiden, indem Sie Probleme einvernehmlich lösen. Die Fähigkeit zur erfolgreichen Problemlösung ist der Schlüssel zur Entwicklung und Beibehaltung einer langfristigen Beziehung. Die Verhandlungstechniken, die es dazu braucht, sind bei der Konfliktlösung am Arbeitsplatz genauso wirksam wie im Umgang mit Verwandten und Freunden. Die folgenden Schritte zur einvernehmlichen Problemlösung stammen aus einem Buch, das ich zusammen mit Riley K. Smith schrieb: *How to Be a Couple and Still Be Free.*

1. Schritt: Kreisen Sie das Problem ein. Natürlich ist es für Sie leichter, Ihrem Partner oder Ihrer Partnerin Ihre Gefühle zu einem Problem mitzuteilen, wenn Sie sich davor etwas Zeit genommen haben, es selbst zu verstehen. Legen Sie die Hauptaspekte dessen, was Sie stört, fest und schreiben Sie sie nieder, bevor Sie zu verhandeln beginnen. Liegt womöglich bei einem oder einer der Beteiligten eine heimliche Erwartung vor? Achten Sie darauf, daß neben dem Fühlen weder das Denken noch die sachliche Einschätzung zu kurz kommen. Zwar erfahren Sie durch Ihre Gefühle, daß es ein Problem gibt, bei dessen Bewältigung können sie Ihnen aber ganz und gar nicht helfen. Sobald Sie klar denken und sich in der Lage sehen, sich auf eine Lösungsfindung zu konzentrieren, ist es Zeit, miteinander zu reden.

2. Schritt: Vereinbaren Sie einen Termin. Das gibt Ihnen beiden die Sicherheit, daß das Problem angegangen und nicht ignoriert wird. Wählen Sie den Zeitpunkt und den Ort für Ihr Gespräch sorgfältig aus. Das Verhandeln ist ein wichtiger Bestandteil des Prozesses, mit dem Sie Vertrauen und Zuversicht aufbauen. Es verdient einen gut gewählten Zeitpunkt, zu dem Sie ungestört sind. Machen Sie einen konkreten Termin ab, an dem Sie über das Problem reden. Entscheiden Sie sich *auf keinen Fall* für die letzten fünf Minuten vor dem Zubettgehen oder für die Zeit morgens, bevor Sie zur Arbeit müssen. Wählen Sie statt dessen einen Moment, zu dem Sie beide entspannt und konzentrationsfähig sind. Wenn Sie bereits regelmäßige Gesprächstermine eingerichtet haben, dann können Sie Ihr Problem im Rahmen eines solchen Termins lösen.

3. Schritt: Stellen Sie das Problem dar. Erzählen Sie Ihrem Partner oder Ihrer Partnerin als erstes, wie das Problem aussieht. Benutzen Sie dabei «Ich»-Botschaften. Projizieren Sie Ihre Vermutungen über die Ursache des Problems auf keinen Fall. Sagen Sie nicht: «Du hast mich verletzt» oder: «Du hast versucht, mich zu täuschen.» Teilen Sie statt dessen Ihre eigenen Beobachtungen und Gefühle mit. Zum Beispiel: «Ich fühle mich verletzt» oder: «Ich dachte, wir hätten eine Übereinkunft getroffen.» Warten Sie dann, bis Sie festgestellt haben, ob Ihr Gegenüber ebenfalls ein Problem sieht. Bei meiner Beratungsarbeit mit schwulen und lesbischen Paaren habe ich unzählige Male erlebt, wie ein Partner oder eine Partnerin in die einseitige Erklärung eines Problems verfiel, ohne darauf zu achten, ob sein Liebhaber oder ihre Geliebte die Angelegenheit ebenfalls als Problem empfand. Wenn ich mich in solchen Situationen an den Betreffenden oder die Betreffende wende und frage, ob er oder sie ebenfalls ein Problem sieht, erhalte ich als Antwort oft einen fassungslosen Blick.

4. Schritt: Versichern Sie sich Ihrer Verhandlungsbereitschaft. Ehe Sie anfangen, sollten Sie sich noch einmal bestätigen, daß Sie solche Verhandlungen beide akzeptieren. Vergessen Sie nicht: Es handelt sich um einen wechselseitigen Prozeß. Schaffen sie Bereitwilligkeit, indem Sie einander daran erinnern, daß einerseits zwar die Beziehung wichtig ist, andererseits aber auch Sie als Individuen, und daß Sie deshalb darauf aus sind, mit der Lösung beide zufriedenzustellen.

5. Schritt: Verhandeln Sie, und führen Sie nicht Krieg. Sich darüber zu zanken, wer recht hat und wer unrecht, hat nichts mit einer Problemlösung zu tun. Anklagen, Verteidigungen seiner selbst, Heulen oder wütend mit der Faust auf den Tisch zu hauen führt nicht weiter. Der Großteil der eben genannten Verhaltensweisen kann im Rahmen einer kontrollierten Therapiesitzung nutzbringend sein, einem Verhandlungsprozeß sind sie allerdings äußerst abträglich, und sie ermutigen auf keinen Fall zur Kooperation zwischen Ihnen und Ihrem Partner oder Ihrer Partnerin.

Sobald Sie das Problem dargestellt und Ihre Meinung dazu gesagt haben, müssen Sie Ihrem Gegenüber Zeit zur Einschätzung der Frage und zur Äußerung einer eigenen Meinung geben. Einige Punkte sollten Sie während der Verhandlung nicht vergessen:

   Sie können Ihrem Partner oder Ihrer Partnerin zugestehen, seine oder ihre Meinung auszudrücken, ohne daß Sie notwendigerweise damit übereinstimmen.

- Zuhören ist *nicht* dasselbe wie nachgeben.
- Gehört wird man am besten, wenn man selbst zum Zuhören bereit ist.
- Wenn man Probleme in einer entspannten Atmosphäre erörtert und sich vor Augen hält, daß dieser Prozeß beiden hilft, kann man ungeheure Wirkung erreichen.

6. *Schritt: Erkunden Sie die Möglichkeiten.* Wenn Sie erst einmal beide zu dem Problem Stellung beziehen konnten, müssen Sie beide erklären, wodurch es für Sie gelöst wäre. Erlauben Sie sich im Hinblick auf Lösungsmöglichkeiten phantasievolle, ja sogar unerhörte Einfälle. Gehen Sie unmöglichen Träumen nach und reden Sie darüber, wie andere Leute ähnlichen Widrigkeiten beigekommen sind. Schaffen Sie eine prickelnde und aufregende Atmosphäre.

Erst mit diesem Schritt entsteht aus der Kooperation auch ein Gemeinschaftsgefühl. Anfangs ist es wahrscheinlich nicht gerade leicht, zu Lösungen zu finden, mit denen beide gleichermaßen zufrieden sind. Als Schwuler oder als Lesbe haben Sie eher gelernt, mit Ihrem Partner oder Ihrer Partnerin zu konkurrieren. Dazu kommen Gedanken wie: «Das, was ich will, verdiene ich eigentlich nicht wirklich, und deshalb werde ich darum kämpfen müssen.» Sie sind immer Hinweise auf ein geringes Selbstbewußtsein und auch auf Homophobie. Unter Umständen spüren Sie die Versuchung, aufzugeben oder nachzugeben. Vielleicht bekommen Sie aber auch Angst und versuchen, sich gegenseitig unter Druck zu setzen oder zu bezwingen.

Vermeiden Sie Drohungen und Nötigungsversuche, wenn Sie Lösungen auskundschaften. Abgesehen davon, daß sie in einer funktionierenden Beziehung zu nichts führen können, beweisen Sie damit nur, daß Sie selbst nicht an die Möglichkeit einer einvernehmlichen Lösung glauben. Und deshalb zerstören Sie damit jedes Vertrauen in Ihre Fähigkeit, das Problem gemeinsam zu lösen. Sobald Sie etwas sagen wie: «Ich würde dich verlassen, wenn ich herausfinde, daß du fremdgehst», haben Sie jede Möglichkeit zur Lösung des Problems zunichte gemacht und bitten geradezu darum, belogen zu werden. Sagen Sie statt dessen doch etwas in dieser Art: «Ich weiß nicht, ob die Monogamie dir so wichtig ist wie mir. Laß uns darüber reden. Ich möchte wissen, wie es dir da geht.»

Bemühen Sie sich um eine befristete Lösung, wenn sie nicht sofort eine dauerhafte finden können, und vereinbaren Sie für ein paar Stunden oder Tage später einen Termin, bei dem Sie auf das Problem zurückkommen. Manchmal kann eine zeitweilige Lösung Ihnen auch eine neue Sicht auf das Problem eröffnen.

Seien Sie unbesorgt, wenn die Lösung eines Problems einige Tage oder sogar Wochen benötigt. Wenn Sie es mit einem besonders schwierigen Problem zu tun haben, sollten Sie es über mehrere Sitzungen hinweg behandeln. Je mehr Zeit Sie sich für eine Lösung nehmen, desto kreativer werden Sie verfahren können.

Es kann Zeiten geben, in denen eine Lösung trotz Ihrer intensiven Bemühungen einfach nicht in Sichtweite liegt. Vielleicht stecken Sie und Ihr Partner oder Ihre Partnerin ja zu tief in der Situation, oder Sie sind zu sehr alten Denkweisen verhaftet. Womöglich gibt es heimliche Erwartungen, die Sie noch nicht entdeckt haben. In solchen Fällen kann es sehr hilfreich sein, mit Ihrem Problem zu einer Beratungsstelle oder einem Therapeuten (einer Therapeutin) zu gehen. Eine einzige Sitzung erspart Ihnen möglicherweise monatelange Kämpfe.

7. Schritt: Bestätigen Sie Ihre Übereinkunft und feiern Sie. Sobald eine Lösung – sei es nun eine auf Dauer oder auf Zeit – gefunden ist, sollten Sie sie bestätigen. Sprechen Sie sie abwechselnd laut vor, und zwar so, wie Sie sie jeweils verstanden haben. Dadurch erhöhen Sie die Wahrscheinlichkeit, tatsächlich der gleichen Auffassung zu sein, und Sie verringern die Gefahr von Mißverständnissen.

Machen Sie nach der Bestätigung der Übereinkunft etwas Einfaches, mit dem sie feiern. Schütteln Sie sich die Hand, umarmen Sie sich, stoßen Sie mit Ihren Kaffeetassen an oder gehen sie zur Feier des Ereignisses essen.

Mit dem Verhandeln haben Sie die besten Erfolgsaussichten, wenn Sie sich an folgende Leitsätze halten:

- Sie gehen Probleme nicht an, als wären es Katastrophen.
- Sie setzen Ihren Humor ein.
- Sie versuchen nicht, die Kontrolle über Ihren Partner (Ihre Partnerin) zu erhalten oder ihn (sie) zu nötigen.
- Sie sind gewillt, heimliche Erwartungen ausfindig zu machen und sie fallenzulassen.
- Sie möchten, daß durch die Lösung beide zufriedengestellt sind.

- Sie sind gewillt, ehrlich zu sein und zu sagen, was Sie meinen.
- Sie setzen Ihre Phantasie und Ihren Einfallsreichtum ein, um mögliche Lösungen zu finden.
- Sie sind für neue Ideen offen.
- Sie machen aus dem Feiern der Lösung einen wichtigen Teil des Prozesses.

Meine Klienten Mike und Tom liefern ein gutes Beispiel für die Möglichkeiten erfolgreichen Verhandelns. Als sie mich vor einiger Zeit aufsuchten, lebten sie schon einige Jahre zusammen und kamen recht gut klar. Schon früher hatten sie mit meiner Hilfe ein Abkommen getroffen, für unbegrenzte Zeit miteinander zu leben, sich die wichtigsten Partner zu sein und innerhalb sorgsam umrissener Grenzen eine sexuell offene Beziehung zu führen.

Dann bekam Tom im Ausland eine ausgezeichnete Stelle angeboten, mit einem Anfangsvertrag über zwei Jahre. Die beiden suchten mich umgehend auf. Tom beschrieb als erster seine Konfusion:

> «Meine Gefühle sind äußerst gemischt. Die Stelle ist ganz phantastisch, meine Karriere wäre damit gesichert. Ich hätte sie wirklich gern. Außerdem wäre es toll, in Europa zu leben.
> Aber ich weiß nicht, was ich mit Mike anfangen soll. Ich liebe ihn, und ich möchte ihn mitnehmen. Aber er beherrscht die Sprache nicht, er müßte seine Karriere für ein paar Jahre zurückstellen, und wir wissen nicht, wie die Gesetze in bezug auf Homosexualität dort drüben aussehen.»

Mike hatte ebenfalls ambivalente Empfindungen:

> «Ich habe Angst. Es würde mir nichts ausmachen, meine Arbeit hier aufzugeben, und die Erfahrungen im Ausland wären sicherlich ein Gewinn. Aber vielleicht bekomme ich da drüben ja keine Arbeit. Ich arbeite hier in der Unterhaltungsindustrie, und ich kann nicht sagen, ob meine Kenntnisse übertragbar sind. Jedenfalls möchte ich nicht finanziell von Tom abhängig sein. Und von meinen Freunden trenne ich mich auch nur äußerst ungern. Ich fürchte, daß ich mich in der Beziehung gefangen fühle, wenn wir dann in Europa vielleicht ganz allein sind.»

Im Verlauf mehrerer Sitzungen erörterten wir alle Probleme und Möglichkeiten. Ich ermutigte die beiden, über die Gesetze in dem Land und über Sprachkurse und Arbeitsmöglichkeiten für Mike so viel wie möglich in Erfahrung zu bringen. Nach einigen Wochen Informationssuche bot sich den beiden ein entschieden klareres Bild. Mike und Tom führten einige sehr ehrliche und harte Gespräche. Sie arbeiteten eine Finanzvereinbarung aus und kamen überein, ihren Sexualvertrag neu zu verhandeln, wenn sich das in ihrer neuen Situation als notwendig erweisen sollte. Mike kündigte seine Stelle, und Tom war bereit, ihn für maximal sechs Monate zu unterstützen – die Zeit, in der Mike die Sprache lernen und sich eine Stelle suchen sollte. Dafür übernahm Mike während dieser Zeit alle Hausarbeiten. Tom traf außerdem die Entscheidung, auf einem Sonderkonto Geld zurückzulegen, mit dem Mikes Rückflug und die Ausgaben für seine Neuetablierung in den Staaten bezahlt werden konnten, wenn die Sache in Europa nicht funktionierte.

Tom nahm das Stellenangebot an, und die beiden zogen nach Europa. Mike fand schon nach drei Monaten eine gute Stelle, und den letzten Berichten zufolge sind die beiden mit ihrer neuen Situation mehr als zufrieden.

Der Umgang mit Wut

Wut ist die Energie, die naturgemäß in Ihnen aufkommt, wenn etwas unerträglich erscheint und nach Änderung verlangt. Richtig eingesetzt, ist Wut eine natürliche Kraft zur Bewerkstelligung von Veränderungen in Ihrem Leben. Sie muß nicht zwangsläufig zu Gewalt führen. Wenn Sie mit Ihrer Wut bewußt umgehen, können Sie Ihre Hilflosigkeits- und Frustrationsgefühle abbauen. Nur wenn Wut aufgestaut wird, führt sie zu selbstzerstörerischen Ängsten und zu Gewalt. Wenn Sie lernen, mit Ihrer Wut konstruktiv umzugehen, werden Sie feststellen, daß sie zu einer großartigen Verbündeten und zu einer Quelle persönlicher Stärke werden kann.

Wenn Sie im Umgang mit Wut Schwierigkeiten haben, können die folgenden Übungen Ihnen von Nutzen sein:

Übung: Wut

Versuchen Sie, diesem Dreischritt zu folgen, sobald Sie wütend werden:

1. Akzeptieren Sie, daß Sie wütend sind. Stellen Sie, statt in eine Tirade auszubrechen, einfach fest: «Ich bin wütend.» Oder: «Ich ärgere mich gerade schrecklich über dich.» Oder: «So was treibt mich zur Raserei.»

2. Beschreiben Sie konkret, wie Sie empfinden. Hüten Sie sich davor, aufzuzählen, wer was getan hat, sich selbst zu verteidigen oder die ganze Geschichte noch einmal durchzukauen. Bleiben Sie bei «Ich»-Botschaften: «Ich fühle mich zurückgestoßen» – «Ich komme mir vor, als würden meine Gefühle überhaupt nicht zählen.» – «Ich mache mir Sorgen, daß _____.» Wenn es Ihnen schwerfällt, Ihre Wut in Worte zu fassen, oder wenn die Wut Sie überwältigt, dann kann körperliche Bewegung Ihnen helfen. Sie können zum Beispiel im Zimmer umherstampfen, einen temporeichen Spaziergang machen oder auf ein Kissen einschlagen. Was Sie auch immer tun, achten Sie immer darauf, daß Sie weder sich selbst noch andere gefährden und auch nichts kaputtmachen.

Haben Sie Ihre Gefühle schon lange zurückgehalten? Dann sollten Sie sich vielleicht einmal allein oder in einer kontrollierten Situation (etwa einer Therapiesitzung) so richtig austoben. Selbst wenn Sie dann *nicht* wütend sind, kann Ihnen das beim Umgehen mit Ihrer Wut helfen. Toben Sie sich so oft oder so lange aus, bis Sie sich von Ihrem emotionalen oder psychischen Druck befreit fühlen. Unter Umständen sind Sie auch erschöpft, denn die geistige und seelische Befreiung, die der Entladung von angestauten Gefühlen folgt, erlebt man oft als Erschöpfung.

3. Denken Sie über Lösungen nach. Nachdem sich der Sturm gelegt hat und Sie einen klareren Kopf haben, können Sie darüber nachdenken, wodurch sich Ihre Wut lindern könnte.

Wenn der Grund für Ihre Wut darin liegt, daß Sie sich mit dem Tod, mit einer ernsthaften Krankheit, mit Mißbrauch während der Kindheit oder einer anderen Angelegenheit herumschlagen müssen, die nicht so einfach zu bewältigen ist, dann sollten Sie sich etwas Gutes tun und sich Hilfe holen. Es gibt einige Probleme, mit denen wir nicht allein bleiben sollten.

4. Sprechen Sie mit anderen Beteiligten. Bitte beachten Sie, daß *sprechen* nicht dasselbe bedeutet wie *etwas ausdrücken*. Das Sprechen nach kommunikativen Regeln folgt hier nicht umsonst als letzter Schritt. Der Gefühlssturm muß sich vorher gelegt haben, und Sie mußten eine Möglichkeit haben, über das Problem nachzudenken. Erst jetzt sind Sie zur Problemlösung und zum Verhandeln fähig.

Manche schwulen und lesbischen Paare haben Probleme, da die Wut außer Kontrolle gerät und zu Gewalt führt. Die Wurzeln der Gewalt liegen oft in der Kindheit, in der Kinder gewalttätige Auseinandersetzungen mit ansahen oder mißbraucht wurden und dadurch lernten, daß Gewalt zum Leben gehört. Wenn Sie Ihrem Partner oder Ihrer Partnerin gegenüber gewalttätig oder verbal ausfällig reagieren oder sich immerzu Partner oder Partnerinnen ausgesucht haben, von denen Sie mißhandelt wurden, dann ist die Wahrscheinlichkeit groß, daß Sie in Ihrer Kindheit Gewalt oder Mißbrauch erlebten.

Bei meiner Beratungsarbeit mit schwulen und lesbischen Paaren gab es auch einige Fälle, in denen Gewalt eine Rolle spielte. Zwar glauben viele Fachleute, Männer seien gewalttätiger als Frauen, doch meiner klinischen Erfahrung nach werden Frauen im Streit ebenso häufig gewalttätig wie Männer. Manche zu Mißhandlungen neigende Lesben haben die Rolle des «Kerls» vielleicht bis zu einem unguten Extrem angenommen, während die nichtdominanten Partner oder Partnerinnen vielleicht denken, ihr Liebhaber oder Ihre Geliebte hätte ein «Recht», sie zu mißhandeln, würden sie selbst es doch ohnehin «verdienen». Manche Schwulen, die zu Mißhandlungen neigen, haben wahrscheinlich beim Sport oder beim Militär gelernt, auf Probleme gewalttätig zu reagieren.

Alkohol- und Drogenmißbrauch spielen bei häuslicher Gewalt eine große Rolle. Alle meine Klienten oder Klientinnen, die gewalttätig geworden waren, hatten ausnahmslos zuvor getrunken oder Kokain geschnupft. Alkohol oder Drogen vernebeln das rationale Denken, lösen Hemmungen und machen es dadurch möglich, daß die Wut explodiert und unkontrollierbar wird.

Zwischen Sally und Mary, die wir Anfang dieses Kapitels kennengelernt haben, kam es innerhalb ihrer Beziehung immer wieder einmal zu Gewalttätigkeiten. Mit ihren Antworten auf meine Fragen enthüllten

sie ganz ähnliche Grundmuster: Erstens hatten sie beide alkohol-
kranke Väter, erlebten schon als Kinder, wie diese den Rest der Familie
mißhandelten und beleidigten, und sie hatten beide viele Streitereien
zwischen ihren Eltern mitbekommen. Und zweitens hatten sowohl
Sally als auch Mary jeweils getrunken, bevor sie gewalttätig geworden
waren.

Ich verlangte, daß sie sich trennen sollten, bis sie ihre Gewalttätigkeit zu beherrschen wußten. Sie weigerten sich und meinten, sie könnten mit der Situation umgehen. Als sie eine Woche später wiederka-
men, trug Sally allerdings einen Arm eingegipst. Zu dem Bruch war es
während eines Streits zwischen den beiden gekommen. Da aber beide
betrunken gewesen waren, erinnerte sich keine von beiden an den genauen Hergang. Dieser Vorfall genügte, um sie davon zu überzeugen,
daß sie ihre Gewalttätigkeit nicht unter Kontrolle hatten, und sie
stimmten einer Trennung zu. Auf mein Drängen hin erklärten sich
nach und nach beide damit einverstanden, die Treffen der Anonymen
Alkoholiker und der Erwachsenen Kinder von Alkoholikern zu besuchen. Diese Unterstützung und weitere Beratungsarbeit überzeugten
Sally und Mary von der Notwendigkeit einer dauerhaften Trennung.
Heute sind sie Freundinnen. Beide trinken inzwischen nicht mehr, und
beide lernen, Probleme rational zu lösen, anstatt in Gewalt auszubrechen.

Wenn es in Ihrer Beziehung zu Gewalttätigkeiten oder zu anderen
Mißhandlungen kam, dann können Sie durch eine kompetente Beratung oder Therapie herausfinden, warum das so ist, und Sie können
lernen, gewalttätige Verhaltensmuster für Ihre Beziehung zu durchbrechen.

Wenn Sie gegenüber Ihrem Partner oder Ihrer Partnerin gewalttätig
werden oder zum Mißbrauch neigen, dann müssen sie zuerst einmal
professionelle Hilfe suchen. Als zweites sollten Sie folgendes versuchen, wann immer Sie die Gefahr eines gewalttätigen Gefühlsaus-
bruchs spüren: Sagen Sie, daß Sie eine «Auszeit» brauchen, und trennen Sie sich von Ihrem Partner oder Ihrer Partnerin. Gehen Sie in ein
anderes Zimmer oder, wenn möglich, nach draußen und laufen Sie um
den Block (*setzen Sie sich nicht ans Steuer* – dazu sind Sie im Kopf
wahrscheinlich nicht klar genug). Kehren Sie erst wieder zurück, wenn
Ihre gewalttätigen Gefühle sich gelegt haben, und reden Sie über die
Angelegenheit. Nutzen Sie dabei das Sieben-Punkte-Programm zur

Problemlösung, das wir vor kurzem behandelt haben. Wenn Ihr Zorn von neuem aufwallt, dann nehmen Sie eine zweite «Auszeit». Müssen Sie sich permanent mit Ihrem Drang zur Gewalttätigkeit plagen, dann sollten Sie das Nehmen von «Auszeiten» immer dann üben, wenn Sie gar nicht wütend sind. Sind Sie es später doch, fällt Ihnen die «Auszeit» dann leichter.

Suchen Sie sofort Hilfe, wenn Sie in Ihrer Beziehung mißhandelt werden. Werden Sie auch körperlich mißhandelt, müssen Sie unbedingt weg. *Bleiben Sie niemals ohne Hilfe in einer Umgebung, in der Sie auch nur ein einziges Mal verprügelt wurden.* Rufen Sie bei einem Beratungsnotruf an, holen Sie sich die Überweisung eines Arztes und fangen Sie sofort mit einer Änderung des Verhaltensmusters an, bevor sich die Situation noch weiter verschlimmert. Warten Sie *auf keinen Fall* darauf, daß Ihr Partner oder Ihre Partnerin sich ändert. Halten Sie sich vor Augen, daß Mißhandlungen:

- körperlicher, verbaler oder geistiger Natur sein können
- das Opfer, den Täter oder die Täterin und Zeugen oder Zeuginnen (zum Beispiel Kinder) gleichermaßen schädigen
- einem zyklischen Muster folgen und sich unausweichlich wiederholen, bis das Muster verändert wurde
- *nicht* «von selbst aufhören» werden, sondern fachliche Hilfe erfordern.

Der Umgang mit dem Drogenmißbrauch

Drogenmißbrauch – insbesondere von Alkohol – ist in vielen schwulen oder lesbischen Beziehungen ein Problem. Drogenmißbrauch ist zweifellos ein ganz besonderes Gebiet, und Ihre Beziehung kann sich nicht weiterentwickeln, solange die Sucht nicht unter Kontrolle ist. Die wirkungsvollste Therapie läuft über Ersatzdrogen. Der Versuch, von einem auf den anderen Tag vollständig aufzuhören und selbst schwerste Entzugserscheinungen in Kauf zu nehmen, ist nicht nur weniger wirkungsvoll, sondern kann auch gefährlich sein. Holen Sie sich Hilfe von Drogenkliniken oder von Vereinigungen wie den Anonymen Alkoholikern und Selbsthilfegruppen für Tabletten- und Kokainabhängige sowie den Erwachsenen Kindern von Alkoholikern. Wenn Ihr Liebhaber oder Ihre Geliebte das Drogenproblem hat, rate ich Ihnen dringend, Al-Anon-Treffen zu besuchen oder eine Therapie zu machen, in der Sie einerseits lernen, wie Sie sich nicht selbst zum Teil des Problems machen, und andererseits, wie Sie auf sich selbst achtgeben können.

Wenn die Sucht zu einem Bestandteil der Beziehungsdynamik gerät, werden die Liebenden sowohl voneinander als auch von der jeweils involvierten Droge abhängig. Solche Beziehungen bezeichnet man als «kodependent». Die eine Person ist dabei über den Umweg der eigentlich suchtabhängigen Person ebenfalls mit einer Art Suchtverhalten belegt. In ihrem Buch *Codependent No More* gibt Melody Beattie folgende Definition: «Kodependent ist eine Person dann, wenn sie sich durch das Verhalten einer anderen Person hat vereinnahmen lassen und jetzt davon besessen ist, das Verhalten dieser Person kontrollierbar zu machen.» Eine kodependente Beziehung ist dysfunktional. Das heißt, sie funktioniert nicht in der richtigen Art. Sie erfüllt das nicht, was man eigentlich erwartet: Eine Beziehung soll die daran Beteiligten unterstützen und fördern.

Unter Menschen, die in einer suchtgeprägten Atmosphäre aufwuchsen, können die Verhaltensmuster der Familienbeziehung sogar dann noch wirken, wenn das aktuelle Suchtproblem überwunden ist, denn die Verhaltensmuster der Kodependenz sind im Unterbewußtsein verankert. Kodependenz in Beziehungen kann dann durchbrochen werden, wenn die Partner oder Partnerinnen Ihre gegenseitige Abhängigkeit erkennen und Hilfe suchen. Wenn Sie eine solche Beziehung führen, können Sie den Genesungsprozeß einleiten, indem Sie die Informationen aus diesem Buch nutzen. Sie sollen Ihnen und Ihrem Partner oder Ihrer Partnerin helfen, voneinander unabhängig und für Ihr Tun persönlich verantwortlich zu werden. Halten Sie sich dabei an folgendes:

- Entwickeln Sie kooperative anstelle der konkurrierenden Umgehensweisen.
- Wenden Sie geeignete Techniken zur Problemlösung und zur Kommunikation an.
- Seien Sie ehrlich.
- Erkennen Sie, wann alte familiäre Verhaltensmuster das Funktionieren Ihrer Beziehung beeinträchtigen.

Wenn Ihre Familiengeschichte massiv dysfunktional ist oder Kodependenzen aufweist, benötigen Sie vielleicht zusätzliche Hilfe. Im Anhang zu diesem Buch finden Sie Hinweise auf Bücher und Organisationen, die Ihnen bei der Überwindung dieser zerstörerischen Verhaltensmuster helfen können. Sich die Abläufe bewußt zu machen und das nötige Wissen anzueignen sind für die Lösung von Sucht- und suchtverwandten Problemen von existentieller Bedeutung.

Liebe und Zärtlichkeit ausdrücken

Wie ich schon früher andeutete, ist es für viele schwule und lesbische Paare einfacher, Sexualität, Feindseligkeit oder Gewalt zu äußern als Liebe und Zärtlichkeit. Besonders bei den Schwulen ist es so, daß viele mehr Erfahrungen mit dem Sex gemacht haben als mit den Zeichen der Liebe.

Liebe ist eine Kunst und verlangt somit ebensoviel Lerneifer und Hingabe wie jede andere. Niemand hat innerhalb eines Tages gelernt, Klavierkonzerte zu spielen! Auch zur Liebe gehören Übung, Technik und Stil.

Überdies kennt der Großteil von uns – ohne sich dessen bewußt zu sein – nur eine Art, Liebe auszudrücken. Und zwar die, wie sie in unseren Herkunftsfamilien üblich war. Manche Leute wuchsen beispielsweise in sehr aggressiven Familien auf, in denen es keinerlei Unterstützung gab und in denen Liebe nur indirekt oder überhaupt nicht ausgedrückt wurde. Solche Menschen müssen lernen, wie man Liebe ausdrückt. Sind sie erst einmal erwachsen, bekunden manche Gefühle der Zuneigung, der Unterstützung und der Sorge vielleicht übermäßig oft (und womöglich auf peinliche Weise) und erwarten dasselbe von ihren Partnern oder Partnerinnen. Andere aus solchen Familien können Liebe unter Umständen gar nicht ausdrücken und fühlen sich unwohl, wenn ein Liebhaber oder eine Geliebte Ihnen Zuneigung schenkt. Oder sie wollen Liebe und sexuelles Vergnügen bloß *geben*, aber niemals empfangen.

Andererseits gibt es aber auch Menschen, die in sehr expressiven Familien aufgewachsen sind. Sie haben meist zahlreiche Zuneigungsbeweise – Küsse, Liebkosungen und Umarmungen – erfahren, aber auch ein starkes gegenseitiges Interesse an den täglichen Erfahrungen und Problemen. Manche Schwulen und Lesben mit einem derartigen Erfahrungshintergrund möchten solche Nähe in ihren Beziehungen als Erwachsene beibehalten, stellen jedoch fest, daß ihre Partner oder Partnerinnen dafür unempfänglich sind. Es gibt jedoch andere, die der als drückend erlebten Atmosphäre in solchen Familien entkommen möchten und deshalb in der Sehnsucht Ihres Liebhabers oder Ihrer Geliebten nach solcher Nähe eine Bedrohung ihrer Unabhängigkeit sehen.

Daß man als Schwuler oder als Lesbe in einer Umgebung lebt, die einen nicht akzeptiert, hat ebenfalls Auswirkungen auf die eigene Art, wie man Liebe ausdrückt. Am Anfang steht der Umstand, daß Sie, wie schon früher erörtert, wahrscheinlich nur wenige (oder gar keine) Rollenvorbilder hatten, die Ihnen vorgeführt hätten, wie homosexuelle Liebe sein kann. Weiters kann Ihre eigene Homophobie ein Haupthindernis sein, sobald es um das Erleben oder Ausdrücken von Liebe geht. Wenn Sie das Gefühl haben, Liebe nicht zu verdienen oder hier emotional zu scheitern, weil sie ja schwul oder lesbisch sind, dann sind Sie in Ihren Möglichkeiten, Liebe auch auszudrücken, wahrscheinlich extrem eingeschränkt. Und es kommt noch etwas hinzu: Wenn Sie am Arbeitsplatz, bei Freunden, bei Verwandten und bei gesellschaftlichen Anlässen Feindseligkeit begegnen, so werden die daraus resultierende Frustration und Wut negative Auswirkungen haben auf die Art, in der Sie Ihre Liebe mitteilen.

In meiner Praxis erlebe ich oft schwule oder lesbische Paare, bei denen es Uneinigkeiten gibt in bezug auf die Art, in der sie Liebe ausdrücken. Karen und Ellen sind beide Mitte dreißig und berufstätig. Als ich mit den beiden zusammentraf, sagte Karen: «Ich weiß nicht, was Ellen sich noch mehr wünschen könnte. Ich liebe sie mit all meiner Kraft. Ich bin immer da, ich schenke ihr Zuneigung und bitte sie, mir zu erzählen, was sie denkt. Aber ich bekomme von ihr keinerlei Aufmerksamkeit zurück!»

Als ich Ellen fragte, wie sie empfand, sagte sie: «Karen läßt mich nie allein! Ich habe überhaupt keinen persönlichen Bereich mehr. Sie möchte jede Minute meiner Zeit besitzen. Ich liebe sie, deshalb gebe ich ihr jede Menge Spielraum – aber sie läßt *mir* überhaupt keinen!»

Offensichtlich drücken Karen und Ellen Liebe unterschiedlich aus. Karen ist sehr zärtlich und ausdrucksvoll und hat ein großes Bedürfnis nach Nähe. Ellen allerdings braucht viel Zeit für sich, und eine Art, in der sie ihre Liebe zu Karen ausdrückt, ist die, daß sie *ihr* ebenfalls sehr viel persönlichen Freiraum und Zeit für sich selbst läßt. Ich half diesen Frauen, ihre Unterschiedlichkeit zu verstehen und sich mit ihrem Verhalten nach und nach auf die Reaktionen der anderen einzustellen. Ellen lernte, stärker auf Karen zuzugehen. Karen ihrerseits lernte es genießen, Zeit für sich allein zu haben. Die beiden haben jetzt zu eindeutigen Formen gefunden, wie sie ihre Liebe mitteilen, und ihre Beziehung funktioniert reibungslos.

Der Schlüssel zu einer erfolgreichen schwulen oder lesbischen Beziehung liegt darin, einander seine Liebe wirksam mitzuteilen. Akzeptieren Sie zuerst, daß Sie sich erst kennenlernen müssen, um sich erfolgreich lieben zu können. Was für den einen Partner oder die eine Partnerin Zärtlichkeit ist, kann dem oder der anderen ein Ärgernis bedeuten. Wie bei aller Kommunikation braucht es auch hier Zeit, den Stil des oder der anderen kennenzulernen. Um wirkliche Vertrautheit zu erreichen, müssen Sie Ihre Unterschiedlichkeit akzeptieren und vermeiden, sich in einen Streit darüber zu verstricken, wie man Liebe «richtig oder falsch» ausdrückt.

Die Angst vor Zurückweisung, ein geringes Selbstbewußtsein, der Glaube, nicht liebenswert zu sein, die Erinnerung an Probleme und Fehler in vergangenen Beziehungen und die Verwirrung darüber, wie wir unsere Liebe zeigen können – dies alles kann uns im Weg stehen. Lassen Sie sich nicht von Ihren Ängsten bestimmen. Wenn Sie Angst haben, dann geben Sie es sich selbst und Ihrem Partner oder Ihrer Partnerin gegenüber zu. Sprechen Sie über Ihre Zweifel. Sie könnten zum Beispiel sagen: «Ich habe Angst, dich nicht auf die richtige Weise zu lieben, und daß du meine Liebe für dich vielleicht nicht spürst.» Oder: «Ich weiß nicht, womit ich dir zeigen soll, daß ich dich liebe.» Lösen Sie sich von Ihrem Bedürfnis, perfekt zu sein. Wenn Sie beide offen sind, können Sie und Ihr Partner oder Ihre Partnerin lernen, einander so umfassend wie nur möglich zu lieben.

Sie können zum Gedeihen Ihrer schwulen oder lesbischen Beziehung beitragen, wenn Sie diesen Anregungen folgen:

Nehmen Sie sich die nötige Zeit und lernen Sie, in welcher Art Sie Ihre Liebe ausdrücken können, damit Ihr Partner oder Ihre Partnerin sie versteht und sich mit ihr vertraut fühlt. Diese Art lernen Sie am besten kennen, wenn Sie Ihren Liebhaber oder Ihre Geliebte im Familien- oder im engen Freundeskreis beobachten.

■ Reden Sie darüber, was Liebe für jeden oder jede von Ihnen bedeutet. Erzählen Sie Ihrem Liebhaber oder Ihrer Geliebten, was Ihnen das Gefühl gibt, geliebt zu werden, und was Ihrer Meinung nach ihm oder ihr dieses Gefühl vermittelt. Stellen Sie Fragen und geben Sie Ihrerseits Informationen.

■ Experimentieren Sie mit neuen Arten, Zuneigung und Hingabe deutlich zu machen, und finden Sie dadurch heraus, was für Sie beide am besten funktioniert. Seien Sie dabei ruhig risikofreudig, und gehen Sie mit Humor an die Sache heran.

Die nächste Übung kann Ihnen und Ihrem Partner oder Ihrer Partnerin helfen, Ihr gegenseitiges Verständnis von Liebe zu verbessern.

Übung: Liebe ausdrücken

Kopieren Sie die folgende Liste, und geben Sie die Kopie Ihrem Partner oder Ihrer Partnerin. Haken Sie dann jeweils für sich allein die Beschreibungen ab, die Ihnen das Gefühl vermitteln, geliebt zu werden. Wenn ein Punkt auf der Liste Ihnen das eine Mal wie Liebe vorkommt und das andere Mal nicht, dann notieren Sie, was den Unterschied zwischen dem einen Augenblick und dem anderen ausmacht. Sie können der Liste natürlich auch eigene Punkte hinzufügen.

Ich fühle mich geliebt, wenn mein Partner oder meine Partnerin:

► _____ mich bemuttert, wenn ich krank bin

► _____ mir Blumen mitbringt

► _____ mich auf der Arbeit anruft

► _____ die Wohnung saubermacht

► _____ mich manchmal auch Mist bauen läßt

► _____ mich begrüßt und mit mir über seinen oder ihren Tag spricht, wenn ich von der Arbeit nach Hause komme

► _____ mir nicht auf den Pelz rückt, wenn ich von der Arbeit nachHause komme

► _____ mir zu Geburtstagen und Jubiläen Geschenke kauft oder mich ausführt

► _____ mich oft küßt, umarmt und anfaßt

- _____ mich wissen läßt, daß er oder sie mich aufregend findet
- _____ es ohne Beleidigtsein akzeptiert, wenn ich keinen Sex machen will
- _____ mich anruft, wenn er oder sie später kommt
- _____ mich zu «Verabredungen» ausführt
- _____ meine Lieblingssportart oder -beschäftigung mit mir teilt
- _____ mir Zeit zum Alleinsein läßt
- _____ bemerkt, was ich anhabe
- _____ nicht zu bemerken scheint, wenn ich ein paar Pfund zugenommen habe
- _____ mir gut zuredet, wenn ich Probleme am Arbeitsplatz habe
- _____ mir hilft, den Arbeitsstreß zu vergessen und mich zu entspannen
- _____ meine Erfolge und Leistungen mit mir feiert
- _____ nett zu meinen Freunden oder Freundinnen ist
- _____ einige meiner häuslichen Pflichten übernimmt, wenn ich besonders müde bin
- _____ mir zuhört, wenn ich wütend bin
- _____ mir erzählt, wenn ihn oder sie etwas stört
- _____ mich in den Arm nimmt, wenn ich weine
- _____ mich zum Lachen bringt
- _____ es nicht persönlich nimmt, wenn ich griesgrämig bin
- _____ sich um meine Wünsche und Bedürfnisse kümmert

Jetzt gehen Sie die Liste noch einmal durch und setzen Sie ein Kreuz hinter alles, wovon Sie meinen, daß es Ihrem Partner oder Ihrer Partnerin wie Liebe vorkommt. Tauschen Sie dann mit Ihrem Liebhaber oder Ihrer Geliebten die Listen und sprechen Sie über die Auswahl, die Sie jeweils getroffen haben. Daß Sie diese Dinge miteinander teilen, kann Spaß, Wärme und Nähe vermitteln und außerdem sehr aufschlußreich sein.

Bewahren Sie Ihre Listen auf und achten Sie auf die Formen, Liebe auszudrücken, die Ihr Partner oder Ihre Partnerin abweichend von Ihnen schätzt. Wenn Sie in der Lage sind, Ihre Liebe zueinander wirkungsvoll zu artikulieren, wird Ihnen das helfen, selbst schwierige Zeiten zu durchstehen.

Sie können lernen, sich einander wirkungsvoll mitzuteilen, Probleme gemeinsam zu lösen, mit machtvollen Gefühlen umzugehen und Ihrer Liebe zueinander Ausdruck zu verleihen. Während Ihre Nähe zueinander wächst und Sie in die Tat umsetzen, was Sie lernen – und dabei mit neuen Techniken experimentieren –, werden sich Ihre kommunikativen Fähigkeiten verbessern. In dem Maß, in dem Ihre Fähigkeiten zunehmen, werden auch Ihre Freude an der und Ihr Stolz auf die Beziehung wachsen. Ein Schild, das ich für meine Praxis entworfen habe, faßt die Lektionen dieses Kapitels zusammen:

> Zu Anfang kostet die Liebe Mut.
> Später übernimmt sie die Kosten.

KAPITEL 5

Schwule oder lesbische Beziehungen und Sexualität

Viele Schwule und Lesben, die zu mir zur Beratung kommen, suchen nach Unterstützung bei der Entscheidung, ob sie in ihren Beziehungen monogam leben oder sich sexuell offen verhalten sollen. Grundsätzlich sind für schwule oder lesbische Paare heutzutage beide Varianten lebbar.

Es gibt zwei wesentliche Faktoren, über die Sie vor Ihrer Entscheidung nachdenken müssen. Erstens: Für eine feste Beziehung ist es entscheidend, jeden Konflikt über Nähe und Vertrauen auf sexueller Ebene zu vermeiden. Zweitens: Welche Entscheidung Sie auch immer treffen, oberste Grundregel muß eine ungefährliche Sexualität sein. Die Chancen, sich mit Aids zu infizieren, sind entschieden zu groß, als daß Sie es riskieren könnten, das Leben Ihres Liebhabers oder Ihrer Geliebten zu gefährden.

Neben der Frage nach Monogamie oder sexueller Offenheit sind viele meiner Klienten und Klientinnen auch unsicher, wie befriedigender Sex in einer Beziehung aussehen sollte. Aufgrund der nicht existenten gesellschaftlichen Richtlinien und Rollenmodelle orientieren sich Schwule oder Lesben in ihrem Sexualverhalten oft an Stereotypien.

Dieses Kapitel zielt darauf ab, einen Großteil Ihrer Fragen zur Sexualität in schwulen oder lesbischen Beziehungen zu beantworten. Ich werde darin aufs sorgfältigste den Gedanken von Abkommen auf sexuellem Gebiet und die Wahlmöglichkeit zwischen der Monogamie und offener Sexualität behandeln. Danach werde ich mich um das Thema Sex zwischen Freunden oder Freundinnen kümmern. Und schließlich werde ich einige Vorschläge für konstruktiven Sex darlegen und den Unterschied zwischen sexuellen Spielchen und zerstörerischem Zwang diskutieren.

Die Sexualität verhandeln: Treueabkommen

Lassen Sie uns doch zuerst einmal klären, inwieweit ein klarer Sexualvertrag beiden Partnern oder Partnerinnen dienlich sein kann, bevor wir die Vorteile und die Nachteile von Monogamie und offener Sexualität behandeln. Viele Leute benutzen das Wort *Treue* und meinen damit Monogamie. In Wirklichkeit bedeutet *Treue* allerdings, daß man sich an die gegenseitigen Abmachungen hält, wie immer die auch aussehen mögen. Aus diesem Grund bezeichne ich eine Vereinbarung in sexuellen Fragen als ein «Treueabkommen», denn der Punkt, um den es dabei geht, liegt in der Einhaltung eines gegebenen Versprechens.

Unabhängig von den konkreten Inhalten klärt man mit einem Treueabkommen die Erwartungen der einzelnen Partner oder Partnerinnen und verschafft sich so eine Basis für gegenseitige Aufrichtigkeit. Die Abklärung dessen, was einem solchen Abkommen zugrunde liegen soll, kann sich nur als ein sorgfältiges Abwägen der individuellen Belange beider Beteiligten vollziehen. Im folgenden finden Sie die Schritte aufgeführt, die Sie unternehmen müssen, um einen Sexualvertrag gemeinschaftlich auszuarbeiten.

Betrachten Sie Ihre Diskussion als eine Möglichkeit der Problemlösung. Wenn Sie bereits in anderen Bereichen erfolgreich Abkommen geschlossen und dabei die Techniken, wie sie in Kapitel vier aufgeführt sind, angewendet haben, dann wird es Ihnen leichter fallen, auch mit diesem sensiblen Thema zurechtzukommen. Beruhigen Sie sich gleich zu Anfang noch einmal gegenseitig und verdeutlichen Sie Ihre guten Absichten. Erinnern Sie einander an Ihre Liebe und an Ihren großen Wunsch, daß die Beziehung für Sie beide zur Erfüllung wird.

Wenn Ihre Beziehung noch nicht allzu lange besteht, dann kann diese Diskussion einen weiteren Schritt in Richtung größerer Vertrautheit bedeuten. Wenn Sie bisher noch keine eigene Art entwickelt haben, ein Gespräch über sexuelle Dinge anzufangen, dann versuchen Sie es doch einmal damit, daß Sie Auszüge aus diesem Buch laut lesen (zum Beispiel von den Ausführungen zur «offenen Sexualität» bis zum Ende des Kapitels und im Anhang die Safer-Sex-Informationen) oder sich über eine Nachrichtenmeldung zu Aids unterhalten.

Wenn Sie bereits einige Zeit zusammen sind, Unterhaltungen über sexuelle Dinge für Sie aber immer noch keine einfache Angelegenheit sind, dann haben Sie jetzt eine erstklassige Gelegenheit, Ihre Kommunikation auf diesem Gebiet zu verbessern.

Teilen Sie Ihre Wünsche, Ihre Bedürfnisse und Ihre Vorstellungen mit. Es ist ganz entscheidend, daß Sie bei einem Gespräch über ihre sexuellen Bedürfnisse aufrichtig sind. Ihr Liebhaber oder Ihre Geliebte kann dieselben Bedürfnisse haben oder auch nicht, aber das werden Sie niemals erfahren, wenn Sie nicht bereit sind, Ihre eigenen Gefühle offenzulegen und sich anzuhören, welche Wünsche Ihr Partner oder Ihre Partnerin hat. Halten Sie sich vor Augen, daß Aufrichtigkeit nicht nur bedeutet, die Wahrheit zu sagen, sondern auch, von Ihrem Gegenüber die Wahrheit gesagt zu bekommen.

Der Schlüssel zu einem eindeutigen Sexualvertrag liegt darin, sich gegenseitig die Wahrheit zu sagen und das auch als unabdingbar zu empfinden. Die einzige Haltung, mit der das wirklich funktioniert, ist die: «Mir wird das vielleicht nicht gefallen, was du mir sagst, und ich werde vielleicht Schwierigkeiten haben, mir das anzuhören, aber ich werde dich immer noch lieben und bereit sein, gemeinsam an einer Lösung zu arbeiten, mit der wir beide zufrieden sein können.»

Sprechen Sie keine Drohungen aus, und üben Sie auch keinen Druck aus, um das zu bekommen, was Sie haben möchten. «Wenn du jemals mit einem anderen ins Bett steigst, verlasse ich dich auf der Stelle» oder: «Schau Jane bei einer Party bloß nie wieder so an. Ich würde mir das nicht gefallen lassen» sind Bemerkungen, mit denen Sie jede Diskussion verunmöglichen. Außerdem ändert sich dadurch nichts an Ihren Gefühlen. Die werden nur auf eine andere Ebene abgeschoben.

Gestatten Sie sich Fehler, Verwirrung und auch neue Absprachen. Überaus wichtig ist, Ihr Abkommen so flexibel zu gestalten, daß die Entwicklung, die sich mit der Zeit in Ihrer Beziehung ergibt, immer noch einbezogen werden kann. Ich empfehle Ihnen, als einen Teil Ihres Vertrags regelmäßige Gespräche zwischen Ihnen und Ihrem Partner oder Ihrer Partnerin aufzunehmen, bei denen Sie sich über Ihr Abkommen unterhalten und prüfen, inwieweit es funktioniert.

Schwule oder lesbische Beziehungen und Monogamie

In unserer Kultur ist Monogamie ein hochangesehener Wert. Die Beziehungsmuster und Rollenmodelle, mit denen wir schon im Kindesalter konfrontiert wurden, hatten immer mit heterosexuellen Paaren zu tun, die in monogamen Beziehungen lebten.

Tatsächlich war die westliche Kultur in dieser Hinsicht seit jeher etwas heuchlerisch. Westliche Gesellschaften haben es schon seit langer Zeit – wenn auch stillschweigend – anerkannt, daß Männer außerhalb ihrer Ehe Sex haben dürfen. Das Ausmaß der Toleranz war in Abhängigkeit von der Intensität religiöser und kultureller Einschränkungen in verschiedenen Epochen und Gesellschaften unterschiedlich ausgeprägt. Manchen Forschungsergebnissen zufolge hat sich unser faktisches Sexualverhalten allerdings über die Jahrhunderte hinweg nur wenig geändert. Geändert hat sich *allerdings* die Art, wie offen oder versteckt wir mit Untreue umgehen.

Die Gesellschaft, in der wir leben, hat sich von dieser Scheinheiligkeit noch nicht befreien können. Während wir in unsere Hochzeitsrituale Monogamieversprechen einbauen und Abkommen zu einer nicht monogamen Sexualität im allgemeinen als Tabu behandeln, präsentieren viele Fernsehsendungen, Kinofilme und häufig gelesene Bücher ein glorifiziertes Bild nichtmonogamen Verhaltens. Vor kurzem durchgeführte Umfragen erbrachten das Ergebnis, daß mehr als die Hälfte der heterosexuellen Männer und Frauen, die in monogamen Verbindungen leben, außerhalb dieser Beziehung Sex hatte. Und diese Untersuchungen schließen nicht einmal den hohen Prozentsatz der in homosexuellen Beziehungen Lebenden ein. Die Unterschiede zwischen unseren idealisierten Anschauungen und unserem Verhalten legen den

Schluß nahe, daß die Erwünschtheit der Monogamie ein sozialer Mythos ist, und zwar einer, der für ein hohes Maß an Verwirrung sorgt.

Es ist heutzutage noch wichtiger als früher schon, daß schwule oder lesbische Paare die Entscheidung, ob sie sich auf die Monogamie festlegen wollen, voller Aufrichtigkeit und Verantwortungsgefühl treffen und über die Wahl, die sie getroffen haben, gegenseitiges Einverständnis herstellen. Aufgrund von Aids werden immer mehr Schwule und Lesben nach langdauernden Beziehungen und lebenslangen Partnerschaften suchen. Einige werden sich bewußt und freiwillig für die Monogamie entscheiden. Für diejenigen, die einen nicht-monogamen Lebensstil wählen, ist Aufrichtigkeit die entschieden günstigere Verhaltensweise als auch nur ein Anflug von Scheinheiligkeit.

Wir alle müssen anfangen, unsere Anschauungen zur Sexualität sachlich zu analysieren und uns – gemeinsam mit unseren Partnern oder Partnerinnen – mit unseren Ängsten und Bedürfnissen zu beschäftigen. Schwule und Lesben, die in Beziehungen leben, können sich heute neue Felder erschließen, indem sie neue Haltungen und einen Lebensstil entwickeln, die unser sexuelles Verhalten auch tatsächlich widerspiegeln. Zum einen brauchen wir uns über die Monogamie nicht in derselben Weise zu unterhalten, wie die heterosexuellen Paare das tun, decken sich doch die Gründe, die dafür oder dagegen sprechen, nicht unbedingt. Zum Beispiel haben wir nicht wie manche Heterosexuelle die Angst, mit der Monogamie in jene Falle zu geraten, die zur strikten Festlegung der Männer- und Frauenrolle führt, ist diese Rollenverteilung bei gleichgeschlechtlichen Paaren doch praktisch ohne Bedeutung. Wir können eine monogame Beziehung statt dessen als Tür ansehen, durch die wir Zugang finden können zu größerem Selbstbewußtsein im Hinblick auf unsere persönliche und unsere homosexuelle Identität.

Da wir uns bereits vom Druck, gesellschaftliche Anerkennung zu suchen, distanziert haben, können wir uns andererseits zu offenem Sexualverhalten entscheiden, *ohne eine feste Bindung auszuschließen*. Eine lebenslange Partnerschaft kann für viele von uns die Einbeziehung nichtmonogamen Verhaltens als Mittel zur Umsetzung unserer Bedürfnisse nach Abwechslung und Aufregung bedeuten.

Die Frage, ob sich ein Paar für ein monogames oder ein offenes Sexualverhalten entscheiden soll, ist wahrlich nicht leicht zu beantworten. Jedes schwule oder lesbische Paar muß für sich die Lösung finden, die sich als die geeignetste herausstellt. Wir werden jetzt einen genaueren Blick darauf werfen, was für oder gegen die beiden Wahlmöglichkeiten spricht.

Monogamie oder offene Sexualität: Die Entscheidung

Homosexuelle Paare sehen sich heute sowohl bei der Monogamie als auch der offenen Sexualität vielen positiven und negativen Aspekten gegenüber. Wenn Sie vor Ihrer Entscheidung das Pro und Kontra abwägen, werden Sie dadurch sicherstellen, daß Ihre Entscheidung auf den Bedürfnissen Ihrer eigenen Beziehung beruht und nicht einfach auf Annahmen, daß die eine oder die andere Lösung für Sie als einzige funktionieren würde.

Monogamie: Pro und Kontra

Pro
Wenn man verantwortlich mit ihr umgeht, kann die Monogamie:

- einem Paar dazu verhelfen, sich noch stärker in seine Beziehung zu vertiefen
- die Ungefährdetheit durch Krankheiten garantieren
- das Gefühl von Sicherheit geben
- die Bindung verstärken
- ein Gefühl des Aufgehobenseins bewirken

Kontra
Wenn man Beeinträchtigungen zuläßt, kann die Monogamie:

- zur Langeweile führen
- den Eindruck, in der Falle zu sitzen, hervorrufen
- das Gefühl provozieren, daß der eigene Wert innerhalb der Beziehung geringer wird
- das Bedürfnis nach Seitensprüngen begünstigen

- Ihr sexuelles Begehren für Ihren Partner oder Ihre Partnerin verringern
- eine gewisse Gleichgültigkeit und Nachlässigkeit in bezug auf das eigene Verhalten und das eigene Erscheinungsbild bewirken

Das Beispiel eines Lesbenpaares, das ich einmal beraten habe, illustriert die Macht und die Fallstricke der Monogamie sehr gut. Als Sue und Judy, die beide über fünfzig waren, zu mir zur Beratung kamen, lebten sie bereits seit fünfzehn Jahren zusammen. Ihre monogame Beziehung war spannungslos und langweilig geworden. Sue, die verletzt und traurig wirkte, begann, ihrer beider Geschichte zu erzählen: «Judy hat nie mehr Lust, sich mit mir zu unterhalten. Sie sieht mich nicht an, und sie berührt mich auch nicht. Wir schlafen nicht mal mehr miteinander. Ich komme mir vor, als wären wir bloß Schwestern und kein Liebespaar.»

Diese beiden Frauen waren durch ein intensives Liebesgefühl miteinander verbunden, das sie für eine sehr lange Zeit hatte zusammenbleiben lassen. Die Monogamie war für sie beide der Ausdruck ihrer gegenseitigen Zuneigung und Treue. Ihre sexuelle Beziehung zueinander zeigte jedoch deutliche Anzeichen der Verschlechterung. Wie viele monogame Paare, so waren auch diese beiden Frauen sich mit der Zeit gegenseitig zur Selbstverständlichkeit geworden.

Ich schlug ihnen vor, nach einem Drei-Punkte-Plan zu verfahren. Erstens hatten sie es beide nötig, ein Fitneßtraining anzufangen, um ihre körperliche Kondition und Erscheinung zu verbessern. Zweitens sollte jede für sich allein bestimmten Interessen nachgehen, um das Prickelnde und die Freude am Leben selbst wiederherzustellen und dadurch auch etwas zu haben, über das sie sich mit ihrer Partnerin austauschen konnte. Drittens – und das war die größte Schwierigkeit für die beiden – sollten sie sich ganz bewußt Zeit nehmen für romantische und zärtliche Stunden.

Ich machte ihnen zum Beispiel den Vorschlag, daß sie sich angewöhnen sollten, über ihre Gefühle zu sprechen, während sie sich gegenseitig massierten. Schon nach wenigen Malen, in denen sie das versucht hatten, spürten die beiden, wie sich ihr körperliches Interesse aneinander langsam wieder einstellte. Nach und nach legten wir weitere Übungen fest, die ihnen dabei helfen sollten, sich einander noch stärker zu öffnen.

Nach sechs Wochen schliefen sie zum erstenmal wieder miteinander. Wir unterhielten uns über die Vorteile, die es mit sich bringt, wenn man verschiedene Sexspielsachen (zum Beispiel Vibratoren oder auch parfümierte Lotionen) verwendet, eingefahrene Verhaltensweisen ändert (indem man einmal «führt» und sich dann wieder «führen läßt») und sich während des Liebesspiels von allem Druck befreit (indem man die eigenen Phantasien zuläßt und sich nicht darauf konzentriert, daß man auch wirklich jedesmal zum Orgasmus kommt). Die Tragfähigkeit der Bindung, die zwischen diesem Paar bestand, gab den beiden Frauen die nötige Motivation und ermöglichte es ihnen, ihre sexuellen Energien wieder aufeinander zu richten.

Judy sagte später: «Mir war nie so recht klargeworden, daß eine Beziehung permanente Arbeit bedeutet. Ich weiß jetzt, daß ich nachlässig wurde und Sues Dasein als Selbstverständlichkeit ansah, weil ich wußte, sie liebt mich. Jetzt ist mir klar, was es braucht, damit sich unsere Beziehung gut entwickelt. Wir müssen an unserer Beziehung arbeiten, aber das ist es allemal wert.»

Offene Sexualität: Pro und Kontra

Pro
Wenn man verantwortlich mit ihr umgeht, kann offene Sexualität:

- ein Gefühl der persönlichen Freiheit und Wahlmöglichkeit schenken
- die individuelle Eigenständigkeit und Verbindlichkeit verstärken
- Anregungen und neue Energien liefern
- eine Möglichkeit bieten, sich von alten Verlassenheitsgefühlen zu befreien
- ein Liebespaar davor bewahren, selbstzufrieden zu werden
- ein tiefes Vertrauensgefühl bewirken
- ein Gefühl von teilender und bedingungsloser Liebe schenken
- den nötigen persönlichen Freiraum schaffen

Kontra
Wenn man Beeinträchtigungen zuläßt, kann offenes Sexualverhalten:

- Eifersuchtsgefühle und die Angst vor dem Verlassenwerden heraufbeschwören
- der Beziehung zu viel Zeit und Energie rauben
- das Krankheitsrisiko erhöhen
- das Selbstwertgefühl ruinieren
- als Möglichkeit eingesetzt werden, der Nähe zu entgehen
- als Vehikel für sexuelles Suchtverhalten dienen

Die Erfahrung, die die beiden Sechsundzwanzigjährigen Floyd und Rich gesammelt haben, verdeutlicht sehr anschaulich die Probleme und die schönen Seiten, die eine sexuell offene Beziehung haben kann. Die beiden wollten sich fest aneinander binden, allerdings nicht monogam leben. Sie hatten gehört, daß ich ihnen helfen könnte, eine konstruktive offene Beziehung zu etablieren. Deshalb tauchten sie dann auch bei mir auf.

Floyd erzählte:

«Ich habe vorher schon versucht, mich auf eine einzige Person zu beziehen, aber das hat nicht geklappt. Ich mußte immer daran denken, was ich alles nicht haben konnte, und wurde dann ganz wütend. Nach einiger Zeit mochte ich meinen damaligen Liebhaber überhaupt nicht mehr leiden. Ich sah in ihm einen Gefängniswärter, einen, der mich gefangenhielt. Trotzdem möchte ich mit Rich eine wirkliche Beziehung haben. Ich liebe ihn, und mit dem Sex klappt es zwischen uns beiden ganz wunderbar. Ich glaube, daß wir es zu einer sehr schönen Beziehung bringen könnten.»

Dann sprach Rich:

«Ich dachte immer, daß ich eine offene Beziehung haben wollte. Als ich das allerdings mit meinem letzten Liebhaber versuchte, bekamen wir eine Menge Schwierigkeiten. Ich bin nicht sicher, daß es auch funktioniert, aber andere Leute haben mir erzählt, daß sie sich in so einer Situation Rat geholt haben, und deshalb dachte ich, wir könnten das auch versuchen.»

Nachdem wir uns ausführlich unterhalten hatten, war mir klar, daß Rich und Floyd neben einer auf längere Dauer angelegten festen Beziehung auch das Prickeln und die Abwechslung durch gelegentliche sexuelle Begegnungen mit anderen Männern beibehalten wollten. Ich erklärte ihnen, daß sie dafür verschiedene Entscheidungen treffen mußten. Zuerst einmal hatten sie eine deutliche und ehrliche Abmachung zu treffen, und sie mußten sich beide vornehmen, sich auch daran zu halten. Zweitens war es für sie notwendig, mit dem Thema Safer Sex äußerst sorgfältig und verantwortungsbewußt umzugehen. Als drittes galt es für beide, auf die Gefühle ihres Partners Rücksicht zu nehmen und Zeiten einzukalkulieren, in denen sie sich möglicherweise verunsichert fühlen würden.

Während der ersten beiden Sitzungen begleitete ich Floyd und Rich durch ein Gespräch, in dem sie sich äußerst offen über Aids und Safer Sex unterhielten, über die Angst, verlassen oder ausgenutzt zu werden, und darüber, was eine feste Bindung für sie beide jeweils bedeutete. Danach machten wir uns an die Formulierung eines Abkommens. Mit Rücksicht auf die Infektionsgefahr einigten sich Rich und Floyd darauf, sexuelle Aktivitäten mit anderen Männern auf gegenseitiges Wichsen zu beschränken. Sie vereinbarten, daß es zu keinerlei sexuellen Begegnungen mit gemeinsamen Freunden kommen würde. Sie verabredeten, alle Partner von außen über ihre bestehende feste Beziehung aufzuklären, damit keinerlei Mißverständnisse entstehen konnten. Und sie verständigten sich zusätzlich darauf, im vorhinein darüber zu sprechen, wenn einer von ihnen irgendeinen Aspekt ihrer Vereinbarung ändern wollte. Ihre Vereinbarung enthielt zudem die Bestimmung, daß sie während der ersten paar Monate wöchentlich zu einem Termin bei mir erscheinen würden, um sich über die Entwicklung der Dinge auszutauschen.

Floyd verhielt sich als erster den Vereinbarungen gemäß, und das löste bei Rich ein gewisses Unwohlsein aus. Bei ihrem nächsten Termin mit mir sagte er:

«Es war für mich schon ein merkwürdiges Gefühl, daß ich alles wußte, und es ist mir klar, daß Floyd sich ebenfalls komisch vorkam, als er davon erzählte. Irgendwie hatte ich danach das Gefühl, als müßte ich rausgehen und das gleiche tun. Doch nachdem ich mir das überlegt hatte, entschied ich mich, ins Fitneßstudio

und danach mit einem Freund essen zu gehen. Nach diesem Ent-
schluß fühlte ich mich ganz großartig! Ich redete mit Floyd noch
weiter über sein Erlebnis, und wir hatten eine Menge Spaß, als wir
uns über seinen ‹Flirt› unterhielten. Das Gespräch heizte uns der-
maßen an, daß wir miteinander schliefen, und jetzt habe ich das
Gefühl, als hätte ich von der Sache auch ein bißchen profitiert.»

Ein Jahr später haben sich Floyd und Rich gut eingelebt und berichten, daß sie sich ihrer Beziehung sehr sicher fühlen. Der eine oder der andere von beiden hat ungefähr einmal im Monat Sex mit einem anderen Mann. Hinterher sprechen die beiden stets darüber und nutzen dieses Gespräch als Stimulans für ihre eigene Erotik. Zwar empfinden sie es beide so, daß eine offene Beziehung zusätzliche Anstrengung erfordert, aber sie mögen das Prickeln, das sie dadurch erleben.

Nachdem wir einen Blick auf viele Pros und Kontras der Monogamie und einer offenen Beziehung geworfen haben, widmen wir uns jetzt einigen grundlegenden Themen, mit denen Sie sich im Lauf Ihres Entscheidungsprozesses beschäftigen sollten.

Die Entscheidung zur Monogamie

Wenn der Gedanke an die Monogamie für Sie automatisch Langeweile und ein Gefühl des In-der-Falle-Sitzens hervorruft, dann ergründen Sie einmal, warum es Ihnen so geht. Vielleicht sind Sie der Auffassung, daß Sex mit ein und derselben Person nicht aufregend und abwechslungsreich sein kann. Vielleicht spielt hier aber auch die Homophobie eine Rolle: Glauben Sie, daß Ihre Sexualität etwas Schlechtes ist? Daß Ihre Liebe nicht von Dauer sein kann? Oder daß Sie sich aufgrund Ihres Schwul- oder Lesbischseins auf bestimmte Verhaltensweisen zu beschränken haben? (Manche Männer wollen einen anderen Mann zum Beispiel gar nicht küssen, und einige Männer sind davon überzeugt, daß einer der beiden Partner immer der «Führende» zu sein hat. Und es gibt Frauen, die auf keinen Fall Sexspielsachen benutzen wollen.) Oder reagieren Sie auf den Druck, der von Ihren Freunden oder Freundinnen und Ihrer sozialen Umgebung ausgeht und der sich gegen längerfristige Beziehungen richtet? Monogamie kann aber tatsächlich eine sehr lohnende Sache sein. Wenn Sie Ihre monogame Beziehung hegen und pflegen, können das Vergnügen und die Aufregung, die Sie miteinander erleben, ein Leben lang lebendig bleiben.

Wenn Sie denken, daß Sie eine monogame Beziehung haben möchten, dann müssen Sie zu den folgenden Punkten eine eindeutige und aufrichtige Aussage treffen können:

Prüfen Sie sich, ob Sie das Abkommen auch tatsächlich würdigen können. Aufrichtigkeit beginnt zu Hause. Die Monogamie innerhalb einer Beziehung beizubehalten bedeutet nicht bloß eine Entscheidung gegen den Sex außerhalb. Es heißt gleichzeitig, Sexualität und Intimität in der Beziehung lebendig und befriedigend zu halten. Nichts fördert Untreue mehr als sexuelle Frustration und Unbefriedigtheit. Lassen Sie es nicht zu, daß Sie beide sich in der Sicherheit Ihres monogamen Verhältnisses gehenlassen, bis Sie überhaupt keinen Spaß mehr daran haben. Monogamie ist eine Sache der freien Entscheidung und keine Notwendigkeit. Wenn Sie sie allerdings ernst nehmen und auch einiges dafür tun, kann sie zu einer für Sie befriedigenden Wahlmöglichkeit werden.

Vergewissern Sie sich, daß Ihre Entscheidung von beiden getragen wird und freiwillig erfolgt. Die Entscheidung zu monogamem Verhalten darf auf keinen Fall heimliche Erwartungen mit einschließen, wie zum Beispiel die Hoffnung, Ihren Liebhaber oder Ihre Geliebte durch das Mittel Monogamie zu einer festen Bindung an Sie zu bewegen. Intimität kann man nicht erzwingen. Wenn Ihr Partner oder Ihre Partnerin zur Monogamie nicht bereit ist, so bedeutet das nicht notwendigerweise, daß er oder sie Sie nicht liebt. In Wirklichkeit heißt es vielleicht bloß, daß die Beziehung sich noch nicht weit genug entwickelt hat, um eine feste Bindung auszusprechen.

Setzen Sie die Monogamie auf keinen Fall ein, um einer Diskussion über offenes Sexualverhalten zu entgehen, und tun Sie das vor allem dann nicht, wenn Ihr Partner oder Ihre Partnerin an einem solchen Verhalten interessiert ist. Finden Sie heraus, was Ihr Liebhaber oder Ihre Geliebte denkt, und teilen Sie Ihre eigene Anschauung mit. Prüfen Sie Ihre Empfindungen in Hinsicht auf eine offene Beziehung. Wenn Ihr Liebhaber oder Ihre Geliebte eine offene Beziehung möchte, wonach ist er oder sie dann auf der Suche? Können Sie ihm oder ihr das Gesuchte nicht selbst bieten? Ein Beispiel:

Sie fühlen sich vielleicht durchaus in der Lage und sind auch bereit, verschiedene sexuelle Phantasien in die Realität umzusetzen, aber vielleicht gerade nicht in der Form, wie Ihr Liebhaber oder Ihre Geliebte es gerne hätte. Wenn das der Fall ist, dann müssen Sie wirklich auch noch das letzte Detail Ihrer zueinander im Widerspruch stehenden Auffassungen von der Monogamie erforschen.

Wenn Sie und Ihr Partner oder Ihre Partnerin sich für die Monogamie entscheiden, dann achten Sie darauf, daß Sie nicht in festgelegte sexuelle Rollen verfallen, wie zum Beispiel «Mann» und «Frau» oder «oben» und «unten». Sorgen Sie dafür, daß es in Ihren sexuellen Begegnungen Abwechslung gibt. Wenn Sie sich in dieser Hinsicht Nachlässigkeiten erlauben, werden Sie feststellen, daß die erotische Spannung zwischen Ihnen rapide nachläßt.

Die Entscheidung für eine offene Sexualität

Wenn die Vorstellung von einem Abkommen zu einer sexuell offenen Beziehung für Sie etwas Beunruhigendes hat, dann stellen Sie Ihre eigenen Gefühle mal auf die Probe. Stehen Ihre religiösen Überzeugungen in Konflikt mit der Vorstellung von offener Sexualität? Haben Sie Angst vor Krankheiten? Oder haben Sie Angst, Ihren Liebhaber oder Ihre Geliebte an jemand anderen zu verlieren? Meiner Erfahrung nach passiert es bei schwulen oder lesbischen Paaren, die klare Absprachen zu einer sexuell offenen Beziehung getroffen haben, äußerst selten, daß Sie durch jemand Dritten «auseinandergebracht» werden. Was solche Beziehungen allerdings *tatsächlich* zerstören kann, sind ungenügend vorbereitete Vereinbarungen, mit denen man Mißverständnissen und Verstimmungen Tür und Tor öffnet. Mit einem Abkommen, das mit aller Sorgfalt getroffen wurde und für dessen Einhaltung man auch einiges tut, riskieren die Partner oder Partnerinnen auf keinen Fall, einander zu verlieren, da ihre wichtigste Beziehung ja intakt und erfüllend ist.

Wenn Sie sich zu einer sexuell offenen Beziehung entscheiden, dann behalten Sie die folgenden Richtlinien im Kopf:

■ *Gehen Sie voller Verantwortungsgefühl und Aufrichtigkeit an Ihr Abkommen heran.* Ich rate in jedem Fall von Vereinbarungen ab, die dem Grundsatz folgen: «Du kannst tun und lassen, was du willst, solange du mir nichts darüber erzählst.» Ein solches Abkommen führt nicht nur aller Wahrscheinlichkeit nach zu einem Schock und zu Schmerzen, sondern es blockiert Sie und Ihren Partner oder Ihre Partnerin auch in der Möglichkeit, klar und aufrichtig mit sexuellen Dingen umzugehen. Es ist notwendig, daß Sie entscheiden, wann und wie Sie über Ihre Erlebnisse sprechen. Wie häufig darf es zum Sex mit jemand Drittem kommen? Und mit welchen Leuten? Wie werden Sie mit Eifersucht und Unsicherheitsgefühlen umgehen, wenn solche sich einstellen?

■ *Verhalten Sie sich nicht so, als wäre Ihre wichtigste Bindung unbedeutend geworden, weil Sie sich zu einer offenen Beziehung entschlossen haben, und benutzen Sie Ihr Abkommen nicht als Entschuldigung für die Flucht vor den Problemen Ihrer Beziehung.* Gehen Sie zum Beispiel an einem Abend, an dem Sie sich nicht gut vertragen, nicht aus, um sich jemand zu angeln. Gehen Sie niemals weg, um mit Ihrem Liebhaber oder Ihrer Geliebten gleichzuziehen oder ihn (sie) eifersüchtig beziehungsweise wütend zu machen oder zu mehr Aufmerksamkeit Ihnen gegenüber zu zwingen.

■ *Machen Sie unbedingt Safer Sex.* Ich empfehle Ihnen, Ihre sexuellen Begegnungen mit Dritten auf sinnliche Berührungen und Massagen, auf «Petting» und gegenseitige Befriedigung per Hand zu beschränken. Im Anhang finden Sie Informationen über Safer-Sex-Praktiken, und bei den allermeisten Schwulen- oder Lesbengruppen können Sie sich leicht weitere Informationen holen.

Überlegungen, die für beide Entscheidungen gelten

Ganz egal, wie Ihre Entscheidung auch ausfällt, ich empfehle Ihnen unbedingt, den nötigen Einsatz aufzubringen und dafür zu sorgen, daß Ihr Abkommen wirklich auf Gegenseitigkeit beruht. Denken Sie über die Gründe, warum Sie gerne eine monogame oder eine offene Beziehung haben möchten, nach und sprechen Sie darüber. Treffen Sie eine Entscheidung nicht, weil Sie sich – egal, ob durch sich selbst oder durch Ihren Partner oder Ihre Partnerin – dazu gedrängt fühlen.

Sprechen Sie bei Ihren festen Terminen zur Erfahrungskontrolle über Ihre Gefühle, sobald einer oder eine von Ihnen sich mit dem getroffenen Abkommen nicht mehr wohl fühlt. Ist der Sex zwischen Ihnen weniger anregend, weniger prickelnd geworden? Empfindet einer oder eine von Ihnen (oder beide) Langeweile oder Eifersucht? Lesen Sie dazu die Techniken zum Umgang mit Problemen aus Kapitel vier und die Techniken zum Reden über Sexualität aus diesem Kapitel nach.

Wenn einer oder eine von Ihnen das Abkommen gebrochen hat, dann versuchen Sie herauszufinden, was zu diesem Vertrauensbruch führte. Machen Sie sich dabei aber keine Vorwürfe. Hatten Sie Ihr Abkommen wirklich aus freien Stücken und in aller Eindeutigkeit getroffen, oder verbargen sich dahinter uneingestandene Erwartungen? War der Partner oder die Partnerin, der (die) sich nicht mehr an das Abkommen gehalten hat, wütend oder verletzt und versuchte er (sie), gleichzuziehen oder Sie eifersüchtig zu machen? In all diesen Fällen ist es entscheidend, sich vor Augen zu halten, daß die Bedingungen, die zum Bruch des Abkommens führten, bereits früher existierten. Vielleicht befand sich Ihre Beziehung ja auf dem absteigenden Ast. Oder der Partner beziehungsweise die Partnerin, der (die) das Abkommen brach, war ursprünglich gar nicht dazu bereit, sich auf diese Vereinbarung einzulassen.

Der Erfolg Ihres Abkommens hängt schließlich in großem Maß von Ihrer eigenen Fähigkeit ab, mit Ihrem Partner oder Ihrer Partnerin auch «über die Marathondistanz» hinweg aufregende sexuelle Begegnungen zu haben. Genauso, wie Sie bestimmte kommunikative Fähigkeiten und solche zur Problemlösung entwickeln müssen, benötigen Sie eine gewisse Erfahrung im Umgang mit Sex auf lange Sicht. Die beiden wichtigsten Dinge, für die Sie wahrscheinlich sorgen können, sind: Nehmen Sie sich genügend Zeit für Ihre Intimitäten und geben Sie Ihrer sexuellen Beziehung immer einen gewissen Pep. Jede längerfristige Beziehung braucht die sexuelle Abwechslung. Und die können Sie sowohl in einer monogamen als auch in einer offenen Beziehung haben. Im Kapitel neun werden wir uns genauer mit dem Thema Vertrautheit und Sexualität in längerfristigen Beziehungen von Schwulen und Lesben beschäftigen.

Vertrauen und Freiheit auf sexuellem Gebiet

Der zentrale Punkt bei allen sexuellen Angelegenheiten in Beziehungen ist das Vertrauen. Vertrauen Sie sich selbst und vertrauen Sie sich gegenseitig? Wie alle Gefühle, so ist auch Vertrauen schwer zu definieren. Oberflächlich beschrieben, ist eine von Vertrauen getragene Beziehung eine, in der beide Partner oder Partnerinnen die Sicherheit spüren, daß gemeinsame Abkommen auch eingehalten werden. Dahinter steckt allerdings noch ein sehr viel tiefergehendes Thema: die Selbstachtung.

Um eine vertrauensvolle und zuverlässige Beziehung mit einer anderen Person haben zu können, müssen Sie selbst vertrauenswürdig und aufrichtig sein. Wenn Sie sich selbst etwas versprechen, halten Sie sich dann auch daran? Wenn Sie unfähig sind, ein Abkommen einzuhalten, das Sie mit sich selbst getroffen haben, können andere Ihnen nicht vertrauen und werden immer argwöhnisch und unzufrieden sein. Warum sollten andere Menschen Sie schließlich besser behandeln als Sie sich selbst? Außerdem wird Ihr eigenes Verhalten bei Ihnen den Eindruck erzeugen, daß andere ebenfalls unzuverlässig sind. Das Vertrauen Ihrem Partner oder Ihrer Partnerin gegenüber setzt deshalb bei Ihrer eigenen Selbstachtung und Selbstbeherrschung an. Das Vertrauen muß sich unbedingt gegenseitig entwickeln, jeder Partner und jede Partnerin muß dem (der) anderen vorführen, daß er (sie) das Vertrauen, das er (sie) erwartet, auch selbst schenkt.

Manchen schwulen und lesbischen Paaren mag es schwerfallen, Vertrauen zueinander aufzubauen, wenn beide Partner oder Partnerinnen in ihrer Geschichte nur kurzfristige oder ausbeuterische Beziehungen durchlebt haben. Gwen und Martha waren ein lesbisches Paar, das zu mir zur Beratung kam. Beide waren Mitte vierzig und hatten zueinander gefunden, nachdem jede vorher in ihrer Beziehung mit einer Alkoholikerin zusammengewesen war. Beide hatten emotionale Wunden davongetragen, die erst langsam heilten.

Anfangs war ihnen ihre Beziehung als ganz wundervoll erschienen und als die so lange erwartete Erfüllung ihres Bedürfnisses nach gegenseitiger Liebe. Als Gwen allerdings Pläne zu einer Reise in einen anderen Bundesstaat machte, um dort ihre aus einer früheren Ehe stammenden Kinder zu besuchen, stand das Vertrauen, das die beiden in ihre Beziehung hatten, plötzlich zur Versteigerung an. In meinem Büro erklärte Gwen: «Es ist bloß mal wieder an der Zeit, daß ich meine Familie besuche, aber Martha ist anscheinend völlig durchgedreht. Sie hört mir überhaupt nicht mehr zu. Sie bildet sich anscheinend ein, daß ich sie verlassen möchte. Und deswegen denke ich langsam wirklich daran, mit unserer Beziehung Schluß zu machen.» Martha saß still daneben und schaute verschreckt drein. Sehr behutsam fragte ich sie nach ihren Gefühlen. Sie begann zu weinen und sagte: «Ich weiß auch nicht, was bei mir verkehrt läuft. Ich weiß, daß ich Gwen vertrauen sollte, aber sie will mir einfach nicht sagen, was los ist, und wenn sie davon redet, daß sie wegfahren will, klinke ich aus.»

Während der Therapiesitzungen, die ich im weiteren Verlauf mit Martha hatte, fand ich heraus, daß wie bei so vielen anderen Schwulen oder Lesben, mit denen ich gearbeitet habe, die Erinnerung an die extreme Unzuverlässigkeit von Marthas vorheriger Partnerin sie ihrer neuen Geliebten gegenüber permanent mißtrauisch machte. Es dauerte einige Zeit, doch schließlich wurde Martha klar, daß sie in ihrer letzten Beziehung zu wenig auf sich selbst geachtet hatte. Obwohl sie stets wußte, wann ihre ehemalige Partnerin sie belog, sie mit einer anderen hinterging oder sich sogar an ihrem Geld vergriff, hatte sie sich immer weiter ausnutzen lassen. Sie wollte geliebt werden. Es war nötig, daß Martha schrittweise lernte, Vertrauen zu entwickeln, und mit ihren bisherigen Verhaltensweisen brach. Denn früher gewährte sie es entweder allzu rasch, oder sie hielt es zur Gänze zurück.

Gwen machte die Besuchsreise zu ihren Kindern. Nach ihrer Rückkehr trennten und versöhnten sich die beiden im Lauf des darauffolgenden Jahres mehrmals. Mit einigem Aufwand gelang es ihnen schließlich, ihre aus der Vertrauensfrage resultierenden Probleme zu lösen und sich auf Dauer zu verbinden.

Vertrauen ist für eine Partnerschaft unabdingbar. Wenn Sie sich nicht sicher sind, wie weit Sie Ihrem Partner oder Ihrer Partnerin trauen können, dann halten Sie inne und fangen Sie an, dieses Vertrauen aufzubauen, bevor Sie in Ihrer Beziehung auch nur einen einzigen Schritt weitergehen. Finden Sie heraus, ob Ihrer Unsicherheit etwa die Homophobie oder eine persönliche Angelegenheit zugrunde liegt. Wenn Sie das Gefühl haben, daß Sie noch nicht so recht auf sich selbst vertrauen können, dann führen Sie Ihre Beziehung auf Sparflamme weiter, bis Sie Ihr eigenes Problem bewältigt haben. Wenn Sie und Ihr Partner oder Ihre Partnerin eine Vertrauensbeziehung aufgebaut hatten, die irgendwie Schaden genommen hat, dann werden Sie daran arbeiten müssen, um dieses Vertrauen wiederherzustellen.

Wie stellt man Vertrauen her? Treffen Sie bewußte Absprachen und halten Sie sich daran. Seien Sie pünktlich, zahlen Sie Ihre Schulden zurück, und legen Sie sowohl sich selbst als auch Ihrem Partner oder Ihrer Partnerin gegenüber Respekt an den Tag. Ob Sie nun Vertrauen zu sich selbst oder zu jemand anderem aufbauen, die Vorgehensweise ist fast identisch.

Richtlinien zur Vertrauensbildung

- *Sorgen Sie dafür, daß Sie mit Ihren Absprachen beide zufrieden sind.* Verängstigen Sie Ihren Partner oder Ihre Partnerin und auch sich selbst nicht dadurch, daß Sie sich einer allzu harten Prüfung unterziehen, das Unmögliche verlangen oder zu viel riskieren. Denken Sie daran, daß Angst alles Vertrauen zerstört. Wenn Sie anfangen, sich zu ängstigen, dann sprechen Sie darüber, und ermutigen Sie Ihren Partner oder Ihre Partnerin, das ebenfalls zu tun.

- *Halten sie einander auf dem laufenden.* Wenn Sie Ihren Partner oder Ihre Partnerin in der Frage, ob Sie eine Abmachung gebrochen haben, belügen, richten Sie damit mehr Schaden an als mit dem Bruch der Abmachung. Sagen Sie die Wahrheit, wenn Sie einen Fehler gemacht haben. Hat sich Ihr Partner oder Ihre Partnerin falsch verhalten, dann seien Sie bereit, ihm oder ihr zuzuhören, ohne dabei wütend zu werden, damit Sie gemeinsam eine Lösung für das Problem finden können. Wenn Sie immer wieder Ihr gegenseitiges Vertrauen brechen, dann müssen Sie sich wohl mit einer Neubestimmung Ihrer Beziehung beschäftigen.

- *Geben Sie sich selbst Zeit.* Ob Sie sich für die Monogamie oder für eine offene Beziehung entschieden haben, es wird in jedem Fall einiger Übung und Erfahrung bedürfen, um Ihr Abkommen auch erfolgreich beizubehalten. Geduld und Gesprächsbereitschaft sind Ihre besten Verbündeten. Während Sie Fehler machen und daraus lernen, bildet sich schrittweise Vertrauen heraus. Sobald das Vertrauen etwas stärker geworden ist, können Sie Ihre Regeln nach und nach lockern und sich selbst mehr Spontaneität zugestehen.

Da der Großteil von uns auf sexuellem Gebiet sehr verletzbar und in allerhöchstem Maß unsicher ist, ist das Vertrauen hier äußerst schwierig zu erreichen. Die folgende Übung kann Ihnen dabei helfen.

Übung: Vertrauen auf sexuellem Gebiet

Fangen Sie damit an, daß Sie Ihren Partner oder Ihre Partnerin bitten, ein kleines Risiko einzugehen und Ihnen eine kleine Eröffnung zu machen. Diese Eröffnung kann alles mögliche sein: etwas, das er oder sie beim Sex mögen oder nicht; eine Befürchtung wegen Ihrer Freundschaft mit jemand anderem; Sorgen um die eigene körperliche Attraktivität. Nehmen Sie sich daraufhin die nötige Zeit, um in aller Ruhe auf diese Eröffnung einzugehen. Atmen Sie einige Male tief durch, wenn Sie Angst bekommen oder Sie Ihre Gefühle verletzt sehen. Antworten Sie damit, daß Sie in Ihren eigenen Worten das wiedergeben, was Sie gehört haben, oder bitten Sie um weitere Erklärungen, falls das notwendig sein sollte. Wenn Sie beide der Meinung sind, daß Sie sich richtig verstanden haben, dann sprechen Sie gemeinsam über das Geständnis, das Ihr Partner oder Ihre Partnerin Ihnen gemacht hat. Gehen Sie in dieser Phase mit einem Höchstmaß an Sanftmut und Verständnis vor.

Machen Sie dann selbst eine Eröffnung, und geben Sie Ihrem Partner oder Ihrer Partnerin Zeit, sie sich anzuhören und darauf zu reagieren. Bitten Sie um eine Garantie für ein sanftes Vorgehen. Offenbaren Sie Ihr kleines Geheimnis erst, sobald Ihr Partner oder Ihre Partnerin Ihnen das garantieren kann. Hören Sie sich danach die Gefühle Ihres Partners oder Ihrer Partnerin zu dem, was Sie gesagt haben, ruhig und offen an. Wenn Sie diese Übung bei Ihren Gesprächsterminen mehrmals wiederholen, werden Sie ein Gespür dafür entwickeln, wie Aufrichtigkeit sich auswirkt. Nachdem Sie und Ihr Partner oder Ihre Partnerin diese Übung mehrere Monate lang regelmäßig wiederholt haben, werden Sie entdecken, daß Ihr Vertrauen zueinander wächst. Sobald Sie beide erst einmal eine liebevolle und angstfreie Atmosphäre aufgebaut haben, werden sich Aufrichtigkeit und Vertrauen in sexuellen Angelegenheiten sehr viel selbstverständlicher einstellen.

Ein wichtiger Nebeneffekt dieser Übung besteht darin, daß Ihre sexuellen Begegnungen interessanter werden. Vertrauen zwischen Partnern oder Partnerinnen schafft ein Gefühl der Sicherheit und eine

Atmosphäre, die einem entspannten, offenen und freien Ausdruck von sexuellen Gefühlen zuträglich ist. Wenn Sie beide wissen, daß Sie alles sagen können, was Ihnen in den Sinn kommt, ohne Angst vor einer negativen Reaktion zu haben, dann öffnen Sie innerliche Türen, durch die Sie zu sehr engen Bindungen gelangen können.

«Inzestuöse» Freundschaften

Das Thema von sexuellen Kontakten mit Freunden oder Freundinnen kann in schwulen oder lesbischen Beziehungen zum Problem werden. Mit einer solchen Situation bin ich bei der Arbeit mit meinen Klienten oder Klientinnen dermaßen häufig konfrontiert, daß ich eine gesonderte Beschäftigung mit diesem Thema für notwendig erachte.

Wenn ein Sexualvertrag unter Beteiligung eines Freundes oder einer Freundin des Paares gebrochen wird, dann kann der dadurch entstandene Schaden vergleichbar sein mit dem, wie man ihn bei Familien feststellt, in denen es zum Inzest gekommen ist. Ich ziehe diese Parallele, weil eine Gruppe von engen Freunden oder Freundinnen häufig einer ähnlichen Dynamik unterliegt wie eine Familie, und zwar inklusive einer «Mutterfigur» und/oder «Vaterfigur», «Geschwisterstreitigkeiten» und Gefühlen von Macht und Ohnmacht. Wenn einzelne Mitglieder dieser Gruppe aus Familien stammen, in denen in bezug auf die Sexualität unklare Trennungen, Inzest oder Mißbrauch herrschten, können diese Verhaltensmuster in der Form des Partnertausches, heimlicher Affären oder heftiger Flirts wieder auftauchen. In solchen Fällen werden die normalen Grenzen einer Freundschaft gesprengt, und das führt in der Folge zu Mißtrauen, Schmerz und traumatischen Empfindungen.

Einige meiner interessantesten Klientinnen gehörten zu einer Gruppe von lesbischen Frauen, die in derselben Firma arbeiteten. Die erste, die zu mir kam, war die zweiundzwanzigjährige Carol, die extrem durcheinander und verletzt war, weil ihre Geliebte eine Affäre mit Carols bester Freundin hatte. Wenn das aus welchem Grund auch immer notwendig war, nahm Carol Bezug auf mehrere ihrer Arbeitskolleginnen, mit denen sie befreundet war und die sich in einer vergleichbaren Situation befanden. Nach mehreren Sitzungen mit einigen dieser

Frauen hatte ich erkannt, daß der innere Aufruhr, den diese Frauen verspürten, ganz wesentlich durch den häufigen Partnerinnenwechsel verursacht war. Wenn sich ein Paar trennte, begannen diese beiden Frauen sofort «heimliche» Affären mit Frauen aus den anderen Paarbeziehungen der Gruppe. Allerdings war die gesamte Gruppe dermaßen eng miteinander verflochten, daß es überhaupt keine Heimlichkeiten geben konnte. Es kam schließlich so weit, daß die beteiligten Frauen ungeheure seelische Qualen ausstanden. Einige bekamen heftige Depressionen, waren völlig verzweifelt und sogar selbstmordgefährdet.

Die Entsprechung zwischen ihren Empfindungen und denen von Inzestopfern und Inzesttätern war bemerkenswert. Bei diesen Fragen war an ihnen eine vergleichbare Mischung aus Schuld, Wut, Liebe und Zuneigung festzustellen. Mehrere der Frauen waren nicht bereit (sie verhielten sich auch hier wie die Mitglieder einer inzestbelasteten Familie), über das Geschehen zu sprechen, hatten sie doch Angst, die Zuwendung der «Familie» zu verlieren.

Als ich diesen Klientinnen von den Ähnlichkeiten erzählte, die mir aufgefallen waren, stellte ich fest, daß mehrere von ihnen in ihrer Kindheit Inzestopfer geworden waren oder sexuellen Mißbrauch über sich hatten ergehen lassen müssen. Über eine Mischung aus Einzel- und Gruppentherapiesitzungen, in denen ich ihnen half, die alten Wunden zu heilen, konnten die meisten Frauen ihre inzestbedingten Schwierigkeiten aufarbeiten. Es gelang ihnen, sich von den wenigen Frauen aus ihrer Gruppe zu lösen, die nicht bereit oder in der Lage waren, die Verantwortung für ihr Verhalten zu übernehmen.

Aufrichtigkeit ist in allen intimen Beziehungen wichtig. Freundschaften müssen gefördert und lebendig erhalten werden, und das vor allem, wenn der Freundeskreis die Rolle der Familie übernimmt, wie das bei vielen schwulen oder lesbischen Paaren der Fall ist. Wenn Freunde oder Freundinnen und Liebhaber oder Geliebte demselben Geschlecht angehören und dieselben sexuellen Präferenzen haben, wird es überaus wichtig, klare Unterscheidungen zwischen Partnern und Partnerinnen oder Freunden und Freundinnen zu treffen.

Freundschafts-«Verträge»

Lernen Sie, mit Ihren Freunden oder Freundinnen genauso wie mit Ihren Liebhabern oder Liebhaberinnen tragfähige Absprachen zu treffen, was erlaubt oder nicht erlaubt ist. Wenn sich in einer freundschaftlichen Beziehung sexuelle Gefühle einstellen (und es ist ganz natürlich, daß das passiert), dann seien Sie bereit, sowohl mit Ihrem Freund (Ihrer Freundin) und Ihrem Liebhaber (Ihrer Geliebten) darüber zu sprechen. Machen Sie sich aber in erster Linie selbst für Ihre Entscheidungen auf sexuellem Gebiet verantwortlich. Zum Beispiel:

- Wenn ein Freund oder eine Freundin Sie permanent in Versuchung führt, Sie bedrängt oder Sie unter Druck setzt, auch sexuelle Begegnungen zuzulassen, dann sollten Sie den Wert dieser Freundschaft noch einmal prüfen.

- Wenn Sie ernsthaft mit der Verlockung, die sexuelle Beziehungen zu Freunden oder Freundinnen für Sie darstellen, zu kämpfen haben, dann sollten Sie sich darüber Gedanken machen, ob es Ihnen in Ihrer wichtigsten Beziehung vielleicht an etwas fehlt oder ob es vielleicht etwas gibt, mit dem Sie sich beschäftigen müßten.

- Wenn sie die Entscheidung treffen, mit Ihren Freunden oder Freundinnen offene sexuelle Beziehungen einzugehen, dann ist es natürlich unbedingte Voraussetzung, daß dieses Verhalten Teil eines Abkommens ist, das Sie mit Ihrem Partner oder Ihrer Partnerin als der wichtigsten Person in Ihrem Leben getroffen haben.

- Wenn Ihnen die Freiheit, mit Ihren Freunden oder Freundinnen Sex zu haben, wichtig ist, Ihr Partner oder Ihre Partnerin dem allerdings ablehnend gegenübersteht, dann sollten Sie den Status Ihrer eigenen Beziehung neu festlegen. Vielleicht wäre es für Sie beide besser, sich – sofern das überhaupt möglich ist – wieder auf eine unverbindliche Ebene zurückzuziehen, aber vielleicht ist es auch nötig, über eine Trennung nachzudenken.

Konstruktiver Sex: einige Anregungen

Die meisten Schwulen oder Lesben lernen schwulen oder lesbischen Sex quasi «auf der Straße» kennen, nach dem Prinzip von Versuch und Irrtum. Informationen, die man auf diese Weise sammelt, können nicht nur verwirrend, sondern auch unzutreffend sein. Wenn meine Klienten oder Klientinnen zum erstenmal zu mir zur Beratung kommen, sind die meisten von ihnen in Hinsicht auf Äußerungen zu ihrer Sexualität mehr als zurückhaltend. Sobald sie ein gewisses Vertrauen entwickelt haben, stellen sie meistens Fragen, was für Schwule oder Lesben als «normaler» Sex zu bezeichnen ist. Deshalb verwenden wir dann jeweils einige Zeit darauf, «mit der Therapeutin über Ferkeleien zu reden», wie es einer meiner Klienten formuliert hat!

Mehrere der Fragen, die ich von Schwulen und Lesben in meiner Praxis immer wieder gestellt bekomme, habe ich hier aufgeschrieben:

- Bin ich sexuell normal?
- Was ist konstruktiver Sex?
- (von Männern) Manchmal ziehe ich mich als Frau an. Hat das etwas Krankhaftes?
- (von Frauen) Wie wichtig ist es, daß man auch zum Orgasmus kommt?
- Ist es in Ordnung, wenn mein Liebhaber oder meine Geliebte einen Orgasmus hat, ich aber nicht?
- Ist es in Ordnung, wenn man sexuelle Rollenspiele macht wie zum Beispiel Krankenschwester und Patientin oder Lehrer und Schüler?
- Sind Sexspielsachen und besondere Kleidungsstücke in Ordnung?
- Sind Bondage (Fesselspiele) und «Natursekt» normal?

Die Antworten auf diese und andere Fragen, die mit schwuler oder lesbischer Sexualität zu tun haben, kann man nur finden, wenn man sich mit den Fakten vertraut macht und sich darüber unterhält. Die Möglichkeit, sich mit den Fakten zum Sex vertraut zu machen, sind heutzutage eher gegeben als noch vor ein paar Jahren. Immer mehr renommierte Wissenschaftler forschen auf dem Gebiet der menschlichen Sexualität, und jedes Jahr wird neues Wissen zugänglich. In allen größeren Städten werden Institutionen errichtet, die auch telefonische Beratungen zur Sexualität durchführen. Viele Paare finden es nützlich und anregend, Kurse über die menschliche Sexualität zu belegen, denn diese vermitteln nicht nur neues Wissen, sondern entwickeln sich häufig auch zu einer sehr großen Anregung.

Eröffnen Sie Ihre Auseinandersetzung über sexuelle Verhaltensweisen durch ein Gespräch mit Ihrem Partner oder Ihrer Partnerin. Sie verfügen wahrscheinlich beide über etliche Erfahrungen aus der Vergangenheit, aus denen Sie lernen können. Vielleicht möchten Sie Ihre Auseinandersetzung im weiteren Verlauf ja auf einige enge Freunde oder Freundinnen ausdehnen und gemeinsam mit diesen Vergleiche zwischen Ihren sexuellen Erfahrungen und Ihren Informationen zur Sexualität ziehen.

Auf den letzten Seiten dieses Abschnitts werde ich die Fragen beantworten, die mir von meinen Klienten oder Klientinnen am häufigsten gestellt werden, und mich mit den Themen beschäftigen, von denen ich glaube, daß sie für einen Großteil der Unsicherheiten verantwortlich sind.

Was ist konstruktiver Sex oder: Wie verrückt bin ich?

Konstruktiver Sex ist jede sexuelle Aktivität zwischen einvernehmlichen Erwachsenen, die weder sie selbst noch andere beeinträchtigt. «Einvernehmlich» bedeutet, daß beide Teile aus freien Stücken handeln. Ein «Erwachsener» wird nach den Gesetzen der meisten Bundesstaaten in den USA als jemand definiert, der achtzehn oder älter ist. In Europa gibt es dafür ebenfalls unterschiedliche Altersgrenzen, doch häufig liegen sie gleichfalls bei achtzehn. Aufgrund der Gefährdung durch sexuell übertragbare Krankheiten, zu denen auch Aids gehört, muß «Beeinträchtigung» sowohl in einem medizinischen als auch in einem körperlichen und psychologischen Sinn definiert werden. (Halten Sie sich vor Augen, daß harmlose gegenseitige Sexualspielchen zwischen Kindern als normal oder wenigstens nicht als pathologisch angesehen werden, wenn die Kinder altersmäßig nicht mehr als zwei Jahre auseinanderliegen und ihre Handlungen freiwillig machen. Was heißt, daß weder irgendwelcher Zwang noch der Einfluß von Erwachsenen eine Rolle spielen dürfen.)

Egal, um welches sexuelle Thema oder um welche sexuelle Aktivität es sich handelt, in jedem Fall ist es wichtig, die Sache nicht übertrieben ernsthaft anzugehen. Im folgenden finden Sie einen Auszug aus einer Kolumne, die ich zum Thema konstruktiver Sex für Schwulen- und Lesbenpublikationen geschrieben habe:

Ich glaube, daß es möglich und wahrscheinlich sogar notwendig ist, konstruktiven und verantwortungsvollen Sex zu haben und immer noch unbeschwert damit umzugehen. Sex ohne Druck («Wir müssen es so und so oft und auf die und die Weise machen.»), ohne Ziele («Es war nicht gut, wenn wir nicht beide den tollsten Orgasmus unseres Lebens hatten.»), ohne Aufrechnerei («Letztesmal habe ich angefangen, jetzt bist du an der Reihe.») und ohne Wettbewerbsdenken («Bin ich genauso gut wie dein letzter Liebhaber/deine letzte Geliebte?») ist wohl die Voraussetzung dafür, beim Sex entschieden mehr Gefühl und Liebe zu spüren und noch dazu garantiert eine Menge mehr Spaß zu haben!

Mit anderen Worten ausgedrückt, ist es also nicht der Sex, der zählt, sondern die Liebe. Sex ist eine tolle und wunderschöne Art, sich gegenseitig Liebe zu zeigen und alle Aspekte unseres Selbsts zu teilen. (...)

Wenn ich die Klagen von Klienten oder Klientinnen höre, daß ihnen ihre Partner oder Partnerinnen den Sex «vorenthalten», dann frage ich mich: Was ist passiert, daß der Spaß daran verlorenging? Wann ist das ganze zur Pflichtübung geworden? (...) Wenn ich Leute mit der «Größe» oder «wunderbaren Körpern» oder der Dauer und der «Trefferzahl» einer Begegnung prahlen höre, dann frage ich mich, wo dabei ihr Vergnügen bleibt, ihr Spaß, und was mit ihrer Liebe passiert ist. Warum ist es kaum möglich, von der Zärtlichkeit zu erzählen, von dem Genuß, gehalten und berührt zu werden? Wenn Klienten oder Klientinnen zu mir kommen, die Angst haben vor dem Sex und vor der Hingabe, dann frage ich mich: Was ist da geschehen, daß diese Angst sich einstellte?

Gott hat eine wunderbare Sache vollbracht: Wir kommen voll ausgestattet auf die Welt und brauchen keine Batterien, um unsere Freude und unser menschliches Sein zu teilen – seelisch, geistig, gefühlsmäßig und körperlich. Die einzige Einschränkung, die uns auferlegt ist, liegt in unserer Ausstattung: Halte sie in Schuß, treibe keinen Mißbrauch an ihr, «sei nett zu ihr» und habe Respekt vor den Spielsachen deines Gegenübers.

Ich habe die Hingabe geübt, und zwar auch die Hingabe an mein sexuelles Selbst. Wissen Sie, was passiert ist? Ich habe herausgefunden, daß es bedeutet, mich der Freude hinzugeben, der Liebe und dem Lachen, es auf die Weise passieren zu lassen, «wie es gerade kommt». Es bedeutet auch, mich den Momenten hinzugeben, in denen ich die Sache nicht genieße, mich selbst und meinen Partner oder meine Partnerin hinreichend zu respektieren, um das auch zuzugeben und die Veränderung vorzunehmen, die es braucht, und mich meinen Ängsten weit genug hinzugeben, um eine Sache lieber zweimal zu prüfen, damit ich mich auch wirklich «safer» fühlen kann.

Ich wünsche Ihnen Frieden und Freude beim Sex, und zwar in all den Arten, auf die Sie ihn leben.

Sexuelle Spielchen: Bondage und Dominanz, Fummel tragen und andere Nettigkeiten

Bondage, Rollenspielchen, Fummel tragen und Fetischismus wurden traditionellerweise immer als «ausgeflippt» oder «abartig» eingeschätzt. Seit dem Auftauchen von Aids haben diese Verhaltensweisen allerdings den Status von Safer-Sex-Praktiken erlangt. (Das zeigt, wie willkürlich viele von unseren Tabus sind!)

Alles, was ich hier aufgezählt habe, ist in Ordnung, solange man das Verhalten als konstruktiven Sex bezeichnen kann. Wenn ein Verhalten allerdings zwanghaft wird oder den eigenen Lebensstil zu sprengen droht, dann sollte man das als Hinweis auf ein Problem nehmen. Manchmal kann man die sexuellen Aktivitäten, die wir uns aussuchen, als abgelenkten Ausdruck überwältigender oder nicht befriedigter Gefühle ansehen. Indem ich zu all diesen Verhaltensweisen der Reihe nach etwas schreiben werde, gebe ich Ihnen Möglichkeiten an die Hand, mit deren Hilfe Sie erkennen können, wann Sie die Grenze von der Spielerei zum Problem überschreiten.

Bondage und Dominanz. Für viele Menschen ist es anregend, die Dominanz eines oder einer anderen zu spüren oder selbst jemanden zu dominieren. Bondage und Dominanz sind die harmloseren Cousinen des Sadomasochismus (SM). Während es beim Sadomasochismus eine ungesunde Betonung des Zufügens oder Empfangens von Schmerz gibt (körperlich, psychisch oder gefühlsmäßig), geht es bei Bondage und Dominanz bloß um den Spaß.

Zu den Spielchen mit Bondage und Dominanz gehören viele verschiedene Kleidungsstücke und Requisiten (normalerweise aus Gummi, Leder oder Metall). Solche Spielchen werden von allen möglichen Leuten getrieben, von Frauen und Männern, von Heteros und Homos. Mitspielende können Paare, Trios oder Gruppen sein. Manche Fans dieser Spielchen haben vollständig eingerichtete «Folterkammern» – penibel ausgestattete Räume mit Peitschen, Ketten und Handschellen als Schmuck. Zu Bondage und Dominanz gehört der sexuelle Verkehr nicht unbedingt dazu. Manchmal werden sie als Vorspiel zum Sex eingesetzt, manchmal schließen sie Sex ein, und manchmal haben sie gar keine sexuelle Note.

Um Probleme mit Bondage und Dominanz zu vermeiden, müssen Sie sich darüber im klaren sein, wie Sie sich vor einem Abgleiten in den Sadomasochismus bewahren können. Im folgenden finden Sie die Richtlinien für «safere» und gesunde Bondage-und-Dominanz-Praktiken, die ich für eine Diskussionsgruppe in einem Therapiezentrum für Schwule und Lesben entwickelt habe:

- Machen Sie sich mit Ihren Partnern oder Partnerinnen vertraut, *bevor* Sie mit den Spielchen anfangen.
- Sprechen Sie im vorhinein ein Wort oder einen bestimmten Satz ab, mit dem Sie den sofortigen Abbruch des Spiels bewirken können. Wenn jemand dieses Wort oder diesen Satz *ganz egal wann* sagt, müssen alle Fesseln oder sonstigen Bondagemittel augenblicklich gelöst werden (das ist nicht anders als bei Kindern, die ihre Spiele mit einem bestimmten Ausruf beenden).
- Sie müssen sicher sein, daß Ihnen das Spiel auch gefällt. Wenn Sie allerdings unsicher sind oder so etwas noch niemals gemacht haben, dann lassen Sie das alle Beteiligten wissen und überstürzen Sie nichts.
- Achten Sie besonders darauf, daß Sie weder Ihre eigene Atmung noch die Ihrer Partner oder Partnerinnen behindern. Vergewissern Sie sich über den Unterschied zwischen gewolltem Rollenspiel und tatsächlichem Widerstand. Drängen Sie einen Partner oder eine Partnerin, die Widerwillen zeigt, niemals zu etwas, und zwingen Sie sich selbst niemals zu einer Praktik, die Sie nicht wirklich

machen möchten. Diese Art Spiel gründet sich zur Gänze auf Vertrauen. Achten Sie deshalb unbedingt darauf, Ihre Versprechungen zu halten, und lassen sie sich nur auf Spiele mit Leuten ein, die sich ebenso verhalten.

Wenn irgendeine Verletzung (sei sie gefühlsmäßiger, psychischer oder körperlicher Natur) auftaucht, und sei sie noch so geringfügig, oder auch, wenn es nur einen einzigen scharfen Schrei gibt, dann hören Sie sofort auf! Klären Sie unbedingt die Gründe für diese Erscheinung, bevor Sie sich von neuem auf ein solches Spiel einlassen, und tun Sie das am besten mit einer erfahrenen Person, das heißt mit jemand aus dem Therapie- oder Beratungsbereich.

Bondage und Dominanz lassen sich weder mit selbstzerstörerischen Tendenzen noch mit einer bestimmten Widerwilligkeit gegen Eigenverantwortung in Einklang bringen. Wenn Sie sich nicht an die eben aufgeführten Richtlinien halten, müssen Sie *unbedingt* professionelle Hilfe suchen, um herauszufinden, warum Sie das nicht tun, denn sonst laufen Sie Gefahr, sich selbst oder jemand anderen zu verletzen.

Fummel tragen. Viele meiner schwulen Klienten stellen mir Fragen zum Fummeltragen. Mit dem Fummeltragen ist gemeint, daß man Kleider trägt, die normalerweise dem anderen Geschlecht vorbehalten sind. In der Allgemeinbevölkerung existiert eine interessante Doppelbewertung des Fummeltragens. Während Frauen, die sich wie Männer kleiden, als «scharf» oder exzentrisch angesehen werden, werden Männer, die sich wie Frauen anziehen, für gewöhnlich als «krank» oder allermindestens als äußerst sonderbar eingeschätzt. Deshalb haben die Schwulen auch größere Schwierigkeiten festzustellen, was als konstruktiv zu bezeichnen ist.

Viele männliche Künstler, und zwar sowohl schwule als auch heterosexuelle, verdienen ihr Geld mit dem Tragen von Fummeln. Weil sie es zu Unterhaltungszwecken machen, wird das Tragen der Kleider des anderen Geschlechts in diesem Fall meistens als akzeptabel und amüsant erachtet (vor allem, wenn große Stars es machen). Der Film *Tootsie* war zum Beispiel ein Kassenschlager, und zwei Broadway-Aufführungen aus den letzten Jahren – *Ein Käfig voller Narren* und *Torch Song Trilogy* (die beide auch verfilmt wurden) – hatten fummeltragende Schwule zum Thema.

Fummeltragen kann wirklich Spaß machen, und es ist harmlos. Ich kenne etliche Gruppen schwuler Männer, die sich für einen Tag treffen und als Frauen anziehen, und zwar aus purem Spaß. Fummeltragen wird von vielen Schwulen oder Lesben als Halloween-Ritual geschätzt. Das überaus strenge gesellschaftliche Tabu, mit dem für Männer das Tragen von Frauenkleidern, von hochhackigen Schuhen und Make-up belegt ist, lädt zu solch aufrührerischem Spiel geradezu ein.

Wenn das Fummeltragen in die Nähe psychologischen Zwangsverhaltens gerät, wird es Transvestismus genannt. Transvestiten tragen die Kleider des anderen Geschlechts nicht, um Spaß daran zu haben, sondern um sich von einem inneren Druck zu befreien.

Wenn Sie Fummel tragen, wissen nur Sie, in welche Kategorie sie gehören. Wenn Sie Vergnügen daran haben, brauchen Sie sich überhaupt keine Sorgen zu machen. Wenn Ihre Vorliebe fürs Fummeltragen Sie allerdings in irgendeine gefährliche Situation geraten läßt, Sie selbst oder Ihren Freund durcheinanderbringt, oder wenn Sie das Bedürfnis verspüren, zu unpassender Zeit und an unpassendem Ort Fummel zu tragen, dann sollten Sie sich vielleicht doch um professionelle Hilfe kümmern. Zusätzlich zu einer Therapie können Sie sich von einer der vielen Selbsthilfegruppen für Transvestiten, die es in etlichen größeren Städten gibt, Unterstützung holen. In einer solchen repressionsfreien Umgebung können Sie lernen, sich selbst besser zu verstehen und mit Ihrem unwiderstehlichen Drang umzugehen.

Paraphilie. Wenn jemand sexuellen Reiz in Gegenständen, Tieren, Kindern oder Körperausscheidungen findet anstatt in anderen erwachsenen Menschen, so wurde das bis vor kurzem mit Begriffen wie *Perversion, abweichendes Verhalten* und/oder *Fetischismus* belegt. Da jedoch diese Formen sexueller Anregung in unserer Gesellschaft mit einer bestimmten Häufigkeit zu finden sind, hat die Wissenschaft ihre Terminologie überarbeitet und verwendet inzwischen den Begriff *Paraphilie*, mit dem sie jede ungewöhnliche Alternative sexuellen Stimuliertseins benennt.

Paraphilie ist ein zwanghaftes Verhalten und keines, zu dem man sich entscheiden kann. Wie bei allen zwanghaften Verhaltensweisen gibt es hierbei ein Spektrum von der Harmlosigkeit bis hin zur Obsession und Selbstzerstörung. Manche Arten der Paraphilie werden als pathologisch oder ungesetzlich bestimmt. Wenn man darüber phantasiert, mit Kindern oder Tieren Sex zu haben, so ist das Paraphilie. Wenn man mit Kindern oder Tieren allerdings wirklichen Sex hat, so ist das unter die Kategorie «pathologisch», das heißt «krankhaft» einzuordnen. Allerdings gibt es hier verschiedene Grauzonen, werden doch homosexuelle Handlungen noch häufig für illegal erklärt, auch wenn sie nicht mehr länger als krankhaft gelten.

Wie bei jeder anderen Substanz oder jedem anderen Verhalten, mit dem man Mißbrauch begehen kann, so gilt auch für die Entscheidung, ob die für einen selbst interessanteste sexuelle Betätigung ein Problem ist, folgende Faustregel: Bestimmen *Sie* das Geschehen, oder ist es das Verhalten beziehungsweise die Substanz, das (die) Ihnen Ihre Handlungen diktiert? Als zweites gilt die Frage, ob Sie oder jemand anderes durch Ihre Praktiken in Mitleidenschaft gezogen wird.

Die folgenden Aktivitäten fallen alle unter die Kategorie «generell normal»:

- die Verwendung von Sexspielsachen (Dildos, Vibratoren et cetera)
- das gegenseitige Bepissen unter der Dusche
- das Tragen von Leder und/oder Gummi, hochhackigen Schuhen und Handschellen
- Rollenspiele (Lehrerin/Schülerin, Krankenpfleger/Patient, usw.)

Viele meiner schwulen Klienten fragen mich zum Thema «Natursekt». Damit sind sexuelle Aktivitäten gemeint, bei denen Urin eine Rolle spielt. Hier muß man vorsichtig sein, da durch Bakterien oder Viren hervorgerufene Krankheiten übertragen werden können, wenn die Körperausscheidung des Partners oder der Partnerin mit den Verletzungen, Wunden oder mit anderen Körperöffnungen des Partners oder der Partnerin in Kontakt kommt.

Wenn Sie über *irgendeine* Ihrer sexuellen Praktiken im Zweifel sind, dann überlegen Sie sich doch, ob Sie sich darüber nicht mit einem ausgebildeten Sexualtherapeuten (einer Therapeutin) unterhalten wollen, der oder die in bezug auf Fragen der Sexualität und der Gesundheit offen und ohne Verurteilung sprechen kann. Viele Ihrer Fragen können Sie außerdem durch einen Anruf bei einer der telefonischen Sexualberatungsinitiativen klären.

Was sind konstruktive sexuelle Rollen?

Konstruktive sexuelle Rollen sind im allgemeinen sexuelle Verhaltensweisen, die man modifizieren kann, die für keine(n) der beiden Partner
oder Partnerinnen Schäden mit sich bringen und zu denen es einvernehmlich kommt. Bei den Gesprächen mit meinen schwulen Klienten
und lesbischen Klientinnen, die mit ihrer Rolle im Sexuellen Probleme
haben, konnte ich feststellen, daß die häufigsten Konflikte in einem
Widerstand gegen Veränderungen und in dem Gefühl, in einer Rolle
«gefangen» zu sein, liegen.

Wie ich bereits früher erwähnt habe, tendieren viele schwule und
lesbische Paare dazu, in ihrem Sexualverhalten vorgefertigten Mustern
zu folgen, mit denen sie den stereotypen Rollen von «Macker» und
«Weibchen» oder «Tunte» folgen. Genau wie bei den meisten anderen
Unternehmungen, so will ein Großteil der Menschen auch beim Sex
Abwechslung haben. Eine der Fähigkeiten, die Sie brauchen, um Ihre
auf Dauer angelegte schwule oder lesbische Beziehung angenehm zu
gestalten, ist die Kunst, sich mit demselben Menschen immer wieder
neue und aufregende Erfahrungen zu verschaffen. Wenn Sie Ihre sexuelle Routine verändern möchten, dann liegt der erste Schritt in
einem Gespräch, das Sie beide über Ihre Gefühle führen müssen. Warten Sie dazu auf eine entspannte Situation. Um das Gespräch in Gang
zu bringen, können Sie ja etwas sagen wie: «Weißt du, wir haben uns
noch nie so richtig über den Sex unterhalten, das heißt über das, was
wir mögen und nicht mögen. Es macht mir zwar einige Schwierigkeiten, mit dem Thema anzufangen, aber ich möchte wirklich sehr gern
darüber reden. Was hältst du davon?»

Es kann sein, daß Sie sich erst ein paarmal über den Sex im allgemei-
nen unterhalten müssen, bevor Sie zu irgendwelchen besonderen
Punkten kommen (die im Anhang aufgeführten Safer-Sex-Informatio-
nen können Ihnen bei einem solchen Gespräch nützlich sein). Bevor
Sie über etwas sprechen, das Sie nicht mögen, erwähnen Sie etwas, das
Sie gern mögen. Danach werden Sie leichter auch unangenehmere
Dinge äußern können, und Sie geben Ihrem Gegenüber dadurch die
Gewißheit, daß Sie nicht *alles* an seiner oder ihrer Art ablehnen. Erklä-
ren Sie danach, was Sie gerne hätten, und bitten Sie ihn oder sie um
eine Stellungnahme.

Halten Sie sich dabei vor Augen, daß der Sex in Ihrer Beziehung bloß eine Umgangsform von vielen ist. Wenn Sie die Auseinandersetzung mit diesem Thema eröffnen, dann zerstören Sie auf keinen Fall Ihre Impulsivität, sondern schaffen sich sogar eine bessere Ausgangsbasis für noch größere Spontaneität. Sie betreiben dadurch Ihr Coming-out auf einer anderen Ebene und verhelfen sich selbst dazu, daß Ihr wahres Selbst zutage tritt. Eine konstruktive und vergnügliche Sexualität ist ein entscheidender Grundbestandteil einer erfolgreichen Beziehung.

KAPITEL 6

Zusammenleben

Sie sind ein Paar, und Ihre Freunde sprechen von Ihnen in einem Atemzug – «Tim und Joe», «Fran und Beth». Sie werden zu Parties immer gemeinsam eingeladen, und Sie werden als Paar vorgestellt. Ein Freund oder eine Freundin, der (die) Ihnen über den Weg läuft, wird wahrscheinlich fragen: «Wo ist Gail?» oder: «Hast du Nick gar nicht dabei?» Sie und Ihr Partner oder Ihre Partnerin verbringen den Großteil Ihrer Zeit gemeinsam. Einer (eine) von Ihnen bleibt meistens wochentags und immer am Wochende in der Wohnung des oder der anderen, und mit der Zeit erscheint es Ihnen zu anstrengend, an zwei Orten zu wohnen. Sie denken langsam ans Zusammenziehen. Sie sagen sich, daß Sie schließlich ohnehin schon fast zusammenleben.

Für die meisten schwulen und lesbischen Paare ist das Zusammenleben erstes Ziel in und letzter Schritt zu einer Beziehung, denn die Ehe erscheint in den meisten Fällen als unmöglich oder als unnötig. Ich selbst betrachte die Ehe als ein umsetzbares und wünschenswertes Ziel für schwule und lesbische Beziehungen, und ich werde die Möglichkeiten, eine Beziehung formell abzusichern, in Kapitel sieben noch ausführlich behandeln. Weil dermaßen viele Paare das Zusammenleben als den letzten Schritt ansehen und die meisten schwulen und lesbischen Paare, die heiraten, davor erst einmal zusammenleben, ist es allerdings wichtig, mit einer solchen Entscheidungssituation umgehen zu können. Aufgrund der Erfahrungen mit meinen Klienten oder Klientinnen glaube ich, daß viele Schwule und Lesben mit dieser Entscheidung nicht angemessen zurechtkommen. Statt die Früchte größerer Intimität und einer engeren Bindung zu ernten, bleiben sie mit ihren Liebhabern oder Geliebten in unglücklichen und kurzfristigen Beziehungen stecken.

Viele der Fragen, die sich im Hinblick auf ein Zusammenziehen stellen, bringen eine Wiederholung von Problemen, wie wir sie in Kapitel drei bereits mit Augenmerk auf eine feste Bindung erörtert haben. Manche homosexuellen Paare, und zwar besonders Lesben, stürzen sich sehr rasch in eine eheähnliche Gemeinschaft und machen sich vorher nicht allzu viele Gedanken darüber. Deshalb sind sie auf die Bewältigung der neuen Herausforderungen und der intensiveren Dynamik des Zusammenlebens häufig nicht vorbereitet. Andere, und das heißt vorrangig Schwule, widersetzen sich dem Schritt zum Zusammenziehen vielleicht aus der Befürchtung heraus, ihre Individualität und ihre sexuelle Freiheit zu verlieren. Sie ringen womöglich monate- oder gar jahrelang um diese Entscheidung und stagnieren irgendwo zwischen Getrenntsein und einer gewachsenen Bindung.

Andere Paare, die zusammenziehen, betrügen sich vielleicht selbst um die Vorteile dieser Lebensweise, weil sie noch immer spezifisch schwule oder lesbische Fragen zu lösen haben. Fragen der Homophobie («Ich bin schwul/lesbisch, also stimmt etwas nicht!») und des Coming-outs («Wenn wir zusammenziehen, wird jeder wissen, daß du schwul/lesbisch bist.») können so viel Angst hervorrufen, daß das Zusammenleben freudlos und streßbefrachtet wird.

Die beiden Geschichten, die ich gleich vorstelle, sind bezeichnend für die Probleme, die anfallen können, wenn schwule oder lesbische Liebespaare die Entscheidung zu einem Zusammenleben nicht völlig klar ins Auge fassen.

Der zweiundzwanzigjährige Pete und der fünfunddreißigjährige Craig lernten sich in der Kirche kennen. Sie sangen beide im Chor und arbeiteten in kirchlichen Komitees mit. Sie trafen sich oft in Petes Wohnung, um den Gemeindebrief ihrer Kirche vorzubereiten, und hinterher tranken sie meist noch zusammen Kaffee. Pete bewunderte Craigs Wissen und seine Erfahrung, und Craig genoß Petes Aufmerksamkeit. Schon nach kurzer Zeit wurde aus den Treffen mehr als die Beförderung kirchlicher Angelegenheiten. Eines Nachts schliefen die beiden miteinander.

Als Petes Mitbewohner in eine andere Stadt zog und Pete bemerken mußte, daß er die Wohnung allein nicht halten konnte, schlug Craig vor, Pete sollte vorübergehend bei ihm einziehen. Aus dem «vorübergehend» wurden Wochen und dann Monate. Pete fühlte sich von Craig immer stärker dominiert und ständig bekrittelt. Craig hielt Pete für verantwortungslos. Als sie mich aufsuchten, waren sie beide wütend und verwirrt.

Anfangs redete bloß Craig: «Ich habe das nie gewollt. Er sollte bloß vorübergehend bei mir einziehen, aber er tut einfach nichts für eine eigene Wohnung. Außerdem könnte er eine bessere Stelle haben, aber es liegt ihm nichts daran. In der Kirche wissen jetzt alle, daß wir zusammenleben. Es wird bestimmt schrecklich, wenn wir uns mal trennen.»

Schließlich warf Pete ein paar Worte ein: «Ich weiß nicht, worüber er sich so aufregt. Es ist doch in Ordnung so. Solange er nicht an mir herumkrittelt, kommen wir gut miteinander aus. Wenn er etwas entspannter sein könnte, wäre alles bestens.»

Die dreiundzwanzigjährige Suzanne und die fünfundzwanzigjährige Valerie waren beide stolz darauf, daß sie von der ersten Verabredung an keine anderen sexuellen Beziehungen gehabt hatten. Sie waren damals innerhalb von sechs Wochen zusammengezogen. Jetzt, ein halbes Jahr später, kamen sie zu mir. «Ich glaube, wir haben einen Fehler gemacht», erzählte Suzanne. «Ich dachte, Valerie sei die Frau meines Lebens, aber jetzt denke ich, ich hatte unrecht.» Als ich fragte, warum sie das glaubte, sagte sie:

«Der Zauber ist verflogen. Wir begeistern uns nicht mehr füreinander. Valerie ist nicht damit zufrieden, wie ich das Badezimmer putze. Und ich mag es nicht, wie sie ihr Geld verpraßt. Wir haben ständig Streit. Zwar glauben wir, daß wir uns trennen sollten, aber wir wollen beide nicht wieder allein sein. Deshalb dachten wir, wir sollten mit einer Beraterin sprechen.»

Wie immer Ihre Situation mit Ihrem Partner oder Ihrer Partnerin auch sein mag: Es ist wichtig, daß Sie die Entscheidung über ein Zusammenleben gemeinsam genau prüfen. Das Zusammenziehen ist *tatsächlich* ein neuer Schritt in ihrer Bindung, und es schafft eine Dynamik, die sich sehr von der regelmäßiger Begegnungen unterscheidet. Sie werden sich mit Fragen herumschlagen müssen zum persönlichen Freiraum, zum Privatbereich, zu häuslichen Pflichten und zur Rollenverteilung in Ihrer Beziehung. Solche Fragen stellen sich allesamt intensiver und sind schwieriger zu behandeln als zuvor.

Wie bei jedem anderen Schritt, den man im Prozeß der Partnersuche macht, gibt es auch hier keinen allgemeingültigen Zeitpunkt, zu dem man sich für ein Zusammenleben entscheiden sollte. Manche schwulen oder lesbischen Paare brauchen vielleicht nur ein paar Monate, bis sie für dieses Stadium bereit sind, aber für viele wird es sinnvoll sein, sich mehr Zeit zu lassen.

Sehen wir uns nun einige Richtlinien an, nach denen Sie Ihre Entscheidung ausrichten, sowie die wichtigsten Fragen, die Sie vor einem Zusammenziehen klären sollten.

Zusammenleben: Pro und Kontra

Wie die Wirklichkeit der Ehe, so ist auch die des Zusammenlebens häufig hinter einem Nebel romantischer Vorstellungen nicht genau zu erkennen. Die Wahrheit ist, daß das Zusammenleben mit einem Liebhaber oder einer Geliebten als solches die Lebensqualität noch nicht verbessert. Wenn Sie sich alleine unglücklich fühlen, wird es Ihnen bei einem Zusammenleben wahrscheinlich genauso schlechtgehen. Soll der gemeinsame Alltag funktionieren, dann bedarf es der gleichen Bemühungen und Fähigkeiten, durch die Sie auch Ihr Leben alleine befriedigend gestalten können.

Ein Zusammenleben hat ganz offensichtlich viele Vorteile, aber für manche schwulen oder lesbischen Paare kann es ebenso viele Nachteile mit sich bringen. Überdenken Sie die nachfolgenden Punkte, die entweder für oder gegen ein Zusammenleben sprechen:

Pro

- ein besserer Lebensstandard dank gemeinsamen Einkommens und geteilter Ausgaben
- kein Aufwand mehr, wenn man sich sehen möchte
- eine mögliche Erleichterung der Kommunikation und der Gemeinsamkeit
- ein Probelauf vor der schwulen oder lesbischen Ehe
- ein effektiverer Zeiteinsatz
- gegebenenfalls eine Lernmöglichkeit, was Fähigkeiten in bezug auf den vertrauten Umgang miteinander angeht

- die Pflichten und Verantwortlichkeiten werden geteilt
- der Kontakt und die mögliche Vertrautheit werden gefördert
- ein mögliches Ende des Alleinseins
- Gesellschaft, Unterstützung und Zuwendung sind fast immer verfügbar
- ein möglicher Ansporn, bessere Verhaltensweisen anzunehmen

Kontra
- das Risiko, für «selbstverständlich» angesehen zu werden; Apathie, Verlust der Begeisterung
- mehr Druck und Streß, der auf die Beziehung einwirkt
- die Erschwernis, sich nötigenfalls zu trennen
- die Notwendigkeit von mehr Gesprächen und Abkommen miteinander
- die Auseinandersetzungen um Freiraum und Privatbereich
- die möglicherweise schlecht miteinander verträglichen Lebensgewohnheiten (Hausarbeit, Umgang mit Geld, Arbeit und Freizeit)
- der Verlust von Freiheit und Unabhängigkeit
- die Erschwernis, Zeit und Freiraum für sich allein zu bekommen
- die Notwendigkeit, bei allen Handlungen die Gefühle eines oder einer anderen bedenken zu müssen
- der Verlust finanzieller Freiheit
- weniger Zeit für Hobbies und Projekte
- alleinstehende Freunde werden vielleicht wegbleiben

Zusätzlich zu diesen Vor- und Nachteilen gibt es noch einige andere spezielle Fragen, die Sie zur Entscheidungsfindung überdenken sollten. Wenn Sie vor dem Coming-out Angst haben, kann das Zusammenleben Ihre Möglichkeiten, versteckt zu bleiben, kraß einschränken. Weil es dann schwieriger ist, Ihre Beziehung zu verbergen, wird es wahrscheinlich zusätzlichen Streß und weitere Sorgen erzeugen, wenn Sie Verwandte in der Nähe haben oder in einer Gegend leben, in der die Leute Schwulen oder Lesben gegenüber offen feindselig sind.

Wenn Sie eine Menge emotionales Gepäck mit sich herumschleppen (einen anstrengenden Beruf, Kinder aus einer früheren Ehe oder schwierige Familienverhältnisse), kann ein Zusammenleben Ihren Partner oder Ihre Partnerin zu sehr in Ihre persönlichen Umstände hineinziehen und ihn oder sie regelrecht erschlagen.

Als letztes ist zu sagen: Wenn Ihre Beziehung ohnehin schon gestört ist, könnte das Zusammenleben mehr Probleme produzieren als lösen.

Die intensive Beschäftigung mit den eben erwähnten Faktoren kann Ihnen helfen, unrealistische oder verborgene Erwartungen in dieser Hinsicht zu vermeiden. Letztlich muß ohnehin jedes Paar mit Blick auf seine besondere Situation und seine besonderen Bedürfnisse entscheiden. Der Rest dieses Kapitels enthält spezifische Vorschläge, mit deren Hilfe Sie die mächtigsten Widrigkeiten bewältigen können, falls Sie sich zu diesem Schritt entscheiden.

Privatheit, häusliche Pflichten und Geld

Selbst wenn Sie zuvor schon mit anderen zusammengewohnt haben, müssen Sie sich vergegenwärtigen, daß es etwas ganz anderes ist, Ihren Wohnraum mit einem Liebhaber oder einer Geliebten zu teilen. Wie sehr Sie einander auch lieben: Jeder oder jede von Ihnen hat andere und vielleicht heimliche Verhaltensweisen, Überzeugungen und Angewohnheiten, die den Erfolg Ihres Zusammenlebens beeinflussen können. Je größer die Unterschiede zwischen Ihren jeweiligen Definitionen des Zusammenlebens sind, desto entscheidender ist es, daß Sie sich Ihre Wünsche und Bedürfnisse bewußt machen und sich darüber austauschen, ehe Sie Ihre Beziehung forcieren.

De facto verschiebt das Zusammenleben die Gewichtung innerhalb Ihrer Beziehung: «Wann können wir zusammensein?» wird abgelöst durch die Frage: «Wann können wir jeweils für uns alleine sein?» Ihre Beziehung aus dem Verabredungsstadium wird dabei gänzlich auf den Kopf gestellt. Beispielsweise kann das starke Bedürfnis eines Partners oder einer Partnerin, Zeit für sich allein zu haben, aus zweierlei Gründen zu einer Hauptquelle für Konflikte werden: Erstens suggeriert unser kulturelles Wertesystem, Liebende müßten all ihre Zeit zusammen verbringen wollen, und deshalb wird der Wunsch nach Alleinsein oft als selbstsüchtig und beleidigend interpretiert. Zum zweiten haben die beiden Partner oder Partnerinnen vielleicht gar keinen geeigneten Platz mehr, an den sie sich in die Ungestörtheit zurückziehen können.

Eine ganz prinzipielle Vorgehensweise, die ich zur Vorbereitung auf ein Zusammenleben empfehle, ist die: Gehen Sie mit Ihrem Partner oder Ihrer Partnerin alle Situationen aus Ihrer jeweiligen Vergangenheit durch, in denen Sie mit Ihrer Familie, mit Mitbewohnern oder ehemaligen Liebhabern (Geliebten) bestimmte Lebensumstände festgelegt hatten. Alle positiven oder negativen Erfahrungen aus diesen vergangenen Situationen können Ihnen zu Ihrem aktuellen Abenteuer als Bewertungskriterium dienen.

Privatheit

Ein Großteil der Unruhe, die schwule oder lesbische Paare im Zusammenleben erfahren, hat mit dem Thema Privatheit zu tun. Ich habe schon viele Klienten und Klientinnen erlebt, die dachten, die Tatsache des Zusammenziehens verleihe ihnen die Berechtigung, über das Leben ihrer Partner oder Partnerinnen bis in alle Einzelheiten Bescheid zu wissen.

Wir alle brauchen Privatheit, und wir alle haben unterschiedliche Gewohnheiten und Auffassungen im Hinblick auf Privatheit und persönlichen Besitz. Jedes Paar wird unweigerlich mit der Frage konfrontiert, wie es mit Fragen der Privatheit umgehen und individuelle Bedürfnisse zum Ausgangspunkt von gemeinsamen Lösungen machen kann.

Marlene und Suki, ein Lesbenpaar, hatten zu Fragen der Privatheit innerhalb ihrer Beziehung völlig entgegengesetzte Auffassungen. In den Familien, aus denen sie stammten, waren ihnen sehr unterschiedliche Wertvorstellungen zu Fragen der Anteilnahme, des Respekts und der Höflichkeit vermittelt worden.

Die beiden gerieten in die Zwickmühle ihrer unterschiedlichen Vorstellungen, als Suki eines Tages beim Nachhausekommen feststellen mußte, daß Marlene sich ohne zu fragen eine Bluse ausgeliehen hatte. Sie erzählten mir, daß das sich anschließende Gespräch ungefähr folgendermaßen verlaufen war:

> Suki: «Ich kann es wirklich kaum fassen, daß du einfach in meinen Kleiderschrank gegriffen und dir die Bluse genommen hast, während ich zur Arbeit war!»
> Marlene: «Weißt du, ich konnte nichts anderes finden, was zu diesen Hosen paßte. Ich hab das nicht in böser Absicht gemacht.»
> Suki: «Aber du bist einfach an meine Sachen gegangen! Wie kannst du so etwas tun?»

*Marlene: «Ich verstehe nicht, was daran ein so großes Problem
sein soll! Ich habe dir die Bluse zurückgegeben, und ich habe sie
sogar gewaschen und gebügelt. Sie hat überhaupt nichts abbe-
kommen.»*

*Suki: «Außerdem kommst du immer einfach so ins Schlafzimmer,
wenn ich gerade drin bin. Du klopfst nicht einmal an!»*

*Marlene: «Anklopfen? Du möchtest, daß ich an meiner eigenen
Schlafzimmertür anklopfe? Das ist verrückt!»*

*Suki: «Und noch dazu lädtst du immer irgendwelche Leute ein,
ohne mir Bescheid zu sagen! Du nimmst auf meine Gefühle überhaupt keine Rücksicht! Ich kann so nicht leben!»*

Im Lauf meiner Bemühungen, Marlene und Suki bei der Ursachenfin-
dung für diese Unterschiedlichkeiten zu unterstützen, erfuhr ich, daß
Marlene und ihre beiden Schwestern ihre Kleider gegenseitig ausgeliehen, sich gleichzeitig ins Badezimmer gequetscht und dauernd irgendwelche Freunde oder Freundinnen eingeladen hatten. Im Gegensatz
dazu hatten in Sukis japanisch-amerikanischer Familie Höflichkeit
und Aufmerksamkeit bedeutet, daß man *niemals* die Privatheit einer
anderen Person verletzten durfte. Wenn jemand telefonierte, blieb
Suki so lange außerhalb des Zimmers, bis das Gespräch beendet war.
Ehe sie ein Zimmer betrat, dessen Tür geschlossen war, klopfte sie
jedesmal an und wartete auf die Erlaubnis einzutreten.

Nachdem ich Suki und Marlene geholfen hatte, ihre individuellen
Unterschiede zu verstehen, kamen sie zu dem Schluß, daß eine Trennung für sie beide besser sein würde. Obwohl es ihnen schwerfiel, wieder auseinander zu ziehen, verbesserte sich ihre Beziehung tatsächlich,
nachdem sie es getan hatten. Es ist klar, daß sie sich eine ganze Menge
Schmerz und Streitereien hätten ersparen können, wenn sie über ihre
Vorstellungen von Privatheit bereits vor ihrem Zusammenziehen gesprochen hätten.

Zwar prallen Ihre Vorstellungen hinsichtlich der Privatheit vielleicht
nicht ganz so heftig aufeinander wie die von Suki und Marlene, aber Sie
haben wahrscheinlich beide gewisse Minimalanforderungen, die Sie
gerne erfüllt sähen. Unter Umständen haben Sie das Thema Privatheit
ja bereits behandelt, doch wenn dem nicht so sein sollte, kann die folgende Übung Ihnen helfen, Ihre individuellen Bedürfnisse zu entdekken und die Handhabung etwaiger Unterschiedlichkeiten erleichtern.

Übung: Freiraum und Privatheit

Nehmen Sie sich zunächst etwas Zeit, Ihre Vorstellungen von Privatheit durchzugehen, und fangen Sie bei Ihrer Kindheit an. Wenn Sie zum Beispiel ein Einzelkind waren, Ihr Liebhaber oder Ihre Geliebte aber Geschwister hatte, dann wäre die Beantwortung der Frage nützlich, ob Ihr Partner oder Ihre Partnerin mit seinen oder ihren Geschwistern vieles geteilt hat. Gehen Sie auch die Erfahrungen durch, die Sie mit früheren Mitbewohnern, Mitbewohnerinnen, Liebhabern und Geliebten gemacht haben.

Stellen Sie sich danach gegenseitig die folgenden, sehr speziellen Fragen:

▶ Ist es dir recht, wenn ich mir welche von deinen Kleidungsstücken ausleihe?

▶ Erlaubst du mir, daß ich deine Zeitungen und Zeitschriften noch vor dir lese?

▶ Darf ich die Nachrichten auf deinem Anrufbeantworter abhören?

▶ Darf ich die Post lesen, die du von Freunden oder Freundinnen und von Verwandten bekommst?

▶ Darf ich an deinen Schrank gehen, um die schmutzigen Sachen zur Wäsche zu geben?

▶ Möchtest du im Badezimmer allein sein, oder kann ich auch dann reinkommen, wenn die Tür zu ist?

▶ Sollte ich anklopfen, ehe ich in dein Arbeitszimmer oder ins Schlafzimmer komme?

▶ Kann ich Freunde oder Freundinnen einladen, ohne vorher bei dir nachgefragt zu haben?

Wenn Sie über Ihre Antworten auf die Fragen sprechen, dann halten Sie sich bitte an diese Richtlinien:

▶ Reden Sie ganz offen über Ihre Bedürfnisse. Selbst wenn Sie sich schuldig fühlen oder es Ihnen peinlich ist, weil Sie so viel Privatheit oder Gemeinsamkeit wollen: Genau jetzt ist der richtige Zeitpunkt, Ihrem Liebhaber oder Ihrer Geliebten von Ihren Wünschen zu erzählen. Tun Sie das nicht, dann können Sie davon ausgehen, daß sich Ihre Gefühle später in Form von Wut Bahn brechen.

- Respektieren Sie die Bedürfnisse Ihres Partners oder ihrer Partnerin unabhängig davon, wie trivial oder verklemmt sie Ihnen erscheinen mögen. Ihr Gegenüber bei diesem Gespräch ist die Person, mit der Sie in Zukunft zusammenleben wollen, deshalb ist gegenseitiger Respekt mehr als angebracht.
- Denken Sie noch einmal über die Wohnung nach, in der Sie leben werden. Wenn Sie beide viel Privatheit brauchen, ist es wenig aussichtsreich, in eine Wohnung zu ziehen, in der Sie keine getrennten Zimmer haben können. Überlegen Sie, ob Sie nicht in einer billigeren Wohngegend eine größere Wohnung nehmen können.
- Wenn Sie planen, in die Wohnung des oder der anderen mit einzuziehen, dann seien Sie bei der Erörterung Ihrer Bedürfnisse nach Privatheit *besonders* gründlich. Sorgen Sie dafür, daß Sie beide über jeweils eigene Bereiche verfügen und daß die Bereiche, die Sie gemeinsam nutzen, nicht nur die Handschrift des oder der einen tragen.
- Geraten Sie nicht in Panik, wenn Sie herausfinden, daß Ihre Bedürfnisse nach Privatheit sich sehr von denen Ihres Partners oder Ihrer Partnerin unterscheiden. Sie haben die Chance, durch Ehrlichkeit, Respekt und klare Abmachungen untereinander eine Lösung zu finden, mit der Sie beide zufrieden sein können.

Vergessen Sie nicht, daß Ihre Achtung der Privatheit des oder der anderen den Grad des zwischen Ihnen vorhandenen Vertrauens widerspiegelt. Bei Leuten, die in den privaten Angelegenheiten oder in den Sachen ihres Partners oder Ihrer Partnerin «herumschnüffeln», ist meist eine Unsicherheit in bezug auf irgendeinen Aspekt der Beziehung vorhanden. Zugrunde liegen mag ein heimliches Problem wie Homophobie, Sucht, finanzielle Schwierigkeiten oder zurückgehaltene Wut. Es ist zum Beispiel wichtig, daß Sie im vorhinein wissen, ob Ihr Liebhaber oder Ihre Geliebte hohe Schulden oder andere Verpflichtungen hat (Unterhaltszahlungen usw.). Sie brauchen sich dazu keine detaillierten Finanzpläne zeigen zu lassen, aber Sie sollten wissen, wo Sie und Ihr Geliebter oder Ihre Geliebte wirtschaftlich stehen. Die an früherer Stelle erörterten Methoden, Vertrauen auf sexuellem Gebiet herzustellen und sexuelle Abkommen zu treffen, können auch beim Thema Privatheit Anwendung finden. Wenn Sie die Dinge jetzt offen erörtern, helfen Sie sich selbst, Probleme für die Zukunft zu vermeiden.

Häusliche Pflichten

Unabhängig davon, für wie organisiert oder desorganisiert Sie sich selbst hielten, als Sie alleine lebten: Sie hatten eine bestimmte Routine. Wenn Sie allerdings mit jemand anderem zusammenleben, dann kann es sein, daß Sie mit Ihrer bisherigen Routine nicht mehr weiterkommen. Sie müssen über jeden Bereich der Hausarbeit getrennt sprechen und eine neue, für Sie beide passende Routine zurechtbasteln.

Der beste Zeitpunkt zur Überprüfung Ihrer bisherigen Gewohnheiten im Haushalt liegt mit Sicherheit noch *vor* Ihrem Zusammenziehen. Ein solches Gespräch sollte Teil Ihrer «Vorverhandlungen» sein, denn mit seiner Hilfe werden Sie sich noch einen Schritt weiter an die Realität des Zusammenlebens herantasten. Viele Streitigkeiten lassen sich vermeiden, wenn Sie ganz offen über Ihre Sauberkeitsansprüche sprechen, über Ihre Vorstellungen zur Aufteilung der Hausarbeit und über die Atmosphäre, die Sie sich für Ihr Zuhause vorstellen.

Wenn Sie bereits zusammenleben und Probleme mit häuslichen Fragen haben, steht Ihnen eine Neuverhandlung dieser Punkte offen. Machen Sie sich klar, daß Sie bereits gemeinsame Verhaltensmuster etabliert haben und Sie deshalb denen eine neue Struktur geben müssen, die bisher nicht funktionieren. Betrachten Sie das als einen Neuanfang, und versuchen Sie, Ihre Übereinkunft vom heutigen Tag an zu verbessern, anstatt über vergangene Probleme zu streiten.

Überprüfen Sie bewußt Ihre eigene Einstellung zu häuslichen Pflichten. Vielleicht waren Sie es in der Vergangenheit ja gewöhnt, alles jemand anderem zu überlassen (der Mama, einem Dienstmädchen, einem Mitbewohner oder einer Mitbewohnerin, der oder die Hausarbeit mochte). Vielleicht war es Ihnen lieber, alles selbst zu machen oder das Saubermachen überhaupt bleiben zu lassen und alles «locker» zu nehmen. Unter Umständen haben Sie die Hausarbeiten auch mehr oder weniger gleichberechtigt aufgeteilt, wenn Sie mit anderen zusammenlebten. Sollten Sie besondere Vorlieben oder Abneigungen haben, müssen Sie darüber unbedingt sprechen. Solche Dinge wie Allergien (Sind Sie allergisch gegen Katzen? Staub? Rauchen?) und kleine persönliche Marotten (Neigen Sie beispielsweise dazu, Kleidungsstücke über einen Stuhl zu hängen, wenn Sie müde sind, und sie erst am Morgen wegzuräumen?) können für die Zukunft zum Anlaß größerer Kämpfe werden, wenn Sie nicht gleich zu Anfang darüber sprechen.

Bei der Durchforstung Ihrer Einstellung häuslichen Pflichten gegenüber sollten Sie und Ihr Partner oder Ihre Partnerin sich vergewissern, daß Sie beide nur Ihre eigenen Bedürfnisse und Gewohnheiten mit einbeziehen, nicht aber die des Freundeskreises oder von Verwandten. Obwohl Ihre Mutter die Böden immer am Samstag gewachst hat, muß diese Lösung in Ihrem eigenen Haushalt noch lange nicht die beste sein.

Es gibt zahlreiche Möglichkeiten, mit häuslichen Pflichten umzugehen. Sie könnten zum Beispiel manches von dem hier Aufgeführten machen:

- teilen Sie die Aufgaben gleich oder Ihren Vorlieben entsprechend auf
- machen Sie die gesamte Hausarbeit allein und wechseln Sie sich dabei wöchentlich oder monatlich ab
- teilen Sie jeder Hausarbeit eine Punktzahl zu, und führen Sie dann Buch
- einigen Sie sich auf einen geringeren Mietanteil des Partners oder der Partnerin, der (die) im Austausch dafür einen größeren Teil der Hausarbeit macht
- bezahlen Sie jemand Drittes für einen Teil der Hausarbeit (das zahlt sich eher aus, als Sie vielleicht denken, und ganz besonders dann, wenn Sie beide arbeiten und Ihre Zeit kostbar ist)
- bieten Sie eigene Tätigkeiten oder Dienste im Austausch gegen Hilfe von außerhalb an

Zahnpastatuben und andere Widrigkeiten

Eigenarten, die Ihnen an Ihrem Partner oder Ihrer Partnerin kaum aufgefallen sind, als Sie sich nur zu Verabredungen trafen, können plötzlich zu unerträglichen Irritationen führen, wenn Sie zusammenleben. Seien Sie nicht übermäßig beunruhigt. Allen Paaren ergeht es so, und das Problem läßt sich normalerweise lösen. Zu seiner Bewältigung braucht man sowohl bestimmte Fähigkeiten der Problemlösung als auch die Bereitschaft, einander entgegenzukommen und die Marotten des oder der anderen zu akzeptieren. Benutzen Sie diese nützlichen Hinweise, wenn Sie sich mit Verdrießlichkeiten konfrontiert sehen:

▨ *Reden Sie miteinander.* Behalten Sie es nicht für sich, wenn Sie frustriert sind. Der einzige Weg, wie Sie beide etwas über die Bedürfnisse Ihres Gegenübers lernen können, liegt im Austausch Ihrer Gedanken und Gefühle.

▨ *Machen Sie sich verantwortlich.* Geben Sie nicht Ihrem Partner oder Ihrer Partnerin die Schuld an Ihrem eigenen Ärger. Machen Sie sich selbst dafür verantwortlich, Ihren Partner oder Ihre Partnerin wissen zu lassen, was für Sie im argen liegt und warum.

▨ *Streben Sie ein Gleichgewicht an.* Selbst wenn eine Gewohnheit Ihres Partners oder Ihrer Partnerin in Ihren Augen vielleicht große Bedeutung erhält, sollten Sie es vermeiden, zu einem uneinsichtigen Nörgelwesen zu werden. Achten Sie auf Ihre Toleranzschwelle: Wenn Sie niedrig liegt, dann benutzen Sie diverse Kleinigkeiten unter Umständen zur Verhüllung Ihrer Ängste vor einem Scheitern der Beziehung. Vielleicht sagen Sie Ihrem Liebhaber oder Ihrer Geliebten: «Ich weiß, ich bin dir wegen der Hausarbeit ganz schön auf den Wecker gefallen, doch das ist nicht das eigentliche Problem. Ich glaube, ich mache mir Sorgen um etwas anderes. Können wir darüber reden?»

▨ *Erkennen Sie Erfolge an.* Wenn Sie kleinere Probleme gemeinsam lösen und Ihnen das immer leichter fällt, dann erkennen Sie diese kleinen Triumphe unbedingt an. Vergessen Sie auch nicht, daß nichts Ihren Partner oder Ihre Partnerin zu mehr Rücksichtnahme motivieren wird, als wenn sie Ihre Wertschätzung darüber zeigen, daß er oder sie etwas Nettes tut.

Finanzen

Geld ist eine sehr persönliche Sache. Wir benutzen es als Erfolgssymbol, als Belohnung und als Gradmesser für unser Selbstbewußtsein. Jeder Mensch geht mit Geld anders um. Aufgrund dieser Unterschiede in Einstellungen und Gepflogenheiten ist Geld ein gefühlsbeladenes Thema. Tatsache ist, daß Auseinandersetzungen über Geld für den Großteil der Paare, die zu mir zur Beratung kommen, ein Problem darstellen.

Was die Finanzen angeht, gibt es für Paare zwei Hauptaspekte: den praktischen und den gesetzlichen. Den praktischen Aspekt bewältigt man am besten über Vereinbarungen, während man dem gesetzlichen

Aspekt durch gemeinsame Mietverträge und Testamente oder dadurch begegnet, daß man sich gegenseitig zum oder zur Begünstigten aus Versicherungsverträgen einsetzt. Die gesetzlichen Angelegenheiten werden in Kapitel sieben angesprochen (es behandelt die Frage, wie Sie Ihrer Beziehung einen legalen Status verleihen können). Für die Erörterung wollen wir die Fragen aus der alltäglichen Praxis untersuchen, die finanzielle Vereinbarungen eines Paares betreffen.

Es gibt mehrere Möglichkeiten einer finanziellen Vereinbarung zwischen Ihnen. Sie können die Haushaltskosten zu gleichen Teilen tragen oder, wenn einer (eine) von Ihnen wesentlich mehr verdient als der oder die andere, die Kosten prozentual aufteilen. Wenn Sie beispielsweise sechzig Prozent des gemeinsamen Einkommens verdienen und Ihr Partner oder Ihre Partnerin vierzig Prozent, steht es Ihnen offen, die Kosten im gleichen prozentualen Verhältnis aufzuteilen. Das erlaubt Ihnen einen höheren Lebensstandard, als ihn der Partner oder die Partnerin mit dem niedrigeren Einkommen bestreiten könnte, ohne dessen oder deren Finanzen übermäßig zu strapazieren. Es kann sein, daß Sie auch die sehr viel höheren Ausgaben eines Partners oder einer Partnerin (zum Beispiel Unterhaltszahlungen für Kinder, Prämien für die Autoversicherung oder Darlehensrückzahlungen) in Ihre Rechnung mit einbeziehen müssen. Wenn Sie Ihre Vereinbarungen zu den Finanzen aushandeln, sollten Sie weder höhere Zahlungen anbieten, als Sie eigentlich möchten, noch sich auf einen höheren Beitrag festlegen, wenn Ihr Partner oder Ihre Partnerin mit Geld nachlässig umgeht. So etwas würde später bloß dazu führen, daß Sie Ihrem Partner oder Ihrer Partnerin etwas nachtragen.

Ich empfehle Paaren oft, ihr persönliches Geld getrennt zu verwalten, und zwar besonders dann, wenn beide arbeiten. Meine Erfahrung mit schwulen und lesbischen Paaren zeigt, daß finanzielle Vereinbarungen bestens funktionieren, wenn jeder Partner oder jede Partnerin ein eigenes Konto behält und beide vielleicht ein gemeinsames Haushaltskonto einrichten. Eine solche Vereinbarung erlaubt beiden Partnern oder Partnerinnen in finanzieller Hinsicht eine gewisse Unabhängigkeit und Freiheit.

Zuletzt sollten Sie nicht vergessen, daß Sie für die Klärung Ihrer Finanzangelegenheiten genauso wie für andere Fragen die Problemlösungsschritte in Kapitel vier nutzen können, wenn es darum geht, aufkeimende Differenzen zu klären.

Die Notwendigkeit, ehrlich zu sein

Weil das Zusammenleben es schwierig, wenn nicht sogar unmöglich macht, die Einstellungen und das Verhalten des oder der anderen zu ignorieren, bekommt eine offene und ehrliche Kommunikation noch entschieden mehr Bedeutung. Wenn Sie versuchen, Ihre Gefühle zu verbergen, werden diese zu Zeitbomben, die ihrer Explosion zusteuern. Ob Sie nun Unwillen, gebrochene Vereinbarungen oder persönliche Geheimnisse verbergen: Wenn die Wahrheit zufällig ans Licht kommt, wird Ihre Beziehung untergraben und das Vertrauen zwischen Ihnen beschädigt.

Ein Herumschnüffeln oder der Versuch, Ihren Partner oder Ihre Partnerin zur Aufdeckung der Wahrheit zu zwingen, werden den gleichen Schaden anrichten. Meine Erfahrung deutet darauf hin, daß der Versuch, einen Liebhaber oder eine Geliebte durch Druck zur Ehrlichkeit zu bewegen, oft nach hinten losgeht und die Distanz zwischen und die Heimlichtuerei voreinander sogar noch vergrößert.

Im Endeffekt ist es entschieden einfacher und produktiver, ehrlich zu sein und zur Ehrlichkeit zu ermuntern. Während man eine andere Person nicht zur Vertrauenswürdigkeit zwingen kann, ist es sehr wohl möglich, Ehrlichkeit als attraktive Variante anzubieten. Um Ihren Partner oder Ihre Partnerin zur Ehrlichkeit zu ermuntern, sollten Sie immer dann, wenn er oder sie sich Ihnen gegenüber öffnet, unterstützend und nicht verurteilend auftreten. *Und zwar selbst dann, wenn Ihnen nicht gefällt, was Sie hören.* Schlüpfen Sie in die Rolle eines Freundes oder einer Freundin anstatt in die eines Elternteils, und versetzen Sie sich so gut es geht in die Lage Ihres Partners oder Ihrer Partnerin. Wenn Sie Ehrlichkeit durch eine positive Reaktion belohnen, vermitteln Sie die Botschaft, daß es sich lohnt, die Wahrheit zu sagen.

Erwarten Sie nicht, daß ein Liebhaber oder eine Geliebte mit Ihnen ehrlicher umgeht als Sie mit sich selbst. Wie ich schon früher sagte, fängt die Ehrlichkeit wirklich bei Ihnen selbst an. Das heißt, daß Sie dafür verantwortlich sind, ihre ehrliche Meinung zu sagen, und zwar unabhängig davon, ob Ihr Partner oder Ihre Partnerin das auch tut. Sind Sie bereit, sich schwierigen Wahrheiten über Ihre Beziehung oder Ihren Partner (Ihre Partnerin) zu stellen, oder suchen Sie für Ihre eigenen Handlungen und die Ihres Partners oder Ihrer Partnerin nach Ausflüchten? Manchen Leuten fällt es zum Beispiel schwer, sich die eigenen Suchtprobleme oder die ihres Liebhabers oder ihrer Geliebten einzugestehen. Andere haben ein dermaßen starkes Bedürfnis nach Liebe, daß sie es sich nicht eingestehen, wenn sie mißbraucht werden.

Wenn Sie den Verdacht hegen, daß Ihr Partner oder Ihre Partnerin Ihnen nicht die Wahrheit sagt, dann betteln oder nörgeln Sie nicht. Ergreifen Sie statt dessen Vorsichtsmaßnahmen: Liefern Sie jemandem, dem oder der sie nicht vertrauen, weder Ihr Geld noch Ihre Gesundheit, noch Ihre Geheimnisse oder Ihr Herz aus, und halten Sie sich an folgende Vorsichtsmaßnahmen, bis die Situation sich geändert hat:

- Ist Ihr Partner oder Ihre Partnerin wiederholt verantwortungslos oder unglaubwürdig gewesen, sollten Sie ihn oder sie weder entschuldigen noch retten. Leihen Sie ihm oder ihr kein Geld, und erleichtern Sie ihm oder ihr die Lage auch nicht auf andere Weise.
- Lehnen Sie Sex ab, wenn Sie den Verdacht hegen, daß Ihr Partner oder Ihre Partnerin sexuell unverantwortlich ist, oder bestehen Sie darauf, daß die Safer-Sex-Richtlinien eingehalten werden.
- Wenn Ihr Partner oder Ihre Partnerin sich im Umgang mit Ihrem Auto als leichtsinnig oder Ihrem Eigentum gegenüber als achtlos erweist, dann verwehren Sie ihm oder ihr die Zugriffsmöglichkeit auf Ihr Eigentum.
- Wenn Ihr Gefährte oder Ihre Gefährtin mit Geld um sich wirft, dann trennen Sie Ihre Bankkonten, Kreditkarten usw., und verwehren Sie ihm oder ihr den Zugriff auf Ihre Rücklagen.
- Wenn Ihr Liebhaber oder Ihre Geliebte ein Suchtproblem hat und Sie zusammenbleiben wollen, werden Sie Hilfe brauchen. Besuchen Sie Al-Anon-Treffen oder andere Gruppen, die nach einem Zwölf-Schritt-Programm vorgehen, und lernen Sie, sich gegen eine Kodependenz zu wehren.
- Sorgen Sie dafür, daß es für Ihren Gefährten oder Ihre Gefährtin Konsequenzen hat, wenn er oder sie Übereinkünfte nicht einhält.

Die obigen Empfehlungen habe ich «harte Liebe» getauft, weil die Realisierung dieser Schritte nicht einfach ist, sie aber in schwierigen Situationen sehr wirkungsvoll sein können. Wenn Sie sich an die Kriterien Liebe, Urteilsvermögen, Gegenseitigkeit und Verantwortlichkeit gehalten haben und Ihre Beziehung sich bereits so weit entwickelt hat, daß Sie jetzt zusammenleben, werden Sie solche harten Methoden möglicherweise niemals anwenden müssen. Ich führe sie hier bloß für den Fall auf, daß einladende Offenheit nicht ausreicht oder sich eine Beziehungskrise anbahnt.

Die Rollenspiele der Menschen: «Kerl» und «Weibchen» die zweite

In Kapitel fünf sind wir etliche Aspekte der Sexualität in schwulen und lesbischen Beziehungen durchgegangen. Ein damit in Zusammenhang stehendes Thema ist das der Rollen, die wir je nach unserer Überzeugung, wie Männer und Frauen sich zu verhalten hätten, übernehmen.

Wie ich schon früher feststellte, herrscht bei vielen schwulen oder lesbischen Paaren im Hinblick auf sexuelle Rollen eine gehörige Portion Verwirrung, die ihre Ursache größtenteils in frühkindlichen Erfahrungen hat. Als Kinder haben viele von uns gelernt, daß Männer zur Arbeit gehen und Frauen die Hausarbeit machen, daß Männer die Verantwortung für das Geld haben und Frauen die für das Haus; und daß Männer Entscheidungen treffen und Frauen sie ausführen. Dieses Paradigma der Geschlechterrollen ändert sich heute zusehends, doch es überrascht, wieviel Einfluß es immer noch hat, und das selbst in schwulen oder lesbischen Beziehungen. Trotz der Schwierigkeiten, diese Rollen auf gleichgeschlechtliche Paare zu übertragen, sind nur wenige Schwule oder Lesben einem Denken in Begriffen von «Mann und Frau» entkommen, und ihre diesbezüglichen Rollenbilder sind engstens verknüpft mit ihrer Vorstellung davon, was es heißt, ein schwules oder lesbisches Paar zu sein. Im Zusammenleben dramatisieren und übertreiben viele schwule und lesbische Partner oder Partnerinnen – besonders die über vierzig – diese traditionellen Rollen, indem ein Partner oder eine Partnerin die aggressive männliche Rolle des «Kerls» übernimmt und der oder die andere die passive feminine Rolle des «Weibchens» spielt.

Ein Verhalten im Rahmen solch stereotyper Rollen kann sich zu einer Möglichkeit entwickeln, Ihrer Verantwortung in der Beziehung auszuweichen. Wenn Sie sich in Ihrer eigenen Entwicklung am Bild von Papi und Mami oder an dem des idealen heterosexuellen Paares aus dem Fernsehen ausrichten, beschneiden Sie die Möglichkeiten, die Sie sowohl als Individuen wie auch als Paar haben. Obwohl eine Ausrichtung nach Rollen einen der Notwendigkeit entheben kann zu entscheiden, wer in einer Beziehung was macht, entziehen sich die Partner oder Partnerinnen durch sie die Möglichkeit, zu wählen und sich zu entwickeln.

Statt uns selbst auf vorgegebene und vielleicht ungeeignete Rollen zu begrenzen, können wir unsere eigenen Rollen unserer Persönlichkeit entsprechend wählen. Eine Lesbe, die handwerklich geschickt ist, entschieden handelt und auf eine berufliche Karriere ausgerichtet ist, mag zwar die traditionelle Rolle des «Mannes» spielen, doch bedeutet das nicht, daß sie nicht kochen oder saubermachen kann. Ihrer Partnerin gefällt es vielleicht, sich um den Haushalt zu kümmern, die emotional Fürsorgliche zu sein und gemeinhin die traditionelle Rolle der «Frau» zu übernehmen, aber es spricht nichts dagegen, daß sie nicht ebenso für die Finanzen und für gleichberechtigte Entscheidungen innerhalb der Beziehung verantwortlich ist.

Ein lesbisches Paar, das bei mir zur Beratung war, lernte, die Verantwortlichkeiten den jeweiligen Interessen entsprechend auszuhandeln. Am Anfang ihrer Beziehung hatte es zwischen Patty und Barbara eine klare Rollenverteilung gegeben. Die Immobilienmaklerin Patty verdiente mehr als genug Geld für beide, und Barbara hatte große Freude daran, sich um den Haushalt zu kümmern und zu Hause zu sein, wo sie sich um ihre eigenen Kinder und die von Patty kümmerte, die alle aus früheren Ehen der beiden Frauen stammten. Diese Vereinbarung funktionierte einige Zeit recht gut, als die Kinder jedoch größer wurden und sie weniger häufig brauchten, fühlte Barbara sich nach und nach immer unruhiger. Die beiden Frauen erlebten häufige Streitereien miteinander, und die Spannungen intensivierten sich manchmal dermaßen, daß sie bei mir Rat suchten.

Nachdem ich mir ihre Erzählungen angehört hatte, wies ich die beiden darauf hin, daß ihre ursprünglichen Rollen nicht mehr angemessen waren und sie wohl eine Neuaufteilung ihrer Verantwortlichkeiten ausprobieren mußten. Nach einem mehrere Monate in Anspruch nehmenden Diskussionsprozeß zwischen den beiden entschied sich Barbara, eine Arbeit außerhalb des Hauses anzunehmen, und Patty entschloß sich, weniger zu arbeiten und mehr Zeit mit den Kindern zu verbringen. Das Ergebnis war, daß sich beide Frauen glücklicher fühlten, und ihre Streitigkeiten hörten auf.

So wie Patty und Barbara können alle schwulen oder lesbischen Paare lernen, die von ihnen vielleicht unbewußt angenommenen Rollen einer Nachprüfung zu unterziehen und angemessenere Absprachen zur Aufteilung der Verantwortlichkeiten innerhalb ihrer Beziehung zu treffen. Es folgen einige Richtlinien, die Ihnen und Ihrem Partner oder Ihrer Partnerin helfen sollen, Ihre Rollen zu bestimmen.

Handeln Sie die Aufteilung der Verantwortlichkeiten untereinander aus, und gestalten Sie Ihre Rollen nicht so, daß Sie sich damit gegenseitig ausschließen oder die Rollen nicht mehr umkehren können. Wenn Ihnen eine bestimmte Rolle sehr wichtig ist, dann klären Sie Ihren Partner oder Ihre Partnerin unbedingt über die Gründe dafür auf. Nehmen Sie sich die Zeit zur Erörterung dessen, was sie voneinander erwarten, und benutzen Sie die Techniken zur Problemlösung aus Kapitel vier, um eine Vereinbarung auszuarbeiten, die für Sie beide befriedigend ist.

Wir alle werden unsere Rollen von Zeit zu Zeit leid. Verhalten Sie sich flexibel, seien Sie für Veränderungen offen, und tauschen Sie Ihre Rollen, wann immer Sie oder Ihr Partner beziehungsweise Ihre Partnerin eine Unterbrechung braucht.

Jeder und jede braucht gelegentlich den Trost einer Elternfigur. Wir brauchen es alle, uns in den Armen von jemand anderem ausweinen zu können, beruhigt zu werden, wenn wir nervös oder krank sind, oder jemanden zu haben, an den oder die wir uns in schwierigen Zeiten anlehnen können. Zwar kann es für beide sehr befriedigend sein, einander abwechselnd Rückhalt zu geben, aber es ist wichtig, daß Sie nicht anfangen, sich ständig wie Vater und Sohn oder Mutter und Tochter zu fühlen. Reden Sie darüber, wenn einer oder eine von Ihnen sich allzu abhängig oder allzu verantwortlich fühlt, und handeln Sie eine stärker wechselseitige Vereinbarung aus.

Verfallen Sie nicht aus Nachlässigkeit in Rollenspiele. Das heißt, Sie sollten nicht dorthin kommen, daß Sie die ganze Zeit dasselbe tun, und zwar bloß deshalb, weil Sie sich noch nie die Mühe gemacht haben, über die Rollenverteilung nachzudenken oder Ihre Verantwortlichkeiten zu verhandeln. Wenn Sie sich fragen, wes-

halb *immer* Sie kochen oder weshalb Ihr Liebhaber beziehungsweise Ihre Geliebte *nie* die Initiative zum Sex ergreift, sind Sie
beide möglicherweise in nicht hinterfragte Rollen verfallen. Späte-
stens dann ist es an der Zeit, neu zu verhandeln.

Welche Rollen Sie momentan auch immer spielen, bereiten Sie sich
darauf vor, sich von ihnen wieder zu entfernen. Obwohl Sie vielleicht
erst vor kurzem eine angenehme Ausgewogenheit in Ihrer Beziehung
erreicht haben, werden gewiß irgendwann neue Herausforderungen
auftauchen. Seien Sie nicht überrascht oder alarmiert, wenn Sie oder
Ihr Liebhaber beziehungsweise Ihre Geliebte anfangen, nach einer
neuen Orientierung Ausschau zu halten. Das ist ein natürlicher Aspekt
einer jeden lebendigen, sich entwickelnden Beziehung.

Wir, die wir uns für ein offenes Leben als Schwuler oder als Lesbe
entschieden haben, sind bereits aus der traditionellen Bahn ausge-
schert und müssen unseren eigenen Weg gehen. Beim Bestimmen der
Art, in der wir leben wollen, brauchen wir sowohl unsere gegenseitige
Unterstützung als auch die durch organisierte Gruppen. Wir müssen
uns weiterbilden und uns informieren. Wir müssen bereit sein zu
neuen Erfahrungen und zu einer Infragestellung unserer eigenen Anschauungen. Ich glaube, daß man die heutigen Schwulen und Lesben
künftig als diejenigen ansehen wird, die homosexuelle Liebe und Beziehungen radikal veränderten. Es ist eine große Aufgabe, aber eine,
die es ganz sicher wert ist, daß wir uns ihr stellen.

Panik! Und Problemlösung

Viele schwule und lesbische Paare geraten in den frühen Stadien ihres
Zusammenlebens auf die eine oder andere Weise in Panik, sobald sich
die unausweichlichen Probleme in ihre «Sie lebten glücklich bis an das
Ende ihrer Tage»-Idylle drängen. Wenn es uns nicht gelingt, Probleme
als normalen Bestandteil einer gesunden Beziehung anzusehen, glauben wir womöglich, die gesamte Beziehung sei eine Katastrophe, und
geraten in Panik.

Ob einen nun die höhere Verantwortung durch ein gemeinsames Leben erschreckt oder die Zweifel, daß die Idee mit dem Zusammenzie-

hen vielleicht doch nicht so ganz glücklich war, es gibt immer Wege, damit fertig zu werden. Eine Panikreaktion kann Probleme verschlimmern, weil wir nicht klar denken können, wenn wir aufgebracht sind.

Wenn Sie erschrocken sind, können die folgenden Vorschläge Ihnen helfen, mit Ihrer Panik fertig zu werden, denn nur dann werden Sie sich an die Lösung des Problems machen können:

- *Kommen Sie zunächst mit sich selbst ins reine.* Sie können mit Ihrem Partner oder Ihrer Partnerin zu keiner Klärung kommen, wenn Sie nicht vorher wissen, wie Ihre eigenen Gefühle aussehen. Nehmen Sie sich etwas Zeit, um alleine darüber nachzudenken, wie Sie das Problem wahrnehmen.
- *Halten Sie sich vor Augen, daß alle Probleme lösbar sind.* Konzentrieren Sie sich auf die Lösung und nicht nur auf das Problem. Benutzen Sie die Problemlösungstechniken, die Sie beherrschen, um mit möglichen Resultaten aufwarten zu können.
- *Übernehmen Sie Verantwortung.* Erklären Sie Ihrem Partner oder Ihrer Partnerin, Sie wüßten, daß Ihre Panik *Ihr eigenes* Problem ist, und Sie würden gerne Hilfe haben. Vorwürfe, Anschuldigungen, Klagen und Nörgeleien führen zu nichts. Zu einem Beziehungskonflikt gehören immer zwei. Wenn Sie die Verantwortung für Ihren Anteil an den Schwierigkeiten übernehmen, ermutigen Sie damit Ihren Partner, dasselbe zu tun. Falschem Stolz kann man so ausweichen, und der Weg zu einer gemeinsamen Lösung bleibt frei.
- *Bedienen Sie sich geeigneter Kommunikationstechniken.* Stellen Sie Fragen und hören Sie bei den Antworten aktiv zu. Versuchen Sie, den Standpunkt Ihres Partners oder Ihrer Partnerin zu verstehen. Viele Streitsituationen laufen so ab, daß zwei Leute versuchen, sich dem oder der anderen verständlich zu machen, einander aber nicht einmal wirklich zuhören. Wenn Sie die andere Sichtweise aufmerksam nachvollziehen, werden Sie feststellen, daß er oder sie Ihnen gegenüber ebenfalls aufmerksamer zuhören und eher zur Hilfe bereit sein wird.
- *Bitten Sie um das, was Sie möchten.* Ob Sie mehr Freiraum, eine bestimmte Beruhigung oder Verständnis haben wollen: Geben Sie Ihrem Partner oder Ihrer Partnerin die Möglichkeit, sich als großzügig und hilfsbereit zu erweisen, indem Sie ihn oder sie wissen lassen, was Sie möchten.

Drosseln Sie Ihr Tempo. Wenn wir panisch werden, stürmen wir mitunter blind voran. Machen Sie einfach eine Pause, wenn Sie das Problem nicht auf der Stelle lösen können! Beruhigen Sie sich, und gehen Sie das Problem dann von neuem an.

Führen Sie sich noch einmal gegenseitig vor Augen, was zwischen Ihnen gut funktioniert. Lassen Sie nicht zu, daß Ihre Panikgefühle Ihnen den Eindruck verschaffen, in Ihrer Beziehung sei absolut *alles* schrecklich. Erinnern Sie einander an Ihre Liebe, die schließlich der wichtigste Bestandteil Ihrer Beziehung ist.

Unterlassen Sie drastische Entschlüsse, Ankündigungen oder Drohungen, wenn Sie aufgebracht sind. Höchstwahrscheinlich werden Sie sich wegen des gerade aktuellen Problems nicht trennen. Falls Sie das doch tun, sollten Sie diese Entscheidung in Ruhe und nach reiflicher Überlegung treffen. Denken Sie ein paar Tage über diesen Schritt nach, ehe Sie etwas unternehmen. (Gehen Sie doch den Abschnitt über die Beendigung einer Beziehung in Kapitel drei noch einmal durch, um festzustellen, ob Sie in der Sache klar denken.) Lassen Sie nicht zu, daß sich ein relativ kleines Problem durch Ihre Panik zu einer Katastrophe auswächst.

Zusammenziehen

In den Vereinigten Staaten haben Schwule oder Lesben bereits die Möglichkeit, Ehen zu schließen. Zwar werden diese Ehen vor dem Gesetz nicht anerkannt, doch stellt eine Hochzeit eine reale Möglichkeit zur Festigung einer Beziehung dar. In Kapitel sieben werden wir diese Fragen behandeln. In Europa gibt es zwar zaghafte Ansätze zu einer Änderung des Heiratsrechts, doch bisher können Schwule oder Lesben nur in Dänemark heiraten. Allerdings sind sie mit heterosexuellen Paaren immer noch nicht gleichgestellt. Genau diese fehlende rechtliche Anerkennung ist auch in den Vereinigten Staaten für viele homosexuelle Paare der Grund, eine Heirat nicht in Betracht zu ziehen. Das Zusammenziehen gewinnt deshalb eine besondere Bedeutung. Während vielen heterosexuellen Paaren vor diesem Schritt klar ist, daß das nichts mit einer Ehe zu tun hat, sehen viele schwule oder lesbische Liebespaare diese beiden Situationen als gleichbedeutend an.

Dieser Umstand ist von großer Wichtigkeit, und Sie sollten daraus die Konsequenz ziehen, mit Ihrem Partner oder Ihrer Partnerin klar und deutlich darüber zu sprechen, was Zusammenleben für Sie bedeutet, noch ehe Sie diesen Schritt machen. Wenn der eine Teil die Sache bloß wie einen Spaß oder ein Experiment angeht, der andere sie jedoch als Beweis tiefer Verbundenheit interpretiert, dann sind damit Probleme vorprogrammiert. Sprechen Sie noch vor einem Zusammenziehen über den Zweck und die Bedeutung, die ein solcher Schritt aus Ihrer Sicht hat, und erörtern Sie, was das Zusammenleben gemessen an den Begriffen feste Bindung und Ehe für Sie beide jeweils bedeutet.

Wenn Sie und Ihr Partner oder Ihre Partnerin zu dem Schluß kommen, daß Ihr Zusammenziehen ein Symbol für eine Intensivierung Ihrer Bindung ist, haben Sie vielleicht Lust, den Tag Ihres Einzugs mit einer angemessenen Feier oder einem Ritual zu begehen (wie dem Anzünden von Kerzen, dem Tausch von Ringen oder einer Party). Gerade wenn Zeremonien und besondere Anlässe Ihnen wichtig sind, sollten Sie sich diesen einen nicht vorenthalten. Ihre Beziehung ist von entscheidendem Wert, und Ihr Zusammenziehen bringt eine wesentliche Veränderung in Ihrem Leben. Sie verdienen es, sich den Wert und den besonderen Gehalt dieses Anlasses zu bestätigen. Die Übungen im nächsten Kapitel können Ihnen helfen, eine Einzugsfeier zu gestalten, die Ihnen beiden viel bedeutet.

KAPITEL 7

Bindungszeremonien, Heirat und die Gesetzesproblematik

Endlich kommen wir zur Aufklärung des großen Rätsels! Sie haben hier hin und wieder von Heiraten und Hochzeit feiern gelesen und dachten wohl manchmal, an das falsche Buch geraten zu sein, da Ihnen ein solcher Weg doch gar nicht offensteht. Es verhält sich in der Tat so, daß Sie in Europa noch sehr wenig Erfahrung mit diesem Thema haben. Zwar gibt es, wie bereits einmal angemerkt, seit ungefähr zwei Jahren in Dänemark die Möglichkeit, daß homosexuelle Paare offiziell heiraten. Doch beinhaltet die Regelung in diesem skandinavischen Land noch keine rechtliche Gleichstellung mit den Heterosexuellen. In eigentlich allen Nationen Europas werden Fragen der Heirat und der Angleichung unserer Bindungen an heterosexuelle Vorbilder unter den Schwulen oder Lesben heftig diskutiert. Reale Möglichkeiten gibt es allerdings selbst in liberalen kirchlichen Bereichen allerhöchstens durch eine Paarsegnung, und es hat sich immer wieder gezeigt, daß die verantwortlichen Geistlichen dafür mit kirchlichen Sanktionen bedacht wurden.

Aufgrund der Fremdheit des Themas Heirat, mit dem Sie bisher möglicherweise nicht einmal in Gedanken gespielt haben, werden Sie einige der im folgenden dargestellten Erscheinungen reichlich irritierend finden, doch ich halte es für sinnvoll, wenn Sie auch diesen Teil des Buches aufmerksam lesen. Die konkrete Anschauung verschiedener Beispiele aus den Vereinigten Staaten läßt Sie an Erfahrungen anderer Schwuler oder Lesben teilhaben und gibt Ihrem Meinungsbildungsprozeß zu diesem Thema bedeutende neue Impulse.

Wenn Ihr Bedürfnis, der Wichtigkeit Ihrer Beziehung Ausdruck zu verleihen, durch das Zusammenziehen nicht erfüllt wird oder wenn Sie sich um traditionelle Bindungsrituale betrogen fühlen, weil Sie schwul oder lesbisch sind, wünschen Sie und Ihr Liebhaber oder Ihre Geliebte sich vielleicht eine Bindungszeremonie oder eine Trauung. Mit ein wenig Phantasie und beiderseitigem Einsatz können Sie eine Zeremonie schaffen, die Ihre Beziehung verbessern, Ihnen Ihre Ziele klarer vor Augen führen und außerdem eine Feierstunde Ihrer Liebe sein wird.

Schwule und lesbische Trauungen sind sehr wohl möglich und kommen in den USA recht oft vor. Besonders unter den Mitgliedern der Metropolitan Community Church (MCC), eines von Reverend Troy Perry im Oktober 1968 in Los Angeles gegründeten protestantischen Bekenntnisses.

Weil die Terminologie in bezug auf homosexuelle Verbindungen und Ehen neu und somit noch wenig vereinheitlicht ist, werde ich hier auch verschiedene Begriffe benutzen. *Geheiligte Verbindung* bezieht sich auf eine homosexuelle Trauung in der Metropolitan Community Church. *Trauung* meint jede religiöse Trauzeremonie für Schwule und Lesben, und *Bindungzeremonie* gilt für jede von einem Paar ausgerichtete Feierstunde für eine feste schwule oder lesbische Beziehung, sei sie nun religiös oder nicht.

Zuerst ein kleiner Exkurs zur gesetzlichen Situation in den Vereinigten Staaten: Zwar ist die homosexuelle Ehe bisher in keinem einzigen Staat der USA gesetzlich anerkannt, doch sie wurde in einigen wenigen Städten legalisiert. Vor allem in San Francisco, in Berkeley und in West Hollywood, die alle in Kalifornien liegen. In diesen Städten können sich zwei Menschen gleich welchen Geschlechts als «domestic partnership» (Lebensgemeinschaft) registrieren lassen. Das berechtigt sie selbst bei Notfällen zu Besuchen im Krankenhaus und zur Inanspruchnahme aller Privilegien, die unter städtischer Rechtshoheit erteilt und normalerweise nur heterosexuellen Eheleuten gewährt werden. Eine solche Registrierung ist jedoch immer noch größtenteils symbolisch, weil die wenigsten Privilegien der städtischen Rechtshoheit unterliegen. Der Großteil fällt unter die Hoheit der Legislative auf Staaten- oder Bundesebene.

Der Umstand, daß die homosexuelle Ehe gesetzlich nicht anerkannt ist, sollte Sie nicht davon abhalten, eine formale Zeremonie zu vollziehen. Schwule oder lesbische Paare haben die Möglichkeit, eine dauerhafte Bindung einzugehen, die ihnen einen Großteil der Vorteile und Privilegien bringt, die für heterosexuelle Paare gelten. Weil eine solche Verbindung gesetzlich nicht vorgesehen und es dafür noch keine gesellschaftlichen Muster gibt, können Sie Ihr eigenes «Bindungspaket» schnüren und damit sogar einige Vorteile gegenüber den Rechten und Pflichten erlangen, die heterosexuelle Ehen «automatisch» mit sich bringen.

Bindungszeremonien, geheiligte Verbindungen und Trauungen sollten nicht leichtfertig vollzogen werden. Ein solcher Schritt demonstriert Ihre Entschlossenheit, Ihr Leben gemeinsam zu verbringen, und verdeutlicht vor aller Öffentlichkeit die Intensität Ihrer festen Bindung. Mit Hilfe der nachfolgenden Informationen werden Sie die Bedeutung schwuler und lesbischer Bindungszeremonien verstehen. Sie werden Anregungen für die Gestaltung einer Feier erhalten und für die Einbeziehung von Verwandten und Freunden oder Freundinnen und außerdem eine Art Dokumentation der juristischen Situation, mit deren Hilfe Sie Ihre Rechte, die etwa Fragen des gemeinsamen Besitzes und medizinische Angelegenheiten betreffen, absichern können.

Keine Anerkennung vor dem Gesetz! Warum sollte man es dann tun?

Es gibt drei wesentliche Vorteile, die man durch eine Bindungszeremonie oder eine Trauung erlangen kann. Der erste ist der psychologische Nutzen, den Sie aus der Klärung und Untermauerung Ihrer festen Bindung ziehen. Der zweite liegt in der symbolischen und spirituellen Bedeutung eines Rituals. Der dritte Vorteil bezieht sich auf die emotionalen Komponenten einer solchen öffentlichen Manifestation und Feier, die für Ihre Beziehung eine deutliche Bestärkung bringen können. Sehen wir uns die einzelnen Vorteile einmal genauer an.

Der psychologische Nutzen einer Zeremonie

Wie ich schon früher dargelegt habe, tragen Schwule und Lesben einen Ehemythos mit sich herum, der auf heterosexuellen Vorbildern beruht.

Das ist klar, verfügen wir doch kaum über homosexuelle Rollenvorbilder. Die Konsequenz daraus ist, daß viele meiner Klienten oder Klientinnen das Gefühl haben, sie könnten niemals so etwas wie eine wirkliche «Ehe» führen, weil «Ehemann und Ehemann» oder «Ehefrau und Ehefrau» ganz einfach nicht richtig klingt.

Die Wahrheit ist, daß homosexuelle Paare eine feste Bindung ebenso aufrechterhalten können wie jedes beliebige heterosexuelle Paar. Deshalb bringt es uns auch einen gewissen Nutzen, wenn wir unsere Liebe mittels einer Bindungszeremonie oder einer Trauung öffentlich manifestieren. Die Heirat stellt eine Möglichkeit dar, die Legitimität unserer Beziehungen einzufordern und anderen schwulen oder lesbischen Paaren zu demonstrieren, daß dauerhafte Liebesbeziehungen zwischen homosexuellen Menschen sehr wohl möglich sind.

Der spirituelle Nutzen einer Zeremonie

Wenn Ihnen Spiritualität wichtig ist (das heißt, wenn Sie in einem Glauben leben oder in Ihrem Leben eine höhere Macht oder ein anderes Symbol der Spiritualität anerkennen), kann eine religiöse Bindungszeremonie große Bedeutung für Ihre Beziehung erlangen. Normalerweise gehen spirituell orientierte Menschen mit einer stärkeren Motivation an Dinge heran, die unter einem Segen stehen oder von denen sie glauben, daß sie sich sonstwie in Übereinstimmung mit dem göttlichen Willen befinden. Menschen mit einer starken spirituellen Ausrichtung empfinden ihre Verbindung unter Umständen erst dann als «wirklich», wenn sie in einer spirituellen oder religiösen Zeremonie geweiht wurde.

Auch wenn Sie keiner Religionsgemeinschaft angehören, möchten Sie in Ihrem Gelöbnis vielleicht doch einen Hinweis auf eine beliebige höhere Macht einbauen. Das Gefühl, gesegnet zu sein, kann Ihre Beziehung stärken und dazu beitragen, sie mit einem soliden Fundament zu versehen. Eine Alternative zur kirchlichen Trauung ist die Segnung Ihrer Beziehung durch einen Geistlichen (eine Geistliche). Mehrere meiner Klienten und Klientinnen haben das getan. Eine solche Zeremonie kann sehr privat gehalten sein und nur Sie beide und den (die) Geistlichen einschließen. Sie können aber auch Freunde, Freundinnen und Verwandte einladen und der Zeremonie eine Party oder einen Empfang folgen lassen.

Viele Menschen mag der Gedanke an ein Ritual, bei dem Gott, die Bibel oder Religion als solche Erwähnung finden, abstoßen und sogar ihre Wut oder sogar Groll hervorrufen. Wichtig ist, daß Sie sich nicht gegen Ihren Willen zu einer spirituellen Zeremonie hinreißen lassen. Wenn Ihr Partner oder Ihre Partnerin gerne eine solche Zeremonie ausrichten würde, Ihnen bei einem solchen Gedanken aber unwohl ist, sollten Sie mit Ihrem Partner, Ihrer Partnerin, Ihren Freunden, Freundinnen und Verwandten über Ihre Gefühle sprechen. Sollten Sie einen Geistlichen oder eine Geistliche kennen, der oder die Verständnis zeigt und Sie unterstützt (und deren gibt es viele), dann sprechen Sie mit ihm oder ihr über Ihre Angst, Ihre Wut oder Ihren Widerwillen. Geistliche aus der protestantischen Metropolitan Community Church, der römisch-katholischen Dignity, der jüdischen Tikvah und aus anderen religiösen Gemeinschaften, die sich auf Schwule und Lesben orientieren, sind in religiösen Fragen, die sich Homosexuellen stellen, besonders informiert und verständnisvoll. Sie alle können Ihnen helfen, zu einer für beide befriedigenden Lösung zu finden.

Der emotionale Nutzen einer Zeremonie

Trauungen sind eine Feierstunde für die Liebe und das Leben. Das Feiern ist überhaupt eine wesentliche Voraussetzung für den Erfolg von Beziehungen, denn es bringt uns neue Energien und motiviert uns immer wieder zum Einsatz für das Erreichen unserer Ziele. Oft kommen Paare zu mir, denen die Freude und das Aufregende in ihrer Beziehung verlorengegangen sind. Diese Paare haben ihre Liebe wohl nie gefeiert. Ein formelles Feiern verhilft ihnen dann oft zu neuer Begeisterung und frischer Motivation zum Weitermachen. Eine solche Herangehensweise hat sich bereits dermaßen oft als richtig erwiesen, daß ich diese Tatsache auf eine Gleichung reduziert habe, die ich Paaren als Anregung zur dauerhaften Verlebendigung ihrer Liebe gebe: Feiern + Wertschätzung = Motivation.

Unglücklicherweise haben viele Menschen Schwierigkeiten mit dem Feiern. Es ist ihnen peinlich und macht sie verlegen, wenn etwas, das sie geleistet haben, öffentlich gepriesen wird. Im Umkehrschluß bewegt sie das dazu, ihre Aufmerksamkeit eher auf die Fehler und Probleme als auf die Erfolge zu richten. Weil sie ihre Liebe nicht feiern, landen solche Leute manchmal dabei, daß sie ihre Beziehung nur noch als problembehaftet wahrnehmen.

Wenn eine Feier Bestandteil einer schwulen oder lesbischen Trauung ist, verstärkt man damit möglicherweise die eigene Begeisterungsfähigkeit und die Energie, die es für ein langfristiges Zusammenbleiben braucht. Eine Trauung oder eine Bindungszeremonie schafft Erinnerungen, die Ihnen Ihre Liebe zueinander nachhaltig ins Gedächtnis einprägen können. Überdies kann eine Feier mit Ihrem Freundeskreis noch einmal deutlich bestätigen, daß Sie und Ihr Liebhaber oder Ihre Geliebte Teil einer Gemeinschaft sind, die Ihnen bei Beziehungskrisen helfen kann.

Die Lagebewertung vor der Bindung

Wenn Sie sich für eine religiöse Zeremonie im Rahmen einer organisierten Kirche entscheiden, wird der oder die Geistliche wahrscheinlich verlangen, daß Sie sich einer vorehelichen Beratung unterziehen. Ich pflichte diesem Gedanken bei, kann eine solche Beratung Ihnen und Ihrem Partner oder Ihrer Partnerin doch helfen, sich die Bedeutung Ihrer Trauung zu vergegenwärtigen. Außerdem hat es den angenehmen Nebeneffekt, daß der oder die Geistliche mit Ihnen und Ihrer Beziehung vertrauter wird und besser dazu beitragen kann, die Zeremonie persönlicher zu gestalten. Selbst wenn Sie keine kirchliche Person mit einbeziehen und sich nicht beraten lassen, kann es sehr hilfreich für Sie sein, vor Ihrer Bindung eine eigene Lagebewertung vorzunehmen.

Eine förmliche Lagebewertung vor der Bindung gibt Ihnen und Ihrem Partner oder Ihrer Partnerin die Gelegenheit, Ihre Vorstellungen von einer Ehe miteinander zu vergleichen. Durch eine solche Erörterung und durch Ihre gemeinsame Planung der Zeremonie, bei der das Augenmerk auf dem angemessenen Ausdruck Ihrer Idealvorstellungen liegen muß, können Sie dazu beitragen, etwaige heimliche Erwartungen aufzudecken und somit spätere Konfusion und Verletzung zu vermeiden. Die nächste Übung kann Ihnen helfen, Ihre eigene voreheliche Lagebewertung durchzuführen.

Übung: Die Lagebewertung vor der Bindung

1. Erstellen Sie jeweils für sich eine Liste von Ehen oder festen Beziehungen (schwul, lesbisch oder heterosexuell), die Sie bewundern, sowie eine Liste derer, die Ihnen nicht gefallen. Sie dürfen Leute aus Vergangenheit und Gegenwart einbeziehen, aus Fiktion und Wirklichkeit.

2. Vergleichen Sie Ihre Liste als nächstes mit der Ihres Liebhabers oder Ihrer Geliebten und erörtern Sie die Gründe für Ihre Auswahl. Äußern Sie sich über Ihre Vorlieben und Abneigungen sehr deutlich. Zum Beispiel:

➤ «Ich mag es, daß beide arbeiten und die finanziellen Entscheidungen gemeinsam treffen.»

➤ «Sie scheinen immer Freude aneinander zu finden. Sie machen so viel zusammen.»

➤ «Ich mag den Freiraum, den sie in ihrer Beziehung haben. Beide unternehmen Dinge gemeinsam, gehen aber auch mit anderen Freunden oder Freundinnen aus.»

➤ «Ich habe die häßlichen Streitereien zwischen meinen Eltern immer verabscheut und schreckliche Angst davor, daß es in unserer Ehe auch zu solchen Auseinandersetzungen kommt.»

➤ «Meine Eltern befehdeten sich vor mir und meiner Schwester auch nicht ein einziges Mal. Deshalb war für mich schon der nichtigste kleine Streit immer häßlich und etwas Falsches. Ich glaube, ich muß lernen, wie man Meinungsverschiedenheiten austrägt.»

➤ «Die Liebe zwischen Albin und George in *Ein Käfig voller Narren* machte auf mich einen so wirklichen, wärmenden und dauerhaften Eindruck. Es ist die einzige bildliche Vorstellung, die ich von einer guten, langfristigen schwulen Beziehung habe.»

➤ Gestatten Sie sich für diese Phase der Erörterung mehrere Gesprächstermine, und kommen Sie verschiedene Male auf das Gesagte zurück. Ihr erstes Gespräch wird Ihnen neue Gedanken eröffnen, die Sie im zweiten Gespräch weiter ausloten können, und beim dritten Gespräch... Sie folgen dem Ziel, Ihre jeweiligen Phantasien zu und Modellvorstellungen von einer Ehe zu verstehen. Seien sie nicht besorgt, wenn sich zu diesem Zeitpunkt Meinungsunterschiede einstellen. Finden Sie einfach heraus, welche es sind.

3. Wenn Sie einmal ein bestimmtes Verständnis für Ihre jeweiligen Ansichten und Wünsche entwickelt haben, können Sie mit der Erörterung der Frage anfangen, wo diese ineinandergreifen und wo sie im Widerstreit zueinander stehen. Seien Sie nicht überrascht und auch nicht aufgebracht, wenn entweder Ihre eigenen Modellvorstellungen und Phantasien in bezug auf die Ehe oder die Ihres Partners beziehungsweise Ihrer Partnerin von Ihrer realen Beziehung abweichen. Diese Übung dient genau diesem Zweck! Die nachfolgenden Richtlinien können Ihnen helfen, solche möglichen Unterschiede herauszufinden.

Erscheinen Ihnen oder Ihrem Partner (Ihrer Partnerin) manche Ihrer Phantasievorstellungen zu dem, was eine Ehe sein sollte, als unrealistisch oder untauglich? Es könnte ja sein, daß Sie immer geglaubt haben, glücklich verheiratete Paare würden alle Zeit, die sie erübrigen können, miteinander verbringen, jedoch wissen, daß Sie und Ihr Partner oder Ihre Partnerin jeweils viel Zeit für sich alleine brauchen.

Weisen manche Ihrer Phantasien darauf hin, daß Sie in bestimmten Bereichen Ihrer Beziehung unbefriedigt sind? Träumen Sie zum Beispiel davon, daß das Verheiratetsein mehr Zuneigung einschließen müßte, mehr gemeinsam verbrachte Zeit und mehr Kommunikation, als Sie beide gegenwärtig aufwenden?

Weisen manche Ihrer Phantasien auf Dinge hin, die Sie gerne in die Wirklichkeit umsetzen würden? Phantasieren Sie vielleicht darüber, ein gemeinsames Geschäft zu führen, gemeinsam ein altes Haus zu kaufen und zu renovieren oder einfach mehr Zeit für ausführliche Spaziergänge und Gespräche zu haben?

Haben Sie negative oder beängstigende Phantasien? Vielleicht haben Sie Angst, eine Verheiratung würde automatisch den Sex langweilig werden lassen, würde Sie zu einer Aufgabe all Ihrer Freunde oder Freundinnen und bevorzugten Aktivitäten zwingen, würde es Ihnen nicht mehr erlauben, Ihr Geld so auszugeben, wie Sie es möchten.

4. Indem Sie Ihren Phantasien nachspürten, begannen Sie mit einem Prozeß, in dessen Verlauf Sie Ihre eigenen Ehedefinitionen und die Ihres Gegenübers kennenlernten und etwaige verborgene Erwartungen enthüllten. Vor diesem Hintergrund können Sie sich daranmachen, eine neue Ehedefinition für Sie beide zu entwerfen. Beantworten Sie die nachfolgenden Antworten jeweils gemeinsam:

- Gibt es etwas, das sich zu einem Problem auswachsen könnte, sobald Sie einmal verheiratet sind?
- Was gefällt Ihnen an Ihrem Zusammensein am meisten?
- Was am wenigsten?
- In welcher Hinsicht sind Sie – sowohl im guten wie im schlechten Sinn – wie Ihre Eltern?
- In welcher Hinsicht unterscheiden Sie sich von Ihren Eltern?
- Haben Sie das Gefühl, daß Ihrer Beziehung etwas fehlt?
- Gibt Ihr Liebhaber oder Ihre Geliebte Ihnen etwas, das über das hinausgeht, was Sie sich vor Ihrer Beziehung vorstellten?
- Wie können Sie Ihre unterschiedlichen Vorstellungen von Liebe und Ehe unter einen Hut bekommen, sobald Sie ein Paar sind?

Wahrscheinlich müssen Sie sich auch hier mehrere Male zusammensetzen, bis Sie alles beantwortet haben, und daraus werden sich wieder neue Fragestellungen entwickeln. Am Ende dieses Prozesses sollten Sie eine unzweideutige, gegenseitige und realisierbare Ehedefinition entwickelt haben.

5. Schreiben Sie gemeinsam Ihre Eheziele auf. Zum Beispiel:

- Wir beabsichtigen, auf Dauer zusammenzusein.
- Wir möchten, daß unsere Ehe zu einem gemeinsamen Lernen und Wachsen wird.
- Wir möchten, daß unsere spirituellen Wertvorstellungen innerhalb der Ehe Bedeutung haben, deshalb werden wir …
- Wir stimmen darin überein, unsere wöchentlichen Gesprächstermine auch dann fortzusetzen, wenn wir verheiratet sind. (Setzen Sie die Liste beliebig fort.)

Bewahren Sie diese Aufstellung an einem sicheren Ort auf, damit Sie in den kommenden Jahren darauf zurückgreifen können. Wie wäre es, wenn Sie sie an jedem Jahrestag durchgehen würden. Auch in einer schwierigen Beziehungsphase wird diese Aufstellung Ihnen nützlich sein, können Sie dann doch Kraft aus ihr ziehen.

Die Trauungszeremonie

Wenn Sie zu mir kommen, sind viele schwule oder lesbische Paare unsicher, welche Art Zeremonie als Symbol und Ausdruck ihrer Verbindung am geeignetsten ist. Ich bin zu der Überzeugung gelangt, daß es für Paare, die alte Traditionen ohnehin schon brechen, sehr wichtig ist, neue, eigene Traditionen zu etablieren. Weil es sich bei der Bindungsfeier um einen wichtigen und symbolisch sehr stark aufgeladenen Teil Ihrer neuen, gemeinsamen Traditionen handelt, möchte ich Sie dazu ermutigen, über Ihre Feier sorgfältig nachzudenken und wirklich die Wünsche beider in Ihre Überlegungen mit einzubeziehen. Wenn Sie kirchlich stark gebunden sind, wird Ihnen Ihr Geistlicher oder Ihre Geistliche höchstwahrscheinlich eine Zeremonie vorschlagen können. Dennoch ist es gut, wenn Sie informiert sind und über Ihre Möglichkeiten Bescheid wissen, zumal viele Geistliche es begrüßen, wenn Sie sich an der Planung der Zeremonie beteiligen. Nachfolgend finden Sie einige grundlegende Informationen über Trauungen und Bindungsfeiern, mit deren Hilfe Sie eine Zeremonie Ihren persönlichen Bedürfnissen entsprechend gestalten können.

Bestandteile der Zeremonie

Die Einzelheiten von Trauungszeremonien unterscheiden sich nach den jeweiligen Gepflogenheiten erheblich. Allerdings folgen die meisten religiösen Trauungszeremonien dem folgenden Grundschema, das Sie Ihren persönlichen Bedürfnissen anpassen können: Eröffnungsansprache, Begrüßung, Einwilligungserklärung, «Hergabe» (Präsentation der Heiratenden), Austausch der Gelöbnisse, Austausch von Zeichen der Bindung, Kommunion, geistliche Ermahnung, Gebet, Proklamation, Kuß, Segen und Präsentation des Paares. Die einzelnen Schritte werde ich auf den nächsten Seiten erklären.

Eine wichtige Anmerkung ist zu machen: Weil die Zeremonie selbst keinen juristisch abgesicherten Status besitzt, braucht sie weder von einem oder einer zugelassenen Geistlichen noch von einem Friedensrichter durchgeführt zu werden. (Die verschiedenen gesetzeswirksamen Schritte, die Sie unternehmen können, um Ihre Verbindung auch formell zu sichern, behandeln wir noch später in diesem Kapitel.) Deshalb steht es Ihnen frei, für die Durchführung der Zeremonie eine

ihnen wichtige Person zu wählen. Wenn Sie den Ablauf sorgfältig festlegen, kann er von einem Freund, einer Freundin oder einem Familien-
mitglied problemlos ausgeführt werden. Da Sie bei Ihrer Hochzeit unter Umständen keinen Geistlichen oder keine Geistliche haben,
möchte ich den Begriff *Vorsitzender* (oder Vorsitzende) benutzen,
wenn ich mich auf die Person beziehe, die die Zeremonie leitet. Den
Begriff *Geistlicher* (oder Geistliche) werde ich verwenden, wenn ich
mich konkret auf einen Repräsentanten oder eine Repräsentantin einer
etablierten Religionsgemeinschaft beziehe.

Der hier dargelegte Trauungsablauf (der in jeder von Ihnen gewünschten Form variiert werden kann und je nach Ihren individuellen
Bedürfnissen Ergänzungen oder Auslassungen verträgt) beruht auf
einem Gottesdienst, wie ihn Reverend Frank Muir von der Metropolitan Community Church (MCC) in Long Beach in Kalifornien an-
bietet, und auf verschiedenen anderen von Schwulen oder Lesben
entwickelten Zeremonien, die ich miterlebt habe. Ich habe als Vorbild
Ausschnitte aus dem *Methodist Hymnal* von 1932 eingearbeitet (um
einen traditionellen Stil vorzuführen), aus dem Gottesdienst von
Reverend Muir (um den heutigen MCC-Stil zu zeigen) und aus den
Zeremonien, die zwei Paare aus meiner Praxis (Nina und Darlene,
Scott und Lewis) mit meiner Unterstützung für ihre eigenen Trauungen festgelegt haben (um einige «Do it yourself»-Ideen vorzustellen).

Sie können in allen Phasen Musik erklingen lassen, und Sie können
die Feier an vielen verschiedenen Stellen beginnen oder beenden.

Eröffnungsansprache. Die Eröffnungsansprache dient der Einführung.
Sollten Sie wünschen, daß ein Stück aus der Heiligen Schrift vorgele-
sen wird, so wird dieses für gewöhnlich von dem oder der Geistlichen
ausgewählt. Genausogut können Sie und Ihr Partner oder Ihre Partnerin aber auch ein Gedicht oder ein Zitat aussuchen, das Ihre Empfindungen dem Ereignis gegenüber ausdrückt. Vielleicht tragen Sie es gemeinsam vor, oder Sie lassen das von jemand anderem machen (dem
oder den Geistlichen, einem Freund, einer Freundin oder einem Fami-
lienmitglied). Aber vielleicht möchten Sie ja auch haben, daß jemand
ein geeignetes Lied singt.

Begrüßung. Das ist der Teil, in dem es heißt: «Liebe Anwesende, wir haben uns heute hier versammelt, um ...»! Mit der Begrüßung eröffnen Sie die Zeremonie offiziell. Sie erklären den Zweck der Zusammenkunft, tun Ihre Verbindung kund und bringen die Bedeutung zum Ausdruck, die die Anwesenheit all der Ihnen Nahestehenden für Sie hat. Die kurze Begrüßung ist eine sehr knappe Darlegung dessen, was Sie machen werden und was Sie zusammengeführt hat. Wenn Sie sich entschließen, diesen Teil selbst zu verfassen, dann denken Sie daran, daß einige wenige Sätze genügen. Die Begrüßung wird für gewöhnlich von dem oder der Geistlichen vorgetragen, aber Sie können sich ebenso entscheiden, sie selbst zu sprechen oder von einem Freund (einer Freundin) verlesen zu lassen.

Einwilligungserklärung. Das ist der Teil der Zeremonie, in der der oder die Geistliche die beiden Partner oder Partnerinnen jeweils fragt: «Willst du diese Person zu deinem rechtmäßig angetrauten Mann (deiner rechtmäßig angetrauten Frau) machen und allen anderen entsagen?» Die traditionelle Antwort lautet: «Ja, ich will.» Die Einwilligungserklärung ist die formelle Bekundung des Paares, mit der Zeremonie fortzufahren. Viele Paare fassen diesen Teil mit den Gelöbnissen, die im Ablauf der Zeremonie etwas später folgen, zusammen. Wenn Sie sich entscheiden, die Einwilligungserklärung an dieser Stelle zu belassen, wird der oder die Geistliche beziehungsweise Vorsitzende die Frage stellen. Hier einige Beispiele für den Wortlaut, wobei ich der Einfachheit halber in dem einen Fall die weibliche und im anderen die männliche Form benutze:

➤ «_____, willst du diese Frau zu deinem angetrauten Weib nehmen, um mit ihr im heiligen Stand der Ehe zu leben? Willst du sie lieben, sie trösten, sie ehren und sie schützen in Krankheit und Gesundheit, und willst du allen anderen entsagen und ihr die Treue halten bis an das Ende eurer Tage?»

➤ «_____, willst du diesen Mann nehmen, um mit ihm in einem Bund zusammenzuleben? Willst du ihn zum Partner in einer geheiligten Verbindung nehmen? Willst du ihn lieben, ihn trösten, ihn ehren und ihn schützen in Krankheit und Gesundheit, und willst du allen anderen entsagen, ihm treu sein und die Liebe hegen jeden Tag, den ihr zusammen seid bis an das Ende eurer Tage?»

Die Hergabe. Bei heterosexuellen Eheschließungen, die eine «Hergabe» mit einschließen, wird die Frage gestellt: «Wer gibt diese Frau…?» Während dieser spezielle Wortlaut ganz offensichtlich sexistisch und altmodisch ist, wird dieser Teil der Trauungszeremonie jedoch insoweit nützlich, als durch ihn die Beziehung des Paares im weiteren Familienkreis etabliert und außerdem anerkannt wird, daß hier gerade eine neue familiäre Einheit entsteht. Bei einer schwulen oder lesbischen Trauung könnte der oder die Geistliche beziehungsweise Vorsitzende die Frage in dieser Art stellen: «Wollt ihr dem Entstehen dieses neuen Teils eurer Familie zustimmen?» Jeweils eine Person könnte als Sprecher oder Sprecherin für jede Familie auftreten und das neue Mitglied willkommen heißen, oder die Familie antwortet im gesamten und sichert ihre Unterstützung zu, indem sie im Chor spricht: «Ja, wir wollen.» Sie können auch schon vorher eine einfache Willensbekundung festlegen, die die Familie nach der Aufforderung: «… so sprechen Sie mir nach …» rezitieren könnte.

Austausch der Gelöbnisse. Ich betrachte dies als das Kernstück der Trauungszeremonie und glaube deshalb, daß dieser Punkt Ihre besondere Aufmerksamkeit verdient. Anfangs werde ich Gelöbnisbeispiele aus anderen Trauungszeremonien vorstellen und mich sodann der Frage widmen, wie Sie Ihre eigenen formulieren können. Es ist Ihnen natürlich freigestellt, ob Sie Ihre Gelöbnisse dem oder der Geistlichen beziehungsweise Vorsitzenden nachsprechen oder sie aus dem Gedächtnis aufsagen.

➤ «Ich, _____, nehme dich, _____, zu meinem angetrauten Ehemann (zu meiner angetrauten Ehefrau), um dich zu begleiten von diesem Tage an in guten wie in schlechten Tagen, in Reichtum und Armut, in Krankheit und Gesundheit, um dich zu lieben und zu ehren, bis daß der Tod uns scheidet, und ich verspreche dir dazu meine Treue.»

➤ «Im Namen Gottes nehme ich, _____, dich, _____, zu meinem Partner (meiner Partnerin) in geheiligter Verbindung, um dich zu zu lieben und zu wahren in Wohlstand und Leid, von diesem Tage in guten wie in schlechten Tagen, in Krankheit und Gesundheit, um dich zu lieben und zu ehren, solange wir beide leben.»

➤ «Ich, Scott, gebe mich dir, Lewis, zum Ehemann und Lebenspartner. In guter Gesundheit, in Wohlergehen und Sicherheit und zum gegenseitigen Nutzen schenke ich dir meine Unterstützung, mein Vertrauen und meine Freundschaft. Mit Geduld und Sinn für Humor können wir zusammen alles erreichen.»

▷ «Ich, Lewis, schenke dir, Scott, mein Vertrauen, meine Unterstützung und meine Freundschaft. Ich bin dein Ehemann und Lebenspartner in guter Gesundheit, in Wohlergehen und Sicherheit und zum gegenseitigen Nutzen. Zu zweit sind uns keine Grenzen gesetzt.»

▷ «Ich, Nina, nehme dich, Darlene, in guter Gesundheit und zum gegenseitigen Nutzen und verdeutliche damit die schöpferische Energie zu einem Glück im Hier und Jetzt wie auch zur Erfüllung zur rechten Zeit und am rechten Ort.»

«*Couples.*» Diese Organisation entwarf für ihre Mitglieder das folgende Gelöbnis. Die Aussage könnten Sie auch als offizielle Erklärung verwenden.

▷ «Wir, _____ und _____, verpflichten uns hiermit, unser Leben und unsere Liebe miteinander zu teilen, und rufen uns voller Freude zum Paar aus. In den Sonnenschein und die Stürme, in Blitze und Regenbögen und in die Jahre, die vor uns liegen, wagen wir uns hinaus voll Liebenswürdigkeit, Verpflichtetheit, Mitgefühl und Humor.»

Die angeführten Beispiele können Ihnen die Vielfalt möglicher Gelöbnisse vor Augen führen. Zusätzlich können Sie Geistliche, Freunde, Freundinnen und Ihre Familie nach Beispielen fragen.

Übung: Eigene Hochzeitsgelöbnisse formulieren

Wenn Sie die Übung zur vorehelichen Lagebewertung gemacht haben, sind sie bereits auf dem Weg zur Formulierung Ihrer eigenen Gelübde. Mit den folgenden Schritten erhalten Sie Ratschläge zur konkreten Umsetzung.

1. Machen Sie sich getrennt auf die Suche nach Zitaten, Gebeten, Gedichten oder Liedern, die Ihre Gefühle in bezug auf Ihre Beziehung am besten widerspiegeln. Bücher, Schallplatten, Freunde und Freundinnen (und natürlich Ihr eigenes Gedächtnis) sind gute Quellen. Nehmen Sie sich dafür einige Tage oder sogar Wochen Zeit. Alternativ dazu können Sie auch eine kurze Erklärung über Ihre Gefühle niederschreiben (schon einige Sätze werden ausreichen).

2. Entscheiden Sie gemeinsam, was Sie benutzen wollen (oder verfassen Sie zwei separate kurze Erklärungen). Vergessen Sie dabei nicht, daß es sich um Versprechungen handelt. Bleiben Sie damit also im Rahmen dessen, was Sie auch halten wollen.

3. Beim Verfassen Ihres Gelöbnisses können Sie mit der traditionellen Formel beginnen («Ich, _____, nehme dich, _____, zu meinem Mann, Partner, Kameraden, Liebhaber, etc. oder zu meiner Frau, Partnerin, Kameradin, Geliebten, etc.) oder sich einen eigenen Anfang ausdenken. Sie können beide dasselbe Versprechen abgeben oder zwei einander ergänzende Versprechen aufsetzen.

4. Einige Zeit vor der Zeremonie sollten Sie Ihre Gelöbnisse mit Ihrem oder Ihrer Vorsitzenden bzw. Geistlichen besprechen, damit er oder sie sich damit einverstanden erklären kann. Für den Fall, daß er oder sie das nicht tut, sollten Sie über die Differenzen sprechen und im Anschluß daran Ihre Gelöbnisse entweder ändern oder sich für den Vorsitz bei der Zeremonie jemand Neues suchen.

Zeichen der Bindung austauschen. Die meisten Menschen glauben, bei einer Trauung sei der Austausch von Ringen erforderlich. Dies wird zwar traditionell so gehandhabt, jedoch sind Ringe bei einer Trauung nicht gesetzlich vorgeschrieben. Es ist Ihnen natürlich unbenommen, Ringe auszutauschen, aber vielleicht ist Ihnen ja ein anderes Symbol lieber (zum Beispiel die beiden Hälften eines zusammengehörenden Anhängers, Uhren, Armreifen oder andere Gegenstände, die dauernd getragen werden können). Hören wir dazu Reverend Muir: «Zur Zeit ist der *Mizpah*-Talisman populär. Er trägt die Inschrift: ‹Der Herr wache über mich und dich, wenn wir entfernt sind, der (die)eine von dem (der) anderen› und ist so geformt, daß die eine Hälfte nur in ein einziges Gegenstück paßt.» Manche Leute lassen sich in ihr Bindungszeichen das Hochzeitsdatum eingravieren und manchmal auch noch ein Zitat oder einen anderen Spruch.

Wenn Sie sich zu solchen Zeichen entscheiden, wird deren Austausch für gewöhnlich von einem gesonderten Gelübde begleitet. Hier einige Beispiele:

▶ «Zum Zeichen und als Unterpfand für das zwischen uns vollzogene Gelöbnis eheliche ich dich mit diesem Ring: Im Namen des Vaters und des Sohnes und des Heiligen Geistes. Amen.»
▶ «Ich gebe Dir diesen Ring als Symbol meines Gelöbnisses, mit allem, was ich bin, und allem, was ich habe. Ich zeichne dich aus im Namen des Vaters, des Sohnes und des Heiligen Geistes. Amen.»
▶ «Ich gebe dir diesen Ring, wie ich mich selbst dir gebe, in Zuneigung und Hoffnung. Ich biete dir Liebe dar, ich biete dir Kraft dar, ich biete dir meine Unterstützung und mein Verständnis dar solange wir beide leben.»

Kommunion. Hier kann das Paar die Kommunion nach der Tradition seines Glaubens empfangen oder gemeinsam einen Schluck Wein oder Saft trinken. Dies ist auch eine Gelegenheit im Ablauf der Zeremonie, bei der ein ausgewähltes Gedicht, ein Zitat oder auch ein Lied vorgetragen werden kann. Die Kommunion ist das symbolische Teilen der Früchte des Lebens, und sie schließt manchmal einen Segen ein, den der oder die Geistliche bzw. Vorsitzende kraft einer höheren Macht erteilt. Nachdem man gemeinsam einen Schluck Wein genommen hat, wird nach jüdischem Kodex feierlich ein (sicherheitshalber in Stoff eingewickeltes) Glas zerschmettert, um auf diese Weise die Einmaligkeit und Einzigartigkeit des Ereignisses symbolisch hervorzuheben.

Geistliche Ermahnung. Die geistliche Ermahnung ist eine Ermächtigungserklärung, die der oder die Geistliche bzw. Vorsitzende abgibt und die gewöhnlich mit den Worten beginnt: «Ich übertrage euch beiden ...» Die geistliche Ermahnung findet sich häufiger in den Amtseinführungszeremonien für Geistliche, jedoch haben verschiedene meiner Klienten und Klientinnen sie in ihre Trauzeremonien integriert, um sich dadurch öffentlich auf ein Ziel festgelegt zu sehen. Hier ein Beispiel für eine geistliche Ermahnung:

«Ich übertrage euch beiden die Verantwortung für euer Leben und euer Wachstum. Erhaltet euch eure Fähigkeit des Staunens, der Spontaneität und des Humors. Ich ermahne euch, nachgiebig, herzlich und empfindsam zu bleiben, eure Gedanken mit Sanftmut und eure Herzen ohne Vorbehalt sprechen zu lassen. Ich trage euch auf, die Bedeutung des Lebens durch das sich verändernde Prisma eurer Liebe füreinander zu sehen und ein Leben in Verantwortung und schöpferischer Kraft zu führen. Ich trage euch auf, in voller Bewußtheit der Fülle zu leben, die für euch vorgesehen ist, und sie in Respekt und Dankbarkeit anzunehmen.»

Gebet. Traditionell von dem oder der Geistlichen gesprochen, bittet das Gebet um Geleit und Hilfe für das Paar und für die Glaubensgemeinschaft, die die Verantwortung für die Unterstützung der Verbindung trägt. Sollten Sie nicht religiös sein, können Sie darum bitten, daß sich alle zum Zeichen der Solidarität der Gemeinschaft die Hände reichen.

Proklamation. Der Wortlaut der Proklamation, die im allgemeinen von dem oder der Geistlichen gesprochen wird, ist meist dem folgenden ähnlich: «Kraft der mir verliehenen Macht erkläre ich euch jetzt zu Partnern im Leben.» Mit dieser Bestärkung ist das Paar aus der Sicht der Kirche offiziell verheiratet. Weil die Trauung von Scott und Lewis kein Geistlicher vornahm, ersuchten sie den Vorsitzenden, folgendes zu sagen: «Die Kräfte des Universums haben Lewis und Scott zusammengeführt. Laßt uns ihre Liebe respektieren und unterstützen.»

Kuß. Nach der Proklamation gibt der oder die Geistliche bzw. Vorsitzende dem Paar die Erlaubnis, sich zu küssen. Der Kuß ist das Symbol für die Liebe der beiden zueinander und für deren neugewonnenen Status (und ersetzt alte aristokratische Bräuche, bei denen sich die nächsten Gefolgsleute mit dem Paar ins Schlafgemach zurückzogen, um Zeugen des ehelichen Vollzugs zu werden!).

Segen. Es ist Tradition, daß der oder die Geistliche dem Paar den Segen erteilt. Hier eine sehr liebenswerte Formel, die Reverend Tom Toler verfaßt hat:

«Mögt ihr Liebe erlangen, eine Liebe, die neu und frisch ist alle Zeit: so neu wie der Aufgang des Abendsterns, so frisch wie die Ankunft jeder neuen Morgendämmerung.

Mögt ihr Frieden haben, aber nicht den Frieden eines stehenden Tümpels, sondern den eines tiefen Wassers in ruhigem Fluß. Und mögt ihr Sicherheit fühlen, aber nicht die Sicherheit des versteckten Baumes, sondern die der Eiche: tief verwurzelt, vom Sturm gestärkt und frei.

Mögt ihr Kraft haben, aber nicht die Kraft der machtgeballten Faust, sondern die des Samenkorns: lebendig und einem unendlichen und ewigen Licht entgegenwachsend. Amen. Geht in Frieden.»

Wenn Sie keiner Religion angehören, können Sie Ihren Vorsitzenden oder Ihre Vorsitzende bitten, Ihnen Glückwünsche mit auf den Weg zu geben, oder Sie verfassen selbst einen Segenswunsch, den Sie oder jemand Ihrer Wahl verliest.

Präsentation des Paares. Die Präsentation, durch die Sie der Welt in Ihrem neuen gemeinsamen Stand vorgestellt werden, kann entweder am Schluß der Zeremonie erfolgen oder aber mit Ihrem Eintreffen beim Hochzeitsempfang. Der oder die Vorsitzende sagt: «Meine Damen und Herren, darf ich Ihnen _____ und _____ vorstellen, Partner fürs Leben.» Während viele schwule oder lesbische Paare ihre eigenen Namen behalten, entscheiden sich andere für eine Kopplung ihrer Familiennamen oder sogar für einen neuen gemeinsamen Namen. Eine solche Entscheidung bringt den zusätzlichen Nutzen, daß Sie mit ihr alle wissen lassen, wie Sie vom Augenblick Ihrer Hochzeit an angesprochen werden wollen.

Freunde, Freundinnen und Verwandte mit einbeziehen

Freunde und Verwandte sind eine Erweiterung Ihrer Beziehung. Um Sie besonders während dieses wichtigen Schritts in Ihrem Leben zur

Unterstützung zu ermutigen, sollten Sie sie bei Ihrer Feier mit einbeziehen. Natürlich wird das in vielen Fällen gleichbedeutend mit dem Coming-out ihnen gegenüber sein. Wie ich bereits früher beschrieben habe, sind viele schwule und lesbische Paare, die über ein Zusammenziehen oder eine Heirat nachdenken, der Auffassung, daß ein solcher Schritt automatisch Ihr Coming-out mit einschließt. Informationen, die Sie bei dieser Entscheidung unterstützen können, finden sie in Kapitel acht.

Während bei der traditionellen heterosexuellen Trauung die Etikette vorschreibt, daß die Familie der Braut für die Kosten der Hochzeit aufzukommen hat, ist diese Frage bei homosexuellen Trauungen nachvollziehbarerweise nicht so eindeutig zu beantworten. Der Großteil meiner Klienten, Klientinnen, Freunde oder Freundinnen, die solche Feiern veranstalteten, entschieden sich dafür, die Kosten selbst zu tragen. Da es sich die wenigsten leisten können, sämtliche Vorbereitungen in professionelle Hände zu legen, können Freunde und Verwandte eine große Hilfe sein. Und damit haben Sie eine ausgezeichnete Gelegenheit, andere mit einzubeziehen.

Die Möglichkeit, Ihnen zur Hand zu gehen, verschafft Freunden, Freundinnen und Verwandten die Chance, sich als integraler Bestandteil Ihrer Feier zu fühlen. Die Hochzeitskleidung kann selbst genäht werden, Einladungen können mit Hilfe eines Computers oder von jemand Talentiertem aus diesem Kreis in Schönschrift gestaltet werden. Freunde, Freundinnen oder Familienmitglieder können für die Zeremonie Musikstücke komponieren und darbringen, und die Lesungen können eine Mischung aus deren selbstverfaßten Texten und Erklärungen sein. Fotos oder Videoaufnahmen lassen sich auch ohne großen finanziellen Aufwand machen. Gute Köche oder Köchinnen werden wahrscheinlich mehr als glücklich sein, wenn Sie für das Essen bei Ihrem Hochzeitsempfang sorgen können.

Selbst wenn Sie sich einen erstklassigen Service leisten können, rate ich Ihnen von dieser kühlen Förmlichkeit ab. Eine selbstgestaltete Feier ist sehr viel eher etwas fürs Gemüt, und Sie können das Geld für Ihre Flitterwochen oder einen gemeinsamen Urlaub sparen.

Wenn Sie Ihre Freunde, Freundinnen und Verwandten in die Zeremonie mit einbeziehen, dann tragen Sie dazu bei, daß sich unter diesen ein Gemeinschaftsgefühl entwickelt, ein gemeinsames Interesse am Gelingen Ihrer Unternehmung. Scott und Lewis heirateten im Garten eines Freundes. Am Morgen ihres Hochzeitstages fielen fünfundzwanzig Leute über das Haus her und fingen an, es mit Kreppapier, Blumen und unzähligen Luftballons zu dekorieren. Andere brachten das Essen für das Fest. Viele dieser Leute waren einander nie zuvor begegnet. Wären sie bloß zur Trauungszeremonie gekommen und nach dem Empfang wieder gegangen, hätten sie sich niemals kennengelernt. Weil sie aber die Möglichkeit hatten, gemeinsam zu lachen und Witze zu machen, sich gemeinsam ins Zeug zu legen und die Ergebnisse ihrer gemeinsamen Anstrengungen zu bewundern, kamen sie sich näher und fühlten sich während der Trauung sehr viel familiärer.

Rechtsgültige und andere formelle Vereinbarungen

Auch hier gelten ähnliche Einschränkungen, wie ich sie schon mehrfach im Hinblick auf verschiedene andere Themen geäußert habe. Ich kann nur aus meiner Erfahrung in den Vereinigten Staaten berichten, und deshalb kann es vorkommen, daß manche Aspekte, über die ich schreibe, in dieser Form für Sie nicht von Belang sind. Aber ich vertraue darauf, daß Sie sich über Publikationen, die die besondere Sachlage in Ihrem eigenen Land darstellen, Ihre spezifische Situation vergegenwärtigen. (Sehen Sie dazu in der Literaturliste am Ende dieses Buches nach.) An dieser Stelle appelliere ich natürlich auch vertrauensvoll an Ihre Fähigkeit, die Grundgedanken aus dem folgenden Abschnitt herauszufiltern, quasi mein gedankliches Konzept freizulegen und sich, aufbauend auf den vorgeführten Ansichten, eine eigene Meinung zu bilden. Diese distanzierte Lektüre ist besonders in allen juristischen Belangen und sonstigen Fragen der vertraglichen Absicherung einer Beziehung wichtig. Unabhängig von der konkreten Vorgehensweise können Sie sich in diesem Abschnitt an das Thema «Absicherung» herantasten und sich mit den dazu notwendigen Gedanken und Entscheidungen befassen und vertraut machen. Aber, wie gesagt, machen Sie sich über die für Ihr Land geltenden Bestimmungen noch extra kundig.

Ganz unbenommen davon, wie feierlich eine Trauung von Schwulen oder Lesben begangen wird, schafft sie in keinem Fall irgendwelche Rechte vor dem Gesetz. Ein gleichgeschlechtliches Paar kann keine offizielle Heiratsurkunde bekommen.

Es gibt jedoch verschiedene Formen juristisch abgesicherter Absprachen, die Sie und Ihr Partner oder Ihre Partnerin treffen können, um ein Mindestmaß an Sicherheit zu gewährleisten. Da Sie sich selbst für bestimmte Absprachen entscheiden und sich gewisse Rechte einräumen, können Sie Abkommen individueller gestalten. Ihre freien Wahlmöglichkeiten sind hier etwas größer als die von Heterosexuellen, da bei deren Eheschließung bestimmte Gesetze doch automatisch Gültigkeit erlangen. *Seien Sie sich dessen bewußt, daß Ihre privaten Vereinbarungen nur dann gelten, wenn sie den Rechtsbestimmungen für nichteheliche Lebensgemeinschaften entsprechen.* Im Anhang finden Sie Hinweise auf Literatur, die genau über die Rechtslage und -sprechung im deutschsprachigen Raum aufklärt.

Selbst wenn Sie sich nicht durch eine Heirat aneinander binden, sollten Sie juristische Fragen trotzdem überdenken. In meiner Beratungspraxis habe ich genügend Tragödien und finanzielle Katastrophen miterlebt, um zu wissen, daß viele Schwule und Lesben es aus unterschiedlichen Gründen versäumen, sich über die rechtlichen Seiten ihrer Lebensgemeinschaft zu informieren. *Mit einer einzigen Ausnahme, nämlich der Einhaltung der Safer-Sex-Regeln, ist eine weitgehende rechtliche Absicherung im Rahmen gesetzlicher Bestimmungen wichtig, wenn Sie und Ihr Partner oder Ihre Partnerin füreinander Sorge tragen wollen.*

Je mehr Eigentum und Ersparnisse Sie besitzen, desto größer kann die Versuchung für andere sein, ihre Rechte anzufechten. Und je geringer die Offenheit nach außen ist, mit der ein Paar lebt, desto wahrscheinlicher ist es, daß sich im Falle des Todes eines Partners oder einer Partnerin ein Rechtsstreit zwischen der Familie dieses Partners (dieser Partnerin) und dem überlebenden Menschen entspinnt. Desgleichen sollten Sie sich klar vor Augen führen, daß selbst Blutsverwandten, denen Sie vielleicht noch nie begegnet sind, sowie Eltern, die Sie vielleicht vor Jahren mißbraucht oder verlassen haben, mehr Rechte eingeräumt werden als dem Menschen, mit dem Sie Ihr Leben teilen, sobald es darum geht, in medizinischen Notfällen für Sie Entscheidungen zu treffen oder im Todesfall Ihren Besitz zu erben.

Für Sie und Ihren Liebhaber oder Ihre Geliebte ist es überaus wichtig, schon jetzt Schritte zur Absicherung Ihrer juristischen Position einzuleiten. Wenn Ihr Partner oder Ihre Partnerin nicht gewillt ist, sich mit diesen Fragen auseinanderzusetzen, dann müssen Sie zumindest für sich selbst sorgen, indem Sie rechtsgültige Vereinbarungen treffen. Wie gesagt, Hinweise für deren Gestaltung finden Sie in einschlägiger Literatur.

Darüber hinaus sollten Sie sich *unbedingt* juristisch beraten lassen. Wenn Sie sich wegen der Kosten Sorgen machen, dann gehen Sie zu einem Schwulen- oder Lesbenzentrum in Ihrer Nähe oder zu einem Rechtshilfebüro, um auf diesem Weg einen Anwalt oder eine Anwältin zu finden, der (die) Ihnen seine oder ihre Zeit umsonst zur Verfügung stellt. Außerdem finden Sie im Anhang die Hinweise auf Bücher, in denen Sie sich über die Einzelheiten zu rechtsgültigen Erklärungen und Vorgehensweisen informieren können. In den USA variieren die Gesetze von Staat zu Staat und von Jahr zu Jahr. *Nur jemand, der in juristischen Fragen kompetent ist und um die besonderen Fragen, die sich homosexuellen Menschen stellen, weiß, kann Ihre Rechte wirklich verteidigen. Dasselbe gilt in gleichem Maß für den europäischen Kontinent.* Es gibt viel zu viele traurige Geschichten von Leuten, die auf solche Dinge nicht achteten. Wir leben in einer homophoben Gesellschaft, und es ist lebensnotwendig, sich vor ihr so gut als möglich zu schützen.

Es ist im Rahmen dieses Buches nicht möglich, auf rechtliche Fragen detailliert einzugehen. Doch bin ich auch davon überzeugt, daß es besser ist, Sie lediglich auf rechtlich sensible Bereiche, die Ihr besonderes Augenmerk verdienen, hinzuweisen, als konkrete, doch im Einzelfall ungenügende juristische Ratschläge zu erteilen. Nachfolgend finden Sie eine Aufzählung rechtlich relevanter Aspekte einer schwulen oder lesbischen Lebensgemeinschaft, wobei die Reihenfolge keine Aussage über Prioritäten enthält:

- Eigentum und Vermögen
- Schulden
- Absicherung bei gemeinsamer Kontoführung, Ratenkäufen und Krediten
- Auswirkungen der Lebensgemeinschaft auf verschiedene Sozialleistungen wie Arbeitslosen- und Sozialhilfe

- Vorkehrungen für einen Krankheits- oder Todesfall
- Probleme der gegenseitigen sozialen Absicherung (Alters- und Rentenversorgung, Unterhalts- bzw. Versorgungsfragen)
- Erbansprüche und Testament
- gemeinsamer Abschluß von Verträgen (vor allem Mietverträge)

Ankündigungen und Absprachen innerhalb der Familie

Ich empfehle Ihnen, Ihre persönlichen Vorstellungen, wie im Fall einer ernsthaften Erkrankung oder Ihres Todes zu verfahren ist, nicht nur mit Ihrem Liebhaber oder Ihrer Geliebten zu besprechen, sondern auch mit Ihrer Familie. Ein solches Gespräch ist niemals einfach, aber es könnte allen Betroffenen später unnötiges Leid und unnötigen Kummer ersparen. Wenn die entsprechenden Fragen erst einmal in aller Offenheit besprochen sind, werden Sie sich wahrscheinlich ruhiger und sicherer fühlen. (Sollten Sie sich Ihrer Familie gegenüber immer noch «verstecken», kann es ja sein, daß Sie diese Fragen statt dessen mit nahen Freunden oder Freundinnen erörtern.)

Die zu klärenden Punkte schließen unter anderem ein:

- alle rechtsgültigen Vereinbarungen, die Sie und Ihr Liebhaber oder Ihre Geliebte getroffen haben
- die Beantwortung der Frage, ob lebensverlängernde Maßnahmen ergriffen werden sollen, wenn Sie nicht mehr imstande sein sollten, aus eigener Kraft weiterzuleben
- die Entscheidung darüber, wie Sie bestattet werden wollen und mit welchen Feierlichkeiten Ihrer gedacht werden soll
- die Bestimmmung einer Person, die Sie zur Vollstreckung Ihres Testaments einsetzen möchten
- eine Aussage dazu, ob Sie Teile Ihres Körpers für wissenschaftliche Zwecke zur Verfügung stellen möchten
- die Benennung der Dinge, die Sie Verwandten hinterlassen möchten

Bevor Sie diese Themen innerhalb Ihrer Familie zur Sprache bringen, sollten Sie natürlich dafür gesorgt haben, daß Sie und Ihr Liebhaber oder Ihre Geliebte in diesen Dingen einer Meinung sind.

Wenn Sie eine Trauung oder eine Bindungszeremonie planen, möchten Sie dieses Gespräch mit der Familie vielleicht einige Zeit vor Ihrem großen Tag stattfinden lassen. Sie könnten zu einem Abendessen im kleinen Kreis einladen oder zu einer anderen eher ruhigen Zusammenkunft, bei der Sie Ihre Pläne dann eröffnen können. Obwohl es sich um einen ernsten Gesprächsgegenstand handelt, kann eine solche Herangehensweise einen ähnlichen Eindruck wie eine «Verlobungsbekanntgabe» hervorrufen und deshalb zu einer freudigen Stimmung führen. (Es gibt verschiedene Gründe, die Sie dazu veranlassen könnten, für unterschiedliche Personenkreise mehr als ein solches Treffen einzuberufen – vielleicht wissen Sie ja zum Beispiel, daß bestimmte Verwandte nicht miteinander auskommen.)

Es ist eine gute Idee, die Eingeladenen bereits im voraus über den Zweck der Zusammenkunft zu informieren. Wenn zu erwarten ist, daß ein solches Gespräch zum Beispiel Ihrer Mutter schwerfallen könnte, wird diese Vorwarnung ihr Zeit geben, sich vor dem Gespräch bereits mit dem Thema vertraut zu machen und sich darauf einzustellen.

Es ist nicht nötig, daß Sie Ihre Pläne bei Ihrer Zusammenkunft bis in alle Einzelheiten ausbreiten. Sprechen Sie nur über die wichtigsten Elemente Ihrer Vereinbarungen. Vielleicht kündigen Sie an, daß Sie und Ihr Liebhaber oder Ihre Geliebte eine Bindungszeremonie geplant haben und deshalb gewisse rechtsgültige Vereinbarungen schließen werden. Sie müssen nicht sagen, wieviel von Ihrem Eigentum Sie sich gegenseitig in Ihren Testamenten zuerkannt haben. Es genügt, wenn Sie Ihre Familie wissen lassen, daß Sie und Ihr Partner oder Ihre Partnerin einander gegenseitig als Testamentsvollstreckende, als gemeinschaftliche Eigentümer und als Erben benennen werden und daß jeder oder jede von Ihnen eine Dauervollmacht für medizinische Angelegenheiten ausgestellt hat oder ausstellen wird.

Vielleicht möchten Sie es ja schon im vorhinein so einrichten, daß ein naher Freund, eine enge Freundin oder ein Verwandter im Anschluß an die Vorstellung Ihrer Abmachungen einen Toast ausbringt. Das kann die Atmosphäre auflockern und die Aufmerksamkeit wieder auf die bevorstehende Feier lenken.

Sicherlich äußern sich heterosexuelle Paare zu diesen Themen nicht auf ihren Verlobungsparties, doch sind auch die juristischen Folgen einer heterosexuellen Verheiratung in den US-amerikanischen (und europäischen) Gesetzen deutlich ausformuliert. Homosexuelle Paare müssen einen juristischen Rahmen ihres Verhältnisses erst konstruieren, und es ist sinnvoll, die wichtigsten Absprachen Schlüsselpersonen gegenüber bekanntzugeben. Obwohl es nicht absolut notwendig ist, Ihre Familie, Ihre Freunde und Freundinnen über Ihre juristischen Pläne in Kenntnis zu setzen, rate ich schwulen oder lesbischen Paaren sehr zu, so etwas zu tun. Mit einer solchen Ankündigung klären Sie andere über die Ernsthaftigkeit Ihrer Absicht und über die Wichtigkeit Ihrer Beziehung auf und tragen außerdem dazu bei, spätere Streitigkeiten zu vermeiden. Als weiteres kommt hinzu, daß Sie Ihrer Familie und Ihren Freunden oder Freundinnen mit dieser Ankündigung zeigen, daß Sie sie in die Pläne für ein Leben zu zweit mit einbeziehen wollen.

Das nächste Kapitel wird Sie mit Informationen versorgen, die Ihnen bei Ihrem Coming-out gegenüber der Familie und Freunden oder Freundinnen sowie beim Aufbau eines unterstützenden Netzwerks um Ihre Beziehung herum helfen sollen.

KAPITEL 8

Coming-out, Schwiegereltern und soziale Unterstützungssysteme

Die meisten alleinstehenden Schwulen und Lesben verfahren mit der Entscheidung zu ihrem Coming-out, das heißt zur öffentlichen Bekundung ihrer Homosexualität, recht willkürlich. Weil ein offenes Auftreten als Schwuler oder als Lesbe oft mit der Mißbilligung durch andere einhergeht, kann die Verheimlichung einfacher und klüger sein. Viele alleinstehende Homosexuelle offenbaren sich nur wenigen ausgesuchten Personen und lassen alle übrigen in der Annahme, sie wären hetero.

Wenn Sie sich jedoch auf eine bedeutende Beziehung einlassen, wird es sowohl schwieriger als auch sehr unbefriedigend, das Geheimnis zu bewahren. Familientreffen, geschäftlich motivierte Anlässe und sogar die Einladung von Freunden oder Freundinnen zum Kaffee können mehr als aufreibend werden. Es ist nicht angenehm, Geschichten erfinden zu müssen, um zu erklären, wer Ihr «Freund» oder Ihre «Freundin» ist, zu erklären, warum Sie nicht mit jemandem liiert sind, oder sich dauernd zu fragen, ob die Gäste bemerken, daß Sie und Ihr Mitbewohner oder Ihre Mitbewohnerin bloß ein Schlafzimmer haben.

Nach jahrelanger Beratungsarbeit mit Schwulen und Lesben ist mir klar, daß für Homosexuelle eine feste Beziehung die stärkste Motivation zum Coming-out und zur Etablierung eines unterstützenden sozialen Bezugsfeldes darstellt. Wenn meine Klienten oder Klientinnen an den Punkt kommen, an dem sie sich über eine feste Bindung oder eine Heirat unterhalten, sind sie gewöhnlich nicht länger gewillt, sich zu ihrer Beziehung bedeckt zu halten und in ständiger Angst vor der Entdeckung zu leben. Statt dessen wollen sie im breiteren Kreis ihrer Umgebung als Paar wahrgenommen werden.

Coming-out

Für die meisten Schwulen und Lesben ist das Coming-out eine vielschichtige Entscheidung, die mitunter jahrelanger Vorbereitung bedarf. Nur wenige bleiben von der Meinung von Freunden, Freundinnen, Kollegen, Kolleginnen und Verwandten unberührt. Der Grad unserer Verletzbarkeit durch negative Reaktionen hat einen Einfluß darauf, wie lange wir für die Entscheidung, unsere Homosexualität offenzulegen, brauchen, wem wir davon erzählen, und wie wir es erzählen. Das Coming-out muß nicht unbedingt eine Frage des alles oder nichts sein. Es ist nicht nur möglich, sondern oft sogar wünschenswert, manche Leute aufzuklären, andere allerdings nicht.

Im folgenden finden Sie einige Beschreibungen von Klienten und Klientinnen, wie sich ihr Coming-out entwickelt hat:

▷ «Meine Eltern wissen immer noch nicht, daß ich lesbisch bin. Es würde sie furchtbar aufregen, wenn ich es ihnen erzählen würde, und auf Hinweise reagieren sie einfach nicht. Darum glaube ich, daß sie es nicht wissen wollen. Weil ich allein lebe, macht es im Moment auch nichts aus.»

▷ «Ich bin schon seit meiner Teenagerzeit schwul, aber meine Eltern haben es nie erfahren. Das war mir einigermaßen egal, doch dann kam Brian. Und jetzt möchte ich mein Coming-out angehen.»

▷ «Als meine Mutter herausfand, daß ich schwul bin, warf sie sich auf mein Bett und schrie: ‹Was habe ich bloß falsch gemacht?› Noch heute, nach fünfzehn Jahren, betet sie täglich für mein Seelenheil. Wenn ich nach Hause komme, ist es so lange schön, wie ich nicht darüber rede. Wenn ich einen festen Freund hätte, hätte ich wahrscheinlich mehr Probleme damit.»

▷ «Ich hatte gerade einen Wochenend-Workshop mitgemacht. Ich mühte mich ab mit einer Entscheidung, aber dann kam ich zu dem Schluß, daß Ehrlichkeit wichtig ist. Als ich meine Mutter anrief und ihr sagte, daß ich schwul bin, sagte sie: ‹Wie schön, mein Lieber. Und wie ist das Wetter bei euch?› Sie verstand die Sache nicht so ganz, aber sie akzeptierte alles, und an ihrer Liebe war nicht zu rütteln. Als ich Kevin nach Hause brachte, war recht deutlich, daß sie ihn mochte. Nur der Ohrring, den er trug, der paßte ihr ganz und gar nicht.»

▶ «Ich dachte wirklich, mein Vater würde mich enterben, sobald er es erfuhr. Ich bin froh, daß ich zur Beratung gegangen bin. Die haben mir bei der Entscheidung geholfen, wie ich es ihm am besten sagen konnte. Er ist nicht gerade vor Freude geplatzt, aber er sagt, es sei mein Leben, und daß ihm viel an mir liege. Frank und ich fahren zu Weihnachten hin, aber ein bißchen unangenehm ist mir die Vorstellung schon.»

▶ «Meine Eltern mögen Elaine wirklich sehr. Manchmal werde ich sogar richtig eifersüchtig! Sie behandeln sie wie eine zweite Tochter, und sie lassen uns sogar in einem Zimmer schlafen, wenn wir über Nacht bleiben. Für ihr Verständnis bin ich ihnen wirklich sehr dankbar.»

Wenn man die Vielfalt der Reaktionen bedenkt, die Ihnen als Antwort auf Ihr Coming-out begegnen können, dann verlangt eine solche Entscheidung zweifelsohne einiges an Nachdenken und Vorbereitung. Die Mühe kann sich allerdings auch lohnen. Homosexuelle Paare können aus einer Familie, von der sie akzeptiert werden, sowie aus einem tragfähigen Netzwerk, das den Mangel an Unterstützung und das negative Image in der Gesellschaft kompensieren hilft, großen Nutzen ziehen.

Wenn Sie Ihrer Familie und Ihren Freunden oder Freundinnen gegenüber auf ein Coming-out verzichten, vermeiden Sie zwar unter Umständen den Druck der Mißbilligung, aber Sie erlegen sich damit eine neue Beschränkung auf: Isolation. Isolierte Paare verfügen nur über begrenzte Möglichkeiten. Wenn Sie sich gegenseitig der einzige Mensch sind, mit dem Sie über viele wichtige Bereiche Ihres Lebens sprechen können, wird wahrscheinlich Langeweile zum Problem. Wenn Sie nicht Teil eines Netzwerks aus anderen schwulen oder lesbischen Paaren sind, mit denen Sie Ihre persönliche Situation vergleichen, könnte Ihnen auch die Entscheidung schwerfallen, wann Probleme in Ihrer Beziehung angegangen werden müssen. Ein solches Netzwerk erlaubt Ihnen einen Blick auf andere, die sich mit ähnlichen Dingen herumschlagen, erlaubt Ihnen das gemeinsame Erleben von Triumphen und Tragödien und eine Diskussion Ihrer Probleme mit verständnisvollen Freunden, Freundinnen oder Familienmitgliedern.

Vor- und Nachteile des Coming-outs

Letztendlich können nur Sie entscheiden, welcher Grad des Coming-outs für Sie der richtige ist, und wann, wo und wem gegenüber Sie sich offenbaren sollten. Nachfolgend finden Sie einige allgemeine Einschätzungen zum Coming-out sowie einige Einschränkungen. Halten Sie sich vor Augen, daß Sie und Ihr Partner oder Ihre Partnerin wahrscheinlich unterschiedliche Bedürfnisse und Haltungen zu einem offenen Umgang mit der eigenen Homosexualität haben. Überdenken Sie unabhängig voneinander die spezifischen Vorteile und Nachteile der beiden Möglichkeiten, und halten Sie Ihre Gedanken schriftlich fest. Schon das bloße Niederschreiben solcher Überlegungen ist ein ordnender Vorgang, durch den Sie eher zu einer Entscheidung finden können werden. Legen Sie Ihre Listen jetzt an, und fügen Sie noch das eine oder andere hinzu, während Sie in diesem Kapitel weiterlesen.

Coming-out

Mögliche Vorteile
gestärktes Selbstbewußtsein
kein weiteres Verstecken Ihrer Beziehung
wirkliche Nähe zu denen, die Sie akzeptieren
die Gewißheit, ehrlich zu leben

Mögliche Nachteile
das Verlassenwerden durch Familie, Freunde und Freundinnen
Diskriminierung am Arbeitsplatz
feindliche Reaktionen von Fremden

Versteckt bleiben

Mögliche Vorteile
Sicherheit in bezug auf den Arbeitsplatz
die Akzeptanz von homophoben Freunden, Freundinnen oder Verwandten

Mögliche Nachteile
ständige Angst vor Entlarvung
vermindertes Selbstbewußtsein
bei Familienfeiern und Arbeitseinladungen tritt man allein auf

Das Coming-out der Familie und Freunden oder Freundinnen gegenüber vorbereiten

Es gibt Situationen, in denen die Entscheidung über die Offenbarung unseres Lebensstils nicht in unserer Hand liegt – zum Beispiel dann, wenn Aufdeckung oder Krankheit für andere klarstellt, daß wir schwul oder lesbisch sind. Im Regelfall haben wir jedoch die Wahl, wie und wann wir unser Coming-out vollziehen wollen. Die Vorbereitung ist oft ausschlaggebend dafür, wie gut unsere Offenbarung aufgenommen wird, und zwar besonders von der Familie und von Freunden. (Beachten Sie: Sollten Sie Kinder haben, so sind für Ihr Coming-out diesen gegenüber besondere Überlegungen anzustellen. Lesen Sie dazu weiter hinten in diesem Kapitel.)

Sie können Ihre Erfolgschancen folgendermaßen maximieren:

- Entscheiden Sie schon im vorhinein, wann und wie sie es Familienmitgliedern, Freunden oder Freundinnen sagen wollen, und zwar einschließlich dessen, was Sie sagen werden.
- Denken Sie daran, die Situation ebenso aus dem Blickwinkel der anderen zu betrachten wie aus Ihrem eigenen.
- Vergewissern Sie sich Ihrer Gründe für die Enthüllung und fragen Sie sich, was Sie von denen, die es erfahren werden, erwarten.

Stellen Sie sich zur Vorbereitung die folgenden Fragen:

1. *Weshalb sollte ich mein Schwulsein oder Lesbischsein offenlegen, und welche Reaktion erhoffe ich mir darauf?* Falls Sie wissen, was Sie von ihrer Familie, von ihren Freunden oder Freundinnen wollen, dann formulieren Sie Ihre Zielsetzung so positiv wie möglich. Sagen Sie zum Beispiel:

- «Ich möchte, daß du mir zuhörst und mir erst morgen (oder nächste Woche) erzählst, wie du dich fühlst.»
- «Ich möchte dich zu mir nach Hause einladen und mich dabei wohl fühlen können.»
- «Ich spüre eine Distanz zu dir, weil ich dieses Geheimnis für mich behalten habe, aber weil ich dich liebe, möchte ich mich dir nahe fühlen können.»

▸ «Mir steht in meinem Leben ein sehr wichtiges Ereignis bevor, und das möchte ich mit dir teilen.»

▸ «Ich weiß, daß es dir vielleicht schwerfällt, es zu verstehen, aber ich hoffe, ich kann dir deutlich machen, wie wichtig es für mich ist, daß du verstehst.»

Vergessen Sie nicht, daß Ihr Gegenüber möglicherweise nicht gewillt oder in der Lage ist, Ihnen die Reaktion zuzugestehen, die Sie sich wünschen. Dadurch, daß Sie andere wissen lassen, was Sie wollen, ermuntern Sie sie jedoch zu der gewünschten Reaktion.

2. *Was habe ich zu verlieren?* So nahe Sie Ihrer Familie, Ihren Freunden oder Freundinnen auch stehen mögen: Es ist nie ausgeschlossen, daß Sie Wichtiges verlieren, sobald Sie Ihr Schwulsein oder Lesbischsein offenbaren. Wenn Sie gefühlsmäßig oder finanziell von Ihrer Familie abhängig sind, sollten Sie sorgfältig abwägen, ob Sie bereit sind, die Unterstützung aufs Spiel zu setzen und gegebenenfalls zu verlieren.

3. *Wie kann ich die Tatsache, daß ich schwul (oder lesbisch) bin, auf möglichst positive Art unterbreiten?* Das beste ist, sich sehr persönlich zu äußern und nicht über die Homosexualität im allgemeinen zu sprechen. Erzählen Sie Ihrer Familie von den schwierigen Lebensphasen, in denen Sie deprimiert, aufgewühlt oder verängstigt waren aufgrund der Schwierigkeiten, Ihre sexuelle Orientierung zu verstehen. Erzählen Sie, wie erleichtert Sie waren, als Sie die Tatsache Ihres Schwul- oder Lesbischseins schließlich akzeptierten. Wenn Sie sich auf spezielle Erfahrungen in Ihrem Leben beziehen, erkennt Ihre Familie diese traumatischen Augenblicke wieder und ist dadurch vielleicht eher gewillt, sich in Sie hineinzuversetzen und Ihre Eröffnung zu akzeptieren.

4. *Bin ich darauf vorbereitet, daß meine Familie, meine Freunde und Freundinnen Zeit brauchen, um mit meiner Eröffnung umzugehen?* Erinnern Sie sich, wie lange Sie brauchten, um Ihre eigene Homosexualität zu akzeptieren? Vielleicht haben Sie noch immer gelegentche Schwierigkeiten damit. Für Ihre Familie wird die Situation nicht viel anders sein. Sie verlangen von ihr, einen Lebensstil zu akzeptieren, den der größte Teil der Gesellschaft fürchtet, mißversteht und nicht zu tolerieren gewillt ist. Seien Sie nicht entmutigt, wenn die anderen Zeit

brauchen, das zu verstehen, was Sie ihnen erzählen. Wenn das möglich ist, dann legen Sie den Termin Ihrer Eröffnung doch so früh vor das nächste wichtige Familienereignis wie Weihnachten oder eine Hochzeit, daß Ihre Familie einige Monate Zeit hat, ihr Unbehagen zu verarbeiten.

5. *Was mache ich, wenn ...?* Spielen Sie in Gedanken einige mögliche Reaktionen durch und legen Sie fest, wie Sie jeweils damit umgehen würden. Zum Beispiel:

- «Wenn Mutter zu weinen anfängt, warte ich, bis sie ihre Fassung wiedergefunden hat, und versuche dann fortzufahren.»
- «Wenn Vater brüllt und sagt, er werde mich enterben, sage ich, ich wisse um seine Aufgebrachtheit und darum, daß er das nicht wirklich meint. Dann gehe ich und rufe am nächsten Tag wieder an. Ich rufe dann so lange an, bis er sich beruhigt hat.»
- «Wenn sie sich wirklich entschließen, mich zu enterben, und ich ihre Meinung nicht ändern kann, werde ich mir eine neue Familie von Freunden (oder Freundinnen) suchen, mit der ich meine Ferien verbringen kann.»
- «Wenn sie sagen: ‹Ach, das wissen wir doch schon lange, wir haben nur noch darauf gewartet, daß du es uns erzählst›, werde ich ihnen sagen, wie wunderbar sie sind, und sie zu einem feudalen Essen mit Champagner einladen.»

Stellen Sie sich sowohl die besten wie die schlimmsten Reaktionen vor, die Sie bekommen können. Wenn Sie solche Szenarien durchspielen, lernen Sie, sich von einer ganz bestimmten Erwartung zu lösen und sich auf jede mögliche Reaktion einzustellen. Mit einer solchen Vorbereitung werden Sie ruhiger vor Ihre Familie treten.

6. *Will ich es ihnen leichtmachen?* Eine solche Offenbarung ist wahrlich keine gute Gelegenheit zum Rebellentum. Sie verlangen von Ihrer Familie die Beschäftigung mit einem potentiell schwierigen Thema, und deshalb ist es kontraproduktiv, wenn Sie von ihnen verlangen, auch noch mit einer schwierigen Person fertig zu werden. Die Kommunikations- und Problemlösungstechniken, die Sie an früherer Stelle gelernt haben, können hier sehr hilfreich sein.

Zusätzliche Hilfe können Sie sich durch Gespräche mit Schwulen oder Lesben aus Ihrem Freundeskreis holen, die ihr Coming-out gegenüber Familie, Freunden oder Freundinnen schon hinter sich haben. Aus deren Erfahrungen können Sie wahrscheinlich sehr viel lernen. Selbst aus den schlechten, denn dadurch wissen Sie, was Sie vermeiden müssen!

Noch eine besondere Bemerkung zum Coming-out gegenüber der Familie: In Familien kann es viele persönliche Probleme geben. Wenn Ihre Beziehung zu Ihrer Familie jedoch gut ist, kann sie als Unterstützung für Sie ganz ausgezeichnet wirken. In einer Familie gibt es die natürliche Neigung, «sich um die eigenen Leute zu kümmern», und die emotionalen Bande zwischen Ihnen und den übrigen Familienmitgliedern können für Sie ein sagenhafter Aktivposten sein angesichts der vielen Widrigkeiten, denen Sie und Ihr Partner oder Ihre Partnerin als homosexuelles Paar wahrscheinlich ausgesetzt sein werden.

Das Coming-out am Arbeitsplatz vorbereiten

Die meisten Schwulen und Lesben wissen, wie anstrengend es ist, am Arbeitsplatz versteckt zu bleiben. Wir können unseren Liebhaber oder unsere Geliebte nicht zu Betriebsfeiern einladen, und wir sprechen von ihnen manchmal so, als gehörten sie dem anderen Geschlecht an (und erfinden dabei sogar neue Namen). Wir halten nicht dagegen, wenn Kollegen oder Kolleginnen diskriminierende Witze und Kommentare über Homosexualität von sich geben. Und wir haben Angst, daß wir durch Zufall «enttarnt» werden könnten.

Wenn Sie Ihren Lebensstil geheimhalten, kann das dazu führen, daß Sie sich unwohl, angespannt oder sogar verängstigt fühlen. Weil Ihr Coming-out am Arbeitsplatz aber durchaus dazu führen kann, daß Ihre Arbeitssituation *noch* stressiger wird, sollten Sie alle Vor- und Nachteile einer solchen Entscheidung sehr sorgfältig durchdenken. Im folgenden finden Sie jetzt einige Fragen, die Sie sich stellen sollten, wenn es um Ihr Coming-out am Arbeitsplatz geht.

1. *Wie sehr will ich diese Arbeit?* Wenn Sie Ihr momentanes Arbeitsverhältnis liebend gern behalten möchten, Ihr Coming-out am Arbeitsplatz allerdings auch für wichtig halten, dann achten Sie darauf, daß

Sie Ihre Offenbarung sorgfältig planen. Eine gute Planung kann über Erfolg oder Mißerfolg des Coming-outs am Arbeitsplatz entscheiden.

Der fünfundvierzigjährige Perry entschloß sich zu seinem Coming-out, als ihm in dem Anwaltsbüro, in dem er arbeitet, die Teilhaber-schaft angeboten wurde. Er empfand es seinen Partnern und Partnerin-nen gegenüber als unfair, das Risiko einer zufälligen Aufdeckung seines Lebensstils einzugehen und die Firma dadurch unter Umstän-den in Verruf zu bringen. Von mir wollte er sich Beistand holen für die Festlegung einer Strategie.

Auf meinen Vorschlag hin erzählte Perry es zunächst seinem Mentor, einem langjährigen Gesellschafter des Büros, und bat ihn um Rat bei der Entscheidung über die Schritte, die im weiteren angemessen sein würden. Der Geschäftsführer des Anwaltsbüros gab Perry den Rat, sich nur seinen Partnern und Partnerinnen gegenüber zu offenbaren, nicht aber den Angestellten gegenüber. Perry fühlt sich an seinem Ar-beitsplatz jetzt sehr viel sicherer, und er hat keine Schwierigkeiten da-mit, daß jetzt so viele Leute über ihn Bescheid wissen. Später erzählte er mir: «Ich bin so froh, daß ich die Sache richtig geplant habe. Vorher konnte ich mir kaum vorstellen, wie hilfreich mir diese Planung sein würde. Der Geschäftsführer hat sich bei mir sogar für mein Vertrauen ihm gegenüber bedankt. Er war mir eine große Hilfe. Außerdem fühlte ich mich entschieden sicherer, weil ich wußte, was ich wollte. Ich denke, das hat viel ausgemacht.»

Ein Rat: Setzen Sie Ihr Coming-out nie ein, um sich auf diesem Weg aus Ihrem Job zu verabschieden. Man erschwert damit bloß dem näch-sten (der nächsten), der (die) gerne offen als Schwuler (als Lesbe) auf-treten möchte, die ganze Angelegenheit. Wenn Sie eine Stelle haben, die Ihnen nicht gefällt, dann suchen Sie sich eine andere (vorzugsweise eine, in der Sie von Anfang an offen schwul oder lesbisch auftreten können), und reichen Sie dann Ihre Kündigung ein.

2. *Was sind die Vorteile?* Die Vorteile können unter anderem in einem gestärkten Selbstvertrauen liegen, in verringertem Streß, in gewachse-nem Bewußtsein für Schwules oder Lesbisches unter Ihren Kollegen und Kolleginnen, und in mehr Offenheit, wenn es darum geht, Ihren Liebhaber oder Ihre Geliebte zu Betriebsfeiern mitzubringen.

3. *Was sind die Nachteile?* Nachteilig können unter anderem feindselige Reaktionen sein, Isolation, erhöhter Streß, der erzwungene Verzicht auf Beförderungen und sogar der Verlust Ihrer Arbeitsstelle. Obwohl es in manchen Staaten der USA oder auch Europas Antidiskriminierungsgesetze gibt, ist es manchmal schwierig, zu beweisen, daß Sie aufgrund Ihrer Homosexualität gefeuert wurden. Ihnen steht natürlich die grundsätzliche Überlegung stets offen, ob Sie in einer offen schwulen- oder lesbenfeindlichen Umgebung überhaupt arbeiten wollen. Wenn Sie sich kurz vor dem Ruhestand befinden oder wenn Ihre Arbeit Ihnen sehr wichtig ist, dann haben Sie vielleicht den Eindruck, daß die Vorteile des Verstecktseins schwerer wiegen als alle Vorteile, die Sie durch Ihr Coming-out erlangen könnten. Gleichwie Ihre individuelle Situation auch aussieht: Überlegen Sie, ob Sie sich nicht einer Art Selbsthilfegruppe für Schwule oder Lesben in Ihrem Beruf anschließen oder selbst eine solche gründen wollen.

4. *Wem sollte ich es sagen?* Manche Berufstätige (wie Ärzte, Ärztinnen, Anwälte, Anwältinnen, Steuerberater und Steuerberaterinnen) brauchen es vielleicht nur ihren Partnern, Partnerinnen und nahestehenden Kollegen bzw. Kolleginnen mitzuteilen. Wenn sie angestellt sind, gilt als Faustregel, daß Sie es zuerst der höchstrangigen Person erzählen sollten, mit der Sie in Kontakt stehen. Leitende Angestellte haben die Aufgabe, einen reibungslosen Arbeitsablauf zu gewährleisten, und deshalb ist die Wahrscheinlichkeit größer, daß sie Ihre Erklärung vertraulich behandeln. Sie können Ihren Chef oder Ihre Chefin auch danach fragen, wem Sie es seiner oder ihrer Meinung nach noch erzählen sollen. Ihr Chef oder Ihre Chefin sollte es *nicht* durch den Büroklatsch erfahren. Deshalb ist es wichtig, daß Sie mit ihm oder ihr sprechen, *bevor* Sie das mit Ihren Kollegen oder Kolleginnen tun. Es ist sehr schwer, Geheimnisse auch als solche zu bewahren.

5. *Wie stehe ich mit meiner Arbeit da?* Angestellte, die ihre Arbeit gut machen, die an sie gestellten Erwartungen erfüllen und allgemein betrachtet ein Aktivposten für ihre Firma sind, wären schwer zu ersetzen. Haben Sie für Ihre Firma einen bestimmten Wert, dann verschafft Ihnen das für Ihr Coming-out den größten Vorteil. Wenn Ihnen ständig etwas nicht paßt, wenn schwer mit Ihnen auszukommen ist oder Sie in

Ihrer Arbeit nachgelassen haben, dann schwinden Ihre Chancen, mit Ihrem Coming-out auch akzeptiert zu werden. Schätzen Sie Ihren Stellenwert ein, ehe Sie eine Entscheidung fällen.

Die Offenbarung

Wenn Sie gemeinsam mit Ihrem Liebhaber oder Ihrer Geliebten die eben vorgestellten Überlegungen zu Ihrem Coming-out gegenüber Familie, Freunden, Freundinnen, Kollegen und Kolleginnen erwogen haben, sind Sie bereit zum nächsten Schritt: zur konkreten Offenbarung. Es gibt wohl keinen Menschen, der sein Coming-out der eigenen Familie gegenüber nicht selbst und allein machen möchte.

Weil Reaktionen auf ein Thema oft von der Person abhängen, die es unterbreitet, ist die Art, in der Sie sich selbst präsentieren, entscheidend. Der Grad des Unbehagens bei denen, mit denen Sie darüber reden, kann also den Grad Ihres eigenen Unbehagens widerspiegeln. Wenn Sie ruhig, selbstsicher und vertrauensvoll auftreten und mit den Neuigkeiten, die Sie präsentieren, in Einklang stehen, werden auch Ihre Zuhörer entspannter sein. Mit Hilfe der nachfolgenden Richtlinien können Sie die nötige Gelassenheit finden, ehe Sie «die Bombe zünden». Ganz egal, ob Sie Ihr Coming-out der Familie, Freunden, Freundinnen oder Geschäftspartnern gegenüber planen: Der Prozeß bleibt im wesentlichen derselbe.

1. *Machen Sie Ihre Hausaufgaben.* Sie sollten Ihr eigenes Leben so angenehm wie nur möglich finden, und Sie müssen Ihre Zuhörer mit ehrlicher, sachlicher Information versorgen (schließlich sind Sie vielleicht deren einzige Informationsquelle über Homosexualität). Ganz besonders wichtig ist, daß Sie die Fakten über Aids kennen, bevor Sie Ihre Homosexualität offenbaren. Viele Leute haben keine Ahnung, wie Aids übertragen wird, und manche denken vielleicht immer noch, jeder Kontakt mit einem homosexuellen Menschen sei gefährlich. (Halten Sie sich jedoch vor Augen, daß Ihr erstes Gespräch wahrscheinlich nicht der geeignetste Zeitpunkt ist, um sexuell übertragbare Krankheiten zum Thema zu machen, es sei denn, es wird danach gefragt.)

Wenn Sie sich auf Ihr Coming-out vorbereitet haben, werden Sie auf Fragen wie die folgenden besser reagieren können:

- «Was haben wir bloß falsch gemacht?»
- «Kann man das heilen?»
- «Werden meine Kinder denn schwul (lesbisch), wenn sie in deiner Nähe sind?»
- «Warum bleibst du nicht einfach allein?»
- «Was ist mit Aids?»
- «Kannst du sexuell enthaltsam sein?»

Informationsmaterial der vielfältigsten Art können Sie sich bei Beratungszentren für Schwule oder Lesben besorgen, in schwulen Buchläden, in den Frauenbuchläden, über Telefondienste oder in extra dafür eingerichteten Info-Läden. (Sehen Sie sich dazu die Buchempfehlungen und die Hinweise auf diverse Organisationen an, die Sie im Anhang finden können.)

2. *Wählen Sie Zeit und Ort sorgfältig.* Wenn es um Ihre Familie, um Freunde oder Freundinnen geht, dann organisieren Sie am besten ein ruhiges Treffen, bei dem nur die wesentlichen Leute dabei sind. Wenn Sie Ihr Coming-out am Arbeitsplatz machen, dann treffen Sie am besten eine formelle private Verabredung. Es ist bei so einem Anlaß wohl besser, Sie gehen mit jemand nicht zum Essen aus, es sei denn, Sie sind ziemlich sicher, daß Ihre Neuigkeit Ihr Gegenüber nicht aus der Fassung bringt.

3. *Legen Sie fest, wer anwesend sein soll.* Wenn es um den beruflichen Rahmen geht, dann treffen Sie Ihre Verabredungen mit jeder Person einzeln, und zwar von oben nach unten in der Hierarchie. Geht es um die Familie, um Freunde oder Freundinnen, dann sollten Sie die Gruppe in jedem Fall klein halten. Sorgen Sie nach Möglichkeit dafür, daß jemand dabei ist, der oder die über Sie bereits Bescheid weiß, so daß Sie im unangenehmen Fall Unterstützung bekommen. Das kann der Hausarzt sein, die Hausärztin, der oder die Geistliche der Familie, der Bruder, die Schwester, jemand anderes aus der näheren Verwandtschaft oder eine andere Person, die Ihnen nahesteht.

4. *Steuern Sie keine höheren Ziele an als die bloße Information Ihrer Zuhörer oder Zuhörerinnen über Ihre Homosexualität.* Es kostet möglicherweise einige Zeit, bis andere so weit sind, Ihre Homosexualität zu

akzeptieren. Seien Sie in Ihren Erwartungen an die Familie, an Freunde und Freundinnen realistisch, und geben Sie ihnen Gelegenheit, die Information zu verdauen. Achten Sie aber in allen Situationen auf diskriminierende Kommentare, geben die doch wichtige Hinweise auf eventuell später auftauchende Schwierigkeiten.

5. *Sorgen Sie schon im vorhinein für eine Möglichkeit, sich nach Ihrer Offenbarung Zuspruch zu holen.* Ihr Therapeut, Ihre Therapeutin, Geistliche, Schwulen- oder Lesbengruppen und Freunde oder Freundinnen, die ihr eigenes Coming-out bereits hinter sich haben, können Ihnen nötigenfalls helfen, Ihre Fassung wiederzugewinnen und die Reaktionen, mit denen Sie zu tun hatten, zu analysieren.

Kinder! Wie geht das zusammen?

Viele schwule oder lesbische Paare haben aus früheren Ehen Kinder. In den Vereinigten Staaten kommt hinzu, daß mehr und mehr gleichgeschlechtliche Paare sich entscheiden, Babies zu adoptieren oder andere Vereinbarungen zu treffen, um Kinder zu haben. (In europäischen Staaten ist dergleichen nicht möglich.) Zwar ist dieses Buch nicht dem Thema Elternschaft gewidmet, aber es muß deutlich gesagt werden, daß Schwule oder Lesben als Eltern die Verantwortung tragen, sich auf die Versorgung von Kindern auch umfassend vorzubereiten. Die körperliche und geistige Entwicklung Ihres Kindes hängt von Ihren Kenntnissen über Ernährung, Psychologie und Gesundheit und von Ihren erzieherischen Fähigkeiten ab.

Wenn Sie erst seit kurzem geschieden sind, müssen Sie mit Ihrer Exfrau oder Ihrem Exmann eine Vereinbarung treffen, bei der das Wohlergehen Ihrer Kinder im Mittelpunkt steht. Um Besuchsrechte und Erziehungsmethoden vernünftig und einvernehmlich zu regeln, bedarf es vielleicht sogar einer formellen juristischen Schlichtung. Überlegen Sie auch, ob Sie mit Ihrer Exfrau oder Ihrem Exmann, Ihren Kindern und Ihrem jetzigen schwulen oder lesbischen Partner eine Familientherapie machen sollten.

Wenn Ihre Exfrau oder Ihr Exmann homophob ist und sowohl Ihrer Homosexualität als auch Ihrer neuen Beziehung ablehnend oder kritisch gegenübersteht, dann werden Ihre Kinder in den gleichen Konflikt geraten, als würden Sie Zeugen eines beliebigen anderen Machtkampfs zwischen ihren Eltern. Anzeichen für einen inneren Konflikt können plötzliche emotionale, körperliche oder auf das Verhalten bezogene Veränderungen sein. Natürlich gibt es bei jedem Kind Stimmungsschwankungen, Wechsel in den Eßgewohnheiten oder Veränderungen in seiner Lebhaftigkeit. Entscheidend ist, darauf zu achten, ob eine Veränderung über längere Zeit Bestand hat. Wenn dem so ist, sollten Sie in einer Beratungsstelle oder in einer Kinderarztpraxis Rat suchen.

Geben Sie Ihren Kindern Zeit, sich auf Ihren schwulen oder lesbischen Lebensstil einzustellen und eine natürliche Beziehung zu Ihrem Partner oder Ihrer Partnerin zu entwickeln. Lassen Sie Ihren Kinder und Ihrem Liebhaber oder Ihrer Geliebten Zeit zum Kennenlernen, ehe Ihr Partner oder Ihre Partnerin die Elternrolle mit übernimmt. Kinder nehmen es übel, wenn ihnen von irgendwelchen «Eindringlingen» Autorität aufgezwungen wird, aber sie reagieren positiv, wenn sie erkennen, daß die Autorität von einer akzeptablen Person ausgeht. Wenn Ihr Kind dazu bereit ist, sollten Sie Ihren Partner oder Ihre Partnerin nach und nach elterliche Aufgaben übernehmen lassen. Fangen Sie mit kleinen Dingen an, zum Beispiel mit einem Nachmittag im Zoo oder einem Essen im Restaurant, wo Sie nicht dabei sind.

Meiner Erfahrung nach resultieren die wenigsten Schwierigkeiten, die ein homosexueller Elternteil mit seinen oder ihren Kindern hat, daraus, daß dieser Elternteil schwul oder lesbisch ist. Jedes Problem, das Sie mit Ihrem Kind haben, ist wahrscheinlich ein direktes Ergebnis Ihres Umgangs mit dem Kind und nicht Ihres Lebensstils. Kinder kommen in einer homosexuellen Familienumgebung gewöhnlich gut klar, wenn diese intakt, liebevoll und unterstützend ist. Nachfolgend ein paar Bemerkungen zu einem Coming-out gegenüber Ihren Kindern:

- Sehr kleinen Kindern gegenüber ist ein Coming-out nicht notwendig, verstünden diese doch zumeist die Bedeutung Ihrer Situation gar nicht vollständig. Geben Sie ihnen einfach die Informationen, die sie gerade benötigen.
- Halten Sie sich an gängige Richtlinien zur Aufklärung von Kindern, und beantworten Sie alle Fragen, die Ihr Kind Ihnen stellt, so ehrlich und entspannt Sie können. Benutzen Sie die Techniken des aktiven Zuhörens und des aufmerksamen Sprechens, um zu beurteilen, wie das Kind mit den Informationen umgeht. Holen Sie

sich aus Ihrer Bücherei oder noch eher in den schwulen, lesbischen oder feministischen Buchläden (Adressen finden Sie im Anhang) einige der vielen Eltern-Kind-Bücher, aus denen Sie sich Anregungen holen können zu Gesprächen über Sexualität und sexuelle Vorlieben.

- Wenn es Ihnen sehr unangenehm ist, Ihrem Kind von Ihrem Schwulsein oder Lesbischsein zu erzählen, oder wenn Ihr Gespräch darüber nicht besonders gut verlaufen ist, sollten Sie das Thema für eine Weile ruhen lassen. Dann ist es am besten, erst einmal wieder ein ungezwungenes Verhältnis zueinander zu gewinnen und das Thema später wieder vorzubringen. Vergessen Sie nicht, daß durch Heiterkeit und Lachen die Situation für das Kind weniger dramatisch und überwältigend wird.

- Weil Ihre Kinder Ihren Liebhaber oder Ihre Geliebte vielleicht schon einige Zeit länger kennen, als Ihre sexuelle Orientierung Thema ist, möchten sie beide vielleicht gemeinsam mit den Kindern darüber reden.

Schwiegereltern

Sie erwarten vielleicht, daß Ihre Schwiegereltern sich weigern, Ihre Beziehung als real oder legitim zu akzeptieren. Behalten Sie jedoch im Kopf, daß auch Schwiegereltern bloß Menschen sind. Wenn Ihr Partner oder Ihre Partnerin sich seiner oder ihrer Familie gegenüber eröffnet hat und diese damit zu Rande kommen, werden Sie und Ihre Beziehung wahrscheinlich ebenfalls akzeptiert werden.

Gleichwie Ihre Situation ist, vermeiden Sie Auseinandersetzungen mit Ihrem Liebhaber oder Ihrer Geliebten über die Schwiegereltern. Niemand verlangt, daß Ihr Partner oder Ihre Partnerin mit Ihrer Familie auskommt, und niemand, daß Sie mit dessen oder deren Familie auskommen. In manchen Fällen ist es das beste, wenn Sie Ihre Familien jeweils allein besuchen. Sie mögen zwar versucht sein, in die Mitte zu treten und vermittelnd einzugreifen, wenn Ihre Familie und Ihr Partner oder Ihre Partnerin nicht besonders gut miteinander zurechtkommen, aber Sie sollten es nicht tun. Lassen Sie die beiden «Parteien» sich alleine zusammenraufen. Verweigern Sie sich, wenn die «Parteien» versuchen, Sie zur Vermittlungsinstanz zu machen, und drängen Sie darauf, daß die Betroffenen direkt miteinander reden.

Höflichkeit ist ein gutes Mittel für die Beteiligten, mit der jeweils anderen Familie auszukommen. Posaunen Sie Ihre Abneigung verschiedenen Verwandten gegenüber nicht allzu laut heraus. Dauernde Krittelei ist beleidigend und wird Sie beide entzweien. Kommen Sie bei Gelegenheit mal zu einem Familientreffen mit, selbst wenn Sie so einer Vorstellung nicht besonders viel abgewinnen können. Geben Sie Ihren Schwiegereltern eine Chance, und Sie werden feststellen, daß diese Sie nach und nach akzeptieren und vielleicht sogar in ihr Herz schließen.

Wenn Sie allein oder auch Sie beide aus dysfunktionalen Familien stammen, in denen destruktive Verhaltensmuster wirken, werden Sie sich gegenseitig unterstützen müssen, um die schädigenden Auswirkungen auf Ihre Beziehung so gering wie möglich zu halten. Hier einige Richtlinien:

- Unterrichten Sie Ihren Partner oder Ihre Partnerin über die Problemlage und über die darin verwickelten Leute, ehe Sie mit Ihrer Familie zusammenkommen. Gibt es irgendwelche Hinweise, wie man mit einzelnen Leuten umgehen muß, dann klären Sie Ihren Partner oder Ihre Partnerin im vorhinein darüber auf. Zum Beispiel: «Mein Bruder (Mein Onkel, Meine Großmutter) ist homophob und legt es darauf an, mich zum Wahnsinn zu treiben. Wenn er (sie) anfängt, beleidigend zu werden, ignoriert man ihn (sie) am besten.»
- Machen Sie «Notfallpläne». Vereinbaren Sie vor einer Familienfeier ein bestimmtes Signal (ein Zwinkern, ein Handzeichen oder ein Kopfnicken) mit der Bedeutung «Laß uns gehen», und halten Sie sich an Ihre Absprache, sobald Ihr Partner oder Ihre Partnerin Ihnen das Signal gibt.
- Erwägen Sie, gemeinsam zu Treffen der Erwachsenen Kinder von Alkoholikern oder von Al-Anon zu gehen. Die Arbeit dieser Gruppen ist zugeschnitten auf Mitglieder von Suchtfamilien. Darüber hinaus sind die Zusammenschlüsse der Erwachsenen Kinder von Alkoholikern eine ausgezeichnete Informationsquelle und Hilfe für Erwachsene, die in einer irgendwie dysfunktionalen Familie aufgewachsen sind. Das heißt, daß in der betreffenden Familie nicht un-

bedingt ein Suchtproblem vorgelegen haben muß. Sollten sich in Ihrer Partnerschaft dysfunktionale Verhaltensmuster oder Suchtprobleme einstellen, sollten Sie professionelle Hilfe suchen.

Soziale Unterstützungssysteme

Wenn Ihre Familie Ihren schwulen oder lesbischen Lebensstil nicht akzeptiert oder wenn sie sehr weit entfernt wohnt, ist es wesentlich, daß Sie ein unterstützendes freundschaftliches Netzwerk aufbauen. Viele meiner Klienten oder Klientinnen haben in ihrem Partner oder ihrer Partnerin den einzigen Menschen, mit dem sie eine wirkliche Freundschaft verbindet. Oft haben diese Paare alte Freundschaften aufgegeben, nachdem sie sich einmal gefunden hatten, und jetzt leben sie sogar von der schwul-lesbischen Gemeinschaft um sie herum isoliert. Wenn eine solche Beziehung plötzlich ein Ende fände, das Paar Probleme hätte oder Rat bräuchte, könnten sich die Beteiligten an niemand um Unterstützung wenden.

Der Lohn für den Aufbau eines soliden Netzwerks, innerhalb dessen Ihre Beziehung gedeihen kann, ist mannigfaltig. Carol und Renee, die beide Mitte zwanzig und seit zwei Jahren ein Liebespaar sind, kamen zu mir, weil sie sich permanent stritten. Nachdem ich Ihnen eine Reihe von Fragen über ihre Beziehung gestellt hatte, war mir klar, daß die beiden ziemlich isoliert waren und als Gesellschaft und zur Unterstützung nur auf sich selbst verwiesen waren. Beide gaben zu, daß der Grund für die Vermeidung anderer Freundschaften in der Furcht vor sexueller Untreue lag.

Wir arbeiteten an ihren Unsicherheiten, und ich überredete sie, sich der Schwulen- und Lesbenorganisation «Couples» anzuschließen (die ich in Kapitel eins erwähnt habe). Binnen eines halben Jahres waren sie sehr aktiv in ein solides Netzwerk von Freundinnen einbezogen, und ihre Streitereien fanden ein Ende. Zu dieser Zeit sagte Carol:

> «Ich habe gelernt, daß ich meistens eine Pause brauche, wenn ich Renee gegenüber übermäßig reizbar bin. Dann rufe ich eine Freundin an und unternehme mit der etwas. Meine Gereiztheit läßt fast jedesmal nach, sobald ich mich mit jemand anderem treffe. Hinter-

her kann ich auch das Zusammensein mit Renee wieder genießen. Die meisten Streitereien kreisten damals nicht mal um ein bestimmtes Thema. Sie bedeuteten einfach, daß wir zu abhängig voneinander waren.»

Der Lohn der Freundschaft

Freundschaften bringen viele Vorteile. Wie gesagt, können Freunde oder Freundinnen, denen man vertraut – seien sie nun homosexuell oder heterosexuell –, Streß verringern, der entsteht, wenn man glaubt, die ganze Zeit mit seinem Liebhaber oder seiner Geliebten verbringen zu müssen. Freunde können zu Ihrem Leben eine Unmenge an Liebe, Wärme und Humor beisteuern. Besonders dann, wenn Sie keine Familie haben, können Freunde oder Freundinnen Ihre Ferien und Urlaube verschönern. Freunde, mit denen man lernen und wachsen und Erfahrungen und Erlebnisse teilen kann, bringen mehr Spaß ins Leben und in die Liebe.

Besorgte Freunde oder Freundinnen, die sich nicht als Richtende aufspielen, können Ihnen nach einem Streit mit Ihrem Liebhaber oder Ihrer Geliebten helfen, Ihre Wut zu besänftigen und eine neue Perspektive zu finden. Sie könnten mit einem Freund oder einer Freundin sogar ein auf Gegenseitigkeit beruhendes Abkommen zum Austausch treffen. Sie könnten sich dann wechselseitig Ihr Leid über Beziehungsprobleme klagen und dabei sicher sein, daß niemand sonst etwas davon erfahren wird. Dieses traditionelle arabische Gedicht beschreibt einen solchen Pakt sehr passend:

> *Ein Freund ist jemand*
> *Vor dem man ausgießen kann*
> *Sein ganzes Herz*
> *Spreu und Weizen zugleich*
> *Und weiß, daß die*
> *Sanfteste aller Hände*
> *Es nehmen und sieben wird,*
> *Erhalten wird, was erhaltenswert*
> *Und mit dem Atem der Güte*
> *Hinwegblasen das Übrige.*

Homosexuelle Freunde oder Freundinnen können als Rollenvorbilder dienen und Ihnen für Ihre Beziehung Bestätigung schenken. Sie können Ihnen bei Problemen helfen, die mit Ihrer eigenen oder Homophobie von außen zu tun haben. Die Versuche und Triumphe, die Sie an anderen miterleben, können Ihnen die Sicherheit geben, daß Ihre Beziehung trotz der Frustrationen und gelegentlicher Kommunikationsprobleme zwischen Ihnen und Ihrem Partner oder Ihrer Partnerin «normal» ist. (Dem gleichen Prinzip folgen Therapiegruppen, denn geteilte Erfahrungen verschaffen Ihnen Feedback und Unterstützung.)

Ihre Freunde oder Freundinnen können Ihnen außerdem mit allen möglichen anderen Informationen behilflich sein. Wen fragen Sie, wenn Sie gute Steuerberater, Ärztinnen, Rechtsanwälte, Tennistrainerinnen oder ein gutes Restaurant finden wollen? Ihre Freunde oder Freundinnen. Wenn Sie eine bessere Arbeit suchen? Freunde oder Freundinnen können Sie mit Empfehlungsschreiben versorgen (und können Ihnen vielleicht sogar direkt helfen, eine Anstellung zu finden). Außerdem können Freunde oder Freundinnen Ihnen aus der Klemme helfen, wenn Ihr Partner oder Ihre Partnerin nicht verfügbar ist bzw. Sie und Ihr Partner oder Ihre Partnerin eine zusätzliche Hand benötigen (zum Beispiel beim Umzug oder bei der Wohnungsrenovierung).

Freunde oder Freundinnen finden

Wo finden Sie Freunde oder Freundinnen? Die Antwort mag Ihnen erstaunlich einfach vorkommen: *Gehen Sie dorthin, wo andere Leute gemeinsam etwas unternehmen, und machen Sie mit!* Nachfolgend finden Sie einige praxiserprobte Vorschläge. (Bei einigen dieser Vorschläge werden Sie sich wahrscheinlich an die Abschnitte in diesem Buch erinnert fühlen, in denen es um die Frage ging, wie man einen Liebhaber oder eine Geliebte findet. Wie Sie sicher noch wissen, habe ich Ihnen damals gesagt, daß Sie bei Befolgung der Ratschläge wohl zumindest einige gute Freunde oder Freundinnen gewinnen würden, wenn es schon mit einem Liebhaber oder einer Geliebten nicht klappen sollte!) Informationen, wie Sie mit einer Reihe der hier erwähnten Organisationen Kontakt aufnehmen können, finden Sie im Anhang.

■ Engagieren Sie sich ehrenamtlich für eine lohnende Sache. Das ist der einfachste und beste Weg, um eine Gruppe engagierter, aktiver Leute zu finden. Sie können es mit ehrenamtlichen Diensten für Ihre Kirche versuchen, mit einer politischen Aktionsgruppe, mit einer Aids-Initiative oder -Organisation, einem kleinen Theater oder einer Gruppe, die sich den schönen Künsten widmet. Damit werden Sie nicht nur etwas sozial Wichtiges tun, sondern auch die anderen Beteiligten kennenlernen. Weil solche Organisationen häufig auch die Schirmherrschaft für gesellschaftliche Ereignisse und für Feste übernehmen, können Sie aus Ihren ehrenamtlichen Verbindungen heraus ein vollwertiges Sozialleben entwickeln.

■ Die über das ganze Land verteilten Schwulen- und Lesbenzentren oder die Info-Läden können Ihnen als Sprungbrett dienen, um ein soziales Netzwerk zu finden oder zu schaffen. Die Zentren und Info-Läden haben normalerweise eine Veranstalter- oder Vermittlerfunktion für alle möglichen Angebote, wie zum Beispiel Tanzfeste, Reisen oder kulinarische Gruppen. Außerdem können sie Hinweise auf Betriebe oder Praxen geben, deren Eigentümer oder Angestellte Schwule oder Lesben sind (zum Beispiel Praxen und Büros von Medizinern, Zahnärzten, Juristen, Maklern und Versicherungen).

■ Viele Kirchen für Homosexuelle sind – zumindest in den USA – sehr gut organisiert und bieten zahlreiche Aktivitäten, Beratungsmöglichkeiten und Gruppendiskussionen an. Suchen Sie sich eine Kirche aus, in der Sie sich wohl fühlen und die Ihnen das bietet, was Sie brauchen. Es gibt die Metropolitan Community Church, die protestantische Christ Chapel, die römisch-katholische Dignity und die jüdische Tikvah. Manche treffen sich in Schwulen- und Lesbenzentren, und manche haben ihre eigenen Räumlichkeiten. Zusätzlich zur Veranstaltung von Gottesdiensten unterstützen die meisten größeren Kirchen die Anoymen-Alkoholiker-Treffen von Schwulen oder Lesben, Gruppen für Paare und Alleinstehende, Tanzfeste, Theatergruppen, Chöre und musikalische Veranstaltungen.

■ Des weiteren gibt es Gruppen, die sich berufsspezifisch mit der Schwulen- oder Lesbenproblematik auseinandersetzen. Obwohl solche Gruppen zum Beispiel für Lehrer oder für Angehörige von medizinischen Berufen spezielle Themen zu ihrem Hauptanliegen gemacht haben, bieten sie trotzdem ausgezeichnete Möglichkeiten, Freunde oder Freundinnen kennenzulernen, die Ihre Interessen teilen. (Sehen Sie im Anhang nach oder fragen Sie bei anderen Kontaktstellen nach diesen Gruppen.)

▪ Kleinanzeigen in Zeitschriften für Schwule oder Lesben können einem nützlich sein, will man Leute kennenlernen. Ganz besonders trifft das natürlich für homosexuelle Paare zu, die in kleinen oder ländlichen Gemeinden leben, wo man sich leicht isoliert fühlen kann. Weil Sie Freunde oder Freundinnen finden möchten, die Sie und Ihre Beziehung unterstützen, sollten Sie in Ihrer Anzeige sehr klar herausstellen, daß Sie nicht auf sexuelle Begegnungen aus sind. Geben Sie eine Postfachadresse an und ignorieren Sie unangemessene Reaktionen einfach.

Die Techniken der «Eichhörnchenjagd», die Sie in Kapitel zwei kennengelernt haben, sollten Sie beim Kennenlernen benutzen, um die Leute auszusortieren, die nicht zu Ihren persönlichen Wertvorstellungen und zu Ihrem Lebensstil passen. Genau wie bei einer Liebesbeziehung sollten Sie sich auch in eine Freundschaft nicht kopfüber hineinstürzen, ehe Sie die Person gut genug kennen. Nur dann können Sie darauf vertrauen, daß er oder sie Ihnen etwas Positives bieten kann.

Investieren Sie sowohl in alte als auch in neuerworbene Freundschaften viel Energie, und treffen Sie sich häufig zu zwanglosen Unternehmungen. Laden Sie zum Beispiel zum gemeinsamen Kochen ein. Zwar können formelle Essen, Cocktailparties und andere «den gesellschaftlichen Regeln entsprechende» Ereignisse gelegentlich Spaß bringen, aber sie fördern nicht das familiäre Zusammengehörigkeitsgefühl, das die Stärke eines unterstützenden Netzwerks ausmacht.

Mit dem nächsten Abschnitt soll Ihnen und Ihrem Partner oder Ihrer Partnerin dabei geholfen werden, ein unterstützendes Netzwerk aufzubauen, durch das Sie Ihre Freundschaften und sozialen Möglichkeiten erweitern können.

Ein Netzwerk zur Unterstützung Ihrer Beziehung

Wenn Sie ein unterstützendes Netzwerk aufbauen wollen, dann muß der erste Schritt ein ausführliches Gespräch mit Ihrem Liebhaber oder Ihrer Geliebten über soziale Kontakte und Freundschaften sein. Sie müssen Ihre Gefühle zunächst einmal untereinander austauschen, ehe Sie sich nach außen begeben. Fragen Sie sich zum Beispiel, ob Ihre Beziehung dadurch bedroht sein könnte, wenn Sie gleichgeschlechtliche Freunde oder Freundinnen haben? Haben Sie Angst, Ihr Liebhaber oder Ihre Geliebte könnte Ihnen «weggestohlen» werden, oder Freunde bzw. Freundinnen würden übermäßig viel Zeit von Ihrem Privatleben in Anspruch nehmen? Hält Verlegenheit oder mangelndes Selbstbewußtsein einen oder eine von Ihnen davon ab, andere Freundschaften einzugehen?

Es bedarf eines offenen Gesprächs über diese Fragen, um Ihnen beiden die Sicherheit zu geben, daß zusätzliche persönliche oder gemeinsame Freundschaften nicht automatisch zu Eifersucht, Wut und Konkurrenz führen müssen. Benutzen Sie die Kommunikationstechniken aus Kapitel vier, um eine aufrichtige Unterhaltung zu fördern und etwaige Meinungsunterschiede zwischen Ihnen zu beseitigen.

Haben Sie untereinander erst einmal eine Verständigung erreicht, sollten Sie mit Ihren Freunden oder Freundinnen ein ähnliches Gespräch suchen. Stellen Sie nach und nach Richtlinien auf für die Mitgliedschaft in einem unterstützenden Netzwerk. Die Regeln können so formell oder zwanglos sein, wie Sie wünschen, doch jede Person im Netzwerk muß wissen, welches Verhalten erwartet wird.

Die Bereitschaft, innerhalb der Gruppe offen zu sein und auch über Sex zu reden, fördert die Ehrlichkeit und die gegenseitige Unterstützung. Wie ich in Kapitel fünf erörtert habe, sind sexuelle Beziehungen unter Freunden oder Freundinnen gewöhnlich nicht nur für die direkt Betroffenen destruktiv, sondern auch für die Gruppe im gesamten. Wenn ein Mitglied Ihres Netzwerks zu große Vorbehalte hat, weil gleichgeschlechtliche Freunde oder Freundinnen irgendwann doch zu Rivalen oder Rivalinnen werden könnten, dann ermutigen Sie diese Person und deren Partner oder Partnerin, die Frage nach dem Vertrauen noch vor einem Anschluß an die Gruppe erst einmal für sich selbst zu lösen.

Erzählen Sie neuen Leuten, von denen Sie annehmen, daß sie ein Zugewinn wären, von Ihrem Netzwerk. Stoßen Sie auf Interesse, dann können Sie bei nächster Gelegenheit ein Kennenlernen mit den übrigen Gruppenmitgliedern arrangieren. Vergessen Sie nicht, mit jeder neu hinzukommenden Person die Richtlinien und Erwartungen noch einmal durchzugehen.

Mit seiner Ausweitung wird sich Ihr Netzwerk auch verändern. *Der Schlüssel zum Umgang mit Veränderungen liegt darin, daß man sie zuläßt.* Vielleicht bringt ein Mitglied neue Interessen ein, die die Gruppe teilen könnte. Neue Mitglieder können mit Vorschlägen zu anderen Restaurants oder Discos aufwarten. Streben Sie in Ihrem unterstützenden Netzwerk genauso wie in Ihrer Beziehung nach Abwechslung, Aufregung und neuen Herausforderungen.

Persönliche Freundschaften

Eines der am weitesten verbreiteten Probleme, die ich im Zusammenhang mit Freundschaften erlebt habe, stellen Paare dar, die sich nicht mehr um alte Freunde oder Freundinnen aus der «Single»-Zeit kümmern. In solchen Fällen widmen Liebende all ihre Zeit und Energie ihrer neuen Beziehung und haben für ihre langjährigen Freundschaften nichts mehr übrig. Es kann ja sein, daß ein solches Paar glaubt, sein Schwul- oder Lesbischsein mache es wegen der zu erwartenden Eifersucht unmöglich, Freundschaften mit anderen Männern oder Frauen beizubehalten. Wie ich schon früher hervorgehoben habe, liegt die Lösung für dieses Dilemma in der Entwicklung von Vertrauen und Verantwortlichkeit in der intimen Beziehung und einer exakten Begrenzung dessen, was in Freundschaften laufen kann.

Daß Sie persönliche Freundschaften haben, ist für Ihre Beziehung genauso wichtig wie gemeinsame Freundschaften und ein unterstützendes Netzwerk um Sie herum. Widerstehen Sie der Versuchung, jede freie Minute mit Ihrem neuen Gefährten oder Ihrer neuen Gefährtin zu verbringen und Ihre Freunde oder Freundinnen nur noch in Begleitung zu treffen. Statt dessen sollten Sie Ihre vorherigen Gewohnheiten und Traditionen im Umgang mit alten Freunden oder Freundinnen wann immer möglich respektieren. Sie verdienen es, Zeit mit Ihnen allein zu verbringen. Wenn es Ihnen schwerfällt, Ihre Freundschaften mit Ihrer Liebschaft in Einklang zu bringen, dann lassen Sie Ihre Freunde oder Freundinnen wissen, daß Sie erst mal einige Zeit zur Entwicklung Ihrer neuen Beziehung brauchen, sie aber keine Angst haben müssen, vergessen zu werden.

Andererseits kann Ihre Hauptbeziehung unter Freundschaften leiden, die zu viel Zeit und Aufmerksamkeit beanspruchen. Grenzen ziehen und nein sagen zu können, wenn es nötig ist, wird Ihnen helfen, nicht nur ein «Ausbrennen» der Freundschaften, sondern auch Konflikte mit Ihrem Partner oder Ihrer Partnerin zu vermeiden, die mit Ihren Freundschaften zu tun haben. Sie müssen einen Freund oder eine Freundin weder zum Akzeptieren Ihrer Grenzen überreden, noch sollten Sie Ihre Entscheidung sich selbst oder der befreundeten Person gegenüber rechtfertigen. Wenn Sie Schwierigkeiten haben, nein zu sagen, dann üben sie zur Eingewöhnung vor dem Spiegel den Satz: «Tut mir leid, aber das kann ich nicht machen.»

Die nachfolgenden Ratschläge können Sie bei der Entwicklung von Techniken unterstützen, mit deren Hilfe Sie eingeschliffene Verhaltensmuster ändern können.

Grenzen setzen. Wenn Sie einen Freund oder eine Freundin haben, der oder die mehr von Ihnen will, als Sie zur Zeit geben können, dann vereinbaren Sie ein Gespräch. Richten Sie es so ein, daß Sie einige Zeit lang ungestört bleiben können. Machen Sie einen Spaziergang im Park, oder veranstalten Sie ein Essen bei sich zu Hause.

Eröffnen Sie die Diskussion mit einer pointierten Darstellung dessen, was Sie wollen, und nicht dessen, was Sie nicht wollen. Anstatt zu sagen: «Ich kann nicht mehr so viel Zeit mit dir verbringen», könnten Sie zum Beispiel sagen: «Die vielen Dinge, die im Moment mit mir passieren, erdrücken mich fast. Weil ich meine Zeit anders einteilen muß, wollte ich dich fragen, ob wir uns in Zukunft vielleicht nur noch einmal pro Woche treffen könnten?»

Stehen Sie dazu, daß Ihr Wunsch einseitig ist, und laden sie den Freund oder die Freundin dazu ein, ein Gegenangebot zu machen. Versuchen Sie nicht, durch Druck eine sofortige Übereinstimmung herbeizuführen. Vielleicht braucht Ihr Freund oder Ihre Freundin einige Zeit, um Ihren Vorschlag zu überdenken.

Wenn die Frage gelöst ist, sollten Sie Ihrem Gegenüber mitteilen, daß Sie sein oder ihr Verständnis zu schätzen wissen. Sollten Sie den Verdacht haben, der Freund oder die Freundin geht zwar auf Ihren Wunsch ein, ist aber eigentlich verstimmt, dann signalisieren Sie Ihre Bereitschaft, noch weiter darüber zu reden, aber bestehen Sie nicht darauf. Ihr Freund oder Ihre Freundin ist vielleicht bestürzt oder braucht einfach etwas Zeit, um mit der Veränderung klarzukommen. Wenn er oder sie wütend wird oder sich uneinsichtig zeigt, dann bleiben Sie ruhig und hören Sie zu. Bieten Sie ein weiteres Gespräch an, oder geben Sie sich beide ein paar Tage Zeit, um über die jetzige Unterhaltung nachzudenken. Halten Sie sich vor Augen, daß die Erhaltung einer wertvollen Freundschaft die Zeit und Anstrengung wert ist.

Wie man damit umgeht, ein «vorbildliches Paar» zu sein

Schwule und lesbische Paare in erfolgreichen, langfristigen Beziehungen berichten oft darüber, daß sie so etwas wie einen Druck empfinden, ein «perfektes» Paar sein zu müssen. Diesen Druck üben ihre Freunde oder Freundinnen und ihr gesamtes soziales Umfeld aus. Wegen der Seltenheit von Rollenvorbildern für Schwule und Lesben kann der Druck auf solche Paare sogar größer sein als auf heterosexuelle Partnerschaften in einer vergleichbaren Situation.

Sylvia, Geistliche einer homosexuellen Kirchengemeinschaft, und ihre Lebensgefährtin Betty suchten mich auf, weil von Sylvias Glaubensgemeinschaft massiver Druck ausging. Betty erzählte:

> «Natürlich kannte ich die Horrorgeschichten über das Leben, das man führt, wenn man mit einer Geistlichen liiert ist, aber die Wirklichkeit ist noch viel ärger. Ich komme mir vor wie in einem Goldfischglas! Wenn ich einmal nicht zur Kirche gehe, fängt es in der Gerüchteküche sofort zu brodeln an. Wenn Sylvia und ich uns streiten, benehmen sich alle wie Kinder, deren Eltern gerade zanken. Wenn ich jemanden anlächle oder umarme, bekommt Sylvia das sofort erzählt, als hätte ich sie betrogen.»

Sylvia fügte hinzu:

> «Ich kann einem weiblichen Kirchenmitglied nicht einmal geistlichen Beistand leisten, ohne daß Betty das erzählt bekäme. Unsere Glaubensgemeinschaft scheint sich selbst zum Wächter unserer Verbindung ernannt zu haben. Inzwischen bin ich so weit, daß ich die Kirche gern verlassen würde! Aber ich hoffe sehr, daß Sie uns jetzt helfen können, eine andere Lösung zu finden.»

Nach einigen Sitzungen bei mir entschlossen sich Betty und Sylvia, mit der Tatsache, daß ihrer beider Beziehung eine Angelegenheit von öffentlichem Rang war, offensiv umzugehen. Sie setzten anderen klare

Grenzen: Sie ließen Kirchenmitglieder höflich, aber bestimmt wissen, daß sie keine Berichte über einander hören und die Beziehung überhaupt nicht öffentlich erörtert sehen wollten. Außerdem veranstalteten sie im Rahmen ihrer Kirche eine Reihe von Seminaren für Paare sowie offene Gesprächsgruppen, durch die die Mitglieder der Gemeinschaft einen konstruktiven Umgang mit Beziehungsfragen erlernen sollten. Diese Maßnahmen verringerten den Druck auf Bettys und Sylvias Beziehung erheblich und machten Ihr Leben mit der Kirche wieder zu etwas Erfreulichem.

Wenn Sie bloß einer oder eine von wenigen sind und alle rund um Sie Ihren Erfolg sehen möchten, kann es schwer werden, sich selbst oder anderen gegenüber einzugestehen, daß es in Ihrer Beziehung Probleme gibt. Für andere ist es allerdings beruhigender, wenn Sie ehrlich über Ihre Probleme sprechen, als wenn Sie behaupten, alles sei perfekt. Auf lange Sicht können Sie die Funktion als Vorbild für andere Paare besser erfüllen, wenn Sie erkennbar werden lassen, wie Sie in Ihrer Beziehung *sowohl* gute *als auch* schlechte Zeiten durchschiffen.

Eine langfristige Beziehung zwischen Schwulen oder Lesben kann in einer unterstützenden und liebevollen Umgebung am besten gedeihen. Schwule oder lesbische Paare können ein hohes Maß an Sicherheit, Zugehörigkeitsgefühl und persönlicher Freiheit gewinnen, wenn sie ein soziales Netzwerk von ihnen nahestehenden Leuten haben, die ihren Lebensstil akzeptieren und ihre Beziehung respektieren. Es ist äußerst lohnend und die Mühe unbedingt wert, sich eine intakte, unterstützende Situation mit der Familie und solide Freundschaften zu schaffen. Für mich ist es genau das, worum es im Leben geht.

KAPITEL 9

Glücklich bis an das Ende ihrer Tage

Wir alle haben unzählige Märchen und Geschichten gehört, in denen es am Schluß heißt: «... und sie lebten glücklich bis an das Ende ihrer Tage.» Wir kennen aber auch wahre Geschichten von Jammer und Zerwürfnis zwischen vielen schwulen und lesbischen Paaren. Ist dauerhaftes Glück wirklich möglich? Können homosexuelle Paare lebenslange Beziehungen haben? Was geschieht, wenn Schwule und Lesben viele Jahre miteinander verbringen?

Hier zwei Beispiele:

Eldon und Bill, die in ihrem schwulen Umfeld gut bekannt sind, leben seit 1977 zusammen. 1978 feierten sie in der Metropolitan Community Church ihre geheiligte Verbindung. Zu dem Zeitpunkt, an dem ich dies schreibe, entwickelt sich ihre Beziehung immer noch prächtig. Eldon sagt:

> *«Erstens haben wir eine gute Kommunikationsebene... Bill ist sehr gefühlsbetont, deshalb macht es mir Spaß, ihn von Zeit zu Zeit mit Blumen oder einem kleinen Geschenk zu überraschen und ihm in einer Notiz oder auf einer Karte meine Liebe mitzuteilen. Außerdem bemühe ich mich, ihm wenigstens einmal am Tag zu sagen, daß ich ihn liebe. Und noch dazu sind wir beide religiös und gehen regelmäßig zur Kirche. Ich glaube, Gott hat in unserem Leben und bei unserem Glück eine wichtige Rolle gespielt.»*

Eileen und Mabel, die beide schon fast siebzig sind, leben seit vierzig Jahren zusammen. Mabel erzählt:

«Eileen und ich lernten uns auf der Schule kennen, als wir beide um die Zwanzig waren. Als wir älter wurden, galten wir als ‹alte Jungfern›. Schließlich beschlossen wir zusammenzuziehen. Heute gehört uns das Haus, in dem wir wohnen, und nach den vielen gemeinsamen Jahren akzeptieren uns auch unsere Familien. All unsere Nichten und Neffen kommen sehr gern zu uns nach Hause, und wir feiern hier jedes Jahr mit beiden Familien Thanksgiving.
Ein Leben ohne Eileen kann ich mir nicht vorstellen. Wir hatten zu Anfang einige Schwierigkeiten, uns aneinander zu gewöhnen, aber jetzt kommen wir wunderbar miteinander aus. Nach all den Jahren reden wir immer noch über alles, und der Stoff für unsere Gespräche geht uns nie aus. Ich liebe Eileen jetzt sogar noch mehr als zu der Zeit, in der wir jung waren.»

Die meisten Schwulen und Lesben hören mehr als selten von solchen Paaren. Infolgedessen haben viele Paare, die ich berate, keine Vorstellung von dem, was in den späten Jahren einer festen Beziehung auf sie zukommt. Weil es dermaßen wenig Vorbilder gibt, phantasieren sich manche eine Zukunft zurecht, in der ihr Liebesglück sich niemals verändert. Andere fühlen sich verdammt, sind sie doch davon überzeugt, daß homosexuelle Beziehungen einfach nicht halten können. Wieder andere vermeiden es überhaupt, sich über das Thema Langlebigkeit von Beziehungen Gedanken zu machen.

Die Wirklichkeit langfristiger schwuler oder lesbischer Beziehungen unterscheidet sich sehr von dem Bild, das aus solchen Ängsten und Phantasien entsteht. Homosexuelle Beziehungen können sehr wohl halten. Der Schlüssel zum Erfolg liegt im Akzeptieren der Tatsache, daß Veränderungen ein unausweichlicher Aspekt jeder lebendigen langfristigen Beziehung sind und zu einem sozialen Lernprozeß gehören. Neue Themen und Fragen tauchen auf, Umstände ändern sich, und beide Partner lernen und wachsen mit- und aneinander. Jedes glücklich miteinander verbundene Paar ist vor die Notwendigkeit gestellt, alles zu tun, um mit diesen Veränderungen Schritt zu halten.

Wir wollen in diesem Kapitel einen Blick auf die Fragen werfen, die sich in Hinsicht auf langfristige Beziehungen auftun. Ziel ist, daß Sie die späteren Wachstumsstadien Ihrer Beziehung verstehen und mit den auftretenden Veränderungen umzugehen lernen.

Die späteren Stadien einer Liebesbeziehung

Wie wir festgestellt haben, sind die meisten Schwulen und Lesben nur mit den frühen Stadien Ihrer Art von Beziehungen vertraut (erstes Kennenlernen, Verabredungen, das Liebeswerben und das Eingehen einer festen Bindung) und haben keine klare Vorstellung von den späteren Stadien von Vertrautheit und einer abgeklärten Partnerschaft.

In der Phase, die auch die Ausbildung von Vertrautheit einschließt, reift die Liebe des Paares und wird zusehends realistischer. Wenn die Verzauberung durch das anfängliche Verliebtsein nachläßt, entspannen sich beide Partner nach und nach und beginnen, ihr innerstes, unperfektes Selbst zu zeigen. Das kann bedeuten, daß sie sich voreinander verwundbar und sogar beschämt fühlen. Vielleicht streiten sie sich, tragen Machtkämpfe aus und werden reizbar und distanziert. Als Konsequenz daraus brauchen beide jede Menge Rückversicherung und Aufmerksamkeit, aber vielleicht haben sie gerade dann Schwierigkeiten, einander dies zu geben.

Viele Beziehungen schaffen es nicht über dieses Stadium hinaus, weil die Liebenden in einer solchen Situation irrtümlicherweise denken, an ihrer Liebesgeschichte sei etwas falsch, und sich deshalb entscheiden, die Beziehung abzubrechen. Falls nicht ein Teil der Partnerschaft zuvor eine langfristige Beziehung durchlebt hat und von daher mit diesen Abläufen vertraut ist, verlieren Paare angesichts solcher Probleme leicht den Mut und geben auf. (Das erklärt, weshalb es Leuten in ihrer zweiten oder dritten Beziehung oft entschieden besser geht. Sie sind dann erfahren genug, um zu wissen, was sie erwarten können, und sie haben die Fähigkeit entwickelt, Prüfungen und Kümmernisse zu überstehen.) Wenn ein Paar in einer solchen Situation jedoch zusammenbleibt, kann es allerdings eine neue Art der Vertrautheit herstellen, eine reifere und ehrlichere.

Die Phase der abgeklärten Partnerschaft wirft noch weitere neue Themen auf. In dieser Phase lernt das Paar, mit langfristiger Vertrautheit, Sexualität und persönlichem Wachstum umzugehen. Sobald die beiden Partner oder Partnerinnen diese Fragen gelöst haben, sind sie in der Lage, die Freuden dauerhafter Liebe zu erfahren. An diesem Punkt haben sie gelernt, sich so zu lieben, wie sie wirklich sind, und überdies die nötige Einsicht und Erfahrung erworben, um ihre Bindung durch Kooperation und gegenseitiges Verständnis lebendig zu erhalten.

Es braucht mehrere Jahre, um alle Vorteile dieser beiden späteren Stadien zu erlangen. Betrachten wir die einzelnen Stadien und die Strategien, die ein Paar zu ihrer erfolgreichen Bewältigung benötigt, etwas näher.

Vertrautheit entwickeln

Das Stadium, in dem man Vertrautheit entwickelt, ist gleichsam eine Wiederauflage des Stadiums, in dem man sich auf eine feste Bindung festlegt, allerdings auf einer anderen Ebene. Viele Probleme, die man mit der Beziehungsdynamik haben kann, sind gleich, nur stellen sie sich aufgrund der gemeinsam verbrachten Zeit und der Erfahrung im Zusammenleben eindringlicher.

Es stehen Ihnen für dieses Stadium zwei der wichtigsten Strategien zur Verfügung. Einerseits ist das die weitere Anwendung der Ihnen vertrauten Kommunikations- und Problemlösungstechniken, andererseits der Aufbau eines unterstützenden sozialen Netzwerks.

Im Hinblick auf die Kommunikation und die Lösung von Problemen ist es wichtig, sich klarzumachen, daß Ehe und feste Bindung an sich Ihre Probleme nicht lösen werden. Sie werden sich immer noch mit Streitereien, mit Fragen des persönlichen Freiraums, mit Ängsten vor Zurückweisung und anderen Themen, die naturgemäß in einer Beziehung auftauchen, herumschlagen müssen. Durch eine Lösung der Probleme und richtiges Verhandeln wird sich die Vertrautheit zwischen Ihnen verstärken.

Wie ich im vorangehenden Kapitel dargelegt habe, ist es in jedem Fall sehr beruhigend, wenn Sie andere schwule und lesbische Paare als Teil Ihres Unterstützungssystems haben. Erfahrungen zu teilen und miteinander zu vergleichen ist besonders in dieser Entwicklungsphase hilfreich, denn jetzt können sich belanglose Meinungsverschiedenheiten leicht zu Kämpfen auswachsen. Unterhalten Sie sich vor allem mit Paaren, die schon länger zusammen sind als Sie. Paare mit größerer Erfahrung können Ihnen bei der Einschätzung helfen, ob Ihre Beziehung «normal» verläuft, und sie können häufig, ausgehend von dem, was bei ihnen selbst klappt, Lösungen empfehlen.

Regelmäßige Überprüfungen. Es gibt eine spezielle Strategie, die ich zur bewußten Begleitung Ihrer Beziehung empfehle. Wandeln Sie doch die Gesprächstermine aus der Phase, als es um die Etablierung einer festen Bindung ging, einfach um in «regelmäßige Überprüfungen». Wie die regelmäßigen Überprüfungen bei Ihrem Auto, so dienen sie hier dazu, kleinere Probleme ausfindig zu machen, bevor diese zu dramatischen Entwicklungen führen können.

Vertrautheit entwickelt sich eigentlich mehr aus der emotionalen Kooperation als aus der sexuellen Nähe. Wenn Sie Ihre Kommunikationswege offenhalten und einander bei Ihren täglichen Entscheidungen zu Rate ziehen, schaffen Sie eine Atmosphäre, die zu Ehrlichkeit und Gegenseitigkeit ermuntert.

Ein Vorbehalt gegenüber regelmäßigen Überprüfungen ist anzumelden: Funktioniert etwas bereits, dann machen Sie sich nicht an eine Reparatur! Ich habe es schon oft erlebt, daß ein Partner oder eine Partnerin sich den kleinsten Auffassungsunterschied herausgepickt und mehr Zeit und Energie auf Diskussionen und Problemlösungsversuche verwendet hat als auf das Genießen der Beziehung. Diese Art von innerem Zwang zur Zwietracht kann ebensosehr ein Hindernis für die Entwicklung von Vertrautheit sein wie ein Ignorieren von Konflikten. Sie sollten den Umgang mit Problemen lernen, um sich dauernde Sorgen um Beziehungsschwierigkeiten zu ersparen. Arbeiten Sie mit Ihrem Partner oder Ihrer Partnerin daran, die Gründe und Lösungen für konkrete Probleme zu finden. Ansonsten entspannen Sie sich und lassen Sie den Dingen ihren Lauf.

Überleitungen entwickeln. Wenn Sie tagein, tagaus zusammen sind, wird es nötig, bewußt Gelegenheiten für Momente der Vertrautheit zu reservieren. Der Sprung vom Raustragen des Mülls zum direkt anschließenden Schmusen ist doch etwas zu schwer zu bewerkstelligen. Es muß eine Überleitung geben.

Zu der Zeit, als Sie sich erst verabredeten, gab es eine eingebaute Überleitung von der Zeit, in der Sie alleine waren, zu Ihrem Zusammensein. Die Vorbereitungen auf Ihre Verabredung und die Fahrt zu Ihrem Treffen dienten als Puffer und steigerten bloß Ihre Erwartungen und das aufregende Prickeln. Sobald Sie einige Zeit zusammengelebt haben, kann der Erwartung jedoch leicht die Routine zuvorkommen. Beide spüren wohl den Verlust an Vertrautheit, aber vielleicht denken beide, sie hätten tagsüber einfach nicht genug Zeit für romantische Gefühle. Paare, die sich die Wichtigkeit von Überleitungen nicht klarmachen oder die nicht wissen, wie sie diese entwickeln sollen, verlieren möglicherweise die Frische, die jede romantische Liebe braucht. Es kommt häufig vor, daß ein Partner oder eine Partnerin in einer solchen Situation befürchtet, der oder die andere sei seiner oder ihrer überdrüssig geworden. Der wahre Grund liegt allerdings zumeist darin, daß das Paar einfach nicht weiß, wie man einen Übergang von der Tagesroutine zur Vertrautheit herstellt.

Nachfolgend Anregungen, wie Sie Übergänge gestalten können:

■ Machen Sie einen Vorschlag oder laden Sie zu etwas ein, anstatt sich zu beklagen oder etwas zu fordern. Mit einer Aussage wie: «Ich würde heute abend gern ein bißchen mit dir zusammensein. Möchtest du vielleicht …?» fahren Sie viel besser, als wenn Sie sagen: «Wir verbringen überhaupt keine Zeit mehr miteinander!» Während Ihrer Verabredungszeit war es völlig natürlich, daß Sie solche Einladungen aussprachen, doch jetzt wirken sie unter Umständen etwas bemüht. Trotzdem ist es wichtig, daß Sie es tun. Mit mehr Übung verlieren Sie auch das leicht unbehagliche Gefühl.

■ Überleitungen mit einer gewissen Logik funktionieren am allerbesten. Nach der Gartenarbeit kann zum Beispiel gemeinsames Duschen eine ganz natürliche Überleitung in eine recht vertrauliche Stimmung sein. Nach einem anstrengenden Arbeitstag kann eine kurze Zeit gemeinsamer Entspannung vor dem Essen Ihnen die Gelegenheit geben, wieder «Boden unter die Füße zu bekommen» und sich aufeinander einzustellen.

■ Nutzen Sie Ihre Fahrtzeit zwischen Arbeitsplatz und Zuhause zur Entspannung. Versuchen Sie, alles mit der Arbeit Zusammenhängende hinter sich zu lassen, und stellen Sie sich schon im vorhinein auf die Freuden ein, die das Nachhausekommen bietet.

■ Konditionieren Sie sich selbst auf den Einsatz von geistigen Überleitungen. Richten Sie Ihre Gedanken zum Beispiel während des Nachhausefahrens oder während des Essenkochens auf Ihren Partner oder Ihre Partnerin und das Schöne an Ihrer Beziehung. Sie werden feststellen, daß diese «überleitenden» Gedanken Ihnen immer selbstverständlicher einfallen und außerdem positive Auswirkungen auf Ihre gemeinsam verbrachte Zeit haben werden.

- Reservieren Sie sich vor dem Zubettgehen einige ruhige gemeinsame Minuten. Versuchen Sie es doch einmal mit der folgenden Übung: Setzen Sie sich ruhig hin, halten Sie sich an den Händen und lauschen Sie einige Minuten lang dem Atem Ihres Gegenübers. Während des Lauschens werden Sie nach und nach einen gemeinsamen Atemrhythmus bekommen. Erzwingen Sie nichts! Geben Sie einfach Ihrer Atmung die Zeit, sich auf natürliche Weise anzugleichen und Sie beide in Harmonie zu bringen.
- Wenn Sie an bestimmten Projekten gemeinsam arbeiten oder sich die Hausarbeit teilen, dann nehmen Sie sich einen Augenblick Zeit und sprechen Sie ab, was jeder oder jede von Ihnen tun wird. «Ich mach das hier sauber, und du verstaust dieses Ding dort» ist einfach zu sagen und fördert das Gemeinschaftsgefühl.
- Wenn Sie eine gemeinsame Tätigkeit abschließen (wollen), dann vollziehen Sie die Überleitung zum Getrenntsein sehr behutsam. Wenn Sie etwas so Einfaches sagen wie: «Danke, daß du mir geholfen hast, dieses Ding zu streichen», betonen Sie damit die Gemeinsamkeit Ihres Tuns und markieren den Punkt, an dem Sie sich wieder trennen. Wenn Sie Ihre gemeinsam verbrachten Zeiten oder Aktivitäten klar und deutlich beenden, können Sie sich später in neuer Frische auf die nächste gemeinsame Sache stürzen.

Parallel zu Ihrer Vertrautheit entwickelt sich auch eine mächtige Triebkraft langfristiger Beziehungen – die gemeinsame Geschichte als Paar. Je mehr schöne Zeiten sie miteinander verbringen und je mehr Unterstützung und Hilfe Sie einander gewähren, desto mehr Vertrauen schaffen Sie. Je besonnener Sie miteinander umgehen, desto stärker wird die Bindung zwischen Ihnen sein. Wenn Sie eine so starke Verbindung aufgebaut haben, brauchen Sie sich um den Verlust Ihrer Beziehung nur wenig zu sorgen.

Abgeklärte Partnerschaft

Viele meiner Klienten oder Klientinnen machen sich Sorgen darüber, wie man die Liebe eine lebenslange Partnerschaft hindurch lebendig erhält. Sie haben von anderen gehört, daß die Liebe nachläßt, und sie haben bei ihren Eltern oder anderen Paaren beobachtet, wie die Distanz der beiden Beteiligten zueinander über die Jahre wuchs und sich gemeinsam mit ihr eine herablassende Haltung der Liebe gegenüber einstellte.

Zwar trifft es zu, daß für viele Paare die sexuelle und emotionale Vertrautheit angesichts der praktischen Fragen des Alltags – Hausarbeit, Karriere, gesellschaftliche Verpflichtungen – in den Hintergrund tritt, doch ist dieser Wandel keineswegs unausweichlich. Um eine konstruktive und befriedigende Vertrautheit in einer langfristigen Beziehung zu erhalten, muß ein Paar vier grundsätzliche Fähigkeiten entwickeln. Es gilt:

1. die sexuelle Anziehungskraft zu erhalten und romantische Situationen herbeizuführen
2. mit Veränderungen im Leben fertig zu werden
3. mit nicht erfüllten Erwartungen umgehen
4. Langeweile zu vermeiden, indem Sie lernen, wie man spielt, feiert und lacht

In diesem Stadium einer Beziehung hat jeder Partner oder jede Partnerin ganz Grundlegendes eingebracht und wird Probleme wahrscheinlich nur widerstrebend durch eine Beendigung der Beziehung lösen wollen. Der Umgang mit auf lange Sicht aktuell bleibenden Fragen erfordert Geduld und Reife. Doch der Lohn liegt in einer erfolgreichen Beziehung auf der Grundlage tiefer, gefestigter und unvergänglicher Liebe. Sehen wir uns die einzelnen Fähigkeiten einmal etwas genauer an.

Der Erhalt sexueller Anziehungskraft und der Romantik

Oft ist der Sex der Grund dafür, daß Schwule oder Lesben, die schon lange zusammen sind, zu mir zur Beratung kommen. Manche haben spezifische sexuelle Schwierigkeiten, und andere machen sich Sorgen, weil das Prickeln im sexuellen Bereich nachläßt.

Wenn sie sexuelles Desinteresse oder sexuelle Funktionsstörungen erleben, dann müssen Sie zuallererst herausfinden, ob das Problem eine körperliche Ursache hat. Diabetes oder andere Krankheiten, gewisse Medikamente oder auch Verletzungen können Ihr erotisches Verlangen und Ihren Genuß beeinträchtigen.

Außerdem muß deutlich gesagt werden, daß sexuelle Probleme im Alter *keineswegs* unausweichlich sind. Ein älteres schwules oder lesbisches Paar mit einem Problem auf sexuellem Gebiet sollte sich nicht einfach damit abfinden. Zwar gehen mit dem Älterwerden einige sexuelle Veränderungen einher, doch können die meisten Paare Sex ihr Leben lang genießen.

Plötzlich auftretende Probleme beim Miteinanderschlafen (wie Impotenz oder das Nichteintreten des Orgasmus) können Paare dann häufig dadurch lösen, daß sie mehr auf die Überleitungen und Vorbereitungen für die Liebe achten und ihre Kommunikationskanäle wieder öffnen.

Kommunikationsprobleme sind die Wurzel vieler sexueller Schwierigkeiten, zu denen auch nachlassendes Verlangen zu zählen ist. Manche Paare, die schon lange zusammen sind, sprechen kaum mehr über den Grad ihrer sexuellen Befriedigung. Oft befürchten die Partner oder Partnerinnen, sie könnten ihr Gegenüber kränken. Indem Sie regelmäßig und aufrichtig über Ihre Sexualität sprechen, können Sie dazu beitragen, ihre sexuelle Spannkraft zu erneuern.

Geheimnisse auf sexueller Ebene fügen Ihrer Vertrautheit den allergrößten Schaden zu. Wenn Sie untreu werden oder Ihrem Partner bzw. Ihrer Partnerin nicht mitteilen, daß Sie Ihren Sexualvertrag ändern wollen, werden sich einschränkende Stimmungen entwickeln – Schuldgefühle, Verlegenheit, Mißtrauen und Angst vor Zurückweisung oder Kritik. Wenn einer oder eine von Ihnen sich in dieser Lage befindet, sollten Sie noch einmal in Kapitel fünf nachlesen und die Richtlinien nutzen, die sich auf Ihre Kommunikation über den Sex mit Ihrem Liebhaber oder Ihrer Geliebten beziehen. Wenn die Probleme bestehen bleiben, sollten Sie professionelle Beratung in Anspruch nehmen.

Sie können einiges zur Lebendigkeit Ihrer Beziehung beitragen, wenn Sie gewillt sind, Ihre Gewohnheiten zu ändern. Versuchen Sie es einmal mit neuen Stellungen, und schlafen Sie zu anderen Tageszeiten als bisher miteinander. Bewerten Sie den Effekt von ein paar einfachen Änderungen nicht zu gering: Seidene Bettwäsche, Schwarzlicht, Reizwäsche, einschlägige Filme sowie Sexspielsachen und anderes Zubehör können alle dazu beitragen, daß Ihnen Ihr Sexualleben wieder ganz frisch vorkommt.

Sex und Vertrautheit sind außerdem eng mit romantischen Gefühlen verbunden. Vergessen Sie nicht, ab und zu Blumem mit nach Hause zu bringen, sich Karten zu schicken, Geschenke zu basteln oder zu kaufen, Liebesbriefe oder Gedichte zu schreiben. Machen Sie es sich zur Gewohnheit, sich die schönen Gefühle füreinander auch mitzuteilen. Feiern Sie die Ereignisse, die als Symbol für frühere Abschnitte Ihrer Beziehung stehen, indem Sie in regelmäßigen Abständen an die Orte zurückkehren, die für Sie große Bedeutung haben: die Schwulen- oder Lesbendemo, bei der Sie sich kennengelernt haben; das Restaurant, in dem Sie Ihre erste Verabredung hatten; oder der romantische Schlupfwinkel, in dem Sie damals ein Picknick veranstaltet haben.

Schenken Sie der Romantik und der Sexualität in Ihrem Leben besondere Beachtung, denn nur so können Sie sie in Blüte halten. Bringen Sie während Ihrer romantischen Stunden keine Probleme, Rechnungen, Pflichten oder andere möglicherweise leidigen Angelegenheiten zur Sprache. Gestehen Sie sich selbst die Zeit und den Raum zu, «sich von allem zu lösen». Schließen sie die Tür ab, und gehen Sie nicht ans Telefon, sondern konzentrieren Sie sich aufeinander. Solche Stunden sind extrem wichtig und der beste Anlaß für sanfte Musik, Kerzen, besonderes Essen, vielleicht sogar für aufreizende Kleider. Wenn Sie solche gemeinsamen Stunden deutlich von anderen Situationen trennen und ihnen eine besondere Note geben, schaffen Sie die nötige Überleitung, und Sie machen sich gegenseitig deutlich, daß Sie sich wichtig sind.

Das Entscheidendste, was Sie zur Aufrechterhaltung der Anziehungskraft und der Romantik zwischen Ihnen tun können, liegt in der Erinnerung daran, wer Sie waren, als Ihr Liebhaber oder Ihre Geliebte sich anfangs in Sie verliebte. Zwar sind einige körperliche Veränderungen im Lauf der Zeit unvermeidlich, doch gute Pflege, attraktive Kleidung und Interesse am Leben kennen keine Einschränkungen durch die Zeit. Wenn offensichtlich wird, daß Sie das Interesse an sich selbst verlieren, wird Ihr Partner oder Ihre Partnerin Ihrem Beispiel folgen. Umgekehrt werden Sie, wenn Sie Ihren Stil, Ihren Enthusiasmus und Ihre körperliche Fitneß beibehalten, das Interesse und das Verlangen Ihres Partners oder Ihrer Partnerin aufrechterhalten können. Meiner Meinung nach hat Louise Hay diese Haltung in ihrem Buch *Gesundheit für Körper und Seele* allerbestens zum Ausdruck gebracht:

«Ich liebe mich – darum kümmere ich mich liebevoll um meinen Körper. Liebevoll nähre ich ihn mit bekömmlichem Essen und Getränk. Liebevoll pflege und kleide ich ihn. Und mein Körper antwortet mir liebevoll mit springlebendiger Gesundheit und Energie. [...] Ich liebe mich – darum gehe ich in liebevoller Weise mit allen Menschen um, wissend, daß das, was ich weggebe, vervielfacht zu mir zurückkommt.»

Nichts ist langweiliger, als gelangweilt zu sein, und nichts ist interessanter, als interessiert zu sein. Mit dem Geheimnis für langanhaltende sexuelle Befriedigung und für ein Fortbestehen der Romantik verhält es sich nicht anders.

Sex ist eine der am stärksten bestätigenden, beruhigenden und energiespendenden Komponenten einer dauerhaften Beziehung. Wenn Sie etwaigen Druck aus der Welt schaffen, sich über Ihre Sexualität austauschen, Ihre Attraktivität wahren, sich immer wieder Zeit reservieren und mit neuen Techniken herumspielen, dann können Sie der sexuellen Stagnation, die zum Tod einer langfristigen Liebesbeziehung führen kann, aus dem Weg gehen.

Mit Veränderungen im Leben fertig werden

Wie wir schon früher sahen, haben viele schwule oder lesbische Paare Angst vor Veränderungen und betrachten sie als Bedrohung für ihre Beziehung. In Wirklichkeit ist jedoch gerade Veränderung der Ursprung jener Erregung, um deren Verlust sich diese Paare sorgen.

Veränderungen können beabsichtigt und gewünscht sein. Um nur ein paar Beispiele dafür aufzuzählen:

- das Coming-out
- wieder zur Schule gehen
- ein Berufswechsel
- renovieren oder umziehen
- abnehmen oder sich in Form bringen
- neue Interessen und Hobbies entwickeln
- neue Freunde gewinnen
- neue Formen des sexuellen Umgangs entdecken
- sich ein neues Aussehen zulegen

Andererseits können Veränderungen – sowohl erfreuliche als auch unerfreuliche – natürlich von außen aufgezwungen werden. Beispiele für schwerwiegende ungewollte Veränderungen sind unter anderem:

- die Zurückweisung durch die Familie
- Arbeitsplatzverlust
- finanzielle Verluste
- der Wegzug von Freunden, Freundinnen oder Verwandten
- der Tod eines Freundes, einer Freundin oder eines Familienmitgliedes

Über Veränderungen nachdenken und sich darauf einstellen zu müssen ist das, was die meisten Leute als besonders schwierig ansehen, und zwar unabhängig davon, ob die Entwicklung positiv oder negativ ist. Um Veränderungen zu akzeptieren und erfolgreich damit umzugehen, müssen Sie fähig sein, ihre positiven Folgen zu erkennen. Selbst einige sonst nicht gerade wünschenswerte Veränderungen können Ihrem Leben etwas Aufregendes und eine gewisse Energie verleihen.

Jedes schwule oder lesbische Paar muß im Lauf langer gemeinsamer Jahre mit Veränderungen fertig werden. Hier einige Anregungen, die ich Paaren mit auf den Weg gebe:

- Akzeptieren Sie als erstes den Umstand, daß das Leben Sie wie eine Achterbahn einmal rauf und einmal runter führt, und arbeiten Sie mit Ihrem Partner oder Ihrer Partnerin daran, die positiven Aspekte der Veränderung zu erkennen.
- Erkennen sie jede auftretende Veränderung an. Gestehen Sie sich dann so viel Nörgelei oder Jammerei zu, wie es braucht, damit Sie Ihren Groll loswerden. Gehen Sie im Anschluß den einen Schritt weiter und lösen Sie die Probleme, die für die Veränderung wohl verantwortlich sind.
- Probieren Sie so viele Möglichkeiten, mit der Veränderung fertig zu werden, aus, wie Sie brauchen, und zwar besonders dann, wenn sie von außen auferlegt war. Erörtern Sie Ihre Situation nötigenfalls mit einer dafür qualifizierten Person (zum Beispiel mit einem Anwalt, einer Therapeutin, einem Arzt oder einer Arbeitsberaterin).
- Sprechen Sie miteinander und mit allen anderen betroffenen Per-

sonen (einschließlich der Kinder) über die Veränderungen und über die Möglichkeiten, die Sie ausgekundschaftet haben. Erlauben Sie diesen Menschen, ihre Gefühle darzulegen und ihre Wünsche und Bedürfnisse auszudrücken, und integrieren Sie deren Vorstellungen, so gut es geht.

- Überlegen Sie sich eine Abschiedszeremonie, wenn es Ihnen schwerfällt, von einer vertrauten Situation zu lassen. Bei einem Umzug könnte das ein letztes großes Essen in Ihrer alten Wohnung sein, wenn jemand weggeht, eine Abschiedsparty, und ansonsten die bewußte Verbannung alter Unterlagen oder Erinnerungsstücke aus Ihrem täglichen Gesichtsfeld. In jedem Fall sollten Sie sich die Zeit nehmen und sowohl über das sprechen, was Sie verlieren, als auch über das, was Sie gewinnen.

- Feiern Sie, wenn eine positive Veränderung schließlich vollzogen ist! Bringen Sie einen Toast aus, geben Sie ein Fest, oder lassen Sie Ihre neue Unternehmung segnen.

Wenn Sie die eben genannten Vorschläge befolgen, wird Ihnen das die Möglichkeit geben, Ihre Umgangserfahrung mit Veränderungen zu vervollständigen und sich all Ihre gemischten Gefühle vor Augen zu führen – Trauer und Erregung, Frustration und Begeisterung, Wut und Freude, Verlust und Gewinn.

Mit unerfüllten Erwartungen umgehen

Ein Haupthindernis für langfristige schwule oder lesbische Beziehungen ist das innere Durcheinander, das entsteht, wenn die Erwartungen, die ein Paar an die Liebe stellt, mit der Lebenswirklichkeit kollidieren. Weil Enttäuschung sehr schwer zu verkraften ist, fällt es uns unter Umständen schwer, uns von unseren ursprünglichen Zielen zu verabschieden. Und das selbst dann, wenn uns ihre Unangemessenheit längst klargeworden ist.

Um es konkret zu benennen, stellen viele Schwule oder Lesben sehr hohe Ansprüche an eine feste Bindung und haben dabei wenig oder gar keine plastischen Erfahrungen, die als Grundlage für diese Erwartungen dienen könnten. Wie wir bereits ausgeführt haben, orientieren sich viele mit ihren Vorstellungen von einer langdauernden Liebe an den idealisierten Beziehungen, wie sie in Filmen oder Büchern dargestellt werden. Als Konsequenz daraus erwarten viele, daß eine feste Bindung all ihre Probleme lösen und sie auf geheimnisvolle Weise in perfekte Kommunikatoren und übermenschliche Liebespartner verwandeln wird.

Grundsätzlich plädiere ich dafür, ohne solche Erwartungen an eine Beziehung heranzugehen. Anders ausgedrückt, sollten Sie Ihrer Beziehung eher «folgen», als ihr schon am Anfang «voraus» zu sein. Ich gebe zu, daß es nicht einfach ist, den Kampf um die eigene Beziehung zu beenden und sie das sein zu lassen, was sie ist. Meine Erfahrung ist aber die, daß die Leute oft sehr viel mehr bekommen, als sie erhofft hatten, sobald sie sich von ihren Erwartungen trennen und dem natürlichen Lauf der Dinge einfach stattgeben.

Überlegen Sie jedesmal, wenn Sie mit Ihrer Beziehung unzufrieden sind, ob nicht vielleicht Ihre Erwartungen die Wurzel des Problems darstellen. Wenn Sie enttäuscht sind, weil Ihr Liebhaber oder Ihre Geliebte etwas, das Sie sich von ihm oder ihr erhofft hatten, nicht getan hat, dann halten Sie sich an die folgenden Regeln, bevor Sie Ihren Liebhaber oder Ihre Geliebte zur Rede stellen: Schreiben Sie Ihre Beschwerden und Gefühle unzensiert auf. Legen Sie das Papier für ein bis zwei Tage beiseite, ohne es irgend jemand zu zeigen. Dann nehmen Sie es wieder hervor und lesen, was Sie geschrieben haben. Klingt es unrealistisch? Glauben Sie, Sie könnten das, was Sie wollen, mit jemand anderem erreichen? Wie wichtig ist es Ihnen, daß Ihr Liebhaber oder Ihre Geliebte dazu imstande ist, diese spezielle Forderung zu erfüllen?

Wenn Sie herausfinden, daß heimliche Erwartungen das Problem ausmachen, dann nehmen Sie sich die Zeit zu einer Neueinschätzung Ihrer Erwartungen. Sprechen Sie die Angelegenheit nötigenfalls mit einer objektiven Person aus Ihrem Freundeskreis durch, oder holen Sie sich von kompetenter Seite Beratung. Wenn Sie jedoch der Ansicht sind, daß es konkrete, einleuchtende Beanstandungen gibt, über die verhandelt werden kann, dann schreiben Sie zunächst auf, worin Ihre Beziehung Ihren Bedürfnissen entspricht. Warten Sie dann wiederum ein bis zwei Tage und lesen Sie beide Listen noch einmal durch, ehe Sie die Frage mit Ihrem Liebhaber oder Ihrer Geliebten besprechen. Erinnern Sie sich gegenseitig an die vielen positiven Kräfte in Ihrer Beziehung. Das wird Ihnen helfen, die konkrete Frage aus der richtigen Perspektive zu sehen, und Ihre Auseinandersetzung wird entschieden reibungsloser verlaufen. Es kann sein, daß Sie wütend, irritiert und ungeduldig sind, aber ich bin überzeugt, daß die Wartezeit Ihnen bei einer rationaleren Einschätzung der Sachlage helfen und die Erfolgschancen erhöhen wird.

Langeweile vermeiden

In Hinsicht auf langfristige Beziehungen scheint Langeweile unter meinen Klienten und Klientinnen das am meisten gefürchtete Phänomen zu sein. Es gibt jedoch keinen Grund für die Erwartung, daß Sie sich in Ihrer Beziehung langweilen werden, wenn Sie nicht schon gelangweilt waren, bevor Sie Ihren Partner oder Ihre Partnerin trafen. In einer Beziehung ist Langeweile gewöhnlich ein Ergebnis des Ausweichens – voreinander, vor Veränderung, vor Verantwortlichkeit, vor dem Leben.

Langeweile ist ein Signal dafür, daß Sie beide angefangen haben, die Beziehung und auch einander als selbstverständlich hinzunehmen. Vielleicht sind Ihre Aktivitäten zu sehr zur Routine geworden, oder Sie weichen einem Problem aus. Begegnen Sie der Langeweile, indem Sie die notwendigen Risiken eingehen. Führen Sie zum Beispiel *endlich* die Diskussion über den Sex oder die Schwiegereltern, oder wagen Sie den Vorschlag zu einer Veränderung in Ihren Gewohnheiten. Wenn allzu starr gewordene Gewohnheiten der Grund der Langeweile sind, ist das Problem leicht zu lösen. Alles, was Sie tun müssen, ist ... *etwas anderes*. Es spielt keine Rolle, was es ist, solange es anders ist und gemeinsam getan werden kann.

Benutzen Sie die nachfolgenden drei Worte als Schlüsselbegriffe zur Vermeidung von Langeweile: *feiern*, *spielen* und *lachen*. Im nächsten Abschnitt werden Sie einige Vorstellungen vermittelt bekommen, wie Sie diese drei in Ihre Beziehung integrieren können.

Feiern. Genau so, wie Sie das Feiern als wichtigen Bestandteil Ihrer Trauungs- oder Bindungszeremonie benutzt haben, müssen Sie und Ihr Partner oder Ihre Partnerin das Feiern während Ihres ganzen Lebens fortsetzen. Dadurch bleiben Sie energiegeladen und motiviert. Häufige Feiern demonstrieren Ihre Liebe und Wertschätzung füreinander. Organisieren Sie Festlichkeiten mit Freunden, oder feiern Sie zu zweit. Verreisen Sie übers Wochenende, um ein besonderes Ereignis herauszustellen oder einfach die Tatsache Ihrer fortdauernden Beziehung zu feiern. Veranstalten Sie einen besonderen Abend zu Hause oder in einem Restaurant. Besuchen Sie ein Konzert, oder gehen sie gemeinsam in den Vergnügungspark.

Eine Feier muß nicht teuer sein. Das Wichtigste ist, daß man zusammen etwas feiert. Gelegenheiten zum Feiern gibt es viele: ein Erfolg am Arbeitsplatz, ein beendetes Projekt oder ein gemeinsam gelöstes Problem, ein Geburtstag oder ein Jubiläum, und anderes mehr.

Spielen. Gemeinsame Spiele können Ihnen bei der Vermeidung von Langeweile helfen. Durch das Spielen schaffen oder erneuern wir unsere jeweils eigenen und gemeinsamen Energien. Machen Sie Erholung, Spiel und Spaß zu etwas Vorrangigem in Ihrer Beziehung, und reservieren Sie sich regelmäßige Zeiten für das Spielen. Wenn Sie Ihre gesamte Freizeit mit Überstunden, ehrenamtlicher Tätigkeit oder sonstigen Aktivitäten ausfüllen, führt das dazu, daß Sie Ihrem Partner ausweichen.

Lernen Sie, darauf zu achten, was Sie zum Lächeln und zum Lachen bringt, falls es Ihnen schwerfällt, auf ganz selbstverständliche Weise spielerisch zu sein. Was macht Ihnen Freude? Oder was *möchten* Sie gerne tun, einfach nur zum Spaß? Erinnern Sie sich an die einfachen Freuden der Kindheit und nutzen Sie diese als Ausgangspunkt, von dem aus Sie Ihre Fähigkeit zum Spielen erneuern können.

Lachen. Wenn alles gutgeht, stellt sich meiner Meinung nach in einer langfristigen Beziehung ein Gefühl für Humor ein, wenn sich das ursprünglich Aufregende erst einmal verloren hat.

Menschen in einer langfristigen Beziehung haben gewöhnlich das Selbstbewußtsein und -vertrauen, über die eigenen Marotten und Schwächen zu lachen. Lachen kann ein wunderbares Mittel sein, Druck abzubauen und uns selbst daran zu erinnern, daß wir Menschen sind. Ein Witz, eine blödsinnige Geste, eine ulkige Grußkarte oder ein spaßiges Geschenk tragen oft dazu bei, die Vertrautheit zu erhöhen. Von einem schwulen Paar weiß ich, daß es mit Hilfe einer Grußkarte, die der eine dem anderen einige Jahre zuvor geschenkt hatte, viele schwierige Phasen durchgestanden hat. Außen steht: «Ich liebe dich.» Innen heißt es dann: «Es ist eine ziemliche Drecksarbeit, aber irgendwer muß sie ja machen!»

Ich habe in meiner Praxis viele Paare erlebt, die Konflikte als die

Hauptstütze für ihr Zusammenleben benutzen. Solche Paare meinen oft, sie würden ihre Beziehung nicht ernst nehmen, wenn sie nicht dauernd dramatische Auseinandersetzungen hätten. Wenn sie erst einmal gelernt haben, daß Dauerdramen nicht nur keine größere Liebe ausmachen, sondern de facto abträglich wirken, können diese Paare sich entspannen und an die Stelle der Kampfesqual die Freude des Humors setzen.

Trennung

Manchmal schlagen alle Anstrengungen, eine Beziehung aufrechtzuerhalten, fehl, und die einzige Möglichkeit, glücklich zu werden, liegt in der Trennung. Wann wird dieser Schritt notwendig? Zwar kann niemand außer Ihnen und Ihrem Partner oder Ihrer Partnerin das wirklich wissen, aber es gibt gewisse Anhaltspunkte, die Ihnen deutlich machen, daß eine größere Veränderung ansteht.

Wenn Ihre Beziehung Ihrem geistigen, seelischen oder körperlichen Wohlergehen abträglich ist, steht eine Veränderung an. Wenn Ihr Liebhaber oder Ihre Geliebte ernsthafte Probleme wie Sucht, eine psychische Krankheit oder einen Hang zur Gewalttätigkeit hat oder entwickkelt, kann eine Trennung das einzige Mittel sein, sich vor körperlichem oder emotionalem Schaden oder finanziellem Ruin zu schützen. Wenn Sie glauben, diesen Schritt vielleicht machen zu müssen, sollten Sie sich bei der Entscheidungsfindung vergegenwärtigen:

- Wenn Ihr Partner oder Ihre Partnerin ein Suchtproblem hat oder eines, das mit Mißbrauch oder Gewalttätigkeit zu tun hat, ist es entscheidend, daß Sie die Konfrontation mit ihm oder ihr nicht ohne vorherige professionelle Anleitung angehen. Selbsthilfegruppen und diverse Zwölf-Schritt-Programme können Ihnen helfen, signifikante Verbesserungen zu erreichen, wenn Sie sie zusammen mit einer Partnerschafts- oder Familienberatung nutzen.
- Legen Sie sich so richtig ins Zeug. Eine Trennung sollten Sie von vornherein nur als allerletzte Möglichkeit ansehen. Und durch die Gewißheit, daß Sie alles in Ihrer Macht Stehende unternommen haben, um die Probleme in Ihrer Beziehung zu lösen, können Sie

vermeiden helfen, mit ungelösten Schuldgefühlen zurückzubleiben.

■ Gehen Sie nicht davon aus, daß Ihr Partner oder Ihre Partnerin weiß, wie Sie sich fühlen. Drücken Sie sich bei Gesprächen über die gegebene Situation direkt und klar aus, es sei denn, es besteht das Risiko von Gewalttätigkeiten. Sagen Sie in der Hoffnung, daß Ihre Botschaft schon ankommen wird, nicht so etwas Nebulöses wie: «Ich glaube nicht, daß du mich liebst» oder: «Ich bin nicht glücklich.» Sich dem Problem zu stellen ist nicht gleichbedeutend mit einer Zerstörung der Beziehung. Tödlich ist es für eine Beziehung allerdings, vor Problemen zu flüchten oder nichts zu ihrer Lösung zu unternehmen, nachdem man sich ihre Existenz schon einmal eingestanden hat.

■ Lassen Sie nicht zu, daß es längere Zeiten mit wenig oder gar keinem Sex oder keiner Kommunikation gibt, ohne den Grund dafür zu suchen. Wenn Sie warten, bis es Ihnen so schlechtgeht, daß Ihnen alles egal ist, kann es für eine Behebung des Schadens zu spät sein. Setzen Sie sich mit Ihrem Partner oder Ihrer Partnerin zusammen, schauen Sie ihm oder ihr in die Augen, und sagen Sie: «Es funktioniert so nicht. Wenn wir nicht bald etwas unternehmen und die Sache in Ordnung bringen, ist sie bald zu Ende.» Stellen Sie sich darauf ein, unter Umständen sogar zu gehen, damit Sie Ihrem Partner oder Ihrer Partnerin deutlich machen, für wie ernst Sie die Situation erachten.

■ Seien Sie gewillt, Ihre Mitschuld an dem Problem anzuerkennen, und halten Sie sich offen für Veränderungen. Bei einem solchen Gespräch können Sie die hier schon öfter vorgestellten Kommunikations- und Problemlösungstechniken nutzen, um gemeinsam die Verantwortung für eine Änderung der Beziehungsdynamik zu übernehmen. Wenn Sie von Ihrem Partner oder Ihrer Partnerin keine Reaktion erhalten oder Sie sich festgefahren haben, sollten sie professionelle Beratung in Erwägung ziehen. Alle, die die Beendigung einer langfristigen Beziehung für möglich halten, sollten die Möglichkeiten professioneller Hilfe nutzen.

Nachdem sie sich mit diesen Anregungen beschäftigt haben, wird manchen Paaren klargeworden sein, daß sie eigentlich ihre Beziehungsabsprachen verändern und erneuern müssen. Ihre Gefühle der Frustration, der Verwirrung, der Langeweile, der Ruhelosigkeit und des Grolls können zur Grundlage neuer Absprachen werden. Verhandeln Sie, und nutzen Sie dabei die Möglichkeit, die für Ihre Beziehung spezifischen Konfliktpunkte ausfindig zu machen und zu lösen, so daß Sie nicht «das Kind mit dem Bade ausschütten», das heißt die gesamte Beziehung aufgeben müssen. Wenn Sie davon überzeugt sind, daß sich Ihre Probleme auch mit noch mehr Einsatz und Zeitaufwand nicht lösen lassen, dann teilen Sie Ihrem Partner oder Ihrer Partnerin diese Einsicht und den damit zusammenhängenden Entschluß unverzüglich mit. Das ist ein Gebot der Fairneß, und außerdem verhüten Sie damit das Aufkeimen unbegründeter Hoffnungen.

Wie ich bereits in einem früheren Abschnitt über die Beendigung einer Beziehung empfohlen habe, sollten Sie in Erwägung ziehen, Ihre langfristige Partnerschaft mit einem formellen Ritual zu beenden (das ist etwas anderes als das simple Auseinanderdividieren Ihrer Habseligkeiten). Eine Beendigungszeremonie erlaubt Nähe und schafft Raum für den Ausdruck der in Ihnen waltenden Gefühle. Sie haben dabei viele Möglichkeiten. Arrangieren Sie ein Abschiedstreffen für Sie beide oder zusammen mit anderen, oder zerstören Sie ein symbolbehaftetes Erinnerungsstück an Ihre Beziehung.

Zunächst einmal werden Sie sich beide von dem Verlust erholen müssen. Selbst wenn Sie erleichtert sind, daß das Band zwischen Ihnen durchschnitten ist, werden Sie einige Zeit um Ihre einstigen Träume und Hoffnungen trauern. Denken Sie daran, daß Heilung Zeit braucht und Sie möglicherweise verschiedene Stadien der Trauer und der Bedrückung durchlaufen werden, ehe Sie bereit sind, mit einem neuen Lebensabschnitt zu beginnen.

Selbst wenn Sie entscheiden, sich auf einer bestimmten Grundlage weiterhin gegenseitig Platz in Ihrem Leben einzuräumen, brauchen Sie wahrscheinlich eine Pause, in der Sie einander nicht sehen. Legen Sie ein Datum fest, an dem Sie sich wiedersehen werden, und sprechen Sie dann darüber, wie Sie Ihre neue Verbindung verstehen: Exliebhaber oder Exgeliebte auf Distanz, nahe Freunde oder Freundinnen, kooperative Eltern oder weiterhin Mitglieder in Ihrem alten Unterstützungsnetzwerk. Falls nicht einer oder eine von Ihnen wegzieht, ist es schwer, die Verbindung völlig abzubrechen. Wenn Sie sich eher auf eine Neudefinition Ihrer Beziehung als lediglich auf deren Beendigung konzentrieren, können Sie mit weniger Streit auseinandergehen.

Liebe und Altern

Ich bin überzeugt, daß viele von Ihnen Beziehungen haben, die sich bis in Ihr Alter fortsetzen werden. In diesem Abschnitt werden wir die Dynamik gemeinsamen Älterwerdens behandeln. Dafür erbat ich die Unterstützung von Dennis Cockrum, dem Leiter des «Actor's Fund», einer Unterabteilung der «Academy of Motion Picture Arts and Sciences», die sich um alte Schauspieler und Schauspielerinnen kümmert.

Schwule und Lesben haben das gleiche Bedürfnis wie alle anderen Menschen, zu lieben, geliebt zu werden und vertrauensvolle Beziehungen aufzubauen. Der Großteil homosexueller Beziehungen wird nicht offen gelebt, was wahrscheinlich eine Reaktion auf die Homophobie ist, auf das allgemeine Vorurteil der Gesellschaft gegenüber uns. Verbinden Sie diese Dynamik mit der Frage des Alterns in unserer jugendorientierten Kultur, und schon verstärken sich die Probleme. Ich hoffe, daß ich ein bißchen Einsicht bewirken kann darüber, wie das Älterwerden von Schwulen oder Lesben sich auf Beziehungen auswirkt und wie wir uns vor einigen häufig vorzufindenden Fallgruben schützen können.

Altern ist ein schrittweiser Prozeß, dem niemand von uns entgehen kann. Es hat körperliche, gefühlsmäßige und soziale Auswirkungen auf einen Menschen. Wenn man es in Dankbarkeit annimmt, kann Älterwerden Weisheit und Frieden bringen. Wenn man Angst davor hat, kann es einen mit Panik und Verzweiflung überziehen. Ältere Leute mit guter Gesundheit, reichlicher sozialer Unterstützung und angemessenen Lebensbedingungen fühlen sich energiegeladen, aufgeweckt, glücklich und interessiert. Sie haben viel beizusteuern.

Wenn Leute älter werden, verändern sich das äußere Erscheinungsbild, die inneren Funktionen und die Sinneswahrnehmung. Manche Leute erfreuen sich bis in die Achtziger einer guten Gesundheit, während andere schon in viel jüngerem Alter unter ernsthaften gesundheitlichen Problemen leiden. Es gibt dazu viele Theorien, aber keinen anerkannten Grund dafür.

Merkliche kosmetische Veränderungen gehen gewöhnlich auf Hormonveränderungen, den Verlust von Kalzium, einen Mangel an körperlicher Bewegung oder auf unzureichende Ernährung zurück. Sich senkende Schultern und eine zunehmende Krümmung der Wirbelsäule können eine ältere Person um mehrere Zentimeter kleiner werden lassen. Wenn eine Person sich weniger bewegt, werden Muskeln durch Fettgewebe ersetzt. Weil dieses Gewebe weniger wiegt, führt das dazu, daß die Person an Gewicht verliert, an Körperfülle allerdings zunimmt. Die Haut wird trockener und entwickelt, abhängig von Gewohnheiten wie dem Rauchen oder häufigem Sonnen, Falten und Flekken. Die Haare werden grau und dünner, man verliert Zähne, die Ohren werden länger und die Nase flacher. Schwule zeigen sich über diese Veränderungen sehr viel eher beunruhigt als Lesben. Gefühlsmäßige Unsicherheit, die durch die Anzeichen des Alters verursacht wird, kann die Fähigkeit einer Person, die späteren Lebensabschnitte zu genießen, tiefgreifend beeinträchtigen.

Natürlich können im hohen Alter chronische Krankheiten auftauchen, doch als die größte Hemmschwelle gegenüber einer Behandlung erweist sich immer wieder ein Motivationsmangel, der in Angst oder Abneigung gegenüber dem Altern begründet liegt. Die vier hauptsächlichen Todesursachen für ältere Menschen sind Herzkrankheiten, Krebs, Schlaganfälle und die Alzheimersche Krankheit. Beinahe täglich werden für diese Krankheitsbilder neue Behandlungs- und Forschungserfolge gemeldet. Um die eigene Lebensqualität aufrechtzuerhalten, ist es notwendig, sich um eine effektive und dem aktuellen Stand der Wissenschaft entsprechende medizinische Versorgung zu kümmern.

Gesundheitliche Probleme haben entscheidende Auswirkungen auf Beziehungen. Manche Leute tauschen sich darüber aus und rücken dadurch enger zusammen. Andere verleugnen sich, und das kann die Liebenden auseinandertreiben. Verlegenheit über funktionale Veränderungen und solche der äußeren Erscheinung steuern zu einer Beeinträchtigung sexueller Beziehungen viel mehr bei als jeder tatsächliche Mangel an Verlangen oder an Kräften.

Die Erhaltung eines guten Gesundheitszustands erfordert einen präventiven Ansatz. Der kann regelmäßige medizinische Vorsorge und Körperertüchtigung, eine geeignete Ernährung, Unfallverhütung, Impfungen, Streßbewältigung und die Aufgabe gesundheitsschädlicher Gewohnheiten wie des Rauchens umfassen.

Um ein befriedigendes Alter zu erreichen, sollten Sie Ihre Grenzen realistisch einschätzen. Leben Sie Ihr Leben so ausgefüllt wie nur möglich, verschwenden Sie keine Zeit mit Trauer über Vergangenes, und blicken Sie beständig nach vorn.

Die Bedürfnisse schwuler und lesbischer Senioren decken sich in großen Zügen mit den Grundvoraussetzungen, die auch Leute jedes beliebigen Alters brauchen, um glücklich und zufrieden zu sein:

- das Gefühl des Einbezogenseins
- Entwicklung
- gute Gesundheit und keine Beeinträchtigung durch Schmerzen
- Bezugspersonen
- Lebenssinn
- ausreichend Geld zur Abdeckung der persönlichen Bedürfnisse
- ein befriedigendes Sexualleben

Die meisten älteren Leute sind wohlgemerkt fähig, ein ausgefülltes Sexualleben zu genießen, das tröstend und erneuernd wirken kann. Der normale Alterungsprozeß erfordert nur geringfügige Umstellungen wie zum Beispiel den Gebrauch von Gleitmitteln und eine Anpassung an das Alter, was die Häufigkeit und/oder die Intensität anbelangt.

Ein sehr langes Leben kann bedeuten, daß man mit einer Reihe von Verlusten fertig werden muß: Beziehungen, Gesundheit, körperliche und geistige Fähigkeiten, Beruf, Einkommen, Wohnungsstandard und/oder Besitz. Es ist überaus wichtig, daß Sie lernen, loszulassen und um all diese Verluste zu trauern. Mit einem solchen Verhalten behalten Sie eine Perpektive und können mit dem Leben weitermachen. Wenn Sie Ihre Verluste allerdings hinnehmen, ohne sich mit ihnen konkret auseinanderzusetzen, kann das ernsthafte Auswirkungen haben: den Verlust der Begeisterungsfähigkeit, Traurigkeit oder ernstliche Depressionen, die unter Umständen mit dem Mißbrauch von Alkohol, Medikamenten oder Drogen und mit Selbstmordtendenzen einhergehen. Ein Verlust ist immer etwas Bedeutendes. Seine Intensität kann aber nur von der Person bestimmt werden, die ihn erfährt. Spiritualität, Einzeltherapien und Übungen zur Streßbewältigung können sehr hilfreich sein, wenn man mit einem Verlust zurechtkommen muß.

Mit dem Rückzug aus dem Berufsleben setzt häufig eine schwierige Zeit ein. Viele sehen in ihm den Anfang des «Alters». Etliche sind auf den Wegfall einer äußeren Struktur und auf die Einkommenseinbuße schlecht vorbereitet. Aus aktiven Werktätigen müssen aktive Pensionäre werden. Wenn Sie wichtige persönliche Interessen haben, kann Ihnen das den Rückzug aus dem Berufsleben sehr erleichtern.

Gängige Beziehungsprobleme in späteren Lebensjahren haben verschiedene Ursachen:

  Schlechte Gesundheit. Eine chronische Krankheit kann den anderen Partner oder die andere Partnerin in eine Versorgerrolle zwingen, was zu Erschöpfung und Ressentiments führen kann.

  Geld. Ist nicht genügend Geld vorhanden, um bequem leben und eigene Interessen verfolgen zu können, verursacht das oft große Spannungen.

  Langeweile. Wenn man seine Zeit ständig gemeinsam verbringt und wenige oder keine eigenständigen Interessen mehr hat, kann das zur Gelangweiltheit in der Beziehung führen.

Erfolgreiche langfristige Beziehungen zwischen Schwulen oder Lesben scheinen folgende Qualitäten gemeinsam zu haben:

  Gleichheit. Eine faire Aufteilung der Arbeit und ein Gefühl von Gemeinsamkeit und Zusammenarbeit helfen Paaren, die Bindung zwischen sich zu erhalten.

  Aktivität. Eine Beziehung kann lebendig bleiben, wenn beide Partner oder Partnerinnen vom Leben angetan sind und persönliche Interessen weiterverfolgen.

  Flexibilität. Da sich im Lauf der Zeit einige Veränderungen einstellen, ist es besonders wichtig, daß beide Partner oder Partnerinnen gewillt sind, neue Verhaltensweisen und Aktivitäten auszuprobieren.

  Unterstützungsnetzwerk. Ein tragfähiges Unterstützungsnetzwerk kann für ein älteres schwules oder lesbisches Paar unschätzbaren Wert haben, und das ganz besonders in Spannungszeiten.

Das Altern wirkt sich auf jeden Lebensaspekt aus. Es kann Paare näher zusammen- oder auseinanderbringen. Schwule und lesbische Liebende sind gut beraten, ihre sozialen Verbindungen so weit wie möglich auszudehnen, um eine Isolierung mit fortschreitendem Alter zu verhüten. Wie ich hoffe, sind wir dabei, eine Zukunft zu schaffen, in der unsere Möglichkeiten nicht durch die Homosexualität eingeschränkt werden.

Alle Beziehungen müssen einmal zu Ende gehen

So traurig es auch ist, so gehen doch selbst die solidesten und glücklichsten Beziehungen einmal zu Ende. Ich würde Ihnen keinen Gefallen tun, wenn ich den Umgang mit dem Tod des Partners oder der Partnerin ignorieren würde.

Im Rahmen meiner Trauerberatung – und das war aufgrund von Aids bisher nicht selten –, stelle ich immer wieder fest, daß Menschen die größten Schwierigkeiten haben, die in ihren Beziehungen den Tod tabuisiert haben. Der Verlust eines Liebhabers oder einer Geliebten, mit dem oder der man nicht offen über den Tod sprechen konnte, hinterläßt viele Wunden, die unter Umständen erst nach langer Zeit heilen.

Für Leute, die in einer festen Bindung leben, ist es wesentlich, den Schmerz, der in einem Reden über den Tod liegt, zu überwinden. Teilen sie einander Ihre Wünsche mit, und setzen Sie ein Testament auf. Tun Sie das nicht, so kann es sein, daß Sie Ihrem Partner oder Ihrer Partnerin zu einem Zeitpunkt, zu dem er oder sie wahrscheinlich vom eigenen Kummer überwältigt ist, schwierige Entscheidungen aufnötigen.

Ebenso wichtig ist die emotionale Vorbereitung darauf, daß Sie Ihren Partner oder ihre Partnerin überleben könnten. In einem ersten Schritt müssen Sie sich überlegen, ob Sie von Ihrem Liebhaber oder Ihrer Geliebten auch unabhängig genug sind, um im gegebenen Fall alleine leben zu können. Verfügen Sie über die persönliche Stärke und die Freundschaften, die Sie eventuell brauchen, um ein neues Leben aufzubauen? Nähe und Gemeinsamkeit zwischen Lebenspartnern sind wünschenswert, hilflose Abhängigkeit würde das Trauma Tod allerdings nur noch schwieriger machen.

Sich über den Tod Ihres Partners oder Ihrer Partnerin Gedanken zu machen und sich vorzustellen, was Sie in dem Fall tun würden, ist sinnvoll. Gelegentlich kommen Klienten oder Klientinnen zu mir, die Schuldgefühle haben, weil sie vom Tod Ihres Liebhabers oder Ihrer Geliebten geträumt oder sich diesen vorgestellt haben. Solche Gedanken und Träume zu haben bedeutet überhaupt nicht, daß Sie sich den Tod Ihres Partners oder Ihrer Partnerin wünschen. Solche Vorstellungen sind statt dessen eine Art Rückversicherung für sich selbst, daß man auch allein weiterleben könnte, wenn das nötig wäre. Zugegebenermaßen ist es schmerzlich, die eigenen diesbezüglichen Träume und Gedanken zu erkunden, aber es kann Ihnen helfen, sich auf den Umgang mit dem Tod Ihres Partners oder Ihrer Partnerin vorzubereiten.

Gespräche über den Tod, und da vor allem solche, die sich im Anschluß an den Tod eines Freundes, einer Freundin oder eines Familienmitglieds ergeben, sind ebenfalls wichtig. Wenn wir gerade von Kummer bedrängt werden, sind wir häufig eher gewillt, ehrlich und offen über Wünsche hinsichtlich unseres eigenen Begräbnisses zu sprechen und über unsere Sorge um das Wohlergehen des Partners oder der Partnerin nach unserem Ableben. Scheuen Sie nicht vor solchen Gesprächen zurück, wenn Sie an einer Beisetzung oder Totenwache teilnehmen.

Wenn Sie sich in Ihrem Leben ausgefüllt erleben und sich in Harmonie mit Ihren Freunden, Freundinnen und Familien sehen, dann können Sie den Tod als einen Aspekt des Lebens anerkennen. Eine solche Haltung wird es Ihnen erlauben, sich friedvoll auf das Unausweichliche vorzubereiten. Wenn in einer Beziehung, in der diese Haltung gelebt wurde, ein Todesfall eintritt, dann bleibt ein Gefühl des Wunders und der Befreiung, das die Überlebenden als Inspiration für ihr eigenes Leben davontragen können.

Mit Trauer umgehen

Viele Klienten oder Klientinnen, die nach dem Tod des Partners oder der Partnerin zu mir kommen, fürchten sich vor dem Trauern. Manche sagen: «Ich habe Angst, daß ich nicht mehr damit aufhören kann, wenn ich erst einmal zu weinen anfange.» Die Wahrheit ist, daß das Weinen Ihnen Erleichterung verschaffen wird und Sie *natürlich* wieder damit aufhören werden. Die Unterdrückung Ihrer Trauer blockiert die emotionale Befreiung, die Ihr Geist und Ihr Körper brauchen, um in den Heilungsprozeß einzutreten. Wenn Sie einen Verlust erleiden, sollten Sie sich unbedingt zugestehen, so oft und so lange zu weinen, wie es für Sie nötig ist.

Die nachfolgenden Gedanken über Trauer können hilfreich sein:

Trauer bedeutet, daß Sie jemanden geliebt haben. Das Ausmaß Ihrer Trauer entspricht der Wichtigkeit, die diese Person in Ihrem Leben hatte.

Trauer braucht Zeit, und sie hat ihren natürlichen Ablauf. Man hat keine Möglichkeit, sie schneller hinter sich zu bringen.

Trauer ist eine Kombination von Gefühlen: Traurigkeit, Verlust, Verlassenheit, Wut, Raserei, Erleichterung, Liebe, Hilflosigkeit, Annahme und Befreiung.

Trauer ist gesund. Selbst wenn sie anderen unbequem ist.

Trauer verläuft naturgemäß. Sie läßt schrittweise nach. Halten Sie sich vor Augen, daß das erste Jahr das schwerste ist.

Wenn Sie sich Ihre Trauer in voller Intensität zugestehen, hilft Ihnen das, eine stärkere Bewußtheit Ihrer selbst und eine größere Nähe zu sich zu gewinnen.

Das Ausdrücken Ihrer Trauer hilft Ihnen, Nähe herzustellen.

Haben Sie keine Angst, Unterstützung anzunehmen oder darum zu bitten. Vielleicht würden Sie auch gerne professionelle Beratung aufsuchen.

«Glücklich bis an das Ende ihrer Tage» neu bewertet

Viele meiner Klienten oder Klientinnen sind überrascht, wenn sie entdecken, daß ihre Beziehungen über die Jahre an Qualität gewinnen. Probleme, die einst als unlösbar erschienen, werden jetzt als willkommene Herausforderungen angesehen. Konflikte lösen sich auf oder werden durch Verhandeln gelöst. Vertrautheit und Romantik treten an die Stelle von Kampf und Routine.

Von denen, die den zur Schaffung konstruktiver, langfristiger Beziehungen nötigen Aufwand leisten, bekomme ich erzählt, daß sie viel dabei gewinnen. Zum Beispiel:

- ein verbessertes Selbstbewußtsein

- Stolz auf ihr Schwulsein oder Lesbischsein

- Vertrauen in die Liebe

- Freude am vollen Ausleben seiner selbst

- eine gesteigerte Kommunikationsfähigkeit

- ein Verständnis von wahrer, bedingungsloser Liebe

- ein gesteigertes Verantwortungsgefühl

- Sinn für Humor

- liebevolle Erinnerungen

Die Information, die Sie in diesem Buch finden, können für schwule und lesbische Paare nur eine Art Grundstein legen. Dem Prozeß des Wachsens und Lernens, den Sie in Ihrer Beziehung erreichen können, ist keine Grenze gesetzt. Die Entscheidung darüber, wie glücklich Sie «bis an das Ende Ihrer Tage» leben, liegt in Ihrer Hand. Ich wünsche Ihnen viel Freude in Ihrem Leben, in Ihrem Selbstgefühl als Schwuler oder als Lesbe und in Ihrer Liebe.

Anhang

Ratschläge für den Umgang mit Homophobie

Wie ich bereits in der Einführung dargelegt habe, ist die Homophobie ein Ableger der Xenophobie, d. h. der gesteigerten Furcht vor allem, was anders ist. Solange Homosexualität von Teilen der Gesellschaft als etwas «Fremdes» oder «Anderes» angesehen wird, werden wir immer wieder mit manifesten und latenten Erscheinungen der Homophobie zu tun haben.

Es gibt zwei Formen der Homophobie, mit denen sich Schwule und Lesben auseinandersetzen müssen: die externe und die interne Homophobie. Die externe Homophobie ist die Angst *anderer* Menschen vor Homosexuellen. Diese Angst paart sich manchmal mit latenten homosexuellen Tendenzen oder der Angst, selbst homosexuell zu werden. Die interne Homophobie ist die Angst vor der *eigenen* Homosexualität. Es ist die Angst, sich durch schwule oder lesbische Orientierung ein glückliches und produktives Leben zu verunmöglichen. Diese Fragen wirken sich unter Umständen auf Sie selbst aus, auf Freunde, Freundinnen, Liebhaber oder Geliebte, und sie stellen sich dem erfolgreichen Verlauf einer Beziehung häufig in den Weg.

Externe Homophobie

Genau wie die Xenophobie beruht auch die Homophobie auf Unwissenheit und beängstigenden Vorstellungen. Homophobe Menschen glauben oftmals nicht, persönlich mit jemand bekannt zu sein, der oder die schwul bzw. lesbisch ist, denn ihre Vorstellungen von homosexuellen Menschen sind für gewöhnlich sehr übersteigert. Das wirkungsvollste Heilmitttel gegen die Homophobie ist «Erziehung». Wenn homophobe Menschen mehr über Homosexuelle und deren Lebensart erfahren und im Zuge dessen mitbekommen, daß Schwule und Lesben ganz normale Menschen sind und die Heteros selbst keine Gefahr laufen, von ihnen «angegriffen» oder «umgedreht» zu werden, läßt ihre Angst nach. Schwule und Lesben aus pädagogischen Berufen und Schwulen- sowie Lesbengruppen ermuntern uns unter anderem aus dem Grund zum Coming-out, daß konstruktive Berichte über Homosexuelle die Gesamtöffentlichkeit aufklären und helfen, solche Ängste zu zerstreuen.

Nachfolgend einige Vorschläge, wie Sie mit externer Homophobie besser fertig werden können:

- Wenn Sie am Arbeitsplatz, in Ihrem sozialen Umfeld oder in der eigenen Familie einer feindseligen, homophoben Person begegnen, dann denken Sie daran, daß Feindseligkeit meist bloß Angst verbergen helfen soll.
- Bemühen Sie sich intensiv, die Fehlvorstellungen dieser Person ausfindig zu machen und sie zu beruhigen. Stellen Sie sachliche Fragen wie: «Was an der Homosexualität bringt dich so auf?» – «Kanntest du schon mal einen Schwulen oder eine Lesbe?» Versuchen Sie nicht, mit einer homophoben Person zu streiten. In die Defensive zu geraten und wütend zu werden führt zu nichts und zeitigt nur negative Effekte. Sie werden sehr viel eher etwas erreichen, wenn Sie offen, entspannt und selbstsicher auftreten – und damit ein beruhigendes Beispiel für einen Schwulen oder eine Lesbe liefern –, als wenn Sie versuchen, die Ansichten Ihres Gegenübers zu ändern.
- Wenn Sie sich häufig mit externer Homophobie herumschlagen müssen, ist es überaus wichtig, daß Sie durch ein tragfähiges soziales Netzwerk unterstützt werden (lesen Sie dazu in Kapitel acht nach).
- Wenn Sie Ihre Homosexualität noch nicht offen leben, sollten Sie Kapitel acht noch einmal nachlesen und sich dort Informationen und Anregungen für das Coming-out holen. Selbst wenn Sie glauben, daß ein Coming-out für Sie nicht angebracht ist, sollten Sie Ihre Ansichten einer Prüfung unterziehen. Vielleicht besuchen Sie auch einen Workshop, bei dem Sie sich mit dieser Frage beschäftigen können.

Interne Homophobie

Die interne Homophobie ist sehr viel subtiler als die externe. Selbst unter Schwulen und Lesben, die glauben, ihre homophoben Ängste überwunden zu haben, können sich ganz unerwartet nicht bewältigte Aspekte bemerkbar machen. Wenn Ihnen auffällt, daß Sie sich im Hinblick auf Ihr Verhalten oder das Ihres Partners bzw. Ihrer Partnerin in irrationaler Weise schuldig, wütend oder unwohl fühlen, dann ist möglicherweise die interne Homophobie am Werk.

Mit Beziehungsproblemen, die von der Homophobie verursacht wurden, ist oft ziemlich einfach umzugehen. Sie müssen sich vor Augen halten, daß weder Sie noch Ihr Partner oder Ihre Partnerin die Schuld an der Homophobie trifft. Es ist die Gesellschaft, die dieses Problem erzeugt. *Machen Sie sich nicht gegenseitig Vorwürfe zu Fragen, die mit dem Verstecktleben zusammenhängen!*

Gehen Sie mit sich selbst und mit anderen sanft um. Lernen Sie, offen über Fragen der Homophobie zu sprechen, und betrachten Sie solche Probleme als etwas, das Sie gemeinsam lösen können.

Um sich den Umgang mit der internen Homophobie zu erleichtern, sollten Sie sich die nachfolgenden Fragen stellen und Ihre Antworten darauf vielleicht auch aufschreiben:

1. *Was ist das Problem?* Diese Frage erscheint Ihnen möglicherweise als entschieden zu simpel. Wenn Sie aber aufgeregt sind, können Sie möglicherweise nicht klar denken und sehen in dieser Frage nicht klar. Haben Sie Schwierigkeiten mit dem Sex, weil sie ihn als etwas «Falsches» erleben? Haben Sie Angst vor einem Mißlingen Ihrer Beziehung, weil «schwule und lesbische Beziehungen einfach nicht funktionieren können»? Denken Sie intensiv darüber nach, damit Sie sich auch klar ausdrücken können, wenn Sie mit ihrem Liebhaber oder Ihrer Geliebten darüber sprechen.

2. *Was sollte meinem Wunsch nach geschehen?* Zensieren Sie sich an dieser Stelle nicht selbst, und versuchen Sie nicht, praktisch zu denken. Dies ist ein Augenblick, in dem Sie völlig ehrlich zu sich selbst sein müssen, und zwar ganz unabhängig davon, wie «verrückt» Ihre aus dem Bauch kommenden Gefühle und Ihre Phantasien Ihnen auch vorkommen mögen. Zum Beispiel:

▷ Ich wünschte, ich wäre hetero.
▷ Ich wünschte, ich könnte dich als meinen Lebensgefährten (meine Lebensgefährtin) zur Bürofeier mitnehmen.
▷ Ich wünschte, wir könnten im Märchenland Darkover leben, wo wir uns der Lesbischen Schwesternschaft anschließen könnten und Anerkennung für unsere Liebe finden würden.
▷ Ich wünschte, ich könnte daran glauben, daß Gott mich liebt, obwohl ich – ja, sogar *weil* ich schwul (lesbisch) bin.

3. *Vor welchem möglichen Ereignis habe ich Angst?* Hier können Sie Ihre «Horrorgeschichten» loswerden. Schreiben Sie Ihre schlimmsten Befürchtungen über Ihr Schwul- oder Lesbischsein auf: Daß Ihr Chef oder Ihre Chefin es herausbekommen und Sie feuern wird. Oder daß Sie mit Schimpf und Schande aus der Stadt gejagt werden. Überlegen Sie auch hier nicht, ob es Sinn macht oder wirklich geschehen könnte. Nehmen Sie Ihre Ängste so an, wie sie sind.

▷ Ich habe Angst, nach meinem Tod in der Hölle zu landen.
▷ Ich habe Angst, daß meine Heterofreunde (oder -freundinnen) nie wieder mit mir reden, wenn sie herausfinden, daß ich schwul (lesbisch) bin.
▷ Weil ich schwul (lesbisch) bin, habe ich Angst, nie etwas anderes als kurze, schmerzliche Beziehungen zu erleben.

4. *Welche Lösungen habe ich mir überlegt?* Hier sind wieder Realität und rationales Denken gefragt. Ihre Liste braucht keine endgültigen Lösungen zu enthalten und nicht einmal welche, die Ihnen schon jetzt zusagen. Stellen Sie bloß dar, was Sie sich bisher überlegt haben. Zum Beispiel:

▸ Zur Bürofeier könnte ich eine heterosexuelle «Bekanntschaft» mitbringen.
▸ Ich könnte mir einen schwulen Geistlichen (eine lesbische Geistliche) suchen, der (die) mir noch einmal erklärt, was Sünde ist.
▸ Ich könnte mich einer Coming-out-Gruppe anschließen, die mir hilft, meine Gefühle zu meinem Schwulsein (Lesbischsein) zu verstehen.

Gehen Sie Ihre Antworten auf diese Fragen mit Ihrem Partner oder Ihrer Partnerin durch. Bitten Sie ihn oder sie, sich mit denselben Fragen zu beschäftigen und hinterher die Antworten mit Ihnen zu erörtern. Wenn sich Ihnen das Thema als zu schwierig oder komplex darstellt, möchten Sie es vielleicht mit einem außenstehenden, objektiven Freund (einer Freundin) erörtern, oder sich damit an eine Beratungsstelle wenden. Wenn Sie mit anderen ernsthafte Gespräche über Ihre Probleme mit der Homophobie führen, wird Ihnen das helfen, sie im rechten Verhältnis zu sehen. Schon allein das Wissen, daß andere die gleichen Gefühle der Angst und Verwirrung verspüren, kann sehr stabilisierend wirken.

Wenn Sie und Ihr Partner oder Ihre Partnerin gewillt sind, Fragen der Homophobie offen zu erörtern und gemeinsam an der Lösung der durch sie hervorgerufenen Probleme zu arbeiten, dann sind Sie auf dem besten Weg, eine Klärung dieser Fragen herbeizuführen.

Safer-Sex-Informationen

Nach den bisherigen Erfahrungen sind von Infektionen mit Aids Lesben äußerst selten betroffen. Ausnahmen gibt es natürlich, doch sind das zumeist Frauen, die auch mit Männern Sex haben oder fixen.

Die schwulen Männer sind entschieden gefährdeter, weshalb wir bei den Safer-Sex-Informationen auf eine Broschüre der Deutschen Aids-Hilfe zurückgreifen wollen, in der die konkreten Verhaltensweisen für Männer deutlich benannt werden. (Die Adressen und Telefonnummern der Aids-Hilfen in den deutschsprachigen Ländern finden Sie weiter hinten unter der Rubrik: Organisationen, Kontaktadressen – Aids.) Doch nun zum Text der Broschüre:

Safer Sex ist eine Antwort der Männer, die Männer lieben, auf Aids. Safer Sex kann verhindern, daß HIV übertragen wird, das Virus, das Aids auslösen kann. Das bedeutet: Blut oder Sperma gelangt beim Sex nicht in den Körper des Partners. Und darauf kommt es an. HIV kann zwar auch in Speichel, Tränen, Schweiß, Urin und Kot vorkommen. Aber bisher ist nicht bekannt, daß hierüber eine Ansteckung erfolgt wäre.

Die zentralen Botschaften von Safer Sex heißen:
- Beim Bumsen Kondome benutzen.
- Beim Blasen nicht in den Mund abspritzen.

Diese beiden Botschaften können keine Antwort auf alle möglichen sexuell übertragbaren Krankheiten sein. Z. B. kann man Hepatitis oder Mund-Tripper bei Sexpraktiken bekommen, die in puncto Aids sicher sind.

Blasen
Blasen ist okay, wenn nicht in den Mund abgespritzt wird. Damit man nicht vom Samen überrascht wird, zieht der Partner seinen Schwanz rechtzeitig aus dem Mund.

Willst du beim Blasen absolut sichergehen, kannst du auch hier ein Kondom benutzen. Mann kann dann sogar abspritzen. Außerdem schützt hier das Kondom vor einer Ansteckung mit Mund-Tripper.

Bumsen
Bevor du loslegst, roll dir erst mal das Kondom über den steifen Schwanz. Oder laß es deinen Partner machen. Drücke dabei das Kondom mit zwei Fingern an der Spitze zusammen, damit für den Samen Platz bleibt. Gib genügend wasserlösliches Gleitmittel auf das Präservativ, damit es nicht reißt. Nach dem Abspritzen hältst du das Kondom fest und ziehst es zusammen mit dem Schwanz heraus.

Ein Wort zu Kondomen: Benutze nur geprüfte Markenkondome, z. B. Hot Rubber oder HT. Verwende keine Kondome, die sich hart oder brüchig anfühlen. Achte auf das aufgedruckte Verfallsdatum.

Ein Wort zu Gleitmitteln: Manche Kondome sind zwar schon feucht, fürs Bumsen reicht dies jedoch nicht aus. Nimm daher ein Gleitmittel, und zwar unbedingt ein wasserlösliches (z. B. KY oder Lubricant). Fetthaltige Mittel (z. B. Vaseline, Crisco oder Nivea) machen das Kondom porös, und es schützt dann nicht mehr.

Dildos

Dildos sind safe, solange sie nicht von Mann zu Mann wandern. Will mann sie abwechselnd mit einem oder mehreren Partnern genießen, so schützt auch hier ein Kondom, das vor dem Wechsel übergerollt wird.

Fisting

Beim Faustfick kann durch Darmverletzungen und Wunden am Nagelbett HIV übertragen werden. Dies wird verhindert, wenn mann Latex-Handschuhe anzieht und viel Gleitmittel benutzt.

Pisse

Äußerlich, auf die unverletzte Haut, sind Golden showers gefahrlos zu genießen. Auch beim Trinken von Pisse kann HIV nicht übertragen werden.

S/M

Werden Peitschen und andere Gegenstände, die Wunden verursachen können, nur bei einem Partner benutzt, besteht keine Ansteckungsgefahr. Vor jeder Anwendung bei einem neuen Partner sollten Leder- und Gummiartikel sowie Metallgegenstände desinfiziert werden. Auch bei S/M gilt: Sperma, Blut, Scheiße und Pisse nicht auf offene Wunden.

Rimming

Arschlecken gilt als sicher, was die HIV-Infektion anbelangt. Dagegen kann mann sich sehr leicht mit anderen Keimen und Parasiten, z. B. Hepatitis, anstecken.

Scat

Bei Spielen mit Scheiße besteht keine Gefahr, sich mit HIV anzustecken, solange die Haut keine offenen Wunden hat.

Übrigens:

Mit dem Partner über Sex zu reden kann eine ganz schön scharfe Sache sein. Erstens ist das ein aufregendes Vor-Vorspiel. Zweitens kann man dabei rauskriegen, worauf der andere steht. Drittens – wer kommt nicht in Fahrt, wenn das Thema auf heiße Spiele kommt?

Wie wär's z. B. mit Wichsen, zu zweit oder zu mehreren, in den irrsten Stellungen und an den ungewöhnlichsten Orten, mit viel Zeigen und Zuschauen und geilen Gesprächen?

Oder mit zärtlichem Streicheln und Massieren von Nacken, Brustwarzen, Schenkeln und Eiern? Auch intensives Aneinanderreiben der Körper törnt gehörig an. Mit Babyöl läuft's wie geschmiert!

Das Lutschen der Zehen und Lecken der Füße kann besondere Würze geben. Übrigens: Habt ihr euch gegenseitig schon mal einen mit den Füßen runtergeholt?

Heiß-kalt gefällig? Kerzenwachs, auf die Haut geträufelt, ist vielleicht nicht jedermanns Sache. Aber in hitziger Stimmung kann so ein heißer Tropfen, z. B. auf Brustwarzen, ungemein «spannend» sein. Eiswürfel wiederum oder ein kalter Luftstrom aus dem Fön jagen so manchem wohlige Schauer über den Rücken.

Wie wär's mal mit einer neuen Intimfrisur? Auch das Rasieren der Schamhaare als Teil des Spiels hat seine Fans.

Oder, oder, oder ...

Eurer Phantasie sind keine Grenzen gesetzt!

Safer Sex in seiner Vielfalt kann für schwule Männer – ob positiv, negativ oder ungetestet – eine Möglichkeit sein, eventuelle Hemmungen, Angst und Mißtrauen beim Sex abzubauen.

Wenn du Fragen zu schwulem Sex hast, wenn du das mit dem Sex nicht richtig auf die Reihe kriegst, wenn du mit anderen über Sex reden willst, dann wende dich an eine der regionalen Aids-Hilfen. Die gibt es in allen größeren Städten. Sie bieten telefonische und persönliche Beratung an, aber auch Safer-Sex-Gesprächskreise. Außerdem gibt es in vielen Aids-Hilfen Selbsthilfegruppen, denen du dich anschließen kannst.

Kontakte, Literatur, Adressen

Persönliche Entwicklung, Beziehungen

Califia, Pat: *Sapphistrie. Das Buch der lesbischen Sexualität.* Berlin 1981

Dürmeier, Waltraud u.a. (Hg.): *Wenn Frauen Frauen lieben ... und sich für Selbsthilfe-Therapie interessieren.* München 1990

Frings, Matthias / Kraushaar, Elmar: *Männer. Liebe. Ein Handbuch für Schwule und alle, die es werden wollen.* Reinbek 1982

Grossmann, Thomas: *Beziehungsweise andersrum. Schwul – und dann?* Reinbek 1986

Grossmann, Thomas: *Eine Liebe wie jede andere. Mit homosexuellen Jugendlichen leben und umgehen.* Reinbek 1984

Hay, Louise: *Gesundheit für Körper und Seele.* München 1990

Huber, Michaela / Rehling, Inge: *Dein ist mein halbes Herz. Was Freundinnen einander bedeuten.* Frankfurt 1989

Isay, Richard A.: *Schwul sein. Die psychologische Entwicklung des Homosexuellen.* München 1990

Kokula, Ilse: *Wir leiden nicht mehr, sondern sind gelitten. Lesbisch leben in Deutschland.* München 1990

Kokula, Ilse: *Jahre des Glücks, Jahre des Leids. Gespräche mit älteren lesbischen Frauen.* Kiel 1986

Lemke, Jürgen: *Ganz normal anders. Auskünfte schwuler Männer aus der DDR.* Frankfurt 1989

McWhirter, David P. / Mattison, Andrew: *Männerpaare. Ihr Leben und ihre Liebe.* Berlin 1986

Miller, Sherod: *Gespräche selbstsicher und ebenbürtig führen.* Landsberg am Lech 1988[2]

Müller, Wunibald: *Homosexuelle Menschen.* Mainz 1988

Palzkill, Birgit: *Zwischen Turnschuh und Stöckelschuh. Die Entwicklung lesbischer Identität im Sport.* Bielefeld 1990

Pingel, Rolf/ Trautvetter, Wolfgang: *Homosexuelle Partnerschaften.* Berlin 1987

Reinberg, Brigitte/ Roßbach, Edith: *Stichprobe Lesben. Erfahrungen lesbischer Frauen mit ihrer heterosexuellen Umwelt.* Pfaffenweiler 1985

Schönert, Joachim: *Wärmer leben – eine sexuelle Alternative. Ratschläge und Rundschläge eines schwulen Utopisten.* Berlin 1982

Silverstein, Charles/ White, Edmund: *Die Freuden der Schwulen.* Berlin 1984

Trampenau, Bea: *Kein Platz für lesbische Mädchen.* Kiel 1989

Wiedemann, Hans-Georg: *Homosexuelle Liebe.* Stuttgart 1982

Zillich, Norbert: *Homosexuelle Männer im Arbeitsleben.* Frankfurt 1988

Recht und Rechtsentwicklung

Münch, Eva Marie von: *Zusammenleben ohne Trauschein. Gemeinsame Wohnung, Unterhaltsansprüche, gemeinsame Kinder, Folgen der Trennung, Partnerverträge.* München 1988

Ihara, Toni/ Warner, Ralph/ Dzierma, Hans Martin unter Mitarbeit von Petan, Slavka: *Ehe ohne Trauschein. Ein Rechtsratgeber.* Reinbek 1990

Wolff, Jürgen/ Mehlem, Sabine/ Reiß, Stefan: *Rechtsratgeber Aids.* Reinbek 1988

Die Geschichte des § 175. Strafrecht gegen Homosexuelle. Katalog zur Ausstellung in Berlin und Frankfurt 1990. Berlin 1990

Kriminalsoziologische Bibliographien. Heft 52: *Homosexualitäten.* Wien 1986

SchwIPs – Schwule Juristen: *Recht schwul. Rechtsratgeber für Schwule.* Berlin 1982

Homosexuelle und Kinder

Büntzly, Gerd (Hg.): *Schwule Väter.* Berlin 1980

Kentler, Helmut: *Leihväter.* Reinbek 1989

Aids und Gesundheit

Baer, Ursula: *Aids-Ratgeber. Praxishilfe für Berater und Betroffene.* Köln 1989

Bleibtreu-Ehrenberg, Gisela: *Angst und Vorurteil.* Reinbek 1989

Boston Women's Health Collective: *Unser Körper. Unser Leben. Ein Handbuch von Frauen für Frauen.* Reinbek 1988

Dannecker, Martin: *Homosexuelle Männer und Aids. Eine sexualwissenschaftliche Studie zu Sexualverhalten und Lebensstil.* Stuttgart 1990
Dunde, Siegfried Rudolf (Hg.): *Aids – Was eine Krankheit verändert.* Frankfurt 1986
Gooß, Ulrich/ Gschwind, Herbert (Hg.): *Homosexualität und Gesundheit.* Berlin 1989
Hay, Louise L.: *Das Aids-Buch – Umkehr zur Liebe, Rückkehr zum Leben.* Freiburg 1990
Jäger, Hans (Hg.): *Frauen und Aids.* Berlin 1990
Jäger, Hans: *Therapiechancen bei Aids. Behandlungsmöglichkeiten der Immunschwäche.* München 1990
Pollak, Michael: *Homosexuelle Lebenswelten im Zeichen von Aids.* Berlin 1990
Nungesser, Lon G.: *Der Wille zu leben. Aids-Betroffene berichten über ihre Kämpfe und ihre Erfolge.* Berlin 1986
Preston, John/ Swann, Glenn: *Safer Sex. Das Handbuch. Ein lustvolles Programm für aktive Männer.* Berlin 1987
Richardson, Diane: *Frauen und die Aids-Krise. Das Handbuch.* Berlin 1987
Walter, Melitta (Hg.): *Ach, wär's doch nur ein böser Traum! Frauen und Aids.* Freiburg 1987
Zander, Helmut: *Der Regenbogen. Tagebuch eines Aidskranken.* München 1988

Organisationen, Kontaktadressen

In den deutschsprachigen Ländern gibt es mittlerweile vielfältige Hilfsangebote – von Beratungsstellen bis zu psychologischen Praxen, von der Telefonseelsorge bis zu Selbsthilfegruppen aller Art.

Um Ihnen die Suche nach einer für Sie geeigneten Selbsthilfegruppe zu erleichtern, haben wir eine Liste von Organisationen – mit kurzen Zusatzinformationen – zusammengestellt, die Ihnen dabei helfen, herauszufinden, wohin Sie sich mit Ihren Problemen wenden können (Stand: Mai 1986):

Anonyme Alkoholiker

«Anonyme Alkoholiker sind eine Gemeinschaft von Männern und Frauen, die miteinander ihre Erfahrung, Kraft und Hoffnung teilen, um ihr gemeinsames Problem zu lösen und anderen zur Genesung vom Alkoholismus zu verhelfen.

Die einzige Voraussetzung für die Zugehörigkeit ist der Wunsch, mit dem Trinken aufzuhören.

Die Gemeinschaft AA ist mit keiner Sekte, Konfession, Partei, Organisation oder Institution verbunden; sie will sich weder an öffentlichen Debatten beteiligen noch zu irgendwelchen Streitfragen Stellung nehmen.

Unser Hauptzweck ist, nüchtern zu bleiben und anderen Alkoholikern zur Nüchternheit zu verhelfen.»

(Aus der Präambel; © Copyright by the AA Grapevine, Inc.)

Deutschland
Gemeinsames Dienstbüro der AA
Postfach 100 422
8000 München 1

Österreich
Postfach 91
A-5400 Hallein

Schweiz
Kontaktstelle der AA
Cramerstraße 7
CH-8004 Zürich

Al-Anon

Alateen – Erwachsene Kinder von Alkoholikern

Deutschland
Al-Anon Familiengruppen
Zentrales Dienstbüro
Postfach 100 192
5000 Köln 1

Österreich
Al-Anon Familiengruppen
Zentrale Kontaktstelle
Postfach 85
A-1171 Wien

Schweiz
Al-Anon Kontaktstelle der deutschsprachigen Schweiz
Postfach 88
Ch-4802 Strengelbach

Overeaters Anonymous

«Anonyme Eßsüchtige ist eine Gemeinschaft von Menschen, die vom zwanghaften Übereessen genesen, indem sie ihre Erfahrungen miteinander teilen und sich gegenseitig unterstützen. Wir heißen jeden willkommen, der mit dem zwanghaften Essen aufhören will. Es gibt keine Mitgliedsbeiträge oder Gebühren; wir erhalten uns selbst durch unsere eigenen Spenden. Von außen kommende Spenden nehmen wir nicht an und bitten auch nicht darum.

Overeaters Anonymous ist mit keiner öffentlichen oder privaten Organisation, politischen Bewegung, Ideologie oder Religion verbunden; wir nehmen keine Stellung zu Fragen außerhalb unserer Gemeinschaft. Unsere Hauptaufgabe ist, abstinent zu sein vom zwanghaften Überessen und die Botschaft der Genesung zu denjenigen zu bringen, die noch leiden.»

(Aus der Präambel; © Copyright 1985 by Overeaters Anonymous, Inc.)

Deutschland
Deutsche Intergruppe der Overeaters Anonymous
Postfach 106 206
2800 Bremen 1
Tel.: 04 21 – 32 72 24

Schweiz
Overeaters Anonymous
Postfach 680
Ch-8021 Zürich

Cinderella

Cinderella gibt Hilfestellung bei der Neugründung von Selbsthilfegruppen, vermittelt Kontakte zu Selbsthilfegruppen für Betroffene und Angehörige, informiert über Behandlungsmöglichkeiten. Gibt einen Rundbrief mit Erfahrungen und Informationen heraus.

Aktionskreis für Eß- und Magersucht
«Cinderella e.V.»
Westendstraße 35
Postfach 150 105
8000 München 2
Tel.: 0 89 – 502 12 12

Frauenhäuser

Frauenhäuser sind Zufluchtsstätten für mißhandelte Frauen und deren Kinder. Einige dieser Häuser sind autonom, das heißt vollständig selbstorganisiert, andere werden von Kirchen oder der Kommune getragen. In vielen Orten organisieren diese Frauenhäuser auch den Aufbau von Selbsthilfegruppen für mißhandelte Frauen. Entweder ist die Nummer des nächstgelegenen Frauenhauses in Ihrem öffentlichen Telefonbuch aufgeführt, oder Sie können Sie bei einer der Frauenhaus-Zentralen erfragen:

Ziff – Zentrale Informationsstelle für autonome Frauenhäuser e.V.
c/o Frauen helfen Frauen e.V.
Postfach 14 33
3550 Marburg
Tel.: 0 64 21 – 1 48 30

Österreich
Verein soziale Hilfe für gefährdete Frauen und ihre Kinder
Maroltingergasse 19–21
A-1160 Wien
Tel.: 02 22–94 33 92

Schweiz
Frauenhaus Zürich
Postfach 365
CH-8042 Zürich
Tel.: 01–363 22 67

Notruf

Das Notruftelefon ist eine Kontakt- und Anlaufstelle für vergewaltigte Frauen. Diese von Frauen selbstorganisierte Einrichtung gibt es in nahezu allen größeren Städten der Bundesrepublik Deutschland, Österreichs und der Schweiz. Das Notruftelefon bietet vergewaltigten Frauen Hilfe an und informiert über mögliche rechtliche Schritte nach einer Vergewaltigung. Zusätzlich werden Frauen bei der Gründung von Selbsthilfegruppen unterstützt. Die jeweilige Rufnummer finden Sie in Ihrem örtlichen Telefonbuch.

Wildwasser

Die Gruppe «Wildwasser» in Berlin bietet Frauen und Mädchen Hilfe an, die von sexuellem Mißbrauch betroffen sind. Ihre Arbeit umfaßt Beratung/Information und den Aufbau von Selbsthilfegruppen. Darüber hinaus organisiert sie Gruppen für beruflich mit diesem Problem konfrontierte Frauen und betreibt Öffentlichkeitsarbeit. «Wildwasser» erteilt zudem Auskunft über alle Selbsthilfe- und Berufsgruppen, die sich mit dem Problem sexuellen Mißbrauchs in der Bundesrepublik Deutschland beschäftigen:

Wildwasser
Holsteinische Straße 3
1000 Berlin 31
Tel.: 0 30–861 80 97

Pro Familia

Die Pro Familia Deutsche Gesellschaft für Sexualberatung und Familienplanung e.V. gehört dem Deutschen Paritätischen Wohlfahrtsverband an und ist Gründungsmitglied der International Planned Parenthood Federation. Der Schwerpunkt der Tätigkeit liegt bei der Beratung in den Bereichen der Familienplanung und der sexuellen Beziehungen. Dabei entwickelt sich das Beratungsangebot immer stärker zielgruppenorientiert (zum Beispiel für Jugendliche, Arbeiter, Ausländer) mit einem wachsenden Anteil an Gruppenberatung und sexualpädagogischer Gruppenarbeit. Seit der Neufassung des §218 StGB nimmt die Schwangerschaftskonfliktberatung einen erheblichen Teil der Beratungskapazität in Anspruch. Pro Familia ist politisch / kirchlich unabhängig.

Bundesverband Pro Familia
Cronstettenstraße 30
6000 Frankfurt / Main
Tel.: 0 69−55 09 01

Selbsthilfegruppen, Dachverbände

Deutsche Arbeitsgemeinschaft Selbsthilfegruppen e.V.
Nationale Kontakt- und Informationsstelle
Albrecht-Achilles-Straße 65
1000 Berlin 31
Tel.: 0 30−891 40 19

Kontakt- und Informationsstelle für Selbsthilfegruppen (Kiss)
Gaußstraße 21−25
2000 Hamburg 50
Tel.: 0 40−39 57 67

Servicestelle für Selbsthilfegruppen
Frau Ilse Forster
Schottenring 24
A-1010 Wien
Tel.: 02 22−661 44 05

Team Selbsthilfe Zürich
Postfach
Wilfredstraße 7
CH-8032 Zürich

Organisationen, Kontaktadressen − Kirchen, Glaubensgemeinschaften

Es gibt im deutschsprachigen Raum kein ähnlich breit aufgefächertes Angebot an Kirchen oder Glaubensgemeinschaften für Schwule oder Lesben wie in den Vereinigten Staaten. Wenn Sie Fragen haben, dann setzen Sie sich mit einer der nachfolgend genannten Organisationen in Verbindung.

HuK − Ökumenische Arbeitsgruppe Homosexuelle und Kirche HuK e.V.
Postfach 190 165
5000 Köln 1
Tel.: 02 21−46 11 25
    Die HuK stellt eine Art innerkirchlicher «pressure group» dar.

Basisgemeinde MCC Hamburg
c/o Prävention e.V.
Schmilinskystraße 25
2000 Hamburg 1
Tel.: 0 40–24 03 33 (Thomas Friedhoff)
   Diese der Metropolitan Community Church angehörige kleine Kirche steht
nicht nur Schwulen und Lesben offen und hat Mitglieder mit verschiedenen
Konfessionen. In manchen Fällen werden auch Partnerschaftssegnungen
durchgeführt.

Gay European Baptist Federation
Postfach 141 764
4100 Duisburg
   Hier handelt es sich um eine protestantische Freikirche, die ähnlich wie die
HuK innerkirchlich arbeitet.

Stichting Dignity Nederland
Postbus 15 25 5
NL-1001 MG Amsterdam
   Dignity steht Schwulen und Lesben offen und ist katholisch orientiert.

Bruderschaft der Remonstranten
Nieuwe Gracht 27
NL-3512 LC Utrecht
Tel.: O 30–31 69 70
   Eine protestantische Gemeinschaft, die auch Freundschaftssegnungen
durchführt.

European Forum for Lesbian and Gay Christian Groups
Postbus 20 63
NL-3500 GB Utrecht
   Das Forum verfügt über eine Adressensammlung aller christlichen Gruppen
von Schwulen oder Lesben in Europa.

Centre du Christe Liberateur
3 bis rue Clairaut
F-75 017 Paris
Tel.: 1–46 27 49 36
   Dieses protestantische – allerdings von der Amtskirche nicht anerkannte –
Zentrum organisiert sehr viele Selbsthilfegruppen auf psychologischer Basis.
Unter gewissen Umständen werden auch Freundschaftssegnungen durchge-
führt.

Organisationen, Kontaktadressen – Buchläden

Die Schwulen Buchläden in der Bundesrepublik sind aus der Schwulenbewegung hervorgegangen. Sie verstehen sich auch als Anlaufstelle für Schwule und nehmen weit mehr Funktionen wahr als ein «normaler» Buchladen.

Prinz Eisenherz Buchladen
Bleibtreustraße 52
1000 Berlin 12
Tel.: 0 30–313 99 36

Buchladen Männerschwarm
Neuer Pferdemarkt 32
2000 Hamburg 36
Tel.: 0 40–43 60 93

Lavendelschwert
Bayardsgasse 3–5
5000 Köln 1
Tel.: 02 21–23 26 26

Buchladen Erlkönig
Bebelstraße 25
7000 Stuttgart 1
Tel.: 07 11–63 91 39

Buchladen Max&Milian
Gabelsberger Straße 65
8000 München 2
Tel.: 0 89–52 74 52

Buchladen Litfaß
Rannische Straße 3–5
O-4020 Halle

Buchladen Wilder Mann
Hueblerplatz 3
O-8019 Dresden

Die Lesbenbewegung existiert seit jeher in enger Verflechtung mit der Frauenbewegung, weshalb sich im Vergleich zu den verschiedenen Projekten im schwulen Bereich nie so viele einzig auf Lesben abgestellte Initiativen entwickelt haben. Sie sollten sich deshalb mit Fragen zu Büchern von und für Lesben, zu Informationsstellen und Treffpunkten an die Frauenbuchläden und die Frauencafés wenden, die es in der Bundesrepublik wirklich in allen größeren Städten gibt.

Organisationen, Kontaktadressen – schwule Info-Läden

Sicherlich auch im Zusammenhang mit dem Informationsbedarf, der sich aus den Auswirkungen der Krankheit Aids ergeben hat, bildeten sich in der Bundesrepublik verschiedene Initiativen heraus, die schwulen Männern diese und andere Informationsmöglichkeiten zur Verfügung stellen wollten. Es entstanden mehrere Läden mit einer Art Drehscheibenfunktion, die alles rund um das schwule Leben sammeln und an Interssierte weitergeben. Außerdem werden in etlichen Fällen eigene Veranstaltungen, Seminare, Gruppen etc. initiiert und durchgeführt.

Mann-O-Meter
Motzstraße 5
1000 Berlin 30
Tel.: 0 30–216 80 08

Hein&Fiete
Schmilinskystraße 25
2000 Hamburg 1
Tel.: 0 40–24 03 33

Gay Switchboard
Alte Gasse 36
6000 Frankfurt 1
Tel.: 0 69–28 35 35

Sub
Müllerstraße 44
8000 München 2
Tel.: 0 89–260 30 56

Die beste Informationsadresse und Anlaufstelle in und für Österreich ist sicherlich die Rosa-Lila-Villa in Wien, ein selbstverwaltetes Haus, das von Schwulen und Lesben bewohnt und betrieben wird und in dem sich vielfältige Aktivitäten bündeln. Einzigartig ist allein der Ansatz, daß Schwule und Lesben in einem gemeinsamen Projekt zusammenarbeiten, das sie der Stadt Wien und anderen Stellen gegen zahlreiche Widerstände abgetrotzt haben.

Rosa-Lila-Villa
Linke Wienzeile 102
A-1060 Wien
Tel.: 02 22–56 81 50
(Rosa Lila Tip)

HACH – Homosexuelle Arbeitsgruppen der Schweiz
c/o HAZ
Postfach 70 88
CH-8023 Zürich
Tel.: 01–271 22 50

Für Lesben gibt es neben den Informationen aus den Frauenbuchläden und -cafés auch die Möglichkeit, sich schriftlich Informationen zu besorgen.

LIN – LesbenInfoNetz
c/o M. A. Palmieri
postlagernd
7900 Ulm

Organisationen, Kontaktadressen – Aids

Da es in allen drei deutschsprachigen Ländern inzwischen einigermaßen breit gestreute Angebote zur Aids-Beratung gibt, wollen wir hier bloß zentrale Telefonnummern weitergeben, unter denen Sie erfragen können, wo Sie sich direkt beraten lassen oder erfragen können, wo sich die von Ihnen aus nächstgelegene Beratungsmöglichkeit finden läßt.

Deutsche Aids-Hilfe e.V.
Nestorstraße 8–9
1000 Berlin 31
Tel.: 0 30–89 69 060

Außerdem gibt es die sogenannte «Bundesnummer». Das bedeutet, daß die Deutschen Aids-Hilfen eine einheitliche Rufnummer für ihre Beratungstelefone haben, die in sehr vielen Ortsnetzen der größeren Städte geschaltet ist. Sehen Sie im Telefonbuch nach, ob es in Ihrer Nähe eine Aids-Hilfe gibt. In den meisten Fällen wird diese dann die Rufnummer 19 411 haben.

Österreichische Aids-Hilfe
Wickenburggasse 14
A-1080 Wien
Tel.: 02 22–408 61 86

Aids-Hilfe Schweiz
Turbinenstraße 10
CH-8002 Zürich
Tel.: 01–27 23 944

Danksagung

Besonderer Dank geht an Jeremy Tarcher, der sich für die Bücher, die er verlegt, auch wirklich einsetzt. Ich empfinde enormen Respekt vor ihm und seinem Wissen. Ein Dankeschön geht auch an seine Mitarbeiter und Mitarbeiterinnen, die am Telefon auch dann noch freundlich und kompetent bleiben, wenn sich um sie herum alles in Hektik auflöst.

Dank an Hank Stine, den Cheflektor. Er war äußerst zugänglich für dieses Projekt, an dessen Konzeption er auch mitarbeitete, und er gewährte mir selbst dann noch Zuspruch, wenn ich ihn völlig aufgelöst mitten in der Nacht anrief.

Dank an Janrae Frank, meine Agentin. Sie regelte sämtliche Vertragsangelegenheiten in wunderbarer Weise und machte mir die Beschäftigung damit zu einem reinen Vergnügen.

Dank an Rick Benzel, meinen Lektor. Er prüfte jedes einzelne Wort, jeden Gedanken und jedes Beispiel immer wieder, er brachte mich dazu, mich klar und prägnant auszudrücken, und er schaffte seine anstrengende Arbeit trotz eines äußerst engen Terminplans. Ich habe eine Menge von ihm gelernt, und es gelang ihm sogar, der Arbeit immer von neuem mit Humor zu begegnen.

Dank an die Lektorin Mary Nadler für ihre kompetente und sensible Arbeit.

Wie immer geht Dank an den «Schutzengel» meines ersten Buches, Al Saunders, und an meinen lieben Freund und Kollegen Riley K. Smith. Ohne diese beiden hätte ich mich niemals an das Schreiben herangewagt.

Dank an drei vollendete und angesehene Autoren und Autorinnen, die mir sehr viel Unterstützung gewährten und sowohl mit ihrer Zeit als auch mit ihrem Fachwissen sehr großzügig umgingen: Dr. Warren Farrell für seine fundierten Ratschläge und seinen «väterlichen Rat». Dr. Jeanne Segal für ihr Wissen um Heilungsprozesse und dafür, daß sie mir zugehört und mich während meiner Arbeit voller Sympathie begleitet hat. Und Arno Karlen für seine exzellenten Forschungsarbeiten zur Homosexualität und für die Perlen seiner Klugheit.

Dank an meine Sekretärin, Kathy De Mille, deren liebevolle und unterstützende Art und deren Sinn für eine erfreuliche Zusammenarbeit mir meine Arbeitswoche immer von neuem erleichtern.

Dank an die Metropolitan Community Church in Long Beach, und dort vor allem an die Reverends Dusty, Björn und Frank, die mich zu Vorträgen und zur Leitung von Therapiegruppen dorthin einluden und mich mit Informationen, Rat und Ermunterung unterstützten.

Dank außerdem an das Aids Project Los Angeles und an das Unified Community Center in Long Beach – und hier vor allem an Ruby, die mir auf alle meine Fragen Antworten bieten konnte.

Dank an meine lieben Freunde und Freundinnen Ron, Maggie, Eddie, Scott, Lewis, Sylvia, Glen, Jim und Jim, Chuck, Dave, Matt, Victoria, Toni und Barbara, die mich aufmunterten, mich ertrugen, mich mit neuer Energie versorgten und mich vom Computer wegzerrten, wenn ich kurz vor der völligen Erschöpfung stand. Was würde ich ohne euch anfangen?

Dank an Cheryl, Victoria, Ron und Clay, die bei ihren Botengängen Kapitel um Kapitel immer wieder durch Regen und dunkle Nächte hin- und herschleppten.

Die wahren Autoren und Autorinnen dieses Buches sind die Schwulen und Lesben, die ich zu meinen Freunden und Freundinnen, Klienten und Klientinnen zähle, und dazu die Teilnehmer und Teilnehmerinnen an meiner offenen Donnerstagsgruppe. Die Einblicke in ihr Leben wurden mir zum Vorbild, und ihr Mut und ihre Entschiedenheit ermöglichten es ihnen, ihre Träume Wirklichkeit werden zu lassen. Ohne sie hätte ich dieses Buch niemals schreiben können.

zu zweit

rororo
SACHBUCH

C 2377/2

roroto MANN

C 2120/8

rororo MANN

rororo

C 2120/8 a

C 2120/8 b